공공계약과 경쟁

김진기

박영사

공공계약과 경쟁

-부정당제재에서 자율시정으로-

우리나라에서 현대적 의미의 정부조달 제도는 한국전쟁이 한창이던 1951. 9. 24. 법률 제217호 재정법 제6장 제57조의 "각 중앙관서의 장은 매매, 대차, 청부 기타의 계약을 할 경우에 있어서는 모두 공고를 하여 경쟁에 부쳐야 한다. 단, 각 중앙관서의 장은 대통령령이 정하는 바에 의하여 지명경쟁 또는 수의계약에 의할 수 있다."에서 그 연원을 확인할 수 있다. 이 규정은 1921년 4월 7일 제정된 조선총독부 법률 제42호 회계법 제31조와 동일하다. 당시에는 이러한 시스템을 관공수제도(官公需制度)로 불렀다. 1951. 12. 1. 대통령령 제570호 재정법 시행령 제77조부터 제112조는 관공수 관련 조항인데 필요적 계약서 작성으로부터 입찰 참가자격 제한까지 현행 정부조달 제도와 비교해도 큰 차이를 발견하기 어렵다.

재정법은 1961. 12. 19. 법률 제849호 예산회계법의 시행으로 폐지되었으나 재정법 제57조 계약조항은 예산회계법 제70조(계약의 방법과 준칙)로 이어졌고, 예산회계법 시행령도 재정법 시행령 내용을 대체로 수용하였다. WTO 정부조달협정이 발효되기 이전까지 예산회계법이 규정한 계약의 방법과 준칙은 대한민국 정부조달제도의 기본이었다.

그후 1997년 1월 WTO 정부조달협정이 발효됨에 따라 획기적인 변화가 일어났다. 대한민국은 예산회계법 6편 계약 분야 내용에 정부조달협정과 국제거래규범을 반영하여 국가를 당사자로 하는 계약에 관한 법률을 제정하였고, 예산 및 재정운용 분야는 국가재정법을 제정하여 시행하였다. 이로써 한국 정부조달제도는 예산회계법 시대와 이별하고 명실상부한 국가를 당사자로 하는 계약에 관한 법률 시대를 맞이하였다. 국가를 당사자로 하는 계약에 관한 법률(이하에서는 '국가계약법'이라고 한다)이라는 정부조달제도를 규율하는 독립 단행 기본법제를 구축함으로써 여전히 회계법(1889년 明治 22년 제정)의 한 개 장(章)에서 정부조달제도를 운영하는 일본과 확연히 구별되는 정부조달법제를 보유하게 되었다.

한편, 한국 정부조달법의 명칭은 논자에 따라 일치하지 않는다. 개념의 주안을 어디에 두는가에 따라 실질적 행정기능의 수요품 취득에 적용됨을 강조하거나 계약의 주체가 정부 혹은 국가임을 강조하는 의미로 혹은 지방자치단체 등을 포함한 실질적 행정기능의 수요품 취득에 적용됨을 강조하거나 실질적 행정의 계약에 관한 법임을 강조하는 등의 이유로 정부계약법, 국가계약법, 공공계약법, 공공조달계약법, 행정조달법, 행정계약법 등의 여러 명칭이 존재한다. 명칭과 관련하여 1997년 발효된 이후 가장 최근의 국제규범이라고 볼 수 있는 국제무역기구 정부조달협정은 "정부조달"이라는 명칭을 제정 당시부터 명확히 사용하고 있고, 국가를 당사자로 하는 계약에 관한 법률 제4조 제1항에서도 "정부조달계약"이라는 명칭을 사용하고 있을 뿐만 아니라 국가계약법 제정취지가 정부조달협정의 발효와 연계되었으며 특정물품 등의 조달에 관한 국가를 당사자로 하는 계약에 관한 법률 시행령 특례규정 제2조 제2호에 "정부조달"을 정의하고 있기도 하다. 정부조달의 개념에 대한 법체계의 체계정합성, 조달분야의 국내 실무사례 및 국제적 공감과 법적 컨센서스를 반영하여 필자는 "정부조달"이라고 하고 이 분야 규범체계를 통칭하여 "정부조달법"이라고 하는 것이 적절하다고 본다.

연혁적으로도 국가를 당사자로 하는 계약에 관한 법률은 원래 정부에서 국회로 상정한 법률안의 명칭은 정부조달협정을 시행하기 위한 국내법을 제정한다는 취지를 명백히 한 "정부조달계약 등에 관한 법률"이었고, 1994년 정기국회에서 조달계약이 아닌 국가가 계약당사자로 되어야 하는 계약 분야를 포함할 필요에 따라 "국가를 당사자로 하는 계약에 관한 법률"이라는 명칭으로 통과시켰을 뿐이다. 필자가 정부조달에 대응하는 국내 여러 명칭 중에서 '정부조달'을 선호하는 것도 위와 같은 국가계약법의 제정 연원에도 부합하기 때문이기도 하다. 다만, 현행 정부조달 시스템에는 국가를 당사자로 하는 계약에 관한 법률의 적용을 받는 순수한 의미의 정부조달계약 외에도 지방자치단체를 당사자로 하는 계약에 관한 법률의 적용받는 지방자치단체조달계약이 있고, 공공기관 운영에 관한 법률의 적용대상인 공공기관조달계약을 개념적으로 구분할 수 있을 뿐만 아니라 지방자치단체조달계약과 공공기관조달계약은 끊임없이 독자성을 유지하려는 경향 또한 없지 않다. 그 외 정부의 다양한 행위형식 선택자유와 공공분야와 민간의 협력 그리고 민간의 공적분야 투자 등 전통적 조달의 범위와 내용을 상회하는 조달 행위 형식의 다양화를 포괄하고 이를 합리적인 법제도로 체계화하기 위하여는 정부조달계약이라는 명칭의 고수 보다는 기존에 언급된 명칭 중에서 정부 등 공공기관의 공적 임무 구현을 위한 조달 형식의 계약이라는 의미를 강조하고 있는 공공계약이라는 명칭을 추가적으로 사용하고자 한다. 이로써 국가를 당사자로 하는 계약에 관한 법률의 적용을 받는 순수한 의미의 정부조달계약 외에도 지방자치단체를 포함한 다양한 지방 공공기관의 조달계약, 공공기관 운영에 관한 법률에서 규율하는 공공기관의 조달계약은 말할 것도 없고 공공성을 보유한 기관이 조달 절차에 따른 수요 충족을 공언하는 경우 등에도 특별한 거부감 없이 공공계약의 하나의 양상으로 이해하고 이에 관한 법률의 총체인 소위 공공계약법에 따른 규율을 적용할 수 있을 것으로 보인다. 그래서 이 책의 제목에서도 "공공계약"이라고 쓰고 있음을 밝히고, 책의 본문에서 정부조달계약과 공공계약을 혼용하여 사용하고자 한다.

이 책에서 다루는 또 하나의 중요한 주제는 "경쟁"이다. 경쟁은 공공계약에서 가장 중요한 원칙이자 메커니즘이다. 경쟁은 시장경제를 촉진하고, 경쟁의 확대를 통하여 국가는 경쟁참여자가 제시하는 가장 저렴한 가격을 선택하여 재화와 서비스를 조달한다. 일반적으로 정부지출의 50%는 공공계약으로 사용된다. 그래서 국가기관의 경제성은 정부조달계약과 직접적으로 연관되어 있다. 국가의 국민경제 주체로서의 모습인 국고가 정부조달계약을 체결함에 있어서 가장 경제적으로 조달하여야 하여야 한다는 경제성원칙은 정부조달법 발전 역사에서 가장 우선적인 목표였으므로 경쟁원칙은 가장 중요한 조달법의 원칙으로 자리매김되어 왔다.

공공계약에서 경쟁은 다양한 방법으로 구현되도록 요구되고 있다. 조달참여자의 경쟁은 기본적인 것이고, 거기에는 국내뿐만 아니라 국외 조달참여자와 국내 조달참여자의 경쟁도 고려하고 있다. 그러한 경쟁에서 결론이 이미 정해진 공정하지 못한 '형식만 경쟁구도'를 갖추는 것이 아니라 모든 참여자에게 공정한 기회를 제공하여야 하고, 조달절차가 종료될 때까지 '실질적 경쟁'이 유지되도록 하여야 한다. 이러한 실질적 경쟁은 어느 한 개별 조달품목에서만 일회성 실질경쟁이 아니라 국민경제 속에서 경쟁이 지속 가능하도록 관리되어야 한다. 그래서 소위 중소기업간 경쟁제품을 정하여 대기업은 참여하지 못하도록 하는 것 자체가 경쟁 원칙에 위배되는 것으로 이해되지는 않도록 조달참여자와 참여예정자에게 경쟁개념에 대한 모순되지 않는 정보를 제공하고 이해를 구하는 것이 필요하다.

경쟁은 "공개"와 연결되어 참여함에 있어 어떠한 제한도 없어야 할 것이 요구된다. 그래서 공개경쟁입찰이 경쟁의 기본포맷이 되는 것이다. 그러므로 조달기관은 특별한 사유 없이 경쟁이 제한될 수 있는 방법으로 조달절차를 진행하여서는 안 된다. 여기서 간과하여서는 안 되는 것이 적합조건과 낙찰조건의 구별이다. 공공조달은 조달계약 이행에 적합한 참여자로부터 조달되어야 한다. 이 적합조건은 최소한의 절차 참여 조건으로서 기능하도록 하여 적합하지 않은 참여 업체가 아닌 한 모든 참여업체가 서열 없이 참여할 수 있도록 하여야 한다. 그 기준으로서 업체의 객관적 평가, 매출액, 타 업체 혹은 기관의 추천, 종업원 수, 유사한 거래 실적 등은 업체 적합성의 요소가 될 수 있을 것이다. 이러한 계약이행이 가능한 역량과 전문성을 보유하고 법규 준수를 성실히 하여 신뢰할 만한 업체이기만 하면 차별 없이 조달절차에 참여할 수 있어야 한다. 그래야 경쟁이 확대되고 확대된 경쟁은 공개, 투명, 공정, 차별금지, 동등대우라는 정부조달의 기본원칙이 올바로 작동하게 하고 그러한 토대 위에서 경제적 조달을 구현할 수 있게 된다. 그러나 낙찰조건은 계약 이행에 부합하는지 여부에 대한 엄격한 서열이 주어진다. 미리 공개된 낙찰조건에 가장 부합하는 참여자가 객관적 검증에 따라 낙찰자로 결정되는 것이다. 낙찰자는 반드시 미리 공지된 낙찰자 결정 방법에 따라 선정되어야 한다. 그러므로 적합조건과 낙찰조건의 엄격한 구별과 각 조건의 적절성은 경쟁 원칙 구현에 대단히 중요한 요소가 된다. 하지만 안타깝게도 적합조건과 낙찰조건이 혼동되어 적용되는 예를 자주 보게 된다. 그러한 예에서 참여자(비선자가 대부분이겠으나)는 큰 틀에서 공정하지 않았다는 소회를 밝히지만 대부분의 경우 경쟁 원칙이 제대로 구현되지 못한 경우가 많다.

예나 지금이나 간과하면 안 되는 것은 경쟁을 통한 효율적인 조달을 위해 입찰참가자의 경쟁을 조직화하고 실질화 하는 것은 반드시 필요하다. 즉, 입찰참가자의 경쟁을 보장하는 것은 정부조달법의 적용과 집행을 위한 핵심적 요체이므로 특정한 입찰참가자가 경쟁을 회피하거나 왜곡하는 행위로부터 공공발주기관을 보호하는 시스템은 필수 불가결하다. 정확히는 공공발주기관만을 보호하는 것이 아니라 정부조달 참여자 전체를 보호한다는 것이 옳은 표현이다. 또한 발주기관의 항상화된 독점적 지위에 대한 경쟁법적 가치와 관점은, 국가에게 이러한 특별한 지위를 악용하여 개별적인 입찰자들에게는 실질적으로 이익을 부여하고 다른 입찰자들에게 임의로 불이익을 주는 것을 방지하도록 하는 목적이 있다. 개별기업들은 국가의 정부조달수요로부터 자의적으로 배제되어서는 안 되며, 국가는 원칙적으로 모든 정부조달계약에 대해서 공개와 경쟁을 실현하여야 한다. 이 과정에서 헌법의 차별금지와 직업활동의 자유보장은 중요한 역할을 하며 국가는 시장경제질서를 보장하고 차별금지원칙을 준수하여야 한다.

한편 발주기관이 입찰참가자격제한권을 행사함으로써 민간 기업의 조달시장 참여자로서의 경쟁을 제한할 수 있게 된다는 위험을 인식하였고, 국가의 독점적 지위가 점차 자유화되고 있다는 점에서 그러한 위험은 더욱 증가하고 있다. 따라서 입찰참가자격제한 사유가 있음에도 발주기관으로 하여금 입찰참가제한을 하지 못하도록 하고 입찰에 다시 참여할 수 있게 함으로써 경쟁을 축소하지 않도록 하여 시장의 범위를 확대할 수 있도록 제도화하고, 기업으로 하여금 일정한 조치를 수행함으로써 입찰에 재참여할 수 있는 제도적 보장은 서구제국에서는 권리로까지 인정하고 있다. 이로써 국가의 효율적인 조달 이외에 시장참여자인 입찰참가자측에서도 경쟁 원칙은 적절히 작동하게 되었으며 법적 권리보호도 두터워지게 되었다.

여기서 경쟁체계의 구조적 문제와 관련하여 독일 Saarland 대학의 마크 붕엔버그(Marc Bungenberg) 교수는 자신의 교수자격심사논문(Habilitation)인 "Vergaberecht im Wettbewerb der Systeme"에서 시스템경쟁이라는 개념을 사용하면서 이는 경제적인 경쟁요소뿐만 아니라 정치적인 경쟁요소를 포함하는 복합적인 상호작용이라고 설명하고 있다. 시스템경쟁의 보호, 즉 잠재적 계약자에게 경제적 자유를 보장하는 것은 계약체결의 경제적 효율성에 기여한다고 지적하고, 국가는 스스로 경쟁장애 및 경쟁제한 요소를 제거함으로써, 시장경제체제에서 자원의 효율적인 분배와 시장참여자의 광범위한 협력을 이끌어 낼 것으로 요청하고 있다. 공공부문의 시장경제화는 공법적 행위와 다양한 법원칙들을 통해 조달법의 형식으로 행하는 특별한 행정협력이므로 조달법 영역에서 경쟁기능의 강화를 위해 국가는 조직적이고 체계적인 조치들을 해야 하고, 시스템경쟁의 관점에서 조달법의 기능을 확대하고 상충되는 이해관계를 조정할 수 있어야 한다는 점을 강조하고 있다.

결국 국가는 가급적 경쟁제한적 상황을 조성하지 않도록 하여야 한다. 민영화 경향의 증가, 사회복지서비스의 증가, 공공업무관리 영역에서 시장경제변수의 광범위한 영향으로 표현되는 현대국가의 상황에서 특히 공공계약 부문에서 잠재적 계약자에게 좀 더 향상된 경제적 자유를 보장하는 것이 필요하다. 단순한 근대국가적 경제적 자유만이 아니라 필요한 경우에는 과감한 경쟁의 조성으로 참여를 보장하는 조치를 하여야 한다. 그러한 관점에서 보면, 우리나라의 공공계약 절차의 참여 배제를 당연시하는 규정들은 과할 정도로 많다. 광범위한 영업정지, 업무정지 등의 행정청의 처분에 따른 참여배제를 제외하고도 개별 공공계약법률에 다양한 사유에 따른 계약절차 참여제한 규정을 두고 있다. 국가계약법 제27조에 규정된 입찰참가자격제한, 지방자치단체를 당사자로 하는 계약에 관한 법률 제31조에 규정된 입찰참가자격제한, 공공기관의 운영에 관한 법률 제39조에 규정된 입찰참가자격제한, 국가연구개발혁신법 제32조의 국가연구개발활동참여제한, 조달사업법 제22조의 거래정지, 조달사업법 제29조의 비축물자 이용업체 등록제한, 중소기업제품 구매촉진 및 판로지원에 관한 법률 제8조의2에 따른 중소기업자 간 경쟁입찰 참여제한, 판로지원법 제23조의 중소기업자의 공공기관 계약체결제한, 사회기반시설에 대한 민간투자법 제46조의2에 규정된 민간투자사업 참가자격 제한 등은 중요한 제한 근거 법률이다.

그 다음 이 책에서 관심을 가진 부분은 공공계약 분야에서의 "패자부활(敗者復活)"의 기회 제공이다. 사람이나 기업은 실수할 수 있다. 또 실수가 아니라 의도적으로 사회와 국가가 용납할 수 없는 잘못을 저지를 수도 있다는 것을 인정하여야 한다. 어떤 경우에는 법위반에 대한 명백한 인식이 있었음에도 실수로 가장하거나 회사의 대표의 지시가 있었음에도 조직 구성원의 실수라는 식으로 꼬리자르기식의 대응이 더 큰 문제를 야기하기도 한다. 얄미운 대응이다. 하지만 이런 얄미운 대응에서도 실수와 잘못을 인정하고, 앞으로는 제대로 경쟁하겠다는 의지가 있다면 공공계약에서 참여의 기회만은 배제하지는 않도록 하는 소위 "패자부활" 기회를 부여하는 시스템을 디자인해 보고자 한다. 그리고 그러한 기회를 부여하는 일정한 기관의 설치를 상정해 보았다. 그 기관은 단순한 입찰배제 사유를 야기한 기업에게 패자부활의 의미로서 입찰기회 부여 여부만을 심사하고 결정하는 것뿐만 아니라 공공계약의 다양한 분쟁을 좀 더 전문적이고 권위 있게 해결하는 기관이었으면 하는 바람을 담아 보았다.

혹여나 공공계약에서 엄격한 참여배제를 적용하지 않고 패자부활적 기회를 부여하는 것에 대하여 거부감을 드러내는 분들이 많을 수 있다. 국가적 위난이나 국민적 수치를 야기한 기업이 법의 심판에 직면하여 기자회견을 자처하며 잘못을 인정하고 대규모 공적 사회 기여 프로그램을 발표하는 등으로 국민적 관심과 호응을 얻어내고도 시간이라는 터널이 지난 후에는 공적으로 발표한 다짐과 약속마저 준수하지 않은 몇몇 사례를 목도한 불편한 기억들의 영향이다. 그래서 우리 국민들은 이러한 기업의 패자부활식 프로그램 제공에 대하여 감정적으로 거부감을 드러낼 수 있다. 그러나 언제까지 비난하고 잘못한 과거만을 드러내어 미래로 나아가지 못하게 할 것인가에 대하여 고민하자. 무엇보다 이제 한국의 기업은 국내에서만 비즈니스 활동을 하는 것이 아니다. 한국 정부가 어느 한 기업을 입찰참가 배제 사유를 범한 기업으로 낙인을 찍고 실제로 입찰에 참여할 기회마저 부여하지 않는다면 그 기업은 외국 어디에서도 제대로 된 기업 활동을 할 수 없게 된다. 공공계약 시장에서 도저히 용서할 수 없는 입찰참가자격 배제 사유를 범한 것이 아니라면 배제 결정 과정에서 국내적 상황뿐만 아니라 그 기업의 해외 활동에 대하여도 함께 고려하는 것이 필요한 시점이다. 그러한 모든 것을 고려하고 판단할 수 있는 역량을 보유한 기관을 설치하여 공공계약의 법적 보호에 만전을 기하고 새로운 기회까지 부여할 수 있도록 해 보자는 것이다.

필자의 이러한 생각은 미국의 행정분야에서 광범위하게 활용되고 있는 administrative agreements에서 큰 영향을 받았고, 이러한 이념을 대륙법적 혹은 영미법적 전통의 어느 하나에 갇히지 않으면서 공공계약의 경쟁확대를 위하여 권위있게 시행하고 있는 EU 그리고 독일의 공공계약법상 자율시정(self-cleaning)제도는 국내에 도입할 만한 제도라고 생각하게 되었다. 그러한 고민을 정리하여 2022년 광운대학교 대학원 건설법무학과 박사학위 논문으로 '정부조달 입찰참가자격제한의 대안으로서 자율시정제도의 도입'을 작성하였고, 논문을 좀 더 발전시키고 사례와 최근 판례를 더 보완하여 책으로 출판하기로 하였다.

내가 모르고 있다는 것조차도 모르는 어리석음에 빠지지 않고, 모르고 있다는 것 그 만큼은 알고, 깨우치기 위한 지적 호기심에 목말라하던 지난 오랜 시간 스스로 저미었다. 하지만, 돌이켜 보면 실무가로서는 꽤 작성하고 발표하기도 한 여러 편의 논문과 2019년 10월 법률신문사에서 출판한 "정부조달법 이해 – 독일·한국 이론과 실무"가 고맙게도 2020년 1월 2쇄 출판으로 이어지고 4년 후 박영사에서 "공공계약과 경쟁"이라는 정부조달법 관련 서적을 연이어 출판할 수 있게 되어 무척 벅찬 마음이기도 하다.

회수로 28년간 군법무관으로서 국가와 군에 복무할 수 있었던 것은 무한한 자랑거리이고 이제는 큰 자산이 되었다. 특히 대한민국 군령 최고기관인 합동참모본부 법무실장으로서 국가이익의 각축장으로서 대한민국과 주변국을 조망해 본 경험은 평생 잊을 수 없다. 또, 무기체계 소요결정과 시험평가업무 등 소요기획의 제요소를 실질적으로 경험하면서 조직하여 운영한 '전력소요 및 시험평가연구회'의 초대회장이었던 것은 여전한 자랑이기도 하다. 수사업무, 재판업무, 징계업무, 유권해석업무, 행정업무, 작전법업무는 말할 것도 없고 각종 조달업무까지 다양한 경험을 통합으로써 종합적 문제해결에 사뭇 비교우위가 있다는 자부심을 가져본다. 이런 자부심으로 이끌어 주신 독일 Hamburg 대학의 지도교수이신 Prof. Dr. Stefan Oeter 교수님께는 영원히 갚지 못할 학은을 입었고, 작년에 돌아가신 Hamburg 대학의 Ulrich Karpen 교수님께도 특별한 감사와 존경을 드린다. 방위사업청에서 정부조달 실무와 이론의 간극을 체험하면서 이론적 부족함을 느끼고 있을 때 만난 대한상사중재원의 중재아카데미 과정과 광운대 건설법무대학원은 건설조달과 건설분쟁에 대한 깊은 성찰을 가지게 하였다. 건설법무학 박사과정에서 연구하면서 박상열, 유선봉, 이춘원, 정영철 교수님의 따뜻한 지도를 받았고, 신만중 지도교수님의 큰 격려와 사랑에 힘입어 건설법무학 박사학위도 취득하였다. 큰 은혜 두고두고 감사하며 보답하겠다는 다짐을 해본다. 그리고 보잘것 없는 내용을 좋은 책으로 만들어준 박영사의 조성호 이사님과 장유나 차장님께 특별히 감사하고 싶다.

2020년 3월 변호사로 개업하면서 더욱 바빠진 일정과 쌓인 연구과제에 헤어나지 못하는 남의 편임에도 묵묵히 응원하고 사랑으로 함께 해준 아내 양은희에게 온 마음을 담아 사랑한다고 말하고 싶다. 그리고 그사이 어엿한 사회인이 된 아들 상연과 딸 혜원에게 미안함과 고마움을 섞어 전하며 앞날에 축복을 기원한다. 마지막으로 초등학교 2학년, 필자가 9살에 돌아가셔 추억이 많이 없는 것이 더 서글픈 아버지 故 김권규 님과 그 빈자리를 아랑곳 하지 않고 두 아들을 세상에 훌륭히 내어 놓으시고 몇 해 전 여름에 작고하신 착하고 아름다운 어머니 故 김봉심 님을 기리며 두 분께 이 책을 바친다.

2024년 10월

김진기

추천사

　이 책의 원고를 받아드니 1980년대 초 해군법무관으로서 군 전력증강사업인 '율곡사업'의 해외 무기체계 구매계약 업무를 담당하였던 일이 생각납니다. 당시 우리나라에는 군 조달계약에 관하여 참고할 문헌은커녕 표준계약서조차 없어서 외국의 판매자들이 자신들에게 지극히 유리한 계약서 초안을 제시하면 수차례 협상을 거쳐 공정한 계약조항으로 수정하느라 애쓴 기억이 떠오릅니다. 이제는 공공계약에 관한 많은 저서와 참고문헌이 학자들과 실무가들에게 도움을 주고 있으니 상전벽해가 따로 없습니다.

　지난 3년간 같은 법무법인에서 일하면서 현실에 안주하지 않고 지적 호기심과 열정을 발휘하는 저자를 지켜보는 일이 즐거움이었는데, 이번에 저자의 신간 출판에 추천을 할 수 있게 되어 크게 기쁩니다. 저자는 다년간의 연구와 장기간의 실무 경험을 바탕으로 공공계약 분야의 법적 쟁점을 다각도로 검토하고 체계적으로 분석하여 왔습니다. 그 결과물의 하나로 저자가 이번에 발간하는 '공공계약과 경쟁'은 대한민국의 공공계약 제도와 경쟁 체제에 관한 새롭고 심도 깊은 저술로서 법률 실무자와 정책 입안자들에게 큰 도움이 될 참고서가 될 것입니다.

　저자는 독일 Hamburg 대학에서 법학박사와 LL.M. 학위를 취득하고, 광운대학교에서 건설법무학박사 학위를 받은 학자이자 실무가로서, 단순한 이론적 논의에 그치지 않고, 실질적인 공공계약의 개선과 정책적 함의까지 탐구해 왔습니다. 특히 방위사업청 법무지원팀장, 상임 계약심의위원, 합동참모본부 법무실장, 군사법원장 등을 역임하였을 뿐만 아니라, 조달청, 자치단체, 공공기관 등과의 다양한 법률이슈 해결 경험을 통하여 국방안보와 방위산업 분야는 물론이고 공공계약분야에서 발생하는 다양한 법적 문제들을 직접 해결해 온 풍부한 실무 경험을 가지고 있습니다. 이러한 이론과 실무 양면에 걸친 전문성과 경험은 이 책의 논의를 더욱 깊이 있게 만들고 있으며, 법령과 원칙을 단순하게 설명하는 것에 그치지 않고, 실제 현장의 문제를 드러내고 제도의 발전을 견인할 혜안을 발휘하고 있습니다.

특히, 공공계약 분야에서 필수불가결한 경쟁의 확대에 기여하여야 할 공공계약법제가 오히려 경쟁을 제한하게 되는 문제를 예리하게 지적합니다. 저자는 경쟁제한조치와 관련한 최근 10년간의 대법원 판례뿐 아니라, 최근 5년간의 하급심 판례를 심층적으로 비교·분석하여 법원 해석론의 변화를 드러내고 좀 더 진화된 제도적 논의의 가능성을 제시하고 있습니다. 이를 바탕으로 하여 마련한 제재 이외의 시정(是正)을 조건으로 재참여 기회를 부여한다는 아이디어는 패자부활 기회를 제도적으로 창출하게 됩니다.

더 나아가, 이 책은 공공계약 분야의 분쟁 해결 체계의 한계에도 주목합니다. 전통적으로 공공계약 관련 분쟁은 법원 중심으로 이루어져 왔으나, 공공계약의 전문성과 특수성 등을 반영하지 못함에 따라 법원 판결에 대한 심리적 승복률이 상당히 떨어져 있다고 합니다. 저자는 그러한 문제 해결의 방법으로 가칭 "정부조달심판원"을 설립하여 이 심판원을 중심으로 공공계약의 분쟁 해결과 자율 시정 조치가 가능하도록 하자고 제안하고 있습니다. 저자의 아이디어는 외국의 입법례에 근거하지만 우리나라의 국무총리실 조세심판원을 벤치마킹함으로써 수용성과 적용가능성을 제고하겠다는 실사구시적 제안이라 더욱 의미가 큽니다.

이러한 제안은 단순한 이론적 논의를 넘어, 실질적으로 공공계약법 체계의 개선을 촉구하며, 새로운 분쟁 해결 방안을 제시하는 저자의 탁월한 통찰력을 보여줍니다. 이는 공공계약 분야의 분쟁을 보다 전문적으로, 신속하게 해결하여 공공기관과 기업 간의 법적 분쟁에서 발생하는 시간적·경제적 비용을 줄이고, 나아가 법적 안정성과 예측 가능성을 확보하는 데 중요한 역할을 할 것입니다.

놀라운 것은 저자가 이 책의 탈고와 출판에 이어 정부조달제도와 다르게 인식되는 민자투자제도의 정부조달법제로의 편입 가능성과 민자투자제도의 발전에 관한 전문서적을 준비하고 있다는 깃입니다. 해당 주세에서도 큰 성취를 기대합니다.

아무쪼록 이 책이 공공계약 분야에 대한 깊이 있는 연구와 실천적 방안이 널리 확산되고, 공공계약의 실질 경쟁 확대에 기여하여 더욱 투명하고 공정한 공공계약제도 발전을 위한 새로운 이정표가 되기를 기대합니다.

전 헌법재판소장
법무법인 민주 변호사
이진성

추천사

김진기 변호사의 저서 『공공계약과 경쟁』 출간을 진심으로 축하드립니다. 이 책은 우리나라 공공계약 분야에서 중요한 연구의 성과로 자리 잡을 것입니다. 공공계약에서 경쟁 원리의 중요성을 체계적으로 정리하고, 실무적 적용 사례를 바탕으로 깊이 있는 분석을 시도한 점에서 이 책은 학계와 실무계 모두에게 크게 기여를 할 것으로 기대합니다.

저자는 공직생활 시절부터 학문적 열정과 실무적 통찰력을 두루 갖춘 보기 드문 후배 법무관이었습니다. 20여 년 전 당시 국방조달본부 법무관들과 정부계약법연구회라는 이름으로 정부조달 분야를 공부하던 그 시절부터 국가의 이익을 보호하고 공공계약의 공정성과 투명성을 실현하기 위해 열정적으로 법적 쟁점을 탐구하던 모습이 지금도 선명합니다. 그러한 학문적 열정은 그가 실무가로서도 많은 훌륭한 논문을 발표하게 하였고, 이러한 연구 결과는 공공계약법 분야에서 학문적 논의와 실무적 적용을 연계시키는 중요한 토대가 되었습니다.

특히 김 변호사는 이미 2019년에 법률신문사에서 『정부조달법 이해 – 독일·한국 이론과 실무』라는 저서를 출판한 바 있습니다. 이 책은 전문서적으로서 보기 드물게 출간 3개월 만에 2쇄를 인쇄하는 성과를 거두었으며, 실무와 이론 분야를 아우르는 그의 연구의 깊이와 넓이를 증명한 바 있습니다. 이번 저서 『공공계약과 경쟁』 역시 그의 연구와 실무적 경험이 녹아든 또 하나의 역작으로 평가될 것입니다.

『공공계약과 경쟁』은 단순히 공공계약의 법적 규율을 다루는 것을 넘어서, 공공계약의 경쟁 원리와 이를 통한 공익 실현을 중요한 주제로 삼고 있습니다. 저자는 경쟁의 확대가 공공계약의 경제성을 제공하고, 나아가 국가 재정의 효율적 운용에 기여한다는 점을 강조합니다. 또한, 한국에서 처음 소개되는 소위 '자율시정제도' 도입을 통한 공공계약 분야의 발전 방향에 대한 제언은 모두가 귀 기울여 볼 만한 주제라고 생각됩니다. 이는 단순히 제재를 통한 통제를 넘어, 패자부활의 기회를 부여하여 공정하고 지속 가능한 경쟁 환경을 조성하는 데 기여할 것입니다.

공공계약법은 정책적, 법적, 경제적 요소들이 복합적으로 얽혀 있는 분야로, 저자의 깊이 있는 연구와 방대한 사례 분석은 이러한 복잡성을 해소하는 데 큰 도움을 줄 것입니다. 특히, 저자는 국내외 공공계약 법제와 다양한 판례들을 비교·분석하여 우리나라의 실정에 맞는 정책적 제언을 제시하고 있습니다. 이 책을 통해 공공계약을 둘러싼 다양한 이해관계자들이 직면하는 문제들을 명확히 파악하고, 실질적인 해결책을 찾을 수 있을 것입니다.

또한, 본 저서는 공공계약의 투명성과 경쟁 원칙의 중요성을 재차 강조하며, 공정하고 효율적인 계약 절차가 얼마나 중요한지를 역설합니다. 특히, 군사 분야와 방산 분야와 같은 민감한 영역에서의 법적 쟁점을 다루는 그의 연구는, 향후 국방계약뿐만 아니라 다양한 공공계약 실무자들에게도 중요한 참고자료가 될 것입니다. 이러한 논의들은 국가의 계약정책 수립과 법제 개선을 위한 방향성을 제시하고, 장기적으로 공공계약의 신뢰성을 높이는 데 기여할 것입니다.

저자는 단순히 법률적 규율을 탐구하는 연구자로서 뿐만 아니라, 공공계약의 경쟁 원리와 공익 실현이라는 목표를 동시에 추구하는 실천적 실무가입니다. 이번 저서를 통해 그가 제시한 자율시정제도의 필요성과 공공계약의 지속 가능한 발전을 위한 방안들은 공공계약 분야의 법제도와 정책을 새롭게 정립하는 데 기여할 것입니다.

끝으로 소박한 연구회로 시작하여 2024년 5월 정식 학회로 발전한 한국공공계약법학회가 저자의 이번 저서를 비롯한 여러 값진 연구성과들을 토대로 하여 우리나라 정부조달 분야 발전에 더욱 크게 기여하는 핵심 연구 및 실무가 단체로 발돋움하게 되기를 기원합니다.

전 고등군사법원장
전 한국조정학회 회장
전 한국공공계약법연구회 초대회장
변호사 최재석

차례

▎제3절 독일 정부조달법상 자율시정제도의 시사점 ——————— **234**

제4장　한국식 자율시정(Self-Cleaning) 제도의 도입 검토　251

제1장

서론

연구배경 및 목적

대한민국헌법은 다양하고 체계적으로 국가의 과제와 임무를 제시하고 있다. 헌법 전문부터 포괄적이지만 단호하고 명확하게 대한민국이 지향하는 목표와 임무 그리고 그 방향을 제시한다. 국가는 헌법과 법률에서 부여한 임무 수행을 위하여 다양한 정부조직과 기관을 두고 있으며 그 층위를 달리하여 지방자치단체와 공공기관을 두어 그 임무 수행에 만전을 기하고 있다. 국가가 국가에 부여된 임무 그리고 다양한 과제를 수행하기 위해서는 그 임무와 과제가 다양하고 중요해질수록 필요한 재화와 용역의 양과 범위 또한 기하급수적으로 증가한다.

국가가 자신의 임무와 과제를 수행하기 위하여 필요적으로 소요되는 재화와 용역을 취득하는 것을 정부조달이라고 한다.[1] 정부조달은 주된 형식이 계약에 의하는데, 민간의 필요에 따른 사적 영역에서 체결되는 "사적 계약"과 구별된다고 하며 공공성과 공정성을 중요한 특징으로 하는 "공공적 계약"을 규정하는 법체계라고 하는 데는 대체적으로 이론과 실무의 큰 차이는 없다. 따라서 정부조달시장에서 체결되는 계약을 정부조달계약이라고 하며, 정부조달시장에서 준수하여야 하는 각종 규범과 절차

---

1) 정부조달을 포함한 다양한 용어에 대하여는 박정훈, 『행정법의 체계와 방법론』(법문사, 2005), 170-171면; 정원, 『공공조달계약법 I, II』(법률문화원, 2016); 김대인, 『행정계약법의 이해』(경인문화사, 2007) 각 참조; 이와 관련하여 이 책의 본문에서는 정부조달계약과 공공계약을 혼용하여 사용하고 있음을 밝혀둔다.

를 통칭하여 정부조달법(혹은 정부조달법체계)이라고 한다.[2]

　다만, 대한민국 법원은 오래전부터 국가나 지방자치단체가 당사자가 되어 체결하는 계약을 사적 자치가 지배하는 사법상 계약이라고 하였고,[3] 정부조달 관련 각종 법규정은 계약담당공무원이 준수하여야 할 내부 규정에 불과하므로 공무원이 이를 준수하지 않음으로써 내부 징계를 받는 것은 별론으로 하고, 법규와 다르게 체결된 조달계약이라고 하더라도 원칙적으로 그 효력에는 아무런 지장이 없다는 것이다.[4] 결국

---

2) 정부조달법이라는 용어와 관련하여 조달법의 다양한 국면과 양상에 따라 행정조달, 공공조달 등의 여러 개념이 사용되고 있으나 여기서는 정부조달이라는 개념을 주로 사용하고 공공조달이라는 용어를 필요에 따라 사용하겠다. 그 이유는, 대한민국 정부조달의 기본법인 국가를 당사자로 하는 계약에 관한 법률의 제정 취지와 연원을 고려하고, 예산회계법에 속하였던 정부조달 규정이 독립된 법률로 탄생하게 된 중요한 요인으로서 세계 무역 기구의 "정부조달협정" 발효 상황 그리고 무엇보다 유엔국제거래법위원회가 제시하는 국제적인 조달규정의 전범 명칭 또한 정부조달모델법(UNCITRAL Model Law On Public Procurement)이라는 점 또한 중시하지 않을 수 없다. 결국 "정부조달법"이라는 용어는 이 분야 글로벌 스탠다드(global standard)로 자리 잡은 용어라고 본다. 그러나 우리나라에서는 논자에 따라 정부조달계약법이라고 칭하기도 하거나, 그 외에도 정부계약법, 국가계약법, 공공조달계약법, 행정조달법, 행정계약법 등 다양한 용어를 사용하고 있다.

3) 대법원 1983. 12. 27. 선고 81누366 판결에 의하면 "예산회계법 또는 지방재정법에 따라 지방자치단체가 당사자가 되어 체결하는 계약은 사법상의 계약일 뿐, 공권력을 행사하는 것이거나 공권력 작용과 일체성을 가진 것은 아니라고 할 것이므로 이에 관한 분쟁은 행정소송의 대상이 될 수 없다고 할 것이다"라고 하고 있다.

4) 대법원 2001. 12. 11. 선고 2001다33604 판결에 의하면 "국가를 당사자로 하는 계약에 관한 법률은 국가가 계약을 체결하는 경우 원칙적으로 경쟁입찰에 의하여야 하고(제7조), 국고의 부담이 되는 경쟁입찰에 있어서 입찰공고 또는 입찰설명서에 명기된 평가기준에 따라 국가에 가장 유리하게 입찰한 자를 낙찰자로 정하도록(제10조 제2항 제2호) 규정하고 있고, 같은법 시행령에서 당해 입찰자의 이행실적, 기술능력, 재무상태, 과거 계약이행 성실도, 자재 및 인력조달가격의 적정성, 계약질서의 준수정도, 과거공사의 품질정도 및 입찰가격 등을 종합적으로 고려하여 재정경제부장관이 정하는 심사기준에 따라 세부심사기준을 정하여 결정하도록 규정하고 있으나, 이러한 규정은 국가가 사인과의 사이의 계약관계를 공정하고 합리적·효율적으로 처리할 수 있도록 관계 공무원이 지켜야 할 계약사무처리에 관한 필요한 사항을 규정한 것으로, 국가의 내부규정에 불과하다 할 것이다. (중략)... 계약담당공무원이 입찰절차에서 국가를 당사자로 하는 계약에 관한 법률 및 그 시행령이나 그 세부심사기준에 어긋나게 적격심사를 하였다 하더라도 그 사유만으로 당연히 낙찰자 결정이나 그에 기한 계약이 무효가 되는 것은 아니다"라고 하고 있다.

정부조달법규와 다르게 체결한 계약도 유효하다는 것이다. 이 부분에서 정부조달행위의 사법으로의 도피에 대한 심각한 염려가 발생하고, 법원이 합헌적 법률해석을 충실히 하고 있는가에 대한 우려가 없지 않다.

계약은 당사자들 사이에서 반드시 지켜져야 한다는 당위(pacta sunt servanda)를 언급하지 않더라도 이를 전제하고 체결하는 것이지만, 개인의 필요가 아닌 공공의 필요를 담보하기 위하여 정부조달분야에는 특별한 계약규범 준수 제도를 법률로 마련하고 있다. 즉, 정부조달법은 올바르지 않은 시장참여자에 대한 패널티(penalty) 시스템을 보유하고 있는데, 그 패널티 시스템을 흔히 부정당제재라고 하고 그 제재의 방법은 과징금부과와 입찰참가자격제한이 대표적이다.

여기서 상당한 혼란이 야기된다. 정부조달 관련 각종 법규정을 계약담당공무원이 준수하여야 할 내부 규정에 불과하다고 한 우리 대법원의 선언과는 달리 계약상대방도 조달법규를 반드시 준수하여야 하고 그러하지 않는 경우에는 입찰참가자격제한이나 과징금 처분까지 부과될 수 있도록 하고 있는 것이 현실이다. 그렇다면, 정부조달 관련 각종 법규정을 계약담당공무원이 준수하여야 할 내부 규정이라고만 할 것이 아니라 정부조달발주자와 참여자 모두가 정부조달시장에서 준수하여야 하는 각종 규범과 절차를 통칭하여 정부조달법(혹은 정부조달법체계)이라고 정의하는 것이 옳다고 본다.

정부조달은 국가 등이 시장에서 개별 시장참여자인 국민과 계약을 체결함으로써 구체화 되는데, 계약의 상대방을 선정하는 방법으로는 그 재원인 세금을 납부한 국민 모두에게 계약참여의 기회를 제공하는 입찰의 형식으로 진행하는 것을 원칙으로 한다. 결국 시장참여자에 대한 패널티인 입찰참가자격제한은 부정당한 개별 국민을 정부조달시장에 원천적으로 참여하지 못하게 한다. 정부조달법은 공익의 추구라는 다양한 관점에서 이를 허용하고 있다.[5] 정부 등이 발주하는 계약의 상대방이 경쟁의 공

---

5) 공공조달계약의 투명성, 공정성, 경쟁성과 같은 공익적인 가치를 추구함에 있어서 매우 중요하다고 보는 견해로는 김대인, "공공조달계약과 공익– 계약변경의 한계에 관한 우리나라와 독일법제의 비교를 중심으로 –", 행정판례연구 22-2집(2017) 제1권, 187면 이하.

정한 집행이나 계약의 적정한 이행을 해칠 염려가 있는 행위를 한 경우에는 해당 계약 상대방을 1월 이상 2년 이하 기간 동안 정부가 발주하는 모든 입찰에 참여할 수 없도록 함으로써 입찰참가자격제한은 조달시장의 공공성과 공정성을 담보하는 대단히 실효적인 패널티로 간주되지만, 제한을 받게 되는 계약상대방에게는 회사의 사활적 이익과 관련된 엄중한 침익적 조치로 인식된다.

이러한 이중적 관점이 존재하므로 이에 대한 균형적 관점에서 공공성과 공정성에 입각한 정부조달계약의 실효적 유지 및 관리를 위한 입찰참가자격제한 제도의 필요적 존재의의가 폄훼되어서는 안 되지만 또 한편으로는, 입찰참가자격제한 조치로 배제되지 않았으면 시장에 참여하여 경쟁을 확대할 것이 명백한 정부조달시장의 시장참여자를 실질적으로 배제시킴으로써 정부조달시장이 본질적으로 요청하고 있는 경쟁을 약화시킨다는 치명적 한계 또한 간과하여서는 아니 된다. 따라서 실질적 경쟁 확대의 관점에서 가급적 참여배제를 최소화하는 광범위한 조치가 필요하다고 본다.

더불어 정부조달계약 관계에 있어서의 공정성과 적법성 확보를 위해 발주기관이 계약위반 상대방에 대해 어느 정도의 제재를 부과하는 것은 일응 타당하나 일반 계약 관계에 비추어 볼 때 발주자에게 지나치게 우월한 지위를 부여하는 것은 문제가 아닐 수 없다. 경험 없는 계약상대방은 입찰참가자격제한 처분이라는 제도 자체가 있는 것조차 알지 못하는 경우도 상당히 많다. 무엇보다 우리 법원이 정부조달계약을 사적 자치의 영역인 사법(私法) 계약이라고 함에도 계약의 당사자인 사법(私法) 주체로서 국가의 모습인 국고(Fiskus)가 계약체결과 이행과정에서 갑작스레 입찰참가자격제한이라는 국가권력을 들고 나오는 모습은, 우리 법원이 정부조달계약에 대하여 상정하고 있는 사법상 계약의 거래상대방이었던 개인이나 기업으로서는 언필칭 갑작스런 국가 대 국민으로 변화된 공법관계로의 상황전개에 결코 쉽게 납득되지 않는 것이 오히려 자연스러워 보인다.

그러한 가운데 대한민국 정부조달시장은 입찰참가자격제한 사유를 지속적으로 확대시켜 오고 있다. 이러한 방향은 그렇지 않아도 수요독과점적 경향이 대단히 강한 정부조달시장을 공급측면의 과점현상을 지속적으로 강화시킬 수 있다는 우려를 현실화시키고 있다. 예컨대, 대규모 다목적 댐건설, 원자력발전소 건설, 우주발사체 개발 사업, 스마트시티 등 혁신도시 건설 또 무기체계 개발 분야 등을 살펴보면 이러한 분야는 국가만이 수요자인 수요독점시장이고, 공급측면을 검토해 보아도 이런 사업을 담당할 만한 기업도 대단히 소수에 불과하거나 어떤 경우에는 해당하는 특정 기업만이 공급할 수밖에 없게 되어 결국 수요와 공급 모두 독점인 시장으로 변질될 수 있다. 독점시장의 폐해는 국민경제에 치명적 독이 되는 것은 당연하다.

그 외에도 대한민국은 국가간 재화와 용역의 거래인 무역을 경제성장의 핵심 동력으로 삼고 있는 전형적 무역국가이다. 정부조달시장은 정부조달협정(Government Procurement Agreement, 이하에서는 'GPA'라 한다)과 자유무역협정(Free Trade Agreement, 이하에서는 'FTA'라 한다) 등에 따라 전세계적으로 공개되어 있다.[6] 대한민국 정부기관이 한국의 수출기업에 대한 입찰참가자격제한 처분은 해당 수출기업이 외국정부 조달시장에 참가가 제한되는 사유로 작용하게 될 가능성이 대단히 크다. 대한민국의 가장 큰 해외시장의 하나인 미국과 유럽의 정부조달시장에서는 부정당제재로 입찰참가자격제한 중인 한국 기업이 외국 정부조달시장에서 낙찰될 가능성은 거의 없다. 이 시장에서는 낙찰심사 과정은 커녕 입찰에 참여조차 할 수 없도록 하고 있다. 이 국면에서 왜 우리가 입찰참가자격제한제도에 대한 국내적 관점과 시야를 벗어나야 하는지를 깨닫게 된다.

또 입찰참가자격제한은 1월에서 2년의 기간을 정하여 부과하지만 제한기간 이후에도 그 여파는 상당기간 지속된다. 제한기간 종료 후에도 적격심사 등 각종 정량적 평가 요소에 상당한 기간 동안에도 입찰참가자격제한 처분을 받은 경우 등에는 일정한 점수를 감점하도록 하여 사실상 입찰참가자격제한 기간을 실질적으로 연장시키는 것이 실무 현실례이다.

성실하였음에도 성공하지 못한 실패를 자랑할 수 없고 부족함에서 비롯된 잘못에 대하여 공개적으로 인정하고 용서를 구하지 못하는 사회는 미개한 사회이고 무서

---

6) 물론 가입국의 유보 조항 제출에 따라 상당한 제한이 있는 정부조달시장 참여 기회이지만 대한민국 기업으로서는 외국 정부조달시장 참여에 적극적으로 문을 두드려야 할 것이다.

운 사회이며 발전을 장담할 수 없는 사회이다. 우리 사회가 지금껏 견지해온 한 번 잘못한 낙인이 찍히면 어디든 쉽게 발붙일 수 없는 '패자몰락(敗者沒落) 승자독식(勝者獨食)'의 사회적 병리현상이 정부조달시장에도 엄연한 현실이 되어 있다. 부디 이러한 현실을 타개하고 낙인 찍혀진 기업에게 패자부활의 기회를 부여할 제도를 마련할 필요가 절실하다고 본다.

이상과 같이 입찰참가자격제한의 다양한 순기능을 감안하더라도 실질경쟁 감소, 독과점 양산, 국제조달시장 참여 제한 효과, 승자독식 패자몰락의 낙인효과 등의 문제를 개선하고 좀 더 바람직한 경쟁시장으로서의 정부조달시장 생태계를 만들기 위한 제도개선은 절실히 필요하다.

이러한 개선을 위해서는 정부조달제도 전체를 관통하는 조달계약의 법적 성격에 대한 새로운 검토를 비롯하여 입찰참가자격제한의 본질적 취지와 목표를 명확히 해야 할 것이고 정부조달제도의 기본원칙을 재정립하여야 하며 그 원칙간 견제와 조정 그리고 조화적 해석의 방법까지 고민해 보아야 할 것이라는 어렴풋한 중압감에 압도되기도 하였다. 한편, 그러한 제도개선의 한 방법으로서 입찰참가자격제한 사유에 따른 패널티 집행의 법적 근거와 절차 운영 그리고 가중 및 감경 방법 등 입찰참가자격제한 처분의 집행에 대한 논의와 함께 이러한 제한사유에 해당하는 기업이라고 하더라도 입찰참가자격제한을 하지 않고 입찰에 참여할 수 있도록 하는 새로운 길인 "자율시정제도"를 운영하고 있는 EU 및 독일의 제도를 충분히 검토하여 대한민국 입찰참가자격제한 제도의 개선방안으로 제안하고자 한다.

연구방법과 범위

정부조달제도와 국가보조금제도는 정부지출의 가장 중요한 도구이자 수단이다. 특히 경쟁시스템을 기본축으로 하여 설계된 정부조달제도는 공정, 투명, 평등(차별대우금지) 등의 고전적 기본원칙에 더하여 정부정책의 전략적 조달을 가능하게 하는 혁신, 중소기업우대, 사회적 배려 등의 다양한 가치와 정책을 국민경제에 구체적으로 반영하고 있다. 무엇보다 정부조달액수 자체가 국민경제적 영향과 중요성을 결코 무시할 수 없기도 한데, 2020년 이후 대한민국의 정부조달액수는 대략 200조 원에 달한다.[1] 그러나 국제기구가 조사한 일반적 국가의 평균 정부조달액수가 국내총생산(GDP)의 약 10~15%라고 하는 것에 비하면 대한민국은 여전히 정부조달시스템이 과소적으로 운영되고 있다.[2] 이러한 현상의 여파인지 명확하지는 않으나 적지 않은 정부조달액수에 따른 실무적인 관심에도 불구하고 여전히 공공조달제도의 기본원칙과 근거 그리고 복잡하게 나열된 관련규정에 대한 체계정합적 논의와 이론적 연구는 절대적으로 부족하다고 본다.

부정당업자의 입찰참가자격제한에 대한 기존의 연구결과도 이러한 평가와 다르지 않다. 대체로 기존 연구는 부정당업자의 입찰참가자격제한제도를 유형별로 검토

---

1) 조달청 통계자료, 〈https://www.pps.go.kr/kor/bbs/list.do?key=00664〉

2) WTO 홈페이지, 〈https://www.wto.org/english/tratop_e/gproc_e/gproc_e.htm〉 (2022. 6. 10. 방문)

하거나 제한의 효과가 기업에 큰 어려움을 주고 있는 점에 착안한 제한사유 축소와 그 기간 경감을 중심으로 한 개선방안에 관한 논문이 다수였고, 다만 구체적인 노동 정책과 연계한 논문은 눈에 띄는 것이었다.[3] 기존 연구는 주로 입찰참가자격제한제도 자체를 주로 다루고 있으며 입찰참가자격 제한사유가 존재함에도 입찰참가를 고려해 보는 대안을 제시하고 있는 논문은 찾아볼 수 없었다.

또한, 입찰참가자격제한조치의 개선방안으로서 부정당제재 실효성 강화 방안의 하나로서 입찰자격제한조치에 대한 불복절차에 초점을 맞추어서 집행정지 관련 소 송법제 개선의 한계, 조달사업 입·낙찰 평가 등 강화 방안 등을 통해 입찰자격제한조 치의 실효성강화에 중점을 두고 있는 연구도 충분히 평가할 만하나[4] 일부 기업의 사 례를 전체 기업에 적용함에 따른 왜곡된 시각도 없지 않아 보인다. 왜냐하면, 1년 이 상의 입찰참가자격제한조치는 기업으로서는 사실상 사망선고나 다름 없는 것이므로 법과 제도가 허용하고 있는 사법부를 통한 입찰참가자격제한 처분의 집행정지를 통 한 입찰참가제한 효력정지는 우리나라에 법치주의가 온전히 작용하고 있는 방증이 기도 하다.

뿐만 아니라 입찰자격제한조치에 대한 대체강제수단을 도입하는 방안을 제시하 고 있는 논문으로 입찰자격제한조치를 원칙으로 하면서 예외적으로 과징금부과와 위 반정도에 따른 감경할 수 있는 합리적인 기준으로 마련하도록 하여 조달의 용이성을 확보하는 동시에 산업정책적 실리를 취하는 입장을 도출한 연구가 있었고,[5] 이러한

---

3) 문일환, "국가계약법상 부정당업자 입찰참가자격 제한에 대한 고찰", 법학연구 제60권 제3호 (2019), 통권 101호, 부산대학교 법학연구소, 1면; 김병일, 회사 분할과 제재사유 및 제재처분 효 과의 승계: 국가계약법상 입찰참가자격 제한처분을 중심으로, 고려대학교 대학원 2020; 김민창/권 순조, 공공조달 부정당업자 제재제도의 주요 쟁점과 개선방안, 2015. 12. 10., 국회입법조사처; 김 태완, "지방계약법상 부정당업자입찰참가자격제한 제도의 개선방안에 관한 연구- 실무운용과정에 서의 제도적 미비를 보완하기 위한 입법론적 방안을 중심으로 -", 지방자치법연구 제11권 제1호, 통권 29호(2011), 75면; 김기선 등 7인, 공공조달과 노동정책의 연계- 공공조달계약을 통한 저임 금근로 해소방안-, 한국노동연구원 2013.
4) 김대식 등 6인, 부정당제재제도 실효성강화 방안 연구, 한국조달연구원, 2016. 10.
5) 김태완, "지방계약법상 부정당업자입찰참가자격제한 제도의 개선방안에 관한 연구- 실무운용과정

연구결과 등을 바탕으로 입찰참가자격 제한조치 이외의 과징금부과 제도가 탄생하기에 이르렀다.

그 외에도 공공건설공사 중에서 특별히 입찰담합 실태 및 요인을 살펴보고, 현행 입찰담합 제재시스템의 현황과 문제점을 분석하고, 제재시스템의 실효성을 확보하기 위한 개선방향에 대한 연구도 제재의 강화를 중심에 두고 있는 선행연구로 평가할 수 있다.[6]

그러나 이러한 연구결과들은 추상적인 해석론과 입법적인 부분에서 기본적인 시각을 제공하고 있으나 입찰참가자격제한 제도의 운영상 드러난 문제점들과 입법적 한계에 대한 새로운 시각과 제도적 개선을 제시하지는 못하고 있는 것으로 보인다. 무엇보다 과징금부과 제도가 시행 이후에도 충분히 활용되지 못하고 있는 것이 제도 개선방향의 한계가 아니었나 하는 평가를 해 본다.[7]

결국 유럽제국에서 시행하고 있는 입찰참가자격제한 제도에 대한 "또 다른 길"로서 입찰참가자격제한사유가 있는데도 입찰에 재참여의 기회를 부여하는 자율시정과 같은 제도적 구상이나 구체적인 해결방법 등에 대한 비교법적인 분석과 판례의 검토연구는 현저히 부족하다. 또한 위 연구들은 입찰참가자격제한조치에 대한 실효성강화 또는 처벌중심의 개선방안을 다루고 있으며, 이러한 방안에 대한 각 제도의 역기능에 대한 문헌조사 및 연구가 충분히 되지 못하고 있다.

이와 아울러 여전히 입찰참가자격제한은 처분으로서 기업활동의 자유나 경쟁에 대한 공공의 이익에 대한 근본적 고민이 부족하고 그 집행의 관점에서도 비례성원칙

에서의 제도적 미비를 보완하기 위한 입법론적 방안을 중심으로 -", 지방자치법연구 제11권 제1호, 통권 29호(2011), 75면.

6)　이천현 등 10인, 공공공사 입찰담합 제재의 중복문제 개선 및 실효성 확보방안 연구, 한국형사정책연구원, 2014. 11; 신영수, "최근 건설입찰담합의 원인과 제재에 관한 법적 쟁점", 경쟁저널 제179호(2015년 3월), 24면 이하 참조; 기타 이와 관련한 독점규제법적 이슈에 대하여는 권오승/서정, 『독점규제법 이론과 실무』(법문사, 2022) 및 정재훈, 『공정거래법 소송실무』(육법사, 2023).

7)　이러한 평가에 따라 2023년 7월 기획재정부의 과징금부과심의위원회는 폐지되고, 과징금 부과 권한은 각 기관의 장에게 부여되었다.

을 고려하여 자율시정제도와 같은 취지의 제안이나 개선 논의는 찾아보기 어려운 상황이다. 자율시정과 관련하여 기업의 전문성과 신뢰를 보장하고 전체적으로 전문성에 대한 확고한 인정 그리고 그에 대한 자정적 노력을 거버넌스화하는 것의 국가사회적 긍정적 효과에 대해 강조하는 연구가 절실히 필요하다고 본다.

이를 위해 일단 입찰참가자격제한조치에 대하여 필요한 범위만큼은 살펴보아야 할 것이다. 어떠한 요건에서 입찰참가자격제한이 허용되는지 그리고 입찰참가자격제한조치의 한계는 무엇인지를 살펴보고 어느 범위까지 공공의 이익을 추구하기 위해 입찰참가자격제한이 가능하고 또 적용될 수 있는지를 문헌을 중심으로 검토한다. 이러한 입찰참가자격제한의 경우 특히 헌법상[8] 그리고 경쟁법상의 관점[9]에서 주로 설명하되 결국 그 개선의 단초는 비교법적 참고를 주로 할 것이다. 그 핵심은 자율시정제도이다.

이 책에서는 자율시정제도의 비교법적 분석을 통하여 입찰참가자격제한제도의 부작용과 소송증가에 따른 법원의 부담에 따른 분쟁을 미연에 방지할 수 있도록 하고, 정부조달의 중요한 원칙으로서 경쟁의 회복과 활성화를 위한 대응방안을 제시하여 궁극적으로 국민의 권리보호에 기여하고자 한다. 아울러 연구의 전개방향을 판례에서 제시되는 다양한 논점을 점검하되 해석론과 입법론으로 나누어 분석하고 우리나라에 자율시정제도의 도입방안을 제시하고자 한다. 이를 위해 입찰참가 제한조치를 취하고 있음에도 자율시정제도를 함께 운영하고 있는 유럽연합의 지침과 독일의 국내법적 수용에 따른 입법적 해결에 대한 내용과 보완사항을 함께 검토하겠다.

---

8) 국내 입찰참가자격제한제도의 위헌여부에 대해서는 허현, "부정당업자의 입찰참가자격제한에 관한 법적 문제", 법제 2014권 3호, 2014, 123-152면; 독일의 입찰참가자격제한의 헌법상의 분류에 대한 논의에 대해 자세한 것은 Battis/Kersten, Die Deutsche Bahn AG als Untersuchungsrichter in eigener Sache? – Zur Verfassungswidrigkeit der "Verdachtssperre" in der Richtlinie der Deutschen Bahn AG zur Sperrung von Auftragnehmern und Lieferanten vom 4. 11. 2003, NZBau 2004, 303; Pietzcker, Die Richtlinien der Deutsche Bahn AG über die Sperrung von Auftragnehmern, NZBau 2004, 530.

9) 이러한 관점에 대해서는 김진기, 『정부조달법 이해』(법률신문사, 2019), 77면 이하.

유럽 전역은 범죄를 저질렀거나 또 다른 이유로 신뢰할 수 없는 것으로 판명된 입찰참여후보자 또는 입찰자를 공공조달절차 참여 자체가 제한되도록 제도를 운영하고 있다. 이러한 입찰참가자격제한 권한은 유럽 공공조달지침에 명시되어 있으며 범죄행위, 직업상의 부정행위 및 그와 유사한 규정준수 위반으로 인해 후보자의 도덕성에 현저한 의심이 있다고 생각되는 입찰참여후보자는 정부조달계약을 수주하기에 부적합하다는 전제에 기초하고 있다. 하지만 그와 반대로 입찰참여가 제한되는 사유를 유발한 기업임에도 불구하고 입찰에 참여할 수 있는 제도를 함께 운영하고 있음에 주목하여야 한다. 기업의 자율시정조치에 따른 입찰재참여 가능성 회복은 청렴성을 회복하기 위한 행위가 아니라, 이전의 부정행위에도 불구하고 특정한 계약에 대한 신뢰성에 문제가 없음을 입찰자가 증명함으로써 입찰에 참여할 수 있도록 설계된 절차이다.[10] 바야흐로 글로벌 경쟁시스템인 국제정부조달시장에서 대한민국 기업만이 결과적으로 비교열위에 있지 않게 하기 위해서라도 대한민국 정부조달제도 또한 이러한 유럽각국의 입법례와 조화로운 방안을 모색하는 것이 중요하다.

EU와 회원국의 사례를 살펴보면, 성공적인 자율시정을 위하여 유럽지침 2014/24의 제57조 제6항 제2호에 명시된 세 가지 조건, 즉 1) 손해배상, 2) 조사당국과의 적극적인 협력, 3) 적절한 인력배치의 이행 등 추가적인 부정행위를 피하기 위한 기술적 및 조직적 조치를 제안하고 있다. 하지만 그 구체적 시행방법은 회원국 자율에 맡기고 있다. 유럽지침이 제시하는 세 가지 조건 중 하나만 충족하면 자율시정조치로 충분하다고 한 국가로는 체코, 이탈리아, 루마니아 및 네덜란드를 들 수 있다. 스페인은 두 가지 조건을 충족하면 자율시정을 완수하였다고 평가한다. 그러나 이러한 세 가지 기본조건을 공식적으로 요구하지 않는 국가라 하더라도 기업이 세 가지 전제를 모두 이행하면 성공적인 자율시정으로 이어질 가능성이 더 높아질 것은 두말할 나위 없는 것이다.[11] 위에서 제시한 국가들 이외의 국가들은 EU지침이 제시하는 세 가지 조건 모두를 충족하는 것을 전제로 입찰참가자격제한 사유에 해당하더라

---

10) Roth, Selbstreinigung und Wiedergutmachung im Vergaberecht, NZBau 2016, 672(674).
11) Dentons, Guide to Self-Cleaning in European Public Procurement Procedures 2021, p.7.

도 입찰 재참여의 기회를 획득할 수 있도록 하고 있다.[12]

특히 독일은 판례를 통하여 자율시정제도의 가능성을 일반적으로 인정하는 전통을 가지고 있었으나[13] 유럽지침에 따라 자율시정에 대한 명확한 법적 요건을 제시하고 구체화하였다.[14] 그런 의미에서 독일 경쟁제한방지법(Gesetz gegen Wettbewerbsbeschränkungen, 이하 'GWB'라고 한다) 제125조는 이전 공공조달법에서 전례가 없는 완전히 새로운 규정이다.[15] 이 규정은 유럽연합차원에서 처음으로 이러한 제도의 입법화를 한 2014/24/EU지침의 제57조 제6항을 발전시킨 것이기도 하지만, 다른 회원국보다 모범적인 제도화를 하고 있을 뿐만 아니라 새로운 입법에 대한 체계적 논의와 판례이론의 축적을 선도하고 있다.[16] 이러한 독일 자율시정제도의 조건 그리고 명확한 한계에 대한 검토와 법리를 검토하고 최근 이와 관련한 독일 판례들을 비교 분석하여 선행연구에는 없는 새로운 분석을 하고자 한다.

이 책은 대한민국 입찰참가자격제한에 덧붙여진 회고적, 반성적 또는 '과거적'이기도 한 행위에 대한 제재적 성격으로부터 벗어나기를 시도하고 있는 것이다. 자율시정제도의 영역에서는 과거 부정행위의 결과를 제거함으로써 회사의 도덕성 또는 신뢰성을 회복하는 동시에 미래에 대한 이러한 도덕성과 신뢰를 보증하는 조치임을 특별히 강조한다. 이러한 자율시정적 조치의 도입은 공법상 중요한 원칙인 비례성원칙의 결과라는 점을 제시하고 비례성 확보야말로 제도 도입의 필연적인 결과이자 귀결이라는 점을 말하고자 한다.

뿐만 아니라 기존 연구 일부에서 제시하고 있는 유럽연합과 독일의 자율시정제도

---

12) 이러한 상황은 자율시정에 대한 유럽연합 규율체계의 구체적 적용이 회원국마다 다르다는 것을 보여주고 있는데, 유럽국가들이 각자 자율시정을 다루는 입법적 방법에 대한 개요를 제공하는 문헌으로는 Guide to Self-Cleaning in European Public Procurement Procedures 2021.

13) Gesetzentwurf der BReg BT-Drucks. 18/6281 S. 107.

14) Gesetzentwurf der BReg BT-Drucks. 18/6281 S. 107; OLG Düsseldorf v. 9.4.2003 - Verg 43/02 NZBau 2003, 578; OLG Frankfurt v. 20.7.2004 - 11 Verg 6/04 VergabeR 2004, 642 = ZfBR 2004, 822; OLG München v. 22.11.2012 NZBau 2013, 261.

15) Opitz in: Burgi/Dreher § 125 Rn. 2.

16) Gesetzentwurf der BReg BT-Drucks. 18/6281 S. 107.

의 시행에 대하여 단순한 정보로 전달하거나 소개하는 것을 넘어 독일에 상당히 축적된 연구결과와 독일 법원의 의미 있는 판례들을 조사하여 제시하겠다. 이러한 점에서 본 연구는 새로 개정된 독일의 경쟁제한방지법(GWB) 제125조에 따른 자율시정의 요건과 한계에 대한 판례들의 시사점을 객관적으로 도출함으로써 우리나라에 직접 적용할 수 있는 방안의 하나로서 검토하는 데 의의를 둔다.

　이를 위해 정부조달제도의 중요성과 제도의 취지를 구현하기 위한 기본원칙들을 제시하고, 이러한 정부조달의 취지에 반하는 참가자에 대한 강력한 패널티로서 자리매김하고 있는 입찰참가자격제한 제도의 연원을 포함한 대한민국 입찰참가제도의 변천사를 간략히 정리하고, 향후 어떠한 방향으로 진행하는 것이 바람직할 것인지에 대한 논의 그리고 입찰참가자격제한에 대한 법적 근거들을 살펴보고 어떠한 요건에서 입찰참가자격제한이 허용될 수 있는지를 다룬다. 아울러 조달의 경쟁법적인 이익과 기본권 보장의 조화를 위해 실무의 개별사례에서 드러난 해석론적인 문제를 함께 살펴 입찰참가자격제한제도의 국내법적 규율 상황과 문제점들을 검토한다. 여기에는 최근 10년 이래의 관련 대법원 판례와 최근 5년 이래의 하급심 판결을 근거로 동향과 그 유형을 분석하였고, 이를 통해 현행 입찰참가자격제한에 대한 새로운 대안 제시의 필요성을 강조하였다(제2장). 이러한 새로운 대안이자 구체적 입법개선방안으로 입찰참가자격제한에 관한 자율시정제도에 주목하였다. 자율시정제도의 아이디어는 미국의 administrative agreements라는 유연한 제도에서 찾을 수 있으나 유럽연합은 이를 더 발전시켜 구체적인 정부조달지침으로 마련하였고, 유럽연합집행부는 회원국에도 적용할 것을 제안하여 각 회원국으로 하여금 2016년 4월까지 국내 집행법을 마련하도록 요청한 바 있다. 여러 회원국이 개별 국가의 여건에 맞는 자율시정제도를 구현하고 있지만 독일정부조달법이 가장 체계적이고 엄정하며 구체적 실무규정까지 마련하여 유럽연합국가 중에서는 가장 모범적으로 운영되고 있다. 따라서 이 장에서는 특별히 독일의 규율과 현황에 대해 심층적으로 살펴본다(제3장). 하지만 이러한 독일의 상황에도 여전히 불비하고 미흡한 부분이 없지 않아 보인다. 그럼에도 불구하고 이러한 비교법적 검토와 논의를 바탕으로 대한민국 입찰참가자격제한 제도

운영에 새로운 게임체인저로서 가장 현실적이고 체계적이며 희망적인 대안(代案)이라고 생각되는 독일식 자율시정제도를 대한민국 현실에 맞게 도입할 것을 제안함은 물론이고 구체적 법제화를 위한 논의를 제시해 본다. 이 기회에 정부조달의 다양한 분쟁에서 단연 압도적 다수를 점하고 있는 재판을 통한 분쟁해결에 대한 공과(功過) 판단을 극복하고 정부조달분야의 새로운 분쟁해결 기능을 보유한 한국식 자율시정기구의 설치를 제시하겠다(제4장). 마지막으로 내용을 정리하고 새로운 이슈와 검토사항을 여론(餘論)의 형식으로 제시하며 결론을 맺겠다(제5장).

제2장

입찰참가자격제한의 국내법적 규율과 문제점

이 장에서는 국가를 당사자로 하는 계약에 관한 법률(이하 '국가계약법'이라 한다) 제27조 및 같은 법 시행령 제76조에 규정된 입찰참가자격제한제도의 도입 연원과 개정 경과 그리고 전반적 현황을 개괄적으로 살펴보겠다.

입찰참가자격제한의 법적근거와 요건 그리고 제한조치에 대한 법적 구제방법까지 검토하되 평면적, 나열적 서술을 지양하고 제도 운영간 드러난 위헌성 혹은 실무의 운용상 문제 등에서도 제도의 개선방안 도출을 염두에 두고 서술하겠다. 특히 입찰참가자격제한과 관련한 최근 10년 이래의 대법원 판례와 최근 5년 이래의 하급심에서 다루어진 판결의 동향과 유형 분석은 경직적인 입찰참가자격제한에서 발생할 수 있는 현실적 문제에 대한 중요한 관점을 제시할 수 있을 것이다. 이러한 논의는 다음 제3장에서 제시할 개선방안의 논리적 실무적 근거가 될 것이다.

입찰참가자격제한의 국내법적 규율

 ## 1 법적근거와 입법취지

국가는 정부조달을 원칙적으로 공개경쟁입찰 방법에 의하고 있다. 또 그 기본형식은 계약에 의하므로 양 당사자간에 반대방향의 의사의 합치를 전제로 한다. 즉, 정부조달의 공개경쟁입찰에 따른 계약절차 그리고 그 이행의 과정에서 공정한 경쟁원리가 반드시 작동되어야 하고 국가로서는 요구되는 품질을 만족시킬 수 있는 계약이행능력을 보유한 적격자를 선정하여야 함은 필수불가결한 전제이다.

그럼에도 제도의 참가자들이 입찰공고된 사업의 낙찰에만 집착하여 부당하고 부적절하며 혹은 불법적이기도 한 입찰참가자 혹은 계약당사자들의 행태들을 방치한다면 공개경쟁입찰을 원칙으로 채택한 제도의 취지는 무색해지고 국가예산은 낭비되며 국가사업의 원활한 수행에 큰 지장을 받게 된다. 결국 정부조달제도를 수단과 도구로 한 국가의 임무수행에 장애가 될 것은 자명한 이치이다.

또한 이러한 일련의 과정에서 공정성과 투명성이 확보되지 않는다면 정부조달제도의 존재 의의를 몰각하게 되는 것임은 말할 것도 없다. 따라서 정부조달계약 체결의 전체 과정에서 실질적 경쟁의 담보와 공정성과 적정한 계약의 이행을 확보할 수 있는 방안을 마련하는 것은 필수적이라고 말할 수 있다. 그러한 방안 중에 가장 현저한 제도가 법이 정한 부정당업자를 일정한 기간 동안 국가가 시행하는 입찰에 참가할 수 없도록 배제하는 제도이다.

　이러한 입찰참가자격제한제도는 국가계약법 제27조 제1항 및 같은 법 시행령 제
76조 제1항에 규정되어 있다. 입찰참가자격제한제도는 국가가 정부조달계약을 체결
함에 있어서 입찰단계부터 낙찰 및 하자보증단계에 이르기까지의 일련의 과정에서
입찰참가자 또는 계약상대자가 경쟁입찰의 공정한 집행, 계약의 적정한 이행을 해칠
염려가 있거나, 기타 입찰에 참가시키는 것이 부적합하다고 인정되는 자에 대하여 국
가가 집행하는 모든 입찰에 1월에서 2년의 기간 동안 참가를 배제하는 것으로 정의
할 수 있다.[1]

---

1)　제27조(부정당업자의 입찰 참가자격 제한 등) ① 각 중앙관서의 장은 다음 각 호의 어느 하나에 해
　　당하는 자(이하 "부정당업자"라 한다)에게는 2년 이내의 범위에서 대통령령으로 정하는 바에 따라
　　입찰 참가자격을 제한하여야 하며, 그 제한사실을 즉시 다른 중앙관서의 장에게 통보하여야 한다.
　　이 경우 통보를 받은 다른 중앙관서의 장은 대통령령으로 정하는 바에 따라 해당 부정당업자의 입
　　찰 참가자격을 제한하여야 한다.
　　　1. 계약을 이행할 때에 부실·조잡 또는 부당하게 하거나 부정한 행위를 한 자
　　　2. 경쟁입찰, 계약 체결 또는 이행 과정에서 입찰자 또는 계약상대자 간에 서로 상의하여 미리 입
　　　　찰가격, 수주 물량 또는 계약의 내용 등을 협정하였거나 특정인의 낙찰 또는 납품대상자 선정
　　　　을 위하여 담합한 자
　　　3. 「건설산업기본법」, 「전기공사업법」, 「정보통신공사업법」, 「소프트웨어 진흥법」 및 그 밖의 다
　　　　른 법률에 따른 하도급에 관한 제한규정을 위반(하도급통지의무위반의 경우는 제외한다)하여
　　　　하도급한 자 및 발주관서의 승인 없이 하도급을 하거나 발주관서의 승인을 얻은 하도급조건을
　　　　변경한 자
　　　4. 사기, 그 밖의 부정한 행위로 입찰·낙찰 또는 계약의 체결·이행 과정에서 국가에 손해를 끼친 자
　　　5. 「독점규제 및 공정거래에 관한 법률」 또는 「하도급거래 공정화에 관한 법률」을 위반하여 공정
　　　　거래위원회로부터 입찰참가자격 제한의 요청이 있는 자
　　　6. 「대·중소기업 상생협력 촉진에 관한 법률」 제27조제7항에 따라 중소벤처기업부장관으로부
　　　　터 입찰참가자격 제한의 요청이 있는 자
　　　7. 입찰·낙찰 또는 계약의 체결·이행과 관련하여 관계 공무원(제27조의3제1항에 따른 과징금
　　　　부과심의위원회, 제29조제1항에 따른 국가계약분쟁조정위원회, 「건설기술 진흥법」에 따른
　　　　중앙건설기술심의위원회·특별건설기술심의위원회 및 기술자문위원회, 그 밖에 대통령령으로
　　　　정하는 위원회의 위원을 포함한다)에게 뇌물을 준 자
　　　8. 계약을 이행할 때에 「산업안전보건법」에 따른 안전·보건 조치 규정을 위반하여 근로자에게 대

지방자치단체를 당사자로 하는 계약에 관한 법률'(이하 '지방계약법'이라고 한다) 제31조 제1항[2] 및 '공공기관의 운영에 관한 법률'(이하 '공공기관운영법'이라고 한다) 제39조 제2항[3]도 위 국가계약법 제27조 제1항과 유사한 규정을 두고 있다.

결국 이러한 부정당업자의 입찰참가자격제한제도는 부정당업자가 국가 등과의 계약에 참여하고 관여함에 따라 여러 가지 공적 폐해가 발생할 우려를 방지하고 계약의 공정성과 충실한 이행을 확보함과 동시에 국가 등이 추구하는 공적 목표를 달성하기 위하여 마련된 제도이다. 이로써 국가는 향후 입게 될지도 모를 불이익을 사전에 방지하고자 준비된 제도라고 볼 수 있다.[4] 즉, 입찰 및 계약 이행의 공정성과 충실성을 확보하고자 하는 것이 그 입법취지라고 한다.[5]

통령령으로 정하는 기준에 따른 사망 등 중대한 위해를 가한 자
9. 그 밖에 다음 각 목의 어느 하나에 해당하는 자로서 대통령령으로 정하는 자
　　가. 입찰·계약 관련 서류를 위조 또는 변조하거나 입찰·계약을 방해하는 등 경쟁의 공정한 집행을 저해할 염려가 있는 자
　　나. 정당한 이유 없이 계약의 체결 또는 이행 관련 행위를 하지 아니하거나 방해하는 등 계약의 적정한 이행을 해칠 염려가 있는 자
　　다. 다른 법령을 위반하는 등 입찰에 참가시키는 것이 적합하지 아니하다고 인정되는 자

2)　제31조(부정당업자의 입찰 참가자격 제한)
① 지방자치단체의 장(지방자치단체의 장이 제7조 제1항에 따라 중앙행정기관의 장 또는 다른 지방자치단체의 장에게 계약사무를 위임하거나 위탁하여 처리하는 경우에는 그 위임 또는 위탁을 받은 중앙행정기관의 장 또는 지방자치단체의 장을 포함한다. 이하 제31조의2 제1항 및 제5항에서 같다)은 경쟁의 공정한 집행 또는 계약의 적정한 이행을 해칠 우려가 있는 자나 제6조의2에 따른 청렴서약서의 내용을 위반한 자, 그 밖에 입찰에 참가시키는 것이 부적합하다고 인정되는 자(이하 "부정당업자"라 한다)에 대하여는 대통령령으로 정하는 바에 따라 2년 이내의 범위에서 입찰 참가자격을 제한하여야 한다.

3)　제39조(회계원칙 등)
① 공기업·준정부기관의 회계는 경영성과와 재산의 증감 및 변동 상태를 명백히 표시하기 위하여 그 발생 사실에 따라 처리한다.
② 공기업·준정부기관은 공정한 경쟁이나 계약의 적정한 이행을 해칠 것이 명백하다고 판단되는 사람·법인 또는 단체 등에 대하여 2년의 범위 내에서 일정기간 입찰참가자격을 제한할 수 있다.

4)　헌법재판소 2016. 6. 30. 선고 2015헌바125, 290(병합) 결정.

5)　이원우, "정부투자기관의 부정당업자에 대한 입찰참가자격제한조치의 법적 성질 – 공기업의 행정

② 자격제한 제도의 연혁

가. 제도의 연원과 변천

입찰참가자격제한 제도는 한국 정부조달제도 역사의 큰 틀에서 살펴보아야 한다. 대한민국의 근대적 정부조달제도의 연원은 일제강점기인 1921. 4. 7. 제정된 조선총독부 법률 제42호인 회계법 제31조에서 찾을 수 있다.[6] 이 규정은 한국전쟁이 한창이던 1951. 9. 24. 법률 제217호 재정법 제6장 제57조에 그대로 수용되었고, 재정법 폐지 후 제정된 예산회계법 제70조(계약의 방법과 준칙)에서 정부조달의 법률적 근거를 찾아 볼 수 있다.

한국 정부는 WTO 정부조달협정이 1997년 1월 발효됨에 따라 정부조달시장 개방에 대비하기 위하여 종래 예산회계법 6편 계약 분야 내용은 정부조달협정과 국제거래규범을 반영하여 국가를 당사자로 하는 계약에 관한 법률을 제정하고, 예산 및 재정 운용 분야는 국가재정법을 제정하여 시행하여 오늘에 이르고 있다.

입찰참가자격제한 제도는 1951년 제정된 재정법시행령 제88조에 규정되어 오늘에 이르고 있다. 제한주체, 제한기간, 제한대상, 부정당행위 종류까지 현재의 제도와 크게 다르지 않다.[7]

주체성을 중심으로 -", 한국공법이론의 새로운 전개(2005. 6), 424면, 공공발주공사에 있어서 공정한 입찰 및 계약질서를 어지럽히는 행위를 하는 자에 대해서는 일정 기간 입찰참가를 배제함으로써, 국가가 사인과의 사이에 체결하는 계약의 성실한 이행을 확보함과 동시에 계약상의 불이익을 미연에 방지하고자 하는 데 그 목적을 두고 있는 제도라 할 수 있다고 한다. 허현, "부정당업자의 입찰참가자격제한에 관한 법적 문제", 법제 2014권 3호, 2014, 123-152면; 헌법재판소 2005. 4. 28. 선고 2003헌바40 결정; 헌법재판소 2005. 6. 30. 선고 2005헌가1 결정; 헌법재판소 2012. 10. 25. 선고 2011헌바99 결정; 대법원 2000. 10. 13. 선고 99두3201 판결.

6) 일본은 여전히 회계법에 정부조달 규정을 두고 있다.

7) 재정법 시행령(제정 1951.12.1 대통령령 제570호)
    제88조
    각 중앙관서의 장은 좌의 각호의 1에 해당한다고 인정하는 자를 그 후 2년간 경쟁에 참가시키지 아

입찰참가자격제한 제도는 크게 두 가지 측면에서 변화하였는데, 첫째는 입찰참가자격제한 처분이 발주기관의 재량적 행위에서 기속행위로 변화된 점이고, 둘째는 법률적 근거가 시행령에서 법률로 상향되면서 침익적 행정처분의 법률유보를 강화하였다.

위에서 본 1951년 재정법시행령 제88조는 "각 중앙관서의 장은 좌의 각호의 1에 해당한다고 인정하는 자를 그 후 2년간 경쟁에 참가시키지 아니할 수 있다."고 하여 발주기관의 재량에 따라 입찰참가 제한 여부를 결정할 수 있도록 규정하고 있었다. 그 후 1971년 개정된 예산회계법시행령 제89조는 "재무부장관은 다음 각호의 1에 해당하는 자에 대하여는 6월 이상 3년 이하의 기간을 정하여 입찰에 참가하지 아니하게 하여야 한다."로 개정되었다.[8] 그 후 1975년 개정된 예산회계법 제70조의18에 "각 중앙관서의 장은 대통령령이 정하는 바에 의하여 경쟁의 공정한 집행 또는 계약의 적정한 이행을 해할 염려가 있거나 기타 입찰에 참가시키는 것이 부적합하다고 인정되는 자에 대하여는 일정한 기간 입찰참가자격을 제한하여야 한다."고 법률에 규정하였다.

니할 수 있다. 이를 대리인, 지배인 기타 사용인으로 사용하는 자에 대하여도 또한 같다.
1. 계약의 이행에 제하여 고의로 공사나 제조를 조잡히 하였거나 또는 물건의 품질수량에 관하여 부정한 행위가 있는 자
2. 경쟁에 제하여 부당하게 가격을 경상시키며 또는 경상시킬 목적으로 담합한 자
3. 경쟁참가를 방해하며 또는 경락자의 계약체결이나 이행을 방해한 자
4. 검사감독에 제하여 그 직무집행을 방해한 자
5. 정당한 이유 없이 계약을 이행하지 아니한 자
6. 전 각호의 1에 해당하는 사실이 있은 후 2년을 경과하지 아니한 자를 계약에 제하여 대리인, 지배인 기타의 사용인으로 사용한 자

8)   예산회계법시행령(일부개정 1971.12.31 대통령령 제5928호)

나. 현황

국가를 당사자로 하는 계약에 관한 법률 제27조 제1항(부정당업자의 입찰 참가자격 제한 등)은 "각 중앙관서의 장은 다음 각 호의 어느 하나에 해당하는 자(이하 "부정당업자"라 한다)에게는 2년 이내의 범위에서 대통령령으로 정하는 바에 따라 입찰 참가자격을 제한하여야 하며, 그 제한사실을 즉시 다른 중앙관서의 장에게 통보하여야 한다. 이 경우 통보를 받은 다른 중앙관서의 장은 대통령령으로 정하는 바에 따라 해당 부정당업자의 입찰 참가자격을 제한하여야 한다."고 규정하고 있다.

국가를 당사자로 하는 계약에 관한 법률에 따른 소위 부정당업자의 입찰참가자격 제한제도는 동법뿐만 아니라 「방위사업법」, 「건설산업기본법」, 「전기공사업법」, 「정보통신공사업법」, 「소프트웨어산업 진흥법」, 「독점규제 및 공정거래에 관한 법률」, 「하도급거래 공정화에 관한 법률」, 「대·중소기업 상생협력 촉진에 관한 법률」, 「건설기술 진흥법」, 「전기공사업법」, 「정보통신공사업법」 등에서 적용 및 준용 규정을 통하여 부정당업자 입찰참가자격 제한제도를 시행하고 있다. 국가계약법은 정부조달제도의 기본법이므로 이 규정 또한 입찰참가자격제한 제도의 기본 규정으로 이해된다.

그 외 지방자치단체를 당사자로 하는 계약에 관한 법률 제31조, 공공기관의 운영에 관한 법률 제39조 제2항, 사회기반시설에 대한 민간투자법 제46조의2는 개별법에 부정당업자의 입찰참가자격제한 제도를 독립적으로 운영하고 있다.

연구개발사업에 대한 참여제한은 과학기술기본법 제11조의2를 기본법으로 하여 「기초연구진흥 및 기술개발지원에 관한 법률」, 「산업기술혁신 촉진법」, 「중소기업 기술혁신 촉진법」에 관련 규정을 두고 있다.

다. 법적 성격

1) 사법행위설(私法行爲說)

입찰참가자격은 경쟁계약에서 입찰공고에 따라 청약을 할 수 있는 법적 지위를 뜻하므로 입찰참가자격제한행위란 국가에서 시행하는 모든 경쟁계약에서 입찰, 즉 청약할 수 있는 지위를 박탈하는 내용의 의사표시에 해당한다. 따라서 입찰참가자격 제한행위는 국가가 사인과 체결하는 예산회계법(2007. 1. 1. 국가재정법의 시행으로 같은 날 폐지되었다)의 계약에 관한 현상으로서 사법적 행위로 보아야 한다는 것이다.[9] 사법적 현상이라고 하더라도 공익 목적 아래 실정법의 규정으로 공법적 성질을 부여할 수도 있을 것이나, 명문으로 취소소송의 대상이 됨을 규정하지 않는 한 낙찰자 결정은 물론이고 입찰참가자격제한 역시 국가계약의 사법적 준비행위에 불과하다고 한다.[10]

대법원이 예산회계법 또는 지방재정법에 따른 계약에 관한 분쟁을 행정소송의 대상이 될 수 없다고 보는 것과 논리적 맥락을 같이 한다. 한국전력공사가 정부투자기관회계규정에 의하여 행한 입찰참가자격을 제한하는 내용의 부정당업자 제재처분의 법적성질을 사법상 통지행위로 본 대법원의 결정도 같은 논지이다.[11]

2) 공법행위설(公法行爲說)

대법원은 "예산회계법에 따라 체결되는 계약은 사법상의 계약이라고 할 것이고 동법 제70조의5의 입찰보증금은 낙찰자의 계약체결의무이행의 확보를 목적으로 하여 그 불이행시에 이를 국고에 귀속시켜 국가의 손해를 전보하는 사법상의 손해배상 예정으로서의 성질을 갖는 것이라고 할 것이므로 입찰보증금의 국고귀속조치는 국가가 사법상의 재산권의 주체로서 행위하는 것이지 공권력을 행사하는 것이거나 공권력작용과 일체성을 가진 것이 아니라 할 것이므로 이에 관한 분쟁은 행정소송이 아닌 민사소송의 대상이 될 수밖에 없다고 할 것이다....(중략)... 원고에게 1980.4.26부터 같은 해 10.25까지 6월간 입찰참가 자격정지(제한) 처분을 한 사실을 인정한 다음

---

9) 이상규, "입찰참가자격 제한행위의 법적 성질", 행정판례연구 제1집(1992), 130면 이하.

10) 김중권, "정부투자기관의 입찰참가자격제한행위의 법적 성질에 관한 소고", 법률신문(2006. 8. 31. 제3486호).

11) 대법원 1999. 11. 26.자 99부3 결정; 한국전력공사의 유사한 사례에서 판례변경절차 없이 종전 결정과 다르게 판단한 사례도 있다. 대법원 2014. 11. 27. 선고 2013두18964 판결 참조.

위와 같은 입찰금액의 기재는 시설공사입찰유의서(재무부회계예규 1201, 04-101) 제10조 제10호 소정의 입찰서에 기재한 중요부분의 착오가 있는 경우에 해당되어 이를 이유로 위와 같이 즉시 입찰취소의 의사표시를 한 이상 피고는 본건 입찰을 무효로 선언하였음이 마땅함으로 원고가 이건 공사계약체결에 불응하였음에는 정당한 이유가 있다고 할 것이므로 원고를 위와 같이 부정당업자로서 제재한 본건 처분은 피고가 그 재량권을 일탈하여 행사한 것으로서 위법하다고 판시하였는바 이를 기록에 대조하여 살펴보면 원심의 위와 같은 사실인정에 의한 판단조치는 정당하다고 보여지고 거기에 논지가 들고 있는 바와 같은 채증법칙위배, 법리오해의 위법이 없으니 논지는 이유 없다"라는 판결은[12] 입찰참가제한 조치를 행정처분으로 파악하는 공법행위설의 리딩 판례로 인정되는데, 한국 법원은 일찍부터 입찰참가자격제한 조치를 행정처분으로 이해하고 있다.[13]

최근 학설의 대다수도 입찰참가자격제한 조치를 공법상 법률관계에서 이루어지는 행정처분으로 인정하고 있다.[14]

3) 평가

정부조달계약을 공법관계로 이해하면서 입찰참가자격제한만 사법상통지로 보는 견해는 없다. 그러나 정부조달법률관계의 법적 성격에 관하여 사법관계설에 근거하면서도 입찰참가자격제한만을 공법관계로 파악하는 것에는 논리적 근거가 충분하지는 않아 보인다.

따라서, 입찰참가자격제한과 관련하여 계약의 성질에 따라 공법관계인 경우는 행

---

12) 대법원 1983. 12. 27. 선고 81누366 판결.

13) 대법원 1986. 3. 11. 선고 85누793 판결, 대법원 1994. 6. 24. 선고 94누958 판결 등.

14) 홍준형, "정부투자기관의 부정당업자에 대한 입찰참가자격제한조치의 법적성질", 법제 1999년 7월호, 19면 이하; 조태제, "공공조달행정에서의 공정성 확보를 위한 사법심사제도의 도입방안", 토지공법연구, 한국토지공법학회(2001. 11), 53-54면; 이원우, "정부투자기관의 부정당업자에 대한 입찰참가자격제한조치의 법적 성질 - 공기업의 행정주체성을 중심으로 -", 한국공법이론의 새로운 전개(2005. 6), 430면.

정처분으로 보고, 사법관계인 경우에는 사법상 통지로서 사법행위로 보아야 한다는 견해도 있다.[15]

　입찰참가자격제한 조치를 행정처분으로 이해하는 것이 한국의 통설이고, 판례의 입장이다. 그리고 입찰참가자격제한 조치를 반드시 정부조달계약의 법적 성격과 논리 필연적으로 동일시할 필요는 없다. 그리고 입찰참가자격제한 조치를 행정처분으로 이해하지 않을 방법이 없어 보인다. 다만, 사법상 계약이고 사경제 주체의 국고행위이므로 권력적행위가 아니라는 국민경제의 시장 참여자였던 국가가 갑작스레 공권력 집행자로 변신하는 상황과 필요에 대한 국민의 승복이 가능하도록 좀 더 조심스럽게 조치할 필요는 있다고 본다.

　혹여 입찰공모단계부터 낙찰자결정단계까지는 공법관계로 파악하고, 계약체결 이후부터 그 이행까지는 사법관계로 파악하는 소위 2단계이론에서도[16] 입찰참가자격제한 조치를 행정처분으로 이해하지 않을 방법이 없다.

　근대 독일에서는 국가와 사회의 이분법에 기초하여 국고이론에 의해 공법과 사법을 구별하면서 행정이 사인에게 실질적으로 불이익을 가하더라도 권력적 행위형식을 취하지 않는다면 이는 사법의 영역이고 공법상의 제한을 받을 필요가 없으므로 공공계약을 사법상 계약으로 취급하였다. 그 결과 실체법적 관점에서 입찰을 계약의 청약으로, 낙찰을 계약의 승낙으로 파악하였으며 입찰절차를 단지 국가가 계약상대방을 선택하는 과정으로, 낙찰기준은 더 나은 계약상대방을 찾기 위한 기준으로 파악하였다. 따라서 쟁송법적 관점에서도 공공계약에 관한 분쟁은 민사소송의 대상이 되었고 행정이 입찰절차와 낙찰기준을 준수하도록 청구할 수 있는 입찰자의 권리가 인정되지 아니하였다.

　하지만 위와 같은 독일의 전통적인 상황은 유럽공동체가 출범한 후 1992년과 1993년에 걸쳐 공공계약의 개념을 기능적인 것으로 확대하고, 입찰절차에 대한 법원

---

15) 한견우, "입찰참가자격제한 및 부정당업체통보의 적법 타당성", 연세법학연구 6권1호(1999. 6), 109면.

16) 이에 대하여는 김진기, "동아시아 정부조달법 발전방향 – 동아시아연합(EAU)을 염두에 두고 –", 저스티스 통권 제158-3호(2017. 2), 424면 이하.

의 심사제도가 완비됨으로써 낙찰받지 못한 입찰자의 권리구제가 보장되어야 한다는 내용이 포함된 각종 유럽공동체지침이 제정되면서 독일에서는 1998. 5. '공공조달계약의 법적 근거를 변경하기 위한 법률'을 제정함으로써 경쟁제한방지법에 공공계약에 관한 규정을 신설하였고, 경쟁제한방지법은 제97조 제7항에서 "입찰기업은 발주자가 발주절차에 관한 규정을 준수할 것을 요구할 수 있는 청구권을 가진다"고 규정하여 입찰자의 발주주체에 대한 권리를 명시적으로 인정하였다.[17]

이에 따라 독일은 일단 발주심판신청이 제기되면 독일 경쟁제한방지법 제115조 제1항에 의하여 발주심판소의 결정이 있을 때까지 낙찰의 실시가 금지되어 발주주체가 낙찰자 결정을 할 수 없는 '정지효'가 발생한다. 아울러 발주주체가 낙찰을 실시하는 것 이외의 방법으로 발주심판을 신청한 입찰자의 권리를 침해할 우려가 있는 경우 발주심판소는 경쟁제한방지법 제115조 제3항에 규정된 '추가적인 임시조치'를 내릴 수 있다.[18] 한계치 이상의 공공발주 심사절차에 대한 독일법의 규율은 공공발주 심사절차에 관해 발주심판소 및 고등법원 발주재판부의 배타적 관할을 인정하고, 발주심판의 신청인적격이 독일 취소소송의 원고적격과 일치하는 점, 발주심판절차에 민사소송법상의 변론주의가 아닌 행정소송의 개념적 징표라고 할 수 있는 직권탐지주의를 채택하고 있는 점, 공법원리를 본안 심사척도로 삼는 점 등에 비추어 실질적으로 공법적 해결을 꾀하고 있다. 무엇보다도 명시적으로 입찰자의 발주절차준수청구권을 법률에서 인정하면서 사전통지의무나 정지효 등의 제도적 장치를 통하여 권리구제의 공백을 메우고 있는 것은 독일법에서 전통적인 국고이론을 포기하고 공공계약의 공법적 성격을 인정하고 있음을 의미하고 있다.[19]

---

17) 이에 대해서는 강지웅, "독일법상 행정조달 낙찰자결정에 대한 권리구제에 관한 연구: 유럽법상 한계치 이상의 공공발주를 중심으로", 행정법연구 23호(2009), 168면 이하.

18) 강지웅, "독일법상 행정조달 낙찰자결정에 대한 권리구제에 관한 연구: 유럽법상 한계치 이상의 공공발주를 중심으로", 행정법연구 23호(2009), 187면 이하.

19) 강지웅, "독일법상 행정조달 낙찰자결정에 대한 권리구제에 관한 연구: 유럽법상 한계치 이상의 공공발주를 중심으로", 행정법연구 23호(2009), 199면.

③ 자격제한의 사유

가. 계약당사자가 국가기관일 경우

부정당업자 '입찰참가자격제한' 사유는 종래 구 국가계약법 시행령(2016. 9. 2. 대통령령 제27475호로 일부개정되기 전의 것) 제76조 제1항에서 규정하고 있었다. 이에 따르면 담합, 허위서류 제출, 뇌물제공 등「국가계약법 시행령」제76조 제1항 제1호 내지 제5호, 제7호, 제8호, 제10호의 사유로 '입찰참가자격제한' 처분을 받은 자에 대하여는 반드시 제한하도록 의무화하고 있었다.[20] 다만, 침익적 처분인 입찰참가자격제한 처분의 사유를 법률에서 규정하지 않은 것에 대한 반성적 고려로 입찰참가자격 제한사유를 법률에 규정한 국가계약법(법률 제14038호, 2016. 3. 2., 일부개정) 개정 이후 부정당업자 입찰참가자격 제한사유는 국가계약법 제27조 제1항에서 규정하게 되었다. 이로써 종전에 대통령령에서 규정하고 있던 입찰참가자격 제한사유를 정비하고, 입찰참가자격을 제한하는 경우 공개대상이 되는 내용을 구체화하는 등의 제도적 개선을 이루었다.

국가계약법 개정으로 법률에서 입찰참가자격 제한사유를 규정하면서 경쟁의 공정한 집행을 저해할 염려가 있는 경우, 계약의 적정한 이행을 해칠 염려가 있는 경우 또는 다른 법령을 위반하는 등 입찰에 참가시키는 것이 적합하지 아니하다고 인정되는 경우에 대한 구체적인 사유를 대통령령에서 정하도록 하였으므로 국가계약법 시행령 제76조 제1항에서 입찰참가자격 제한사유의 정비와 구체화가 진행되었다.

먼저, 경쟁의 공정한 집행을 저해할 염려가 있는 경우에 해당하는 사유를 입찰 또는 계약에 관한 서류를 위조·변조하거나 부정하게 행사한 경우, 고의로 무효의 입찰을 한 경우 및 입찰참가를 방해하거나 낙찰자의 계약체결 또는 그 이행을 방해한 경

---

20) 김민창/권순조, 공공조달 부정당업자 제재제도의 주요 쟁점과 개선방안, 2015. 12. 10., 국회입법조사처, 6면 이하; 문일환, "국가계약법상 부정당업자 입찰참가자격 제한에 대한 고찰", 법학연구 제60권 제3호(2019), 통권 101호, 부산대학교 법학연구소, 1면; 길준규, "공공위탁법 연구", 토지공법연구 13집 (2001. 11), 95면 이하.

우 등으로 구체적으로 분류하였다.

계약의 적정한 이행을 해칠 염려가 있는 경우에 해당하는 사유를 정당한 이유 없이 계약을 체결 또는 이행하지 아니하거나 입찰공고와 계약서에 명시된 계약의 주요 조건을 위반한 경우, 조사설계용역계약 또는 원가계산용역계약에 있어 고의 또는 중대한 과실로 금액을 적정하게 산정하지 아니한 경우와 감독 또는 검사에 있어 그 직무의 수행을 방해한 경우 등으로 구체적으로 분류하여 규정하였다.

마지막으로 다른 법령을 위반하는 등 입찰에 참가시키는 것이 적합하지 아니한 경우에 해당하는 사유를 사업장에서 「산업안전보건법」에 따른 안전·보건 조치를 소홀히 하여 근로자 등에게 사망 등 중대한 위해를 가한 경우, 「전자정부법」에 따른 정보시스템의 구축 및 유지·보수 계약의 이행과정에서 알게 된 정보 중 각 중앙관서의 장 또는 계약담당공무원이 누출될 경우 국가에 피해가 발생할 것으로 판단하여 사전에 누출금지정보로 지정하고 계약서에 명시한 정보를 무단으로 누출한 경우 등으로 구체적으로 분류하였다.

그 후, 다른 법령을 위반하는 등 입찰에 참가시키는 것이 적합하지 아니한 경우에 해당하는 사유에 「전자정부법」에 따른 정보시스템 등의 구축 및 유지·보수 등의 과정에서 정보시스템 등에 허가 없이 접속하거나 무단으로 정보를 수집할 수 있는 비(非)인가 프로그램을 설치하는 등의 행위를 한 경우를 추가하는 것을 비롯하여 2021. 1. 5. 국가계약법 일부개정으로 계약을 체결할 때 계약의 이행에 있어서 안전·보건 조치 규정을 위반하여 근로자에게 사망 등 중대한 위해를 가한 자의 입찰 참가자격을 제한하도록 함으로써 입찰참가자격제한사유는 지속적으로 확대되고 있다.

나. 계약당사자가 지방자치단체일 경우

부정당업자 '입찰참가자격제한' 사유는 종래 국가계약법령의 구조와 동일하게 지방계약법 시행령 제92조 제1항에서 규정하고 있었다.[21] 담합, 안전·보건조치 소홀,

---

21) 이에 대해 자세한 것은 김태완, "지방계약법상 부정당업자입찰참가자격제한 제도의 개선방안에 관

허위서류 제출 등 지방계약법 시행령 제92조 제1항 제1호 내지 제5호, 제7호, 제8호, 제20호의 사유로 '입찰참가자격제한' 처분을 받은 자에 대하여는 반드시 제한하도록 의무화하고 있었으나 국가계약법에 제한사유를 규정한 것과 같은 취지로 2018. 12. 24. 지방계약법을 개정하면서 대통령령에서 규정하고 있는 부정당업자 입찰 참가자격 제한 사유를 지방계약법 제31조 제1항으로 상향 규정하였다. 지방계약법 시행령 제92조에서 입찰참가자격 제한사유의 정비와 구체화가 진행되었다.

계약을 이행할 때 부실·조잡 또는 부당하게 하거나 부정한 행위를 한 자 등에 대해서는 지방자치단체의 장이 대통령령으로 정하는 바에 따라 2년 이내의 범위에서 입찰 참가자격을 제한하도록 하고, 입찰 참가자격이 제한되는 행위가 종료된 때부터 5년(담합 및 금품제공 등의 행위는 7년)이 경과한 경우에는 입찰 참가자격을 제한할 수 없도록 하는 규정도 신설하였다.

지방자치단체의 장이 대통령령으로 정하는 조세포탈 등을 한 자로서 유죄판결이 확정된 날부터 2년이 지나지 아니한 자에 대해서는 입찰 참가자격을 제한하게 하고, 이와 같이 조세포탈 등으로 입찰 참가자격을 제한받은 자와는 원칙적으로 수의계약을 체결하지 못하도록 하였다.

지방계약법의 입찰참가자격제한사유는 국가계약법과 상호 동조화하면서 사유를 확대하는 추세이다.

다. 계약당사자가 공공기관일 경우

공기업 등은 공기업·준정부기관 계약사무규칙 제15조에서 기관장은 공정한 경쟁이나 계약의 적정한 이행을 해칠 것이 명백하다고 판단되는 자에 대해서는 「국가를 당사자로 하는 계약에 관한 법률」 제27조에 따라 입찰참가자격을 제한할 수 있다고 하여 부정당업자 '입찰참가자격제한' 사유는 국가계약법과 동일하다.

한 연구― 실무운용과정에서의 제도적 미비를 보완하기 위한 입법론적 방안을 중심으로 ―", 지방자치법연구 제11권 제1호, 통권 29호(2011), 78면 이하.

종래에는 「공기업·준정부기관 계약사무처리규칙」 제15조 제1항에서 공공기관은 공정한 경쟁이나 계약의 적정한 이행을 해칠 것이 명백한 경우로서 「국가계약법 시행령」 제76조 제1항 제2호·제3호·제7호·제8호·제10호의 사유에 한해 1개월 이상 2년 이하의 범위에서 그 입찰참가자격을 제한할 수 있음을 규정하고 있었다.[22]

라. 계약당사자가 지방공기업일 경우

지방공기업법 시행령 제57조의8 제1항에 의해 지방공기업법 제64조의2 제6항에 따른 입찰참가자격의 제한 등에 관하여는 그 성질에 반하지 않는 범위에서 지방자치단체를 당사자로 하는 계약에 관한 법률 제31조, 지방계약법 시행령 제92조 제1항의 제재사유를 준용하고 있다.[23]

마. 구(舊) 국가계약법 시행령 제76조 제1항 각 호의 해석

입찰참가자격제한의 사유는 2016년 법률개정으로 그 제한사유를 대통령령에 두지 않고 법률에 규정하였다. 제한사유는 지속적으로 확대되어 왔고 그러한 경향을 직관적으로 확인하기에는 종래 시행령의 규정을 제시하는 것이 나쁘지 않을 것 같다. 하지만, 열거된 제한사유에서 체계성을 발견할 수는 없어 보인다.

구 국가계약법(법률 제14038호, 2016. 3. 2., 일부개정되기 전의 것, 이하 같다) 제27조 제1항에 의거한 같은 법 시행령(대통령령 제27475호, 2016. 9. 2., 일부개정되기 전의 것, 이하 같다) 제76조 제1항 각 호에서 아래와 같이 규정하고 있다.[24] 이러한 각 호의

---

22) 오준근, "공공기관의 입찰참가자격 제한 처분의 한계- 대법원 2017. 6. 29. 선고 2017두39365 판결의 평석 -", 경희법학 제52권 제3호(2017. 9), 20면; 박정현, "공공기관 입찰참가자격 제한의 법적 성격과 일반적 제재사유 - '명백성' 요건을 중심으로-", 인권과 정의 통권 494호(2020), 219-248면.

23) 김민창/권순조, 공공조달 부정당업자 제재제도의 주요 쟁점과 개선방안, 2015. 12. 10., 국회입법조사처, 9면.

24) 이에 대해 자세한 것은 김민창/권순조, 공공조달 부정당업자 제재제도의 주요 쟁점과 개선방안,

규정된 제한사유들은 예시적 성격이 아닌 제한적 열거사유로 보는 데에는 이견이 없어 보인다. 제한사유의 법률규정화 과정에서 일부 제한사유가 삭제되기도 하였으나 큰 틀에서는 변화가 없고 지속적으로 그 사유는 확대되고 있다.

1. 계약을 이행함에 있어서 부실·조잡 또는 부당하게 하거나 부정한 행위를 한 자
2. 「건설산업기본법」·「전기공사업법」·「정보통신공사업법」 기타 다른 법령에 의한 하도급의 제한규정에 위반(하도급통지의무위반의 경우를 제외한다)하여 하도급한 자 및 발주관서의 승인없이 하도급을 하거나 발주관서의 승인을 얻은 하도급조건을 변경한 자
3. 독점규제 및 공정거래에 관한 법률」 또는 「하도급거래 공정화에 관한 법률」의 규정에 위반하여 공정거래위원회로부터 입찰참가자격제한 요청이 있는 자
3의2. 「대·중소기업 상생협력 촉진에 관한 법률」 제27조제5항에 따라 중소기업청장으로부터 입찰참가자격 제한의 요청이 있는 자
4. 조사설계용역계약 또는 원가계산용역계약에 있어서 고의 또는 중대한 과실로 조사설계금액이나 원가계산금액을 적정하게 산정하지 아니한 자
4의2. 「건설기술관리법」 제2조에 따른 타당성조사용역계약에 있어서 고의 또는 중대한 과실로 수요예측 등 타당성조사를 부실하게 수행하여 발주기관에 손해를 끼친 자
5. 계약의 이행에 있어서 안전대책을 소홀히 하여 공중에게 위해를 가한 자 또는 사업장에서 「산업안전보건법」에 의한 안전·보건조치를 소홀히 하여 근로자등에게 사망등 중대한 위해를 가한 자
6. 정당한 이유없이 계약을 체결 또는 이행(제19조에 따른 부대입찰에 관한 사항, 제42조제5항에 따른 계약이행능력심사를 위하여 제출한 하도급관리계획, 외주근로자 근로조건 이행계획에 관한 사항과 제72조 및 제72조의2에 따른 공동계약에 관한 사항의 이행을 포함한다)하지 아니한 자

2015. 12. 10., 국회입법조사처, 6면 이하; 김대식 등 6인, 부정당제재제도 실효성강화 방안 연구, 한국조달연구원, 2016. 10, 1면 이하; 김기선 등 7인, 공공조달과 노동정책의 연계– 공공조달계약을 통한 저임금근로 해소방안–, 한국노동연구원, 2013., 65면 이하.

7. 경쟁입찰, 계약 체결 또는 이행 과정에서 입찰자 또는 계약상대자 간에 서로 상의하여 미리 입찰가격, 수주 물량 또는 계약의 내용 등을 협정하였거나 특정인의 낙찰 또는 납품대상자 선정을 위하여 담합한 자

8. 입찰 또는 계약에 관한 서류(제39조의 규정에 의하여 전자조달시스템에 의하여 입찰서를 제출하는 경우의 「전자서명법」 제2조제8호의 규정에 의한 공인인증서를 포함한다)를 위조·변조하거나 부정하게 행사한 자 또는 허위서류를 제출한 자

9. 고의로 무효의 입찰을 한 자

10. 입찰·낙찰 또는 계약의 체결·이행과 관련하여 관계공무원(법 제29조제1항에 따른 국제계약분쟁조정위원회, 이 영 제42조제7항에 따른 입찰금액적정성심사위원회, 제43조제8항에 따른 제안서평가위원회, 제94조제1항에 따른 계약심의위원회, 건설기술관리법에 의한 중앙건설기술심의위원회·특별건설기술심의위원회 및 설계자문위원회의 위원을 포함한다)에게 뇌물을 준 자

11. 입찰참가신청서 또는 입찰참가승낙서를 제출하고도 정당한 이유없이 당해 회계연도 중 3회 이상 입찰(제39조제1항에 따라 전자조달시스템 또는 각 중앙관서의 장이 지정·고시한 정보처리장치에 의하여 입찰서를 제출하게 한 입찰을 제외한다)에 참가하지 아니한 자

12. 입찰참가를 방해하거나 낙찰자의 계약체결 또는 그 이행을 방해한 자

13. 감독 또는 검사에 있어서 그 직무의 수행을 방해한 자

14. 정당한 이유없이 제42조제1항에 따른 계약이행능력의 심사에 필요한 서류의 전부 또는 일부를 제출하지 아니하거나 서류제출 후 낙찰자 결정 전에 심사를 포기한 자

14의2. 제42조제4항에 따른 입찰금액의 적정성심사의 대상자로 선정된 후 정당한 이유없이 심사에 필요한 서류의 전부 또는 일부를 제출하지 아니하거나 서류제출 후 낙찰자 결정 전에 심사를 포기한 자

15. 제87조에 따라 일괄입찰의 낙찰자를 결정하는 경우에 실시설계적격자로 선정된 후 정당한 이유없이 기한내에 실시설계서를 제출하지 아니한 자

16. 감리용역계약에 있어서 「건설기술관리법 시행령」 제105조 및 계약서 등에 따른 감리원 교체사유 및 절차에 의하지 아니하고 감리원을 교체한 자

17. 사기, 그 밖의 부정한 행위로 입찰·낙찰 또는 계약의 체결·이행 과정에서 국가에 손해를 끼친 자

18. 「전자정부법」 제2조제13호에 따른 정보시스템의 구축 및 유지·보수 계약의 이행과정에서 알게 된 정보 중 각 중앙관서의 장 또는 계약담당공무원이 누출될 경우 국가에 피해가 발생할 것으로 판단하여 사전에 누출금지정보로 지정하고 계약서에 명시한 정보를 무단으로 누출한 자

위의 사유에 따라 입찰참가자격제한제도는 그 제재기간 동안 피처분자의 정부조달시장 참여를 통한 영업활동을 제한하게 되고 제재기간 경과 후에도 일정 기간 내에 다시 제재사유에 해당하는 행위가 발생하면 가중하여 제재를 받게 되므로 엄격하게 해석하여야 한다. 그 외에도 제한사유의 적용과 관련한 유추해석이나 확장해석을 하여서는 안 된다고 강조하고 있다.[25]

 4 평가

위에서 제시한 바와 같이 입찰참가자격제한사유가 전혀 체계적이지 않게 규정되고 있다. 정부조달계약과 관련한 대형 비위사건이 발생하거나 사회적 물의를 빚은 사건이 드러나면 행정청은 법규에 입찰참가자격제한사유를 추가 개정하는 것으로 공적 책무를 다한 것으로 생각하는 경향이 있었던 것으로 보인다. 국가계약법 시행령의 개정 주기가 1년에 2회 정도로 잦은 것도 이와 전혀 무관하지 않다.

따라서 추가된 입찰참가자격제한 사유와 기존 사유간의 혼선과 모순이 발생하였고, 제한사유의 불명확성으로 입찰참가자격제한 처분에 대한 분쟁을 항상화 시키기에 이르렀다. 무엇보다 입찰참가자격제한사유가 지속적으로 확대되면서 그 유효성에 대한 관계자들의 신뢰저하는 정부조달법규 자체에 대한 구속력 약화로 연결되었다.

---

25) 대법원 2000. 10. 13. 선고 99두3201 판결.

입찰참가자격제한의 법적 효과

 1 **자격제한의 효과**

국가계약법 제27조 제1항에 따라 각 중앙관서의 장은 입찰참가자격제한사유에 해당하는 부정당업자에게는 2년 이내의 범위에서 입찰 참가자격을 제한하여야 하며, 그 제한사실을 즉시 다른 중앙관서의 장에게 통보하여야 한다. 이 경우 통보를 받은 다른 중앙관서의 장 또한 해당 부정당업자의 입찰 참가자격을 제한하도록 하고 있다. 이러한 통보와 다른 중앙행정기관의 추가적 입찰제한조치 시행은 종래에는 우편 등의 방법으로 진행되었으나 전자조달시스템이 완비됨으로 인하여 체계화 되었다.

특히 2013. 9. 23. 시행된 전자조달의 이용 및 촉진에 관한 법률에 따라 전자조달의 절차 및 방법 등 조달업무를 전자적으로 수행하기 위하여 필요한 사항과 전자조달의 촉진 및 활용을 위한 시책 등을 법률로 규정함으로써 국가, 지방자치단체, 공공기관 등 공공분야 조달계약 전체의 전자조달체계의 안정성과 신뢰성을 확보하기에 이르렀다. 입찰참가자격제한의 공시와 집행도 전자적 방법에 의한다. 따라서 A중앙행정기관의 B업체에 대한 입찰참가자격제한 조치는 전자조달시스템에서 실시간 다른 기관에서 알 수 있도록 할 뿐만 아니라 시스템상 입찰참가자격제한 처분을 받은 B업체는 전자조달시스템에 접근이 되지 않도록 하고 있는 것이 실무례이다.

가. 최근 현황

조달청의 최근 자료에 따르면, 정부와의 조달계약에서 부정당업자로 지정돼 입찰참가에 제한을 받아도 법원에 '집행정지 신청'을 통해 대부분 제재를 면하고 있는 것으로 국정감사에서 크게 이슈가 되었다. 현행 「국가계약법」은 국가 또는 공공기관과의 계약에서 입찰참가자나 계약상대방이 입찰이나 계약체결, 계약의 이행과정 등에서 위법한 행위를 했을 때 이를 부정당업자로 규정하고 일정 기간 동안 입찰에 참가할 수 없도록 하고 있음에도 기업이 탈법적으로 제재를 회피하고 있다는 것이다.

이에 대한 이슈를 제기한 국회의원실 분석에 따르면 2015년~2020년 7월까지 정부조달에서 부정당업자로 제재처분을 받은 건수는 2,412건이고, 이중 제재유지건수는 1,951건(81%)라고 한다. 그러나 부정당업자가 법원에 '부정당제재 집행정지 신청'을 제기하면 평균 인용률이 87.5%(2020년)에 이르러 대부분 제재를 피하고 있는 것으로 드러났다. 이와 달리 '집행정지 신청'이 아닌 부정당업자와의 소송에서는 조달청의 승소 비율이 2019년에는 78.5%이고 2020년 1월부터 7월까지의 통계로는 79.3%로 비교적 높게 나타나고 있다.[1]

그러나, 앞의 현황자료에는 집행정지가 인용되지 않아 입찰참가자격제한의 폐해를 고스란히 입고 있는 기업의 사례는 의도적으로 도외시하고 있는 측면이 있다. 법원을 통하여 집행정지를 신청할만한 기업은 그러한 소송비용을 감당할만한 볼륨과 덩치가 있는 기업이다. 정말 작은 업체는 처분을 받으면 어디 가서 하소연할 데 조차 알지 못하는 경우가 태반이다. 입찰참가자격제한처분의 청문절차와 처분장에 표시된 행정심판과 행정소송 제기와 관련된 공지문을 의미있게 살펴볼 기업은 입찰참가자격제한처분도 감당할 수 있는 기업인 경우가 많다.

무엇보다 관련통계에서 집행정지신청이 기각된 비율이 작아 보이지만 인용되지 못한 기업은 그 기간 동안 사망선고를 받은 것이나 같은 상황이기도 하려니와 그 집

---

1) 제재기관의 현황에 대해서는 김태완, "지방계약법상 부정당업자입찰참가자격제한 제도의 개선방안에 관한 연구– 실무운용과정에서의 제도적 미비를 보완하기 위한 입법론적 방안을 중심으로 –", 지방자치법연구 제11권 제1호, 통권 29호(2011), 77면.

행시기와 관련하여 기존영업으로 획득한 고객사에 대한 어떠한 조치조차 하지 못하고 법이 정한 대로 "즉시" 모든 입찰에 참여하지 못하게 되는 것이다.

나. 부정당업자 지정과 관련한 권리구제

입찰제한은 아마도 신뢰할 수 없는 사업파트너에 대한 공법상 제재의 가장 효과적인 수단일 것이다. 낙찰자 또는 신청자가 조달경쟁의 참가자로서의 신뢰성에 의문을 제기하는 심각한 위법행위를 명백히 저지른 경우 계약법규에 따라 부과될 수 있다. 특히, 반경쟁 행위 및 사업거래에서의 형사범죄(불법 가격담합, 뇌물수수, 이익부여 등)는 심각한 위법행위로 간주된다. 또한, 입찰제한의 수단은 다른 법적 또는 계약상의 의무위반을 제재하는 데 점점 더 많이 사용되고 있다.

이러한 국가계약법상의 부정당업자의 제재에 관한 소송은 중앙행정기관이나 지방자치단체인 경우는 행정소송으로, 기타 공공기관 등인 경우는 민사소송의 형태로 이루어지게 된다. 그러나 이 경우에도 부정당업자의 요건 판단과 집행에 재량의 남용이 있어 보이는 일부 입찰참가자격제한처분을 제외하고는 현행법의 문언해석으로는 법원이라도 해당 처분을 쉽게 취소할 수는 없어 보인다. 무엇보다 법원의 관행도 입찰참가자격제한처분을 국가의 재량영역으로 보아 현저한 자율성을 인정하고 있다.

그러나, 국민이 적지 않은 비용을 들여 변호사의 도움을 받아 법원에 행정소송까지 제기하였음에도 행정법원은 여전히 국가가 어련히 잘 알아서 하지 않았겠냐는 유죄추정과 유사한 논리 속에서 재판이 진행되는 실무사례를 자주 보게 되는 것은 대한민국 법률가에게는 흔히 말하는 불편한 진실의 하나이다.

 ② **자격제한에 대한 규제의 실효성 여부**

이러한 입찰참가자격제한조치는 많은 법적 문제점을 내포하고 있다. 부정당업자에 대한 제재는 공정하고 투명한 경쟁을 통해 정부조달계약의 공정한 집행과 원활한 이행을 도모하기 위한 제도라고 한다. 그러나 현행의 실효적인 부정당업자 제재수단으로는 '입찰참가자격제한'이 유일하며, '입찰참가자격제한' 사유에는 '하도급거래 공정화에 관한 법률 위반', '안전·보건조치의 소홀' 등 본래의 목적에서 다소 벗어난 것들도 혼재되어 있다. 제한사유의 확대 속에서 지속적으로 유사 행정형벌로 변화해 가고 있는 것에 대한 비판이 늘어나고 있다.

또한, '3회 이상 입찰 불참가', '계약이행능력 심사서류 미제출 및 포기', '입찰 금액 적정성 심사서류 미제출 및 포기', '실시설계서의 미제출' 등은 위반정도가 경미하다고 볼 수 있음에도 일괄적으로 "입찰참가자격제한"으로 제재하고 있는 것에는 많은 비판이 있었다. 최근 이러한 비판에 정부가 호응하여 일부 경미한 사유는 제외되는 경향이 현저한 것은 다행이라고 본다.[2]

또 실제 제재처분의 99% 이상이 7개 정도의 주요 사유에 집중되어 있으므로, 현행의 20여 개 이상의 제재사유는 제재의 효과를 전혀 고려하지 않은 채 보여주기식 혹은 으박지르기식 제재사유라는 비판이 없지 않다.[3] 이러한 입찰참가자격제한의 경우 공정한 경쟁에 위반된다는 사유로 경쟁에서 배제함으로써 경쟁 자체를 감소시켜 경제적 조달을 용이하지 않게 할 수 있다.

 집행부정지 원칙의 실효적 개선 논의 필요

입찰참가자격제한처분 취소소송 등의 제기와 관련하여 행정소송법 제23조 제1항은 집행부정지의 원칙을 천명하고, 일정한 요건 하에 집행정지결정을 허용하고 있다. 공법상의 가처분제도가 판례상 부인되고 있으므로 집행정지제도는 유일한 행정소송법상의 잠정적 권리보호수단이다.

---

2) 2019. 12. 18. 국가계약법 시행령 개정으로 제재사유에서 삭제되었다.

3) 제재사유의 불확정개념에 대한 지적으로는 김태완, "지방계약법상 부정당업자입찰참가자격제한 제도의 개선방안에 관한 연구- 실무운용과정에서의 제도적 미비를 보완하기 위한 입법론적 방안을 중심으로 -", 지방자치법연구 제11권 제1호, 통권 29호(2011), 88면.

잠정적 권리보호수단은 소송계속 중에도 일정한 권리나 사실적 상태를 소송의 종결까지 보전하는 데 이바지하게 하는 보전기능과 행정소송이 종료되기 전에 행정청에 의하여 불법이 집행되지 않도록 하는 행정통제의 기능까지 담당한다.[4]

한편, 행정소송법상 집행정지를 원칙으로 할 것인지 아니면 집행부정지를 원칙으로 할 것인지의 문제는 입법정책에 따른 것으로 이해하고 있다. 그러나 독일 연방헌법재판소는 집행정지의 원칙을 규정한 행정법원법 제80조 제1항을 기본법이 보장하는 효과적인 권리보호를 위한 개별법적 표현으로 간주하고, 이러한 정지효의 원칙을 공법적 분쟁의 기본원칙으로 본다.[5] 따라서 집행정지와 집행부정지는 원칙과 예외의 관계에 놓이며, 만약 이런 관계를 역전시키는 행정실무는 위헌이라고 하였다.

여기서 우리나라에서도 행정소송 전반에 대한 집행정지를 구현하여야 한다는 메아리 작은 논의를 하지는 않겠다. 다만, 1심 행정소송 계류 중 집행정지신청이 인용되었고,[6] 1심에서 행정청의 처분이 취소되는 판결이 선고되었음에도 행정청이 항소하여 항소심 계류 중에도 추가적인 집행정지 신청에 따른 인용절차가 없으면 1심의 취소판결이 있었음에도 처분이 집행되는 혼란은 제거되기를 바란다. 물론 입찰참가자격제한 취소 소송 재판부가 소송계속 중 처분집행정지결정을 하였다면 취소나 무효확인 판결선고시에는 판결확정시까지 직권집행정지를 함께 결정하는 방법을 고려해 볼 수는 있겠으나 이러한 실무례는 '집행부정지 원칙'의 제도적 발전에 도움은 되지 못할 것 같아 크게 박수치며 동의하기는 어렵다.

그래서 법원의 취소판결 이후에는 오히려 집행정지가 원칙이 되고 집행부정지가 예외가 되는 법개정이 필요하다.

---

4) 김중권, "행정소송법상의 집행정지결정의 논증과 관련한 문제점", 법률신문 2017. 11. 27.
5) BVerfGE 35, 382(402).
6) 1심 행정소송 계류 중 집행정지신청이 기각된 경우는 취소판결에 따라 즉시 집행정지되어야 할 것이다.

제3절

입찰참가자격제한의 문제점

다음에서는 입찰참가자격제한의 문제점을 중심으로 정부조달법의 기본원칙을 좀 더 면밀히 다루면서 입찰참가자격제한에 대한 해석론과 판례를 비판적으로 살펴보고자 한다. 아울러 경쟁을 통한 경제성 확보를 중심으로 대안제시의 필요성을 검토하겠다.

 자격제한의 주체별 법적 성격과 효력

기본적 법률관계로서 정부기관의 성격에 따른 입찰참가자격제한의 법적 성격과 관련하여는 앞에서 잠시 다룬 바 있다. 법률해석론적 문제를 검토하기 위하여는 필수적으로 입찰참가자격제한이 있게 하는 예컨대 공사도급계약 등 여러 종류의 정부조달계약이 과연 아래에서 제시하는 판시 내용과 같이 일반적인 사법상 계약으로서, 사적자치와 계약자유의 원칙 등 사법의 원리가 그대로 적용되는 것인가의 문제와 관련하여 반드시 검토되어야 할 필요가 있다. 그러한 연관 하에서 제한적으로라도 중복적 설명이 불가피해 보인다. 여기서 특히 문제되는 것은 현행의 분류방법에 따르면 공공기관 중에서도 기타 공공기관으로 분류되는 공공기관의 입찰참가자격제한조치에 좀 더 많이 주목하고 있다. 기타 공공기관은 현행 공공기관운영법상 입찰참가자격제한 처분권한이 없다고 하는데 대체로 일치된 견해를 보이지만 기관의 분류에 따른 지금까지의 판례의 발전과 이론의 축적에 대한 구체적 양상을 살펴고자 한다. 이하에서는 판례와 법제의 발전 상황을 제시하기 위하여 판례나 논문이 설시하는 문장과 용어를 가급적 그대로 인용하였음을 밝혀둔다.

가. 제한의 주체에 따른 처분성 검토

공공단체의 행위가 행정처분이 되기 위해서는 "국민의 권리의무에 관계되는 사항에 관하여 직접 효력을 미치는 공권력의 발동으로서 하는 공법상의 행위"로서 "행정청 또는 그 소속기관이나 법령에 의하여 행정권한의 위임 또는 위탁을 받을 것"이 요구된다. 전자의 요건은 행정처분 일반에 대한 것이라 할 수 있지만, 후자의 요건은 공공단체의 행정처분에 특유한 것이라 할 수 있다. 따라서 여기서 주로 문제되는 것은 정부투자기관의 입찰참가자격제한 조치가 행정청 또는 그 소속기관이나 권한을 위임받은 공공단체의 행위에 해당하는지 여부라고 할 수 있다. 정부투자기관의 부정당업자에 대한 입찰참가자격제한 조치의 법적 성질, 다시 말하면 위와 같은 조치가 행정소송의 대상이 되는 처분에 해당하는지 여부의 문제라 할 수 있다.[1]

통설과 판례는 정부투자기관이 부정당업자에 대하여 하는 입찰참가자격제한 조치에 대하여는 정부투자기관관리기본법(이하 '정투법'이라 한다. 2007. 1. 19. 공공기관의 운영에 관한 법률의 시행으로 같은날 폐지되었다) 아래서는 그 처분성을 모두 부인하여 왔으나, 입찰참가자격제한 조치의 주체가 정부투자기관이 아니라 행정기관이 한 부정당업자에 대한 입찰참가자격제한처분에 대하여는 그 입찰참가자격제한 조치를 항고소송의 대상이 되는 처분으로 인정하여 왔다.[2]

즉, 정부투자기관이 정부투자기관회계규정 등에 의거하여 부정당업자에 대한 제

---

1) 대법원 1999. 2. 9. 선고 98두14822 판결 [부정당업자제재(입찰참가자격제한)처분취소] [공보불게재]; 이에 대한 평석은 안철상, "정부투자기관의 입찰참가자격제한의 법적 성질", 『행정판례평선』 (박영사, 2011), 1114-1125면.

2) 대법원 1979. 10. 30. 선고 79누253 판결; 대법원 1983. 12. 27. 선고 81누366 판결; 대법원 1996. 2. 27. 선고 95누4360 판결; 대법원 1994. 8. 23. 선고 94누3568 판결.

재로서 행한 입찰참가자격제한조치에 대하여는 이를 행정소송의 대상이 되는 처분이 아니라고 판시하고 있다. 정부투자기관의 장이 한 입찰참가자격제한처분은 행정청이나 그 소속기관 또는 그 위임을 받은 기관의 권력적 행위가 아니므로 행정소송의 대상이 되는 행정처분이 아니고 사법상 효력을 가지는 통지행위에 불과하다는 것이다.[3]

정투법이 폐지되고 제정된 공공기관의 운영에 관한 법률(이하 '공공기관운영법'이라 한다)의 시행 이후에도 공공기관의 입찰참가자격제한에 대한 처분성 논의는 계속되고 있다.

판례는 "수도권매립지관리공사가 갑에게 입찰참가자격을 제한하는 내용의 부정당업자제재처분을 하자, 갑이 제재처분의 무효확인 또는 취소를 구하는 행정소송을 제기하면서 제재처분의 효력정지신청을 한 사안에서, 위 공사는 행정소송법에서 정한 행정청 또는 그 소속기관이거나 그로부터 제재처분의 권한을 위임받은 공공기관에 해당하지 않으므로, 위 공사가 한 위 제재처분은 행정소송의 대상이 되는 행정처분이 아니라 단지 갑을 자신이 시행하는 입찰에 참가시키지 않겠다는 뜻의 사법상의 효력을 가지는 통지에 불과하므로, 갑이 위 공사를 상대로 하여 제기한 위 효력정지신청은 부적법함에도 그 신청을 받아들인 원심결정은 집행정지의 요건에 관한 법리를 오해한 위법이 있다."고 판단하였다.[4]

위 결정에서 수도권매립지관리공사의 제재처분이 행정소송의 대상이 되는 행정처분이 아니라고 판단한 이유는, 위 공사는 「수도권매립지관리공사의 설립 및 운영 등에 관한 법률」의 규정에 의하여 설립된 공공기관(법인)으로서 「공공기관의 운영에 관한 법률」 제5조 제4항에 의한 "기타 공공기관"에 불과하여 같은 법 제39조에 의한 입찰참가자격제한 조치를 할 수 없을 뿐만 아니라, 위 공사의 대표자는 국가를 당사자로 하는 계약에 관한 법률 제27조 제1항에 의하여 입찰참가자격 제한 조치를 할 수 있는 "각 중앙관서의 장"에 해당하지 않는다는 것이다.

하지만, 수도권매립지관리공사는 공공기관의 운영에 관한 법률에서 말하는 공공

---

3) 대법원 1985. 1. 22. 선고 84누647 판결; 대법원 1998. 3. 24. 선고 97다33867 판결.
4) 대법원 2010. 11. 26.자 2010무137 결정.

기관에 해당하고, 일정한 범위 안에서는 공적 임무수행의 기능을 분담하는 국가행정조직의 일부로서 행정기관에 해당한다고 볼 수 있으므로, 위 공사가 한 입찰참가자격제한 조치는 처분성이 있다고 볼 수 있다. 위 공사의 제재조치가 공공기관의 운영에 관한 법률에서 규정하고 있는 제재처분이 아니라 위 공사가 사인의 지위에서 취한 제재조치로 보면서, 그것이 사적 자치의 원칙상 허용된다고 보거나 이를 다투는 경우에 공법이 아닌 사법이 적용되어야 한다고 보는 것은 공공기관의 행위의 공법적 성질을 고려하지 않은 것으로서 재검토할 여지가 있다.[5] 그리고 공공기관 중 제재처분의 권한을 위임받은 "공기업·준정부기관"이 아니라 "기타 공공기관"에 불과하여 제재처분을 할 권한이 없다는 사유는 법률상 근거 없이 국민의 권리를 제한한 것으로서 그 처분이 위법하다는 것이 될 뿐이라는 의견도 상당하다.

나. 제한의 효력에 따른 처분성 검토

이에 대하여 부정당업자제재조치는 그 조치를 한 정부투자기관뿐 아니라 모든 정부투자기관·지자체 등에 대한 정부조달계약의 입찰참가자격을 배제시키는 현실적 구속력이 있고 정부투자기관은 행정기관에 준하는 지위를 가지므로 제재조치의 처분성을 인정해야 한다는 견해도 제기되었다.[6] 이러한 견해는 행정청이 아닌 기관이 행한 행위에 대하여 처분성을 인정하는 점에서 논란의 여지가 상당히 있다고 생각되지만 현실적으로 정부시설공사 등에서 입찰참가자격을 제한당하면서도 민사소송 등을 통하여 구제받을 길이 없는 사업자에게 행정쟁송의 기회를 부여하여 효과적인 권리구제의 기회를 부여할 수 있다는 점에서 행정심판실무에서도 충분히 고려되어야 할

---

5) 이광윤, "공법인의 처분", 행정판례연구 제22권 제2호(2017), 311면 이하; 이와 유사하게 공공기관의 행위에 대한 처분성을 인정하는 연구로는 김연태, "한국마사회의 조교사 및 기수의 면허 부여 또는 취소의 처분성", 행정판례연구 제15권 제1호(2010), 111면 이하 참조.

6) 홍준형, "정부투자기관의 부정당업자에 대한 입찰참가자격제한조치의 법적성질", 법제 1999년 7월호, 13면 이하.

것으로 보고 있기도 하다.[7]

다. 조달계약관계의 법적 성격에 따른 처분성 검토

판례에 의하면, 행정조달계약은 사법상의 계약이라고 하고 있으므로 행정조달계약에 따른 법률관계는 기본적으로 사법관계라고 할 수 있다.[8] 이와 같이 행정조달계약의 법적 성질을 사법관계로 본다면 정부투자기관의 공사발주계약 등에 따른 법률

---

7) 홍준형, "정부투자기관의 부정당업자에 대한 입찰참가자격제한조치의 법적성질", 법제 1999년 7월호, 25면; 김기표, 행정쟁송대상으로서의 처분, 법제 502호(1999), 16면.

8) 대법원 1999. 2. 9. 선고 98두14822 판결 [부정당업자제재(입찰참가자격제한)처분취소] [공보불게재]; 대법원 1999. 11. 26.자 99부3 결정(한국전력공사는 행정소송법 소정의 행정청 또는 그 소속기관이거나 이로부터 위 제재처분의 권한을 위임받았다고 볼 만한 아무런 법적 근거가 없으므로 위 공사가 정부투자기관회계규정에 의하여 행한 입찰참가자격을 제한하는 내용의 부정당업자 제재처분은 행정소송의 대상이 되는 행정처분이 아니라 단지 상대방을 위 공사가 시행하는 입찰에 참가시키지 않겠다는 뜻의 사법상의 효력을 가지는 통지행위에 불과하다.); 이에 대한 평석으로는 안철상, "정부투자기관의 입찰참가자격제한의 법적 성질", 『행정판례평선』(박영사, 2011), 1114-1125면; 대법원 2001. 12. 11. 선고 2001다33604 판결 지방재정법에 의하여 준용되는 국가계약법에 따라 지방자치단체가 당사자가 되는 이른바 정부조달계약은 사경제의 주체로서 상대방과 대등한 위치에서 체결하는 사법상의 계약으로서 그 본질적인 내용은 사인 간의 계약과 다를 바가 없으므로, 그에 관한 법령에 특별한 정함이 있는 경우를 제외하고는 사적자치와 계약자유의 원칙 등 사법의 원리가 그대로 적용된다 할 것이다. 이에 대해서는 박정훈, "행정조달계약의 법적 성격"-대법원 2001.12.11. 선고 2001다33604 판결-, 민사판례연구 25권 (2003. 2), 561면. 이는 독일법의 전통적인 입장-공·사법 구별에 관한 권력설(Subordinationstheorie)과 국고이론(Fiskustheorie)-을 그대로 답습한 것이라고 비판적으로 보고 있으며, 행정이 행정 목적의 달성을 위해 사법적 형식을 선택할 자유가 있는 것으로 인정되고, 또한 조달작용에 있어 그렇게 선택하였기 때문에, 행정조달계약이 사법 영역에 속한다는 것이지, 행정이 사인과 동일한 지위에 서게 된다는 것은 결코 아니라고 한다. 박정훈, "행정조달계약의 법적 성격"-대법원 2001.12.11. 선고 2001다33604 판결-, 민사판례연구 25권 (2003. 2), 561면(626면), 국가작용은 공법적 형식에 의한 것이든 사법적 형식에 의한 것이든 헌법상 기본권에 구속된다는 것이 핵심적 논거인데, 이는 우리나라에서도 의문의 여지없이 받아들여지는 명제이다. 그럼에도 불구하고 독일의 옛날 이론에 따라 국가가 '사경제의 주체'로서 '사적 자치'를 향유하며 '계약자유'를 갖는다고 하는 것은 행정관료의 자의를 방치하는 것에 다름 아니라고 할 것이다.

관계도 당연히 사법관계로 볼 것이다. 하지만 기본적 법률관계가 사법관계인 경우임에도 이로부터 파생된 입찰참가자격제한의 법률관계는 공법관계로 볼 수 있는지 문제된다.

만약 기본적 법률관계가 사법관계인 경우 이로부터 파생되는 법률관계도 사법관계로 된다고 본다면 사법상의 계약관계에서 파생된 입찰참가자격제한 조치는 사법상의 행위로서 공법상 행위인 행정처분이 될 수 없게 되므로 다른 일반적인 행정처분과는 차이가 있다. 한편, 입찰참가자격제한 조치를 행정기관이 한 경우와 정부투자기관이 한 경우를 구별하여 처분성 인정을 달리할 것인지도 문제된다. 이는 곧 계약의 일방당사자인 국가 등이 자신이 체결한 계약과 관련한 계약불이행 등에 관하여 타방 계약당사자에게 행정처분을 내린다는 의미가 된다. 따라서 계약에 기반하지 아니하고 법령의 규정에 의해서 불특정 다수인의 안녕을 위해 내려지는 일반적인 행정처분과는 본질적인 차이가 있게 되는 것이다.[9]

---

9) 대법원 2014. 12. 24. 선고 2010다83182 판결 [입찰참가자격지위확인] [공2015상,169] 계약의 충실한 이행을 확보하는 것을 그 목적으로 하여 원고와의 합의를 통해 이 사건 각 계약에 포함된 것으로 그 목적과 방법의 정당성이 인정되며, 위와 같은 목적과 원고가 여러 명에게 수차례에 걸쳐 금품 등을 제공함으로써 계약의 적절한 이행을 해칠 것이 명백하게 우려가 된다고 본 사례, 이 사건 특수조건은 이 사건 각 계약에 종속된 이른바 사법상의 위약벌의 합의로서 원칙적으로 그 유효성이 인정되고, 다만 사인 간의 위약벌 약정과 마찬가지로 사적 자치와 계약자유의 원칙의 한계를 벗어나는 경우 그 전체 또는 일부가 무효로 평가될 수 있을 것이기는 하지만, 이 사건 특수조건이 예상하는 제재는 피고가 실시하는 입찰에 참가할 것을 제한하는 것에 한정되고 다른 국가기관이나 공공기관에서 시행하는 입찰에 참가하는 것을 제한하는 경우와 무관하기 때문에 관계 법령이 그대로 적용되는 성질의 것이 아닌 점, 이 사건 각 계약이 체결될 당시의 관계 법령에 의하더라도 정부투자기관의 장은 계약의 상대방이 계약의 체결·이행과 관련하여 임·직원에게 뇌물을 제공한 경우 1월 이상 2년 이하의 범위 내에서 입찰참가자격을 제한할 수 있고, 다만 그 위반의 정도가 경미하거나 기타 정상을 참작할 만한 특별한 사유가 있으면 6월의 범위 내에서 이를 감경할 수 있는 것일 뿐이므로, 이 사건 특수조건이 뇌물액수 등에 관계없이 관계 법령에서 정하는 최상한의 기간으로 입찰참가자격 제한기간을 정하였다고 하여 이를 두고 당시 시행 중이던 관계 법령을 위반하였다거나 그 취지에 반한다고도 할 수 없는 점, 낙찰자가 계약이행과 관련하여 관계직원에게 직·간접적으로 금품, 향응 등의 부당한 이익을 제공하게 되면 이 사건 각 계약의 목적을 달성하기 어려워질 것이 예상되고 이는 궁극적으로 한 개인의 문제로 귀착되는 것이 아니라 사회적, 국가적 공익과 관련하여 커다란 폐

라. 평가

지금까지 입찰참가자격 제한처분에 관한 연구는 행정처분이라는 외관과 결과에만 기초를 두고 연구되어 온 측면이 있다. 사법상 계약관계로부터 공법상 행정처분이 발현했다는 사정은 도외시한 채 주로 입찰참가자격제한에 사활적 이해관계가 있었던 대형건설업체를 중심으로 입찰참가자격제한처분이 과도하다는 불만과 읍소가 중심이 되었다. 이러한 현상에 논리적 답변을 제시하여야 할 학계를 중심으로 처분사유 축소, 제재기간 감경에 관한 논의가 주로 이루어졌고 처분사유 혹은 처분시점의 명확화, 제재의 시효설정 등에 관한 입법론 제기가 연구의 주된 흐름이었다.[10]

해를 초래하게 될 수 있는바, 이 사건 특수조건은 위와 같은 부당한 일의 발생을 방지하고 계약의 공정성을 확보함과 동시에 피고가 추구하는 공적 목표를 달성하기 위하여 계약의 충실한 이행을 확보하는 것을 그 목적으로 하여 원고와의 합의를 통해 이 사건 각 계약에 포함된 것으로 그 목적과 방법의 정당성이 인정되며, 위와 같은 목적과 원고가 여러 명에게 수차례에 걸쳐 금품 등을 제공함으로써 계약의 적절한 이행을 해칠 것이 명백하게 우려되므로, 위 뇌물공여를 이유로 한 2년간의 입찰참가자격제한의 제재가 뇌물의 액수에 비하여 중한 면이 있기는 하지만, 그렇다고 피고가 실시하는 입찰에 한하여 2년간 참가자격 제한의 제재를 하는 것이 반드시 비례의 원칙에 반하여 원고에게 과도하게 부당한 불이익을 주는 것이라고 평가할 정도는 아닌 것으로 보이는 점, 원고는 수년에 걸쳐 피고가 실시하는 입찰에 참가하여 낙찰자로 선정된 후 이 사건 특수조건과 같은 내용의 조건이 포함된 계약서를 작성하여 왔을 뿐만 아니라 이 사건 특수조건의 문언적 의미가 명백하며, 원고는 이와 관련한 각서까지 제출한 바도 있는 점, 이 사건 특수조건이 적용되는 경우는, 채권자가 계약체결 또는 그 이행과 관련하여 관계직원에게 직·간접적으로 금품, 향응 등의 부당한 이익을 제공하는 경우로, 이 사건 특수조건의 적용 가능성은 원고 임·직원의 의사 및 행위에 달려 있는 점, 원고가 특정 자재의 공급시장을 독점하고 있는 사실과 원고의 영업규모, 매출액 등에 비추어 피고와의 관계에서 반드시 약자의 지위에 있다고만 볼 수는 없는 점, 이 사건 각 계약 체결 후 입찰참가자격 제한에 관한 관계 법령이 계약상대방에게 유리하게 개정되었다고 하여 이 사건 제한조치가 위법하다거나 무효라고 볼 수 없다는 점 등을 종합하여, 이 사건 특수조건이나 그에 근거한 이 사건 제한조치가 모두 유효하다고 판단하고, 이 사건 특수조건이 정부투자기관회계규칙 제12조 제2항, 정부물품구매(제조)계약 일반조건 제3조 제3항, 민법 제103조, 제104조에 반하여 무효이거나, 약관의 규제에 관한 법률 제6조 제1항, 제2항 제1호에 의하여 무효라는 등의 원고의 주장을 모두 배척하였다.

10) 남유선, "공공조달계약과 현행 부정당업자 제재제도의 문제점 및 개선 방안에 관한 소고", 법학논총 제31권 제3호(2019), 국민대학교 법학연구소, 169-210면; 남하균, "공기업·준정부기관의 부정당업자 입찰배제에서 몇 가지 법적 문제", 법과 기업 연구 제8권 3호 통권 21호(2018), 197-227

그러나 입찰참가자격제한의 본질에 접근하는 것이 우선되어야 할 것이므로 공공조달계약의 본질로부터 입찰참가자격제한처분을 바라보는 새로운 해석방법을 이끌어 내는 것도 상당한 의미가 있을 것으로 생각된다.[11] 그럼에도 입찰참가자격제한 조치를 행정처분으로 이해하는 것이 한국의 통설이고, 판례의 입장임에는 변함이 없어 보인다.

대법원 판례는 국가계약과 지방계약을 포괄하는 의미에서의 공공조달계약을 여전히 '사법상 계약'이라고 파악하는 기본관점을 유지하고 있으나, 이는 계약 관련 분쟁을 민사소송으로 다투어야 함을 의미하는 것이지, 사법심사의 배제를 의미하는 것은 아니다. 다만 판례가 제시하는 계약무효 판단기준이 매우 엄격하기 때문에 재판실무가 탈락한 경쟁사업자의 권리구제에 적극적이지 않은 측면은 이 분야 사법불신에 큰영향을 주고 있는 것은 사실이다.

대법원 판례들은 일견 상호 모순되는 것처럼 보이지만, (1) 계약의 해지에 의해 발생하는 법률효과(원상회복의무), 이행을 강제하기 위해 관계법령에 출연금 환수, 장래의 사업참여 제한, 이행강제금, 과태료 등의 행정상 강제수단이 규정되어 있는 경우에는 계약 해지 통보가 우월한 공력권의 행사로서 행정처분이라고 보는 반면, (2) 관계법령에 그와 같은 행정상 강제수단이 규정되어 있지 아니한 경우에는 대등한 계약당사자의 지위에서 행하는 의사표시라고 보는 분명한 판단기준을 가지고 있다는 견해도 있다.[12]

이에 대해 대법원 판례는 (1) 행정처분의 외관이 존재하는가, (2) 제재조치의 효과가 해당 공공기관과의 거래제한에 국한되는가라는 2가지 핵심징표를 기준으로 국가계약법, 지방계약법, 공공기관운영법에 따른 '부정당업자 입찰참가자격 제한처분'

면; 김태완, "지방계약법상 부정당업자입찰참가자격제한 제도의 개선방안에 관한 연구- 실무운용 과정에서의 제도적 미비를 보완하기 위한 입법론적 방안을 중심으로 -", 지방자치법연구 제11권 제1호, 통권 29호(2011), 75-98면.

11) 김형원, "입찰참가자격제한처분의 이면에 관한 연구", 사법 41호, 사법발전재단 2017, 367-404면.

12) 이상덕, "지방계약과 판례법 - 사법상 계약, 공법상 계약, 처분의 구별을 중심으로 -", 홍익법학 제19권 제4호(2018), 2면.

과 '계약에 근거한 장래 계약체결 거부통보'를 구별하고 있다는 견해가 있다. 이 견해에 의하면 '사법상 계약 혹은 공법상 계약 혹은 행정처분의 구별'이라는 주제는 행정소송법의 고전적인 주제이지만, 지금도 계속 변화·발전하고 있는 것이다. 계약 관련 분쟁에서도 행정법관계가 조기에 확정될 필요성이 있으므로, 계약의 체결(낙찰자결정), 체결거부, 해지, 계약변경 거부 등과 같은 중요한 국면은 당사자소송을 활용하기보다는 독일의 '2단계 이론'이나 프랑스의 '분리가능한 행위 이론'을 원용하여 항고소송의 대상으로 포착하는 것이 바람직해 보인다고 하였다.[13]

그러나 정부조달계약의 공법관계설을 지지하는 입장에서는 정부조달 법률관계의 법적 성격에 관하여 사법관계설에 근거하면서도 입찰참가자격제한만을 공법관계로 파악하는 것에는 논리적 근거가 충분하지는 않다는 지적이 가능하다. 물론, 정부조달계약 법률관계 전반의 법적 성격을 사법관계라 하더라도 일정 조달계약 이행 중 일정 국면의 법률관계에서는 국가의 우월적 지위에서 행해지는 조치라면 그에 대하여서는 공법관계로 못 볼 것은 아니라는 견해 또한 충분히 경청할 만하다고 본다.

이런 상황에서 최근 대한민국의 관련 법리 발전 상황을 보면 특히 국가계약법의 개정 내용 중 (공법관계와 친하지 않은) 중재와 조정이 분쟁해결 방법으로 포함되면서 정부조달계약을 공법관계로 보는 견해의 입장 유지는 상당히 어려워졌다고 생각된다.

따라서 공법관계설의 입장에서는 입찰공모단계부터 낙찰자결정단계까지는 공법관계로 파악하고, 계약체결 이후부터 그 이행까지는 사법관계로 파악하는 소위 2단계 이론이 더욱 매력적인 것으로 보인다.[14]

---

13) 이상덕, 앞의 각주 12), 2면.
14) 김진기/신만중, "건설조달 입찰참가자격제한 제도의 개선방안으로서 한국식 자율시정 제도 도입", 일감 부동산법학 제21호(2021), 169-200면.

② 투명성원칙 위반 여부

투명성원칙은 정부조달절차 전과정에서 말 그대로 투명하게 진행되도록 요구한다. 구현되는 모습은 조달기관이 개별 참여자들에게 필요한 정보들을 사전 혹은 실시간에 투명하게 제공할 것을 의무로 부여하는 것에서 시작된다.[15] 이에 따라 모든 경쟁자에게 동일 출발선상에 있도록 보장하는 기회평등에 기여하는 원칙으로 볼 수 있다.[16] 그 외 계약이행 이후에도 일정한 기간 동안 관련 자료를 보존함으로써 정부조달 관련자들의 책임감을 고양하게 한다. 구체적으로는 공고, 검증, 문서화, 열람권 보장, 설명의무 등의 절차로 구현된다.

이러한 관점에서 국가계약법 제27조 제1항, 국가계약법 시행령 제76조 제1항에 따른 "경쟁의 공정한 집행이나 계약의 적정한 이행을 해칠 염려, 그 밖에 입찰에 참가시키는 것이 적합하지 아니하다고 인정되는 자"라는 표현과 요건은 매우 포괄적이며 불명확할 뿐만 아니라, 입찰참가자격제한이 처벌에 해당한다는 전제에서 처벌의 구성요건을 법률에서 정하지 않고 시행령에 위임하는 것은 죄형법정주의에 반하다고 생각할 수 있지만 위 조항은 명확성의 원칙이나 죄형법정주의에 반한다고 볼 수 없고[17] 다만 "그 밖에 입찰에 참가시키는 것이 적합하지 아니하다고 인정되는 자"라는 부분은 그 의미의 범위가 매우 넓다는 점에서 입법론적으로 재검토되어야 한다는 주장이 있다.[18] 그러한 주장을 입법부가 받아들여 2016년부터 제한사유를 법률

---

15) 김진기, "정부조달법 기본원칙-대법원 2017. 11. 9. 선고 2015다215526 정산금-", 홍익법학 제19권 제1호(2018), 597면(614면).

16) 김진기, "정부조달법 기본원칙-대법원 2017. 11. 9. 선고 2015다215526 정산금-", 홍익법학 제19권 제1호(2018), 597면(618면).

17) 박정훈, "부정당업자의 입찰참가자격제한의 법적 제문제", 서울대학교 법학 제46권 제1호, 서울대학교 법학연구소, 2005, 293-294면; 조홍석, 국가계약법제의 헌법상 문제점 - 부정당업자 제재와 관련하여 -, 토지공법연구 제13집, 한국토지공법학회, 2001, 9-10면.

18) 구 국가계약법(2005. 12. 14. 법률 제7722호로 개정되기 전의 것) 제27조 제1항이나 구 정부투자기관관리기본법(2006. 10. 4. 법률 제8049호로 개정되기 전의 것, 위 법률은 2007. 1. 19.

에 규정하고 있다.

　헌법재판소 또한 공공기관운영법 제39조 제2항과 관련하여 "공정한 경쟁이나 계약의 적정한 이행을 해칠 것이 명백하다"는 부분이 명확성의 원칙에 위배되지 않는다고 판단하였다.[19] 형벌에 해당하지 않는 입찰참가자격제한을 두고 죄형법정주의 위반이라고 할 수는 없을 것이다.[20] 모든 법규범의 문언을 순수하게 기술적 개념만으로 구성하는 것은 입법 기술적으로 불가능하고 또 바람직하지도 않기 때문에 어느 정도 가치개념을 포함한 일반적, 규범적 개념을 사용하지 않을 수 없으므로 법 문언이 해석을 통해서, 즉 법관의 보충적인 가치판단을 통해서 그 의미내용을 확인해 낼 수 있고, 그러한 보충적 해석이 해석자의 개인적인 취향에 따라 좌우될 가능성이 없다면 명확성의 원칙에 반한다고 할 수 없다.[21]

　한편 그 명확성의 정도는 일률적으로 정할 수 없고, 각 구성요건의 특수성과 그러한 법적 규제의 원인이 된 여건이나 처벌의 정도 등을 고려하여 종합적으로 판단하여야 할 것이다.[22] 생각건대, 법령에서 '경쟁의 공정한 집행'과 '계약의 적정한 이행'이라는 기준을 설정하고 그 내용을 하위법령에서 구체화한 것은 행정의 탄력성을 기하기 위함이라는 점에서 합헌성이 인정될 수 있다고 본다.[23]

　하지만 부정당업자의 지정요건에 대하여 국가계약법이나 지방계약법은 일정한

법률 제8258호로 폐지되었음) 제20조 제2항은 제한기간과 관련하여 현행 법률과 같이 법률에 '2년 이내의 범위'라는 한정문구 없이 '일정기간'이라고만 규정하고 있었고, 위 견해들은 한결같이 이러한 규정이 명확성의 원칙에 반한다고 보았다. 헌법재판소는 위 규정들에 대하여 명확성의 원칙 및 포괄위임금지원칙에 위반된다는 이유로 위헌(헌법불합치) 결정을 하였다(헌법재판소 2005. 4. 28. 선고 2003헌바40 결정, 헌법재판소 2005. 6. 30. 선고 2005헌가1 결정).

19)　헌법재판소 2012. 10. 25. 선고 2011헌바99 결정.

20)　헌법재판소는 행정질서벌에 해당하는 과태료가 형벌에 해당하지 아니하므로 죄형법정주의의 규율 대상이 아니라고 판단하였다(헌법재판소 1998. 5. 28. 선고 96헌바83 결정).

21)　헌법재판소 1998. 4. 30. 선고 95헌가16 결정.

22)　헌법재판소 1997. 3. 27. 선고 95헌가17 결정; 헌법재판소 1998. 7. 16. 선고 96헌바35 결정.

23)　박정훈, "부정당업자의 입찰참가자격제한의 법적 제문제", 서울대학교 법학 제46권 제1호, 서울대학교 법학연구소, 2005, 293면.

사유에 해당되는 경우에는 입찰참가자격제한을 하여야 한다고 규정하고 있어 담당공무원의 재량의 여지가 없도록 하여 놓았다. 반면에 공공기관운영법 제39조 제2항은 입찰참가자격 제한 대상을 '공정한 경쟁이나 계약의 적정한 이행을 해칠 것이 명백하다고 판단되는 사람·법인 또는 단체 등'에 대하여 「공기업계약규칙」 제15조가 「국가계약법」 제27조를 따르도록 함으로써 국가계약법령에 열거된 사유가 있는 경우에는 입찰참가자격을 제한할 수 있다고 규정하고 있다. 또 공공기관운영법은 소위 '부정당행위'라고 통칭할 수 있는 부정당행위를 했었어야 하고, 아울러 명백성 요건도 충족되어야 하는 이중요건의 구조로 되어 있다.[24]

적용요건과 관련한 판례의 태도에서 법원이 제재기관의 판단을 존중한 모습은 찾기 힘든데, 이는 제재 요건의 문언 표현에서 문리해석상 특별예방 목적을 인정하기 어렵기 때문이라는 생각을 해 본다. 그러나 하급심 판례 중에는 부정당행위를 한 업체가 재발방지를 위한 노력을 하였음을 참작한 것들도 있다.[25] 그러나 일반적으로 이

---

24) 구체적 행위 요건은 형벌이든 행정벌이든 제재조치의 당연한 전제가 되는 것이나, 여기에 명백 요건과 같은 것을 추가적으로 요구하는 것은 통상의 제재규범에서 흔히 볼 수 없는, 부정당업자 제재의 특징이라 할 수 있다고 하고 이에 대한 비판적 견해로는 남하균, "공기업·준정부기관의 부정당업자 입찰배제에서 몇 가지 법적 문제", 법과 기업 연구 제8권 3호 통권 21호(2018), 197면 (209면); 오준근, "공공기관의 입찰참가자격 제한 처분의 한계 – 대법원 2017. 6. 29. 선고 2017두39365 판결의 평석 –", 경희법학 제52권 제3호(2017. 9), 20면. 이에 따르면 공공기관의 입찰참가자격 제한 처분의 한계는 다음과 같이 요약될 수 있다. 첫째, 법령이 처분 기준으로 설정한 각종 요건은 매우 엄격히 해석하여야 하며, 요건에 해당하지 아니한 사실을 원용하여 처분의 근거로 삼아서는 아니 된다. 둘째, 공공기관이 행하는 입찰참가자격 제한 처분은 「공공기관법」 제39조가 규정한 "공정한 경쟁 또는 계약의 적정한 이행을 해칠 것이 명백한" 경우에 한정되어야 한다. 셋째, "참작할 만한 사정"이 있으면 "명백성"이 부인되므로 공공기관은 처분기준으로 설정한 각종 요건을 충족하였다 하더라도 이들 사정을 적극적으로 고려하여 처분 여부를 결정하여야 한다. 넷째, "재발가능성"의 정도에 따라 처분 여부를 결정하여야 한다. 처분대상 기관이 부정당행위를 인지하고 부정당행위자에 대하여 충분한 제재조치를 취하는 한편 재발을 방지하기 위한 노력을 경주하고 있음이 확인되었다면 "공정한 경쟁 또는 계약의 적정한 이행을 해칠 것이 명백하지 아니하다"고 판단하여 처분을 하여서는 아니 된다. 다섯째, 입찰참가자격 제한처분에 따른 불이익이 이로 인하여 달성되는 공익보다 심히 큰 경우에는 처분을 하여서는 아니 된다.
25) 소속 교원의 용역입찰방해로 대학 산학협력단이 1년의 입찰참가자격 제한을 받은 사안에서, 원고

러한 요소가 고려되는 것은 아니고, 업체가 그러한 노력을 했다는 사실을 주장할 때 법원이 수동적으로 판단에 나서는 것으로 보인다.[26]

기업은 정부조달 전과정에 걸쳐 부정당제재를 받지 않도록 하여야 할 것이지만 부득이 입찰참가자격제한처분을 당함에 있어서도 관련되는 자료와 정보에의 접근가능성을 열어 놓아 가장 효과적으로 제재를 받을 수 있도록 하여야 할 것이다. 부정당행위를 한 업체가 재발방지를 위해 노력한 것은 입찰참가자격제한처분 절차에서 참작하였던 사례들도 공개한다면 투명성 원칙에 더욱 부합할 것으로 보인다. 이러한 조치들은 평등대우 원칙에 크게 기여할 수 있는 것이다. 투명성 원칙의 구현으로 행정에 대한 민주적 통제가 가능하게 되듯, 이 원칙은 현대 문명국가의 정부조달계약 시스템 작동을 위한 기본적 메커니즘이다.

 3 비례성원칙 위반 여부

가. 비례성원칙과 관련한 기존의 논의

비례성원칙은 문명국가 헌법의 법치주의에서 연원한다. 국가행위가 실현하고자 하는 이익과 국가행위가 초래하는 손해 사이에 적정한 비례관계가 유지되어야 한다

가 이 사건 위반행위가 발생한 이후 연구 관련 윤리규정 및 처벌규정을 정비하고 부정행위 방지를 위한 연구자교육을 실시하며, 비위행위 고발제도 운영 등 자체감사와 내부통제를 강화하여 유사행위 재발을 방지하기 위한 많은 노력을 기울이고 있다는 점을 참작한 서울고등법원 2017. 2. 15. 선고 2015누69272 판결. 이 판결에 대해서는 오준근, "공공기관의 입찰참가자격 제한 처분의 한계- 대법원 2017. 6. 29. 선고 2017두39365 판결의 평석 -", 경희법학 제52권 제3호 (2017. 9), 20면. 한편, 대구고등법원 2016. 1. 15. 선고 2015누6041 판결은 재하수급업체에 의해 위·변조된 시험성적서를 제출하였다는 사유로 6개월의 입찰참가자격 제한처분을 받은 사안에서, 원고가 이 사건 처분을 전후하여 하수급업체로부터 물품 구매 시 위·변조 여부를 확인하는 절차를 마련하고, 하수급업체와 직원들을 상대로 교육을 실시하는 등 재발방지를 위해 노력하고 있는 점을 참작하였다.

26) 남하균, "공기업·준정부기관의 부정당업자 입찰배제에서 몇 가지 법적 문제", 법과 기업 연구 제8권 3호 통권 21호(2018), 197면(214면).

는 요청을 말한다. 헌법재판소는 과잉금지원칙과 비례원칙을 동일한 의미로 사용하고 있다.[27] 물론 법익형량의 일반원칙으로서의 비례원칙은 법익균형성으로 표현되기도 한다. 정부조달법에서도 비례성원칙은 대단히 중요한 원칙이다. 비례성원칙은 경쟁원칙과 경제성 원칙의 실현에서 그 중요성이 특별히 강조된다.

이러한 관점에서 기업의 관급공사에 대한 의존도가 기업의 운명을 좌우할 수 있는 현 상황에서 극단적인 경우 1년 이상 2년 이하의 범위 내에서 입찰참가자격을 제한하도록 하는 것은 직업의 자유에 대한 중대한 침해로서 비례의 원칙을 위반한 것이라는 견해,[28] 입찰참가자격제한 이외에 과징금 등 다른 제재수단이 있음에도 불구하고 가장 무거운 제재수단을 선택하여 비례원칙을 위반한 것이라는 견해,[29] 공공기관운영법과 달리 국가계약법과 지방계약법은 "입찰참가자격을 제한하여야 한다"고 규정하여 재량을 인정하고 있지 않은데 극히 경미한 사유에 관해서도 최저 기준인 1월의 기간으로 입찰참가자격제한을 할 수밖에 없다는 점에서 비례원칙 위반이라는 견해[30] 등은 입찰참가자격제한에 대한 비례원칙에 따른 비판적 검토이다.

헌법재판소는 공공기관운영법 제39조 제2항과 관련하여, 입찰참가자격제한제도가 부정당업자의 모든 경제 활동이나 모든 영역에서의 입찰참가자격을 완전히 박탈 또는 제한하는 것이 아니라 공기업·준정부기관이 발주하는 입찰에 참가하는 자격을 2년의 범위 내에서 일정기간 동안만 제한할 뿐이고, 공기업·준정부기관의 재량에 맡겨져 있다는 점 등의 이유로 비례의 원칙(과잉금지원칙)에 반하지 않는다고 판

---

27) 헌법재판소 1992. 12. 24. 선고 92헌가8 전원재판부〔위헌〕.

28) 조홍석, "국가계약법제의 헌법상 문제점 -부정당업자 제재와 관련하여-", 토지공법연구 제13집 (2001.11), 11면 이하.

29) 김태완, "지방계약법상 부정당업자입찰참가자격제한 제도의 개선방안에 관한 연구- 실무운용과정에서의 제도적 미비를 보완하기 위한 입법론적 방안을 중심으로 -", 지방자치법연구 제11권 제1호, 통권 29호(2011), 91-92면; 이동수, "국가계약법상 부정당업자에 대한 제재", 사회과학논총 제3집, 대구카톨릭대학교 사회과학연구소, 2004, 21면.

30) 박정훈, "부정당업자의 입찰참가자격제한의 법적 제문제", 서울대학교 법학 제46권 제1호, 서울대학교 법학연구소, 2005, 295-296면.

단하였다.[31]

생각건대, 오늘날 행정국가에 있어서 국가, 지방자치단체, 공기업 등 공공부문의 사경제적 행위의 비약적 증대현상은 기업의 공공부문과의 계약에 대한 의존도를 심화시키고 있기 때문에 입찰참가자격제한제도는 기업의 운명을 좌우하는 매우 위력적인 수단인바, 입찰참가자격제한으로 인하여 공공부문과 계약을 체결하지 못함으로써 기업이 도산·폐업에까지 이르는 것이 현실이다.[32] 국가, 지방자치단체, 공기업·준정부기관 중 어느 한 곳에서 입찰참가자격제한을 받게 되면 사실상 모든 공공부문에서 입찰의 참가가 제한되고(국가계약법 시행령 제76조 제8항, 지방계약법 시행령 제92조 제8항, 공기업·준정부기관 계약사무규칙 제15조 제11항),[33] 2년의 범위 내라고 하지만 단기간만 제한을 받더라도 가장 큰 고객이라고 할 수 있는 공공부문에서 매출을 올릴 수 있는 기회를 상실하게 되면 그로 인하여 기업이 도산에 이르게 될 수도 있으므로,[34] 헌법재판소의 위와 같은 판시는 너무 형식적이라고 생각된다는 견해까지 있다. 더욱이 공공기관운영법과 달리 국가계약법과 지방계약법은 입찰참가자격제한이 재량행위가 아니라 기속행위로 규정되어 있다는 점에서 비례원칙의 판단에 재량행위성을 그 근거로 삼은 헌법재판소의 위와 같은 판시에 비추어 보더라도 국가계약법과 지방계약법은 비례의 원칙상 큰 문제를 안고 있다. 요컨대 입찰참가자격제한제도 자체가

---

31) 헌법재판소 2012. 10. 25. 선고 2011헌바99 결정.

32) 2006~2009년 입찰참가자격제한을 받은 종합건설업체 80개사 중 70%에 달하는 56개사가 건설업계에서 퇴출되어 폐업하였다. 이에 대하여는 강운산, 건설업체에 대한 중복 처벌의 문제점과 개선 방안, 건설이슈포커스, 한국건설산업연구원, 2011, 27-28면.

33) 위 규정들에 의하면 국가 등에게 입찰참가자격제한 여부에 대한 재량이 인정되지만, '나라장터'의 게재 현황을 보면 대부분의 기관이 행정편의에 따라 재량판단 없이 일률적으로 입찰참가자격을 제한하고 있는 것으로 보인다. 이에 대하여는 김태완, "지방계약법상 부정당업자입찰참가자격제한제도의 개선방안에 관한 연구- 실무운용과정에서의 제도적 미비를 보완하기 위한 입법론적 방안을 중심으로 -", 지방자치법연구 제11권 제1호, 통권 29호(2011), 88-89면.

34) 특히 입찰참가자격제한이 이루어진 그 단기간 내에 공공부문의 입찰이 집중될 수도 있다. 아래에서 보는 바와 같이 실제 일정시기에 입찰이 집중되는 경우가 있고, 그러한 시기를 피하거나 혹은 그러한 시기에 일부러 입찰참가자격제한조치가 취해지기도 하는바, 이에 따른 행정의 자의성이나 형평성이 문제되고 있다.

비례의 원칙에 반하여 위헌이라고 할 수는 없으나,[35] 현행 제도 중 일부에는 비례의 원칙에 부합하지 않은 부분이 있음을 부인할 수 없다. 즉 입찰참가자격제한의 사유가 너무 많은데다 입법취지에 부합하지 않거나 경미한 사유들까지 획일적으로 모두 입찰참가자격제한조치가 이루어지도록 하는 것이 문제인 바, 개별사유별로 구체적으로 비례원칙에 부합하게 판단할 필요가 있다.

첫째, 앞서도 언급한 바와 같이 다른 법령에서 형사처벌이나 행정제재를 받는 경우로서 구 국가계약법 시행령(대통령령 제27475호, 2016. 9. 2., 일부개정되기 전의 것, 이하 같다) 제76조 제1항 제2호, 제3호, 제3의2호, 제5호가 여기에 해당하는 것으로 보인다. 해당 법령에서 그 위반사유로 인하여 충분한 처벌을 받았음에도 입찰참가자격제한까지 더하여 제재처분을 받아야 할 특별한 이유를 찾을 수 없으며, 위와 같은 사유들은 입찰 및 계약 이행의 공정성과 충실성이라는 입법취지에 부합하지도 않아 보인다. 예컨대 건설산업기본법의 하도급규정 위반으로 영업정지처분을 받았음에도 다시 국가계약법에 기하여 입찰참가자격제한을 하는 것은 동일한 효과를 갖는 행정제재를 이중으로 부과하는 것이고, 기업이 하도급업체와의 관계에서 하도급규정을 위반하였다는 사정만으로 국가와의 계약에 있어 그 계약의 공정성이나 충실성을 해하였다 보기도 어렵다. 따라서 위와 같은 사유들은 비례의 원칙에 위배한 것으로 위헌성이 있다는 의심을 피하기 어려워 보인다.

둘째, 입찰 및 계약 이행의 공정성과 충실성이라는 제도의 입법취지나 공익적 목적에 별로 관련이 없는 경우로서 구 국가계약법 시행령(대통령령 제27475호, 2016. 9. 2., 일부개정되기 전의 것) 제76조 제1항 제5호, 제11호가 여기에 해당하는 것으로 보인다. 아울러 최근 신설된 국가계약법 제27조의5 제1항도 여기에 해당할 것이다. 제5호의 안전사고의 경우 어느 기업도 안전사고가 일어나기를 바라지 않을 것임에도

---

35) 다른 나라들도 우리와 비슷한 제도를 운영하고 있기도 하다. 다른 나라들의 제도에 관한 자세한 내용은 강운산, 부정당업자제재제도 개선 방안, 한국건설산업연구원, 2010, 19-46면; 박정훈, "부정당업자의 입찰참가자격제한의 법적 제문제", 서울대학교 법학 제46권 제1호, 서울대학교 법학연구소, 2005, 283-292면; 정원, "부정당업자에 대한 입찰참가자격제한의 내용과 문제점", 국방조달계약 연구논집, 국방부조달본부, 2005, 439-443면 참조.

'고의 또는 중대한 과실'로 한정하지 않은 것이 문제일 뿐만 아니라 안전사고가 났다고 하더라도 당해 계약의 충실한 이행이 반드시 저해된다고 볼 수 없고 특히 장래의 입찰 및 계약 이행의 공정성과는 무관하다고 생각된다. 제11호의 경우는 일견 입찰이나 계약 이행의 충실성과 관련이 있어 보이기도 하나, 다분히 행정편의적인 규정이라고 생각된다. 입찰참가신청서를 제출하였으나 실제 입찰에 참가하지는 않았을 때 침해되는 공익이 무엇인지 생각해보면, 그것은 입찰업무에 관한 행정의 효율성이나 편의성 정도에 불과해 보인다. 또한 조세의 미납 역시 이 제도의 입법취지와는 무관한 것으로 그저 입찰참가자격제한이라는 강력한 제재수단을 동원하여 조세의 납부를 강제하고자 하는 것일 뿐이다. 이와 같이 제도의 입법취지와 별로 관련이 없는 사유로 공공부문에서 입찰참가의 기회를 막는 것은 비례의 원칙에 부합한다고 볼 수 없다.

셋째, 사안의 중대성을 고려하지 않은 채 무조건 입찰참가자격을 제한하도록 하는 경우로서 구 국가계약법 시행령(대통령령 제27475호, 2016. 9. 2., 일부개정되기 전의 것) 제76조 제1항 제1호, 제6호, 제14호, 제14의2호가 여기에 해당하는 것으로 보인다. 이와 같은 규정들은 계약 이행의 충실성이라는 측면에서 필요한 제한사유임에는 부정하지 않는다. 그러나 아주 사소한 부분의 불완전이행이 있더라도 최소 1월의 입찰참가자격제한을 받아야 하고, 특히 이러한 경우는 행정의 자의적인 판단 가능성을 배제할 수 없다. 따라서 '중대한 사유'로 한정해야 할 것인바, 그렇지 않고 현행 법령과 같이 사소한 계약불이행 등까지 포섭될 수 있도록 무제한적으로 규정해 놓은 것은 비례원칙에 반한다고 본다.[36]

이와 같이 제도의 입법취지에도 부합하지 않아 보이는 사유들이 포함되는 등 입찰참가자격제한의 사유가 과다하게 많아진 것은 사회 문제가 발생하면 그 해결방안으로서 부정당업자 제재를 선택한 행정편의적인 판단 때문이라는 견해도 있다.[37] 더욱이 제한사유가 있으면 반드시 입찰참가자격제한을 하도록 기속행위로 규정하여 놓

---

36) 박정훈, "부정당업자의 입찰참가자격제한의 법적 제문제", 서울대학교 법학 제46권 제1호, 서울대학교 법학연구소, 2005, 295-296면 참조.

37) 강운산, 부정당업자제재제도 개선 방안, 한국건설산업연구원, 2010, 49면 참조.

았기 때문에 위와 같은 사유들의 비례원칙 위반성은 더 심각해 보인다.

한편 입찰참가자격제한제도에 대한 비례의 원칙 위반을 논함에 있어 종래부터 과징금제도의 도입 필요성을 주장하는 견해들이 있었는데, 국가계약법이 2012. 12. 18. 법률 제11547호로 개정되면서 제27조의2[38]로 과징금 조항을 신설하였다. 즉, 부정당업자의 위반행위가 예견할 수 없음이 명백한 경제여건 변화에 기인하는 등 부정당업자의 책임이 경미한 경우로서 대통령령으로 정하는 경우(제1항 제1호), 입찰 참가자격 제한으로 유효한 경쟁입찰이 명백히 성립되지 아니하는 경우로서 대통령령으로 정하는 경우(제1항 제2호)에는 과징금을 부과할 수 있다. 이에 따라 구 국가계약법 시행령 제76조의2 제1항, 제2항[39]에서 그 구체적인 기준을 정하고 있으나, 과징금을 부과할 수 있는 사유를 매우 제한적으로 규정함으로써 그 실효성에 의문이 있었다. 따라서 이러한 과징금 부과규정이 신설되었다고 하더라도, 앞서 본 사유들의 위헌성이 제거될 수 있다고 판단되지 않는다. 실제로 과징금 부과가 이루어지지 않고 있는 실무례 또한 비례원칙에 적합하지 않게 운영되고 있는 방증의 하나이다. 이러한 문제를 극복하기 위하여 2023. 11. 16. 국가계약법 시행령을 개정하여 입찰참가자격제

---

38) 지방계약법에도 과징금 조항(제31조의2)이 신설되었으나, 공공기관운영법령에서는 별도로 이를 마련하지 않고 있다.

39) 제76조의2(과징금 부과의 세부적인 대상과 기준) ① 법 제27조의2제1항 제1호에서 "부정당업자의 책임이 경미한 경우로서 대통령령으로 정하는 경우"란 다음 각 호의 어느 하나에 해당하는 경우를 말한다. 다만, 제76조제1항 제3호·제3호의2·제4호·제4호의2, 제7호부터 제10호까지, 제12호·제13호·제17호 또는 제18호에 해당하는 경우는 제외한다.
　1. 천재지변이나 그 밖에 이에 준하는 부득이한 사유로 인한 경우
　2. 국내·국외 경제 사정의 악화 등 급격한 경제 여건 변화로 인한 경우
　3. 발주자에 의하여 계약의 주요 내용이 변경되거나 발주자로부터 받은 자료의 오류 등으로 인한 경우
　4. 공동계약자나 하수급인 등 관련 업체에도 위반행위와 관련한 공동의 책임이 있는 경우
② 법 제27조의2제1항제2호에서 "입찰참가자격 제한으로 유효한 경쟁입찰이 명백히 성립되지 아니하는 경우로서 대통령령으로 정하는 경우"란 입찰자가 2인 미만이 될 것으로 예상되는 경우를 말한다. 다만, 제76조제1항제7호·제8호·제10호 또는 제17호에 해당하는 경우는 제외한다.

한 처분에 갈음하는 과징금 부과 사유를 확대하고 있다.[40]

나. 제재에 대한 비례성원칙의 문제점

국가계약법 제27조 제1항, 같은법 시행령 제76조 제1항은 "각 중앙관서의 장은 경쟁의 공정한 집행이나 계약의 적정한 이행을 해칠 염려가 있거나 그 밖에 입찰에 참가시키는 것이 적합하지 아니하다고 인정되는 자에게는 2년 이내의 범위에서 대통령령으로 정하는 바에 따라 입찰 참가자격을 제한하여야 한다"는 취지의 입찰참가자격제한을 규정하고 있고, 지방계약법 제31조 제1항 및 공공기관운영법 제39조 제2항도 위 국가계약법 제27조 제1항과 비슷한 규정을 두고 있다.

하지만 공공기관운영법은 국가계약법령에 규정된 구체적 부정당행위 사유에 해당하고 「공공기관운영법」상의 명백요건을 충족하면, 공기업·준정부기관은 '2년의 범위 내에서 일정기간 입찰참가자격을 제한할 수 있다.'고 하여 요건이 충족되더라도 반드시 제재가 이루어지는 것은 아니고, 입찰참가자격을 제한할지 여부 및 제한 기간에 관하여 재량이 인정되어 있다. 그러나 재량권은 제한 없는 자유를 의미하는 것이 아니고 일정한 한계를 넘지 않는 한도에서 허용될 뿐이다.

입찰참가자격이 제한되는 기간에 관해서는 「국가계약법」 준용에 따라 「국가계약법 시행규칙」 제76조 [별표2]에 정해진 처분기준에 따르게 된다.[41] 그러나 이와 같

---

40) 현행 국가계약법 시행령 제76조의2 제1항은, "사기 또는 그 밖의 부정한 행위로 입찰 등의 과정에서 국가에 손해를 끼친 자, 입찰 또는 계약에 관한 서류를 위조·변조한 자 및 입찰참가나 계약체결을 방해한 자" 등에 대해서도 부정당업자의 책임이 경미한 경우에는 입찰참가자격에 갈음하여 과징금을 부과할 수 있도록 하였다.

41) 대법원 2017. 4. 7. 선고 2015두50313 판결[입찰참가자격제한처분취소][공2017상,988], 구 국가를 당사자로 하는 계약에 관한 법률(2012. 12. 18. 법률 제11547호로 개정되기 전의 것) 제27조 제1항은 다음과 같은 이유로 위헌으로 볼 수 없다. 위 조항은 제재처분의 본질적인 사항인 처분의 주체, 사유, 기간, 방법을 직접 규정하고 있으므로 법률유보원칙과 포괄위임금지원칙에 반하지 않는다. 위 조항은 국가계약 체결의 공정성과 이행의 충실성을 확보하고 국가가 입게 될 불이익을 방지하기 위한 것이므로 입법 목적이 정당하고, 국가계약이 국민생활에 미치는 영향력이 매우 커 입찰 과정에서 불법행위가 가져오는 공익 침해의 정도가 막대한 점 등을 감안하여 필요적 제재의

이 부령에 정한 제재처분 기준을 획일적으로 적용하는 것은 개별 사안의 구체적 사정을 반영하여 적정한 제재가 이루어지는 데 장애물로 작용하여 비례원칙에 합치하지 않을 수 있다.[42] 입찰참가자격 제한처분은 상대방에게 침익적으로 작용한다는 점에서 그 재량권 행사의 한계로서 중심적 역할을 하는 것은 비례원칙이다. 그 처분으로써 달성하려는 공익과 상대방이 입을 불이익이 필요하고도 적정한 균형을 이루어야

형식을 취하면서 국가가 발주하는 모든 입찰에 대하여 참가자격을 제한하는 것으로서 필요성이 인정된다. 부정당업자는 입찰참가자격을 제한받더라도 여전히 민간시장에서 영업활동을 할 수 있고, 최대 2년 범위 내에서 제재사유·위반행위의 태양·위법성과 책임 정도에 상응하여 제재기간이 결정되는 점 등에 비추어 보면 위 조항은 침해의 최소성 원칙에 반하지 않고 법익의 균형성도 갖추고 있으므로, 직업의 자유를 침해하지 않는다. 입찰참가자격 제한제도는 징계나 업무정지와는 제도의 취지와 목적이 전혀 다른 제도이므로, 징계나 업무정지를 규정하는 다른 법령들과 달리 제척기간을 두고 있지 않더라도 평등원칙에 반하지 않는다.; 이에 대한 위헌소송으로는 헌법재판소 2016. 6. 30. 선고 2015헌바125 기타 [구국가를당사자로하는계약에관한법률제27조제1항위헌소원] [헌공제237호,1091], 심판대상조항은 국가계약 체결의 공정성과 이행의 충실성을 확보하고 국가가 입게 될 불이익을 방지하기 위한 것이므로 입법목적이 정당하고, 부정당업자에 대한 입찰참가자격 제한은 입법목적을 달성하기 위한 효과적인 수단이다. 국가계약이 국민생활에 미치는 영향력이 매우 커 입찰 과정에서의 불법행위가 가져오는 공익 침해의 정도가 막대하다. 그동안 우리 사회에서 국가계약과 관련한 입찰담합, 뇌물수수 등 부정행위가 끊이지 않았던 점을 감안할 때 부정당업자를 강력하고 명확하게 제재할 필요가 있으므로, 임의적 제재가 아닌 필요적 제재의 형식을 취한 것은 그 필요성을 인정할 수 있다. 부정당업자에게 국가의 다른 입찰에 대한 참가를 허용한다면 제재의 실효성이 감소할 가능성이 크므로, 국가가 발주하는 모든 입찰에 대하여 참가자격을 제한하는 것 역시 그 필요성이 인정된다. 부정당업자는 입찰참가자격을 제한받더라도 여전히 민간시장에서 영업활동을 할 수 있고, 최대 2년 범위 내에서 제재사유·위반행위의 태양·위법성 및 책임 정도에 상응하여 제재기간이 결정된다. 낙찰자 선정에 따른 이익이 큰 경우가 많다는 점을 고려할 때, 과징금·과태료 부과 등의 제재는 입찰참가자격 제한과 동등하게 실효적인 수단이 된다고 볼 수 없다. 따라서 심판대상조항은 침해의 최소성 원칙에 반하지 아니하고, 법익의 균형성도 갖추고 있으므로, 청구인들의 직업의 자유를 침해한다고 볼 수 없다.

42) 제재적 행정처분이 사회통념상 재량권을 일탈·남용하였는지 여부는 처분사유가 된 위반행위의 내용과 그 처분으로 달성하려는 공익상 목적 및 이에 따르는 제반 사정을 객관적으로 심리하여 공익 침해의 정도와 그 처분으로 개인이 입을 불이익을 비교하여 판단하여야 한다. 이에 대하여는 대법원 2006. 4. 14. 선고 2004두3854 판결 등 참조.

하는 것이다. 따라서 판례[43]는 일찍부터 그 대외적 구속력을 부인하는 태도를 일관하여 왔는데, 최근 국가계약법 시행규칙 제76조 [별표2]에 대해서도 같은 법리가 적용됨을 명시적으로 밝히기에 이르렀다.[44]

다. 책임주의와 이중처벌의 문제

국가계약법 제27조 제1항, 같은법 시행령 제76조 제1항은 형법, 건설산업기본법, 공정거래법 등 다른 법률에 의하여 형사처벌이나 행정제재를 받는 경우를 입찰참가자격제한의 사유로 삼고 있다.[45] 「국가계약법」상의 부정당업자 제재사유 중 '입찰담합', '뇌물공여', '사기' 등은 '입찰참가자격제한' 이외에 관련법규에 따라 행정벌이나 형사처벌을 받고 있다. 업계에서는 관련법규에 의해 행정벌이나 형사처벌을 받았음에도 이에 더해 입찰참가자격제한 처분을 받는 것은 해당업체에게는 가혹한 제재가 된다는 의견을 제시하고 있다. 형사, 행정, 민사 제재간의 기능적 성격이 유사한

---

43) 제재적 행정처분의 기준이 부령의 형식으로 규정되어 있더라도 그것은 행정청 내부의 사무처리준칙을 정한 것에 지나지 아니하여 대외적으로 국민이나 법원을 기속하는 효력이 없고 당해 처분의 적법 여부는 위 처분기준만이 아니라 관계 법령의 규정 내용과 취지에 따라 판단되어야 하므로 위 처분기준에 적합하다 하여 곧바로 당해 처분이 적법한 것이라고 할 수는 없지만, 위 처분기준이 그 자체로 헌법 또는 법률에 합치되지 아니하거나 위 처분기준에 따른 제재적 행정처분이 그 처분사유가 된 위반행위의 내용 및 관계 법령의 규정 내용과 취지에 비추어 현저히 부당하다고 인정할 만한 합리적인 이유가 없는 한 섣불리 그 처분이 재량권의 범위를 일탈하였다거나 남용한 것으로 판단해서는 안 된다. 이에 대하여는 대법원 2007. 9. 20. 선고 2007두6946 판결 등 참조.

44) 대법원 2017. 6. 29. 선고 2014두14389 판결 입찰참가자격제한처분취소(파기환송), 수요기관이 기타공공기관인 요청조달계약의 경우에 관하여는 입찰참가자격 제한 처분의 수권 등에 관한 법령상 근거가 없으므로, 조달청장이 국가계약법 제27조 제1항에 의하여서는 계약상대방에 대하여 입찰참가자격 제한 처분을 할 수는 없고, 그 밖에 그러한 처분을 할 수 있는 별도의 법적 근거도 없다고 봄이 타당하다고 한다.

45) 행정제재에 대한 명확한 정의규정이 정립된 것은 아니지만, 일응 "행정법상 의무위반에 대한 응보(벌)나 입법목적의 침해 혹은 침해가 우려되는 경우 그 실현이나 회복을 위한 고권적 강제조치"로 볼 수 있을 것이다. 이에 대하여는 정훈, "한국의 행정제재 현황과 문제점", 법학논집 제33집 제3호, 전남대학교 법률행정연구소, 2013, 270-271면 참조.

제재의 중복적인 발동체계는 헌법상의 문제(이중처벌, 과잉규제 등)를 야기할 뿐만 아니라 규제의 실효성을 떨어뜨리고 국가 행정력 및 사법비용을 낳는 것이 사실이다.[46] 무엇보다 이러한 상황은 제도 수범자가 승복하지 않고 지속적인 반발을 하게 만드는 요인이기도 하다.

이와 관련하여 법적으로는 '입찰참가자격제한' 처분과 형사처벌을 동시에 받는 것은 헌법 제13조 제1항의 이중처벌금지원칙에 위배된다고 보는 견해[47]와 형사처벌과 입찰참가자격제한이 추구하는 목적이 다르기 때문에 이중처벌금지나 일사부재리원칙에 반하지 않는다고 보는 견해[48]로 나뉘고 있다.

헌법 제13조 제1항이 정한 이중처벌금지의 원칙은 동일한 범죄행위에 대하여 국가가 형벌권을 거듭 행사할 수 없도록 함으로써 국민의 기본권 특히 신체의 자유를 보장하기 위한 것이므로, 그 처벌은 원칙적으로 범죄에 대한 국가의 형벌권 실행으로서의 과벌을 의미하는 것이고, 국가가 행하는 일체의 제재나 불이익처분을 모두 그에 포함된다고 할 수는 없다.[49] 따라서 형사처벌이나 기타 행정제재와 함께 입찰참가자격제한조치까지 받더라도 이를 헌법 제13조 제1항에서 말하는 이중처벌금지원칙 위반이라고 할 수 없다. 다만 다른 법률에서 형사처벌 또는 행정제재를 당하였는데 다시 입찰참가자격제한이라는 행정제재까지 받게 되면 당사자에게는 매우 가혹할 수 있는바, 이 문제는 비례의 원칙에 따라 해결하여야 할 것이다.[50]

---

46) 이러한 법적 개관에 대해서는 이천현 등 10인, 공공공사 입찰담합 제재의 중복문제 개선 및 실효성 확보방안 연구, 한국형사정책연구원, 2014.11, 18면 이하.

47) 강운산, "건설업체에 대한 중복처벌의 문제점과 개선방안", 건설이슈포커스, 2011.12; 강운산, 부정당업자제재제도 개선 방안, 한국건설산업연구원, 2010, 52-54면; 이동수, "국가계약법제에 관한 행정법상 문제점", 토지공법연구 13집(2001), 23면(26면).

48) 박정훈, "부정당업자의 입찰참가자격제한의 법적 제문제", 서울대학교 법학 제46권 제1호, 서울대학교 법학연구소, 2005, 294면.

49) 헌법재판소 1994. 6. 30. 선고 92헌바38 결정; 헌법재판소 2011. 6. 30. 선고 2009헌바55 결정.

50) 같은 취지로 김명길, "행정벌의 법리: 행정형벌과 행정질서벌의 병과를 중심으로", 법학연구 제49집 제2호, 부산대학교 법학연구소, 2009, 117-118면; 정훈, "한국의 행정제재 현황과 문제점", 법학논집 제33집 제3호, 전남대학교 법률행정연구소, 2013, 279면(281면).

대법원은 "건설산업기본법 제38조의2와 제95조의2에 의하여 처벌되는 행위는 발주자 등이 스스로 영득하기로 하는 명목으로 재물 또는 재산상의 이익을 취득하거나 그와 같은 명목으로 이를 공여하는 행위에 한정되므로, 위 양벌조항이 적용되는 사용인 등의 행위 역시 객관적으로 보아 발주자 등이 스스로 영득하기로 하는 명목으로 재물 또는 재산상의 이익을 취득하거나 그와 같은 명목으로 이를 공여하는 행위로 평가될 수 있는 경우에 한정되고, 그와 달리 사용인 등이 개인적으로 영득하기 위하여 배임수증재적 명목으로 재물 또는 재산상의 이익을 취득하거나 그와 같은 명목으로 이를 공여하는 행위는 이에 포함시킬 수 없다. 발주자 등이 스스로 영득하기 위한 명목으로 재물 또는 재산상의 이익을 취득하거나 그와 같은 명목으로 이를 공여하는 행위와 사용인 등이 배임수증재적 명목으로 재물 또는 재산상의 이익을 취득하거나 그와 같은 명목으로 이를 공여하는 행위는 그 본질, 성격과 내용을 전혀 달리하는 별개의 행위이므로, 만약 양벌조항을 매개로 삼아 전자의 행위를 처벌하는 조항으로 후자의 행위까지 처벌하게 된다면 이 경우 위 양벌조항은 단순히 처벌조항의 주체를 확장시키는 정도를 넘어 전혀 다른 새로운 구성요건을 창출하는 것이어서 죄형법정주의의 원칙상 쉽게 허용할 수 없기 때문이다"라고 판시하며 건설업체 임직원이 개인적 영득의 목적으로 배임증재를 한 경우 사용인인 건설업체를 양벌규정에 의하여 처벌할 수 없다고 판단하였다.[51]

그런데 이 대법원 판결과 관련하여 "뇌물의 제공이 해당 업체 차원에서 제공된 것이 아니라 해당 업체 직원의 독단적인 판단과 개인적인 관계에 의해 관련 공무원에게 뇌물이 제공된 경우라면 위 제재사유상 '뇌물을 준 자'는 업체 직원이지 해당 업체는 아니기에 해당 업체에 대한 부정당제재처분을 부과할 수 없다는 결론을 내릴 수 있다"는 견해가 있다.[52]

이는 국가계약법 제27조, 같은법 시행령 제76조에서 '대리인, 지배인 또는 그 밖의 사용인'의 행위로 인하여 당해 기업의 입찰참가자격을 제한하는 것이 헌법상의 자

---

51) 대법원 2009. 5. 28. 선고 2009도989 판결.
52) 정원, 『공공조달계약법[上]』(법률문화원, 2009), 392-393면.

기책임원칙[53] 위반에 해당할 수 있는지 여부의 문제라고 할 것이다. 위 조항 단서에 의하면 당해 기업이 "상당한 주의와 감독을 게을리하지 아니한 경우"에는 입찰참가자격제한을 면할 수 있기는 하나, 실질적으로 그러한 주의와 감독을 게을리하지 않았음을 입증하기가 용이하지 아니하므로 실무적으로는 대부분 입찰참가자격제한을 받게 되는 것으로 보인다. 이러한 경우 당해 기업으로서는 매우 억울할 수밖에 없는바, 위와 같은 대법원 판결의 논리를 구 국가계약법 시행령(대통령령 제27475호, 2016. 9. 2., 일부개정되기 전의 것) 제76조 제1항(특히 제10호의 뇌물공여)의 해석에 적용하자는 견해는 자기책임의 원칙을 보다 충실히 지키고자 하는 것이므로 충분히 경청할 만하다.[54]

이와 관련하여 헌법재판소는 공공기관운영법 제39조 제2항이 자기책임의 원칙을 위반한 것으로 볼 수 없다고 판단하였다.[55] 다만 위 헌법재판소 결정의 사안에서는 직원의 뇌물공여가 개인적인 것인지 아니면 당해 기업 차원에서 이루어진 것인지 여부에 대한 논의까지는 다루어지지 않은 것으로 보인다.

요컨대 기업이 대리인·지배인·사용인의 행위에 대하여 "상당한 주의와 감독을 게을리하지 아니한 경우"에 책임을 면할 수 있으므로 제도 자체가 헌법상 자기책임의 원칙에 반한다고 보기는 어렵다. 다만 대리인·지배인·사용인의 독단적인 행위임에도 기업이 억울하게 제한조치를 받게 되는 경우가 없도록 실질적인 제도의 운영에 있

---

53) 자기책임의 원리는 자기결정권의 한계논리로서 책임부담의 근거로 기능하는 동시에 자기가 결정하지 않은 것이나 결정할 수 없는 것에 대하여는 책임을 지지 않고 책임부담의 범위도 스스로 결정한 결과 내지 그와 상관관계가 있는 부분에 국한됨을 의미하는 책임의 한정원리로 기능한다. 이러한 자기책임의 원리는 인간의 자유와 유책성, 그리고 인간의 존엄성을 진지하게 반영한 원리로서 그것이 비단 민사법이나 형사법에 국한된 원리라기보다는 근대법의 기본이념으로서 법치주의에 당연히 내재하는 원리로 볼 것이고 헌법 제13조 제3항은 그 한 표현에 해당하는 것으로서 자기책임의 원리에 반하는 제재는 그 자체로서 헌법위반을 구성한다. 이에 대하여는 헌법재판소 2003. 7. 24. 선고 2001헌가25 결정.

54) 다만 당해 기업 차원의 문제인지, 대리인·지배인·사용인의 독단적인 판단에 따른 개인적인 것인지를 구별하기는 쉽지 않을 수 있으나, 제10호의 뇌물공여의 경우에 있어서는 일응 뇌물로 제공된 금품의 출처가 기업인지 아니면 개인인지에 따라 판단할 수도 있을 것이다(물론 그 밖에 실질을 파악할 수 있는 여러 기준이 동원될 수 있다고 본다).

55) 헌법재판소 2012. 10. 25. 선고 2011헌바99 결정.

어 위와 같은 대법원 판결의 취지를 적극적으로 고려할 필요가 있다.

 평등대우원칙 위반 여부

정부조달절차에서 평등대우원칙은 헌법상 평등원칙에서 도출할 수 있다.[56] 조달기관은 모든 조달참여자를 평등하게 대우하여야 한다. 이를 통해 경쟁 원칙이나 투명성 원칙이 발현될 수 있다.

가. 국가의 입찰참가자격제한권 보유의 문제

정부조달계약이 국고작용이기 때문에 국고로서의 국가와 사인(私人)은 대등한 지위에 있음에도 불구하고 국가에게 입찰참가자격제한의 권한을 부여한 것은 평등원칙에 위배된다는 견해가 있다.[57]

이에 대하여 사법관계에서 사인은 계약상대방 결정에 있어 절대적인 자유를 향유하므로 어떠한 이유에서든지, 어느 기간 동안이든지, 어떠한 계약에 관해서이건 간에 장애를 받지 않고 자유롭게 특정상대방을 계약상대방 후보단계에서 미리 배제할 수 있는바, 입찰참가자격제한제도는 오히려 이러한 사법상의 무제한적인 계약상대방 배제의 자유를 제한하기 위해 그 배제사유와 절차를 엄격하게 규정한 것으로 보아야 한다. 따라서 국가에게 결코 특권을 부여한 것이 아니므로 평등원칙의 위반으로 볼 수 없다.[58] 그러나 정부조달계약의 상대방이 되고 싶은 국민으로서는 절대적 자유를 향

---

56) 김진기, "헌법적 문제로서 한국 정부조달제도의 몇 가지 이슈", 저스티스 통권 제170-3호(2019. 2), 445면 이하.

57) 김춘환, "국가계약법상 부정당업자 제재처분에 관한 법적 검토"(토론요지), 토지공법연구 제13집, 한국토지공법학회, 2001, 113면; 조홍석, "국가계약법제의 헌법상 문제점 –부정당업자 제재와 관련하여–", 토지공법연구 제13집 (2001.11), 13면 이하.

58) 박정훈, "부정당업자의 입찰참가자격제한의 법적 제문제", 서울대학교 법학 제46권 제1호, 서울대학교 법학연구소, 2005, 295면; 조홍석, "국가계약법제의 헌법상 문제점 –부정당업자 제재와 관

유하는 국가라는 국고 앞에서 과연 진정으로 실질적 사적 자치의 당사자라고 칭할 수 있을지는 의문이다. 이에 대한 연구는 지속적으로 될 필요가 있다.

나. 형벌 확정 이전에 부과하는 입찰참가자격제한처분

입찰참가자격제한이 의무위반에 대한 처벌로서의 성격을 갖고 있다는 점에서 확정판결에 의하지 않고 행정청의 판단에 의해서만 '행정행위'의 형식으로 제한조치를 취하는 것이 헌법상 무죄추정원칙에 위반된다고 볼 여지가 있으나, 범죄행위의 경우 형사판결이 확정되기를 기다리거나 계약불이행의 경우 민사판결이 확정되기를 기다린다면 '적정한 계약상대방 선정'이라는 목적을 달성할 수 없으므로 형사법적 성격만을 부각시켜 무죄추정원칙에 위반된다고 비판할 수 없다는 견해가 우세하다.[59]

살피건대, 입찰참가자격제한이 처벌에 준하는 침익적·제재적 성격이 강하더라도 확정판결이 아닌 행정행위에 의하여 제재를 가한다는 점만을 문제 삼아 무죄추정원칙 위반을 논하기는 어려울 것이다. 그러나 공소의 제기가 있는 피고인이라도 유죄의 확정판결이 있기까지는 원칙적으로 죄가 없는 자에 준하여 취급하여야 하고, 불이익을 입혀서는 아니 된다고 할 것으로 가사 그 불이익을 입힌다 하여도 필요한 최소한도에 그치도록 비례의 원칙이 존중되어야 하는 것이 헌법 제27조 제4항의 무죄추정의 원칙이며, 여기의 불이익에는 형사절차상의 처분뿐만 아니라 그 밖의 기본권제한과 같은 처분도 포함된다.[60] 이에 유죄의 확정판결이 있기 전에 피고인의 유죄를 전제로 한 침익적 행정행위는 무죄추정원칙에 위배되는 것이다.[61] 그렇다면 구 국가계

련하여-", 토지공법연구 제13집 (2001.11), 1면.

59) 박정훈, "부정당업자의 입찰참가자격제한의 법적 제문제", 서울대학교 법학 제46권 제1호, 서울대학교 법학연구소, 2005, 294면.

60) 헌법재판소 1990. 11. 19. 선고 90헌가48 결정.

61) 헌법재판소는 공소가 제기된 변호사에 대하여 자격정지를 할 수 있도록 규정하였던 구 변호사법, 공소제기조차 되지 않았음에도 법위반사실의 공표를 할 수 있도록 규정하였던 구 공정거래법에 대하여 무죄추정원칙 위배를 이유로 위헌 결정을 하였다. 이에 대하여는 헌법재판소 1990. 11. 19. 선고 90헌가48 결정; 헌법재판소 2002. 1. 31. 선고 2001헌바43 결정.

약법 시행령(대통령령 제27475호, 2016. 9. 2., 일부개정되기 전의 것) 제76조 제1항 각호 중 형사범죄를 이유로 한 입찰참가자격제한사유와 관련하여 유죄의 확정판결이 있기 전에 입찰참가자격제한을 할 수 있다고 해석하는 경우 이는 무죄추정원칙에 위배된다고 할 수밖에 없다.[62]

따라서 형사범죄를 이유로 한 입찰참가자격제한에 있어 관련 형사판결이 확정되기 전에도 입찰참가자격제한을 할 수 있다는 견해에는 찬성할 수 없다. 관련 형사판결이 확정되기 전에 입찰참가자격제한조치를 취하는 실무 역시 개선될 필요가 있다고 본다.

⑤ 대법원 판례의 동향

행정의 영역에서는 입법 기술적인 문제 또는 사안의 전문성 문제 때문에 일반적으로 법률은 어떠한 제도의 대강을 규율하고 제도의 세세한 내용은 위임입법을 통해 구체화 되는 것이 일반적이다. 하지만 입찰참가자격제한처분도 권리를 제한하는 침익적·제재적 행정처분이므로 법률유보의 원칙에 따라 법률상의 근거가 필요하다는 것에는 이론이 없다.

침익적 행정처분은 상대방의 권익을 제한하거나 상대방에게 의무를 부과하는 것이므로 헌법상 요구되는 명확성의 원칙에 따라 그 근거가 되는 행정법규를 더욱 엄격하게 해석·적용해야 하고, 행정처분의 상대방에게 지나치게 불리한 방향으로 확대해석이나 유추해석을 해서는 안 된다.[63] 국가계약법 시행규칙상 입찰참가자격제한은 상위법인 법률과 시행령으로부터 위임을 받아 제정되었을 뿐만 아니라 일반적·추상적 규정을 두고 있으며, 특히 상대방 개인에게는 자신과 기업의 사활이 걸릴 만큼

---

62) 최근 국가계약법 제27조의5(조세포탈 등을 한 자의 입찰 참가자격 제한)가 신설되었는데, 조세포탈 등을 한 자에 대해서는 "유죄판결이 확정된 날부터" 제한조치를 취하도록 하고 있다.
63) 대법원 2016. 11. 25. 선고 2015두37815 판결 등 참조.

중대한 영향을 받을 수 있다는 점에 이는 법규명령이라고 보아야 할 것이다. 무엇보다 중요하게 보여지는 것은 동법 시행규칙이 부정당업자의 입찰참가자격을 제한하는 제재적 처분을 하도록 한 것이다.[64] 입찰참가자격제한과 관련하여 판례평석이 게시되는 등 중요하게 인식되어 연구자들에 의하여 재검토되기까지 한 최근 판례들은 다음과 같다. 대법원이 입찰참가자격제한에 관련하여 10년 이래 선고한 사건들이기도 하다. 이를 내용으로서 입찰참가자격제한의 어느 부분이 실무상 문제되고 있는지를 조망할 수 있었다. 대법원 판례를 살펴본 후 최근 하급심 판결의 동향과 유형을 분석해 보고자 한다.

가. 입찰참가자격제한 처분을 위한 입찰공고와 계약서

공기업·준정부기관이 입찰을 거쳐 계약을 체결한 상대방에 대해 공공기관의 운영에 관한 법률 제39조 제2항 등에 따라 계약조건 위반을 이유로 입찰참가자격제한 처분을 하기 위해서는 입찰공고와 계약서에 미리 계약조건과 그 계약조건을 위반할 경우 입찰참가자격 제한을 받을 수 있다는 사실을 모두 명시해야 하는지 여부와 관련하여 최근 대법원의 판결선고가 있었다.[65]

대법원은 공기업·준정부기관이 입찰을 거쳐 계약을 체결한 상대방에 대해 위 규정들에 따라 계약조건 위반을 이유로 입찰참가자격제한처분을 하기 위해서는 입찰공고와 계약서에 미리 계약조건과 그 계약조건을 위반할 경우 입찰참가자격 제한을 받을 수 있다는 사실을 모두 명시해야 한다고 판시하면서, 계약상대방이 입찰공고와 계약서에 기재되어 있는 계약조건을 위반한 경우에도 공기업·준정부기관이 입찰공고와 계약서에 미리 그 계약조건을 위반할 경우 입찰참가자격이 제한될 수 있음을 명시해 두지 않았다면, 위 규정들을 근거로 입찰참가자격제한처분을 할 수 없다고 하였다.

이 사건에서 피고가 입찰공고와 계약서에 계약조건으로 '진단자격을 취득한 중

---

64) 이에 대해 자세한 것은 이동수, "국가계약법제에 관한 행정법상 문제점", 토지공법연구 13집 (2001), 23면(40면 이하).

65) 대법원 2021. 11. 11. 선고 2021두43491 판결 [입찰참가자격제한처분취소][공2022상,51]

급이상 기술자 2인 이상을 상시 보유할 것'을 기재하고, 계약서에 '입찰공고와 계약서에 명시된 계약의 주요조건'을 위반한 자에 대하여 입찰참가자격을 제한할 수 있다고 기재하였다. 그러나 계약서에서 그 위반 시 입찰참가자격을 제한할 수 있는 '주요조건'이 무엇인지 따로 정하거나 진단인력 조건이 그 주요조건에 해당한다고 명시하지 않았다. 입찰공고와 계약서에 원고가 진단인력 조건을 위반할 경우 입찰참가자격제한처분을 받을 수 있다고 별도로 명시하지 않은 이상, 원고에 대하여 진단인력 조건 위반을 이유로 이 사건 규정에 근거하여 입찰참가자격제한처분을 할 수는 없다는 원심의 판단은 정당하다고 판시하였다.

나. '다른 처분청의 별도의 제재'의 법적 성격과 법률유보원칙

국가계약법 제27조 제1항은 "각 중앙관서의 장은 부정당업자에게 2년 이내의 범위에서 대통령으로 정하는 바에 따라 입찰 참가자격을 제한하여야 하며"라고 규정하고 있고, 공공기관운영법 제39조 제3항은 "제1항과 제2항의 규정에 따른 회계처리의 원칙과 입찰참가자격의 제한기준 등에 관하여 필요한 사항은 기획재정부령으로 정한다"라고 규정하고 있는데, 이러한 하위법령에 대한 수권규정에서의 수권범위에 다른 공적 기관의 입찰참가자격제한 처분을 기초로 국가기관 또는 공공기관으로 제재범위를 확대가 포함되어 있는지가 문제된다.[66]

법률의 근거 없이 다른 발주기관의 입찰참가자격제한처분이 있다고 하여 공적 기관이 자신의 입찰에 부정당업자의 입찰참가를 제한하는 것은 법률유보원칙 위반에 해당하는 것 아닌가 하는 의문이 제기된다. 이에 대하여 대전지방법원 2016. 11. 24. 선고 2015구합104908 판결에서는 "(1) 준정부기관이 공공기관운영법 제39조에 따

---

66) 임성훈, "부정당업자에 대한 입찰참가자격제한과 법률유보원칙 : 입찰참가 제한범위 확장을 중심으로", 『국가와 헌법Ⅰ: 헌법총론, 정치제도론』(법문사, 2018), 1207-1227면; 임성훈, "계약에 근거한 입찰참가자격제한에 대한 사법심사 − 공법인의 사법적 제재에 대한 행정법 적용을 위한 시론적 모색을 중심으로 −", 법학연구 31권 2호(2021), 충북대학교, 191면.

라 입찰참가자격제한을 한 경우 현재 공공입찰 실무에 의하면 공공기관의 입찰참가자격제한의 효과가 국가기관 및 다른 공공기관에까지 미치는 것이고, (2) 국가계약법 시행령, 계약사무규칙 등에 따라 부정당업자가 국가기관 및 다른 공공기관 입찰에 참가하지 못하게 되는 것은 법률유보원칙 위반에 해당하므로, (3) 발주기관뿐만 아니라 국가기관 및 다른 공공기관에 대한 입찰까지 제한하는 준정부기관의 입찰참가자격제한처분은 법률유보원칙에 위배된 침익적 처분으로서 위법하다."고 판단하였다.

반면, 대법원 2017. 4. 7. 선고 2015두50313 판결은 "발주기관의 입찰참가자격 제한 처분을 기초로 하여 다른 공적 기관이 자신의 입찰에 참가하지 못하도록 하는 하위법령 조항(대법원 판결에서 사용한 용어에 따라 '확장제재 조항'이라 한다)은 최초의 입찰참가자격 제한처분에 직접 적용되는 근거규정이 아니라, 입찰참가자격제한처분이 있은 후에 그 처분에 기초하여 다른 처분청이 새로운 제재를 할 수 있는 근거조항일 뿐이다. 따라서 어떤 처분청이 부정당업자의 입찰참가자격을 제한하는 처분을 한 경우 확장제재 조항에 따라 다른 처분청에 의한 별도의 제재 없이도 그 효력이 당연히 확장되는 것은 아니다"라고 판단하였다. 이와 같이 대법원은 개별 법률에 따른 발주기관의 입찰참가자격제한처분과 확장제재 조항에 따른 다른 공적 기관으로의 제재 범위 확대는 별도의 제재라는 입장을 제시하였으나, 그와 같은 확장제재 조항이 법률유보원칙 위반인지에 대한 판단까지 나아가지는 않았다.

이러한 대법원 판결에 따르면, 개별 법률에 의한 발주기관의 입찰참가자격제한처분에 따른 다른 처분청의 후속 제재의 법적 성격을 「통상의 입찰참가자격제한처분과 동일한 행정처분」으로 볼 것인지, 아니면 「사법(私法)상 계약상대상 선택의 자유에 따른 입찰참가자격제한 처분 기간 동안 입찰참가 거부」로 볼 것인지가 문제된다. 이는 (1) 법률유보원칙 위반과 관련하여 다른 처분청의 별도의 제재에 대하여 법률상 근거가 필요한지 뿐만 아니라, (2) 다른 처분청이 별도의 제재를 함에 있어 행정절차법에 따른 행정절차를 거쳐야 하는지, (3) 다른 처분청의 별도의 제재에 대한 구제수단은 행정소송인지 민사소송인지 등에 있어서 중요한 의미를 가진다.[67]

---

67) 공공조달계약의 구제수단 중에서 취소소송이 민사소송에 비해 기능적 수월성을 갖는다는 점에 대

다. 행정처분의 요건을 부령으로 정한 경우

공공기관의 운영에 관한 법률 제39조 제2항에 의하면 입찰참가자격 제한의 요건을 '공정한 경쟁이나 계약의 적정한 이행을 해칠 것이 명백할 것'으로 규정하고 있는데, 기획재정부령으로 제정된 '공기업·준정부기관 계약사무규칙' 제15조 제1항(이하 '이 사건 규칙 조항'이라 한다)에서는 입찰참가자격 제한의 요건을 '경쟁의 공정한 집행이나 계약의 적정한 이행을 해칠 우려가 있거나 입찰에 참가시키는 것이 부적합하다고 인정되는 자'라고 규정함으로써, 이 사건 규칙 조항이 법률에 규정된 것보다 한층 완화된 처분요건을 규정하여 그 처분대상을 확대하고 있다.[68]

하여는 박정훈, "행정조달계약의 법적 성격"-대법원 2001.12.11. 선고 2001다33604 판결-, 민사판례연구 25권 (2003.02), 561면(622-624면).

[68] 대법원 2013. 9. 12. 선고 2011두10584 판결 [부정당업자제재처분취소] [공2013하,1800] 공공기관의 운영에 관한 법률(이하 '공공기관법'이라 한다) 제39조 제2항, 제3항 및 그 위임에 따라 기획재정부령으로 제정된 '공기업·준정부기관 계약사무규칙' 제15조 제1항(이하 '이 사건 규칙 조항'이라 한다)의 내용을 대비해 보면, 입찰참가자격 제한의 요건을 공공기관법에서는 '공정한 경쟁이나 계약의 적정한 이행을 해칠 것이 명백할 것'을 규정하고 있는 반면, 이 사건 규칙 조항에서는 '경쟁의 공정한 집행이나 계약의 적정한 이행을 해칠 우려가 있거나 입찰에 참가시키는 것이 부적합하다고 인정되는 자'라고 규정함으로써, 이 사건 규칙 조항이 법률에 규정된 것보다 한층 완화된 처분요건을 규정하여 그 처분대상을 확대하고 있다. 그러나 공공기관법 제39조 제3항에서 부령에 위임한 것은 '입찰참가자격의 제한기준 등에 관하여 필요한 사항'일 뿐이고, 이는 그 규정의 문언상 입찰참가자격을 제한하면서 그 기간의 정도와 가중·감경 등에 관한 사항을 의미하는 것이지 처분의 요건까지를 위임한 것이라고 볼 수는 없다. 따라서 이 사건 규칙 조항에서 위와 같이 처분의 요건을 완화하여 정한 것은 상위법령의 위임 없이 규정한 것이므로 이는 행정기관 내부의 사무처리준칙을 정한 것에 지나지 않는다; 이에 대해 자세한 것은 강현호, "행정입법과 규범통제에 대한 법적 고찰: 대상판결: 2013. 9. 12. 선고 2011두10584 판결", 행정판례연구 20-1집(2015), 3-62면; 손동환, "모법의 위임범위를 벗어난 부령의 법규성", 법과 정의 그리고 사람: 박병대 대법관 재임기념 문집(2017), 사법발전재단, 647면. 국가계약법령은 입찰참가 자격사유, 즉 누가 부정당업자에 해당하는지에 관한 내용을 시행령에 위임하고 있다. 시행령에서는 입찰참가자격 제한의 기간, 가감 등을 시행규칙에 위임하고, 시행규칙에서는 이를 입찰참가자격 제한의 기준에 관한 사항이라고 정의하면서 규정한다. 제재처분의 기준(부정당업자에 대한 제재 기준, 제한기간, 가감 등)과 제재처분의 요건(누가 부정당업자에 해당하는지)을 구분하고 있는 것이다. 이와 대비하여 보면 이 사건에서는 공공기관법에서 곧바로 제재처분의 기준에 관해서만 위임하였음이 분명하다고 하여 모법이 명

위 판결은 "공공기관법 제39조 제3항에서 부령에 위임한 것은 '입찰참가자격의 제한기준 등에 관하여 필요한 사항'일 뿐이고, 이는 그 규정의 문언상 입찰참가자격을 제한하면서 그 기간의 정도와 가중·감경 등에 관한 사항을 의미하는 것이지 처분의 요건까지를 위임한 것이라고 볼 수는 없다. 따라서 이 사건 규칙 조항에서 위와 같이 처분의 요건을 완화하여 정한 것은 상위법령의 위임 없이 규정한 것이므로 이는 행정기관 내부의 사무처리준칙을 정한 것에 지나지 않는다"고 판단한 다음, "어떤 행정처분이 그와 같이 법규성이 없는 시행규칙 등의 규정에 위배된다고 하더라도 그 이유만으로 처분이 위법하게 되는 것은 아니라 할 것이고, 또 그 규칙 등에서 정한 요건에 부합한다고 하여 반드시 그 처분이 적법한 것이라고 할 수도 없다. 이 경우 처분의 적법 여부는 그러한 규칙 등에서 정한 요건에 합치하는지 여부가 아니라 일반국민에 대하여 구속력을 가지는 법률 등 법규성이 있는 관계 법령의 규정을 기준으로 판단하여야 한다."고 판단하였다.

위 판결에 대하여는, 제재 처분의 요건을 정하고 있는데, 법률로부터 요건에 관하여 위임을 받지 아니하였음에도 불구하고 부령에서 그 요건을 더 완화하여 규정한 경우, 그 부령에 대한 규범통제 방식(즉, 내부적인 사무처리준칙으로 볼 것인지 아니면 무효로 선언해야 하는지)에 관하여 적어도 위 판결의 취지는 그에 따라 이루어진 제재처분의 적법 여부는 부령이 아니라 법률이 정한 요건에 따라 판단되어야 함을 밝힌 것이다. 이 판결의 취지와 마찬가지로, 규칙에 위임한 사항이 처분의 양정에 관한 것이므로 처분의 요건에 관하여는 규칙이 아니라 법률에 따라 판단해야 한다고 본 판결로는 대법원 2015. 6. 11. 선고 2015두752 판결이 있다.

입찰참가자격 제한의 요건을 공공기관운영법에서는 '공정한 경쟁이나 계약의 적정한 이행을 해칠 것이 명백할 것'을 규정하고 있는 반면, 이 사건 규칙 조항에서는 '경쟁의 공정한 집행이나 계약의 적정한 이행을 해칠 우려가 있거나 입찰에 참가시키는 것이 부적합하다고 인정되는 자'라고 규정함으로써, 이 사건 규칙 조항이 법률에

백성 요건을 규정함에도 이와 달리 우려 요건만을 규정한 이 사건 규칙 조항의 내용적 면과 법령의 개정경과 및 국가계약법령과의 비교 등을 종합하면 위임 부정설이 타당하다고 보는 견해이다.

규정된 것보다 한층 완화된 처분요건을 규정하여 그 처분대상을 확대하고 있다. 그러나 공공기관운영법 제39조 제3항에서 부령에 위임한 것은 '입찰참가자격의 제한기준 등에 관하여 필요한 사항'일 뿐이고, 이는 그 규정의 문언상 입찰참가자격을 제한함에 있어서 그 기간의 정도와 가중·감경 등에 관한 사항을 의미한다고 할 것이지 처분의 요건까지를 위임한 것이라고 볼 수는 없다. 따라서 이 사건 규칙 조항에서 위와 같이 처분의 요건을 완화하여 정한 것은 상위법령의 위임 없이 규정한 것이므로 이는 앞서 본 법리에 비추어 행정기관 내부의 사무처리준칙을 정한 것에 지나지 아니한다고 판단하였다.

라. 수 개의 입찰참가자격제한사유의 처리

한국전력공사는, 갑 주식회사가 광섬유복합가공지선 구매입찰에서 담합행위(1차 위반행위)를 하였다는 이유로 6개월의 입찰참가자격 제한처분(1차 처분)을 한 다음, 1차 처분이 있기 전에 전력선 구매입찰에서 담합행위(2차 위반행위)를 하였다는 이유로 갑 회사에 다시 6개월의 입찰참가자격 제한처분(2차 처분)을 한 사안에서, 수 개의 위반행위에 대하여 그중 가장 무거운 제한기준에 의하여 제재처분을 하도록 규정한 '국가를 당사자로 하는 계약에 관한 법률 시행규칙' 제76조 제3항은 규정의 취지 등을 고려할 때, 공기업·준정부기관(이하 '행정청'이라 한다)이 입찰참가자격 제한처분을 한 후 그 처분 전의 위반행위를 알게 되어 다시 입찰참가자격 제한처분을 하는 경우에도 적용된다고 보아야 하고, 1차 위반행위와 2차 위반행위의 제한기준이 동일하며, 행정청 내부의 사무처리기준상 1차 처분 전의 2차 위반행위에 대하여는 추가로 제재할 수 없다는 이유로, 갑 회사에 대한 2차 처분은 재량권을 일탈·남용하여 위법하다고 한 사례이다.[69]

---

69) 대법원 2014. 11. 27. 선고 2013두18964 판결 [부정당업자제재처분취소] [공2015상,43] 한국전력공사가, 갑 주식회사가 광섬유복합가공지선 구매입찰에서 담합행위를 하였다는 이유로 6개월의 입찰참가자격 제한처분(1차 처분)을 한 다음, 1차 처분이 있기 전에 전력선 구매입찰에서 담합행위를 하였다는 이유로 갑 회사에 다시 6개월의 입찰참가자격 제한처분(2차 처분)을 한 사안에서,

수 개의 위반행위에 대하여 그중 가장 무거운 제한기준에 의하여 제재처분을 하도록 규정하고 있고, 이는 가장 중한 위반행위에 대한 입찰참가자격 제한처분만으로도 입법 목적을 충분히 달성할 수 있다는 취지로 보이며, 또한 행정청이 입찰참가자격 제한처분을 할 때 그 전에 발생한 수 개의 위반행위를 알았거나 알 수 있었는지 여부를 구별하여 적용기준을 달리 정하고 있지도 아니하다. 나아가 수 개의 위반행위에 대하여 한 번에 제재처분을 받을 경우와의 형평성 등을 아울러 고려하면, 이 사건 규칙조항은 행정청이 입찰참가자격 제한처분을 한 후 그 처분 전의 위반행위를 알게 되어 다시 입찰참가자격 제한처분을 하는 경우에도 적용된다고 할 것이다. 따라서 이 사건 처분에 관하여도 이 사건 규칙조항이 적용된다고 보아야 하고, 1차 처분의 사유인 1차 위반행위와 이 사건 처분의 사유인 2차 위반행위의 제한기준이 동일할 뿐더러, 행정청은 1차 처분에서 입찰참가자격 제한기준상 제재기간을 감경하지 아니하고 그대로 처분함으로써 추가로 제재할 여지가 없는 상황이므로, 행정청 내부의 사무처리기준상 1차 처분 전의 위반행위인 2차 위반행위에 대하여는 더 이상 제재할 수 없다고 할 것이고, 기록을 살펴보아도 이와 달리 추가적 제재를 정당화할 특별한 사정도 보이지 아니한다. 결국 이 사건 처분은 재량권을 일탈·남용한 것으로서 위법하다고 판시하였다.

마. 헌법불합치결정에 따른 입찰참가자격제한 제도의 효력

헌법재판소가 2005. 4. 28. 허위서류 제출 당시 시행 중이던 법률로서 이 사건 처분(6개월 동안 입찰참가자격을 제한)의 근거가 된 구 정부투자기관 관리기본법(2006. 10. 4. 법률 제8049호로 개정되기 전의 것, 이하 같다) 제20조 제2항(이하 '이 사건 법률조항'이라고 한다)이 입찰참가자격 제한기간의 상한을 정하지 아니한 채 '일정기간' 그 자격을 제한할 수 있다고 규정한 부분이 명확성원칙에 위배된다는 이유로 이 사건 법률조항에 대하여 헌법불합치를 선언함과 아울러, 이 사건 법률조항은 2006. 4. 30.을

위 2차 처분은 재량권을 일탈·남용하여 위법하다고 한 사례이다.

시한으로 입법자가 개정할 때까지 계속 적용된다는 결정(헌법재판소 2005. 4. 28. 선고 2003헌바40 결정, 이하 '이 사건 헌법불합치결정'이라고 한다)을 선고한 사안에서 이 사건 헌법불합치결정의 이유에 따르면, 헌법재판소가 위와 같이 헌법에 합치되지 아니한 이 사건 법률조항이 계속 적용된다고 결정을 한 이유는, 부정당업자가 정부투자기관의 계약에 관여함에 따라 발생할 우려가 있는 공적 폐해를 예방하고 정부투자기관이 추구하는 공적 목표 달성에 필요한 계약의 충실한 이행을 확보하기 위해서는 부정당업자에 대한 입찰참가자격을 제한하는 법규정이 반드시 필요한데, 입찰참가자격제한 제도 자체의 합헌성을 인정하면서도 단지 제한기간을 정한 입법형식의 잘못을 들어 당장 이 사건 법률조항의 효력을 소멸시킨다면, 부정당업자에 대한 입찰참가자격제한을 할 수 없게 되어 위와 같은 공적 폐해의 예방이 불가능하게 되는 결과를 초래함으로써 오히려 헌법적 질서와 멀어지는 바람직하지 못한 법적 상태가 야기될 우려가 있으므로, 이 사건 법률조항을 대체할 합헌적 법률을 입법할 때까지 일정 기간 위헌적인 법규정을 존속하게 하면서 이를 계속 적용하게 할 필요가 있다는 데에 있다는 것이다.[70]

이러한 계속 적용 결정의 취지에 따르면, 이 사건 헌법불합치결정에서 정한 개선 입법의 시한인 2006. 4. 30.이 경과하도록 이 사건 법률조항에 대한 개선 입법이 이루어지지 아니한 경우, 이 사건 법률조항은 위 시한까지는 그 효력을 지속하다가 그 다음날부터 장래에 향하여 효력을 상실한다고 보아야 하므로, 이 사건 법률조항이 효력을 지속하던 때에 이루어진 이 사건 허위서류 제출행위에 대한 제재처분에 대하여는 이 사건 법률조항이 유효하게 적용된다고 봄이 타당하다.

바. 법인이나 단체의 입찰참가자격제한

철도노선 실시설계 계약기간 중에 담당자인 피고 직원에게 각각 금품교부 행위를 한 사실을 인정한 뒤, 그 금품교부 행위는 경위, 시기, 금액 등에 비추어 단순한 친

---

70) 대법원 2015. 2. 12. 선고 2012두14729 판결 [입찰참가자격제한처분취소] [공보불게재].

분관계를 위한 것이 아니라 직무관련성이 인정되는 뇌물공여에 해당하고, 나아가 이러한 뇌물공여는 해당 계약 이행의 충실성은 물론 추후에 있을 다른 입찰의 공정성에도 영향을 미치는 행위로서 공공기관운영법 제39조 제2항이 규정한 '공정한 경쟁이나 계약의 적정한 이행을 해칠 것이 명백한 행위'에 해당한다고 판단하였던 사건[71]에서 대법원은 구 공기업·준정부기관 계약사무규칙 제15조 제6항의 대외적 효력을 인정할 수 없으므로 위 규칙 조항이 원고 회사의 대표자인 원고 2에 대한 입찰참가자격제한 처분의 근거가 될 수 없고, 나아가 피고가 공공기관운영법 제39조 제2항을 직접적인 근거로 삼아 원고 2에 대하여 처분을 한 것으로 볼 수도 없으므로, 원고 2에 대한 처분은 그 처분의 근거가 없어 위법하다고 판단한 원심의 판단에 상고이유 주장과 같이 위임규정의 존부, 공공기관운영법 제39조 제2항, 제3항 등에 관한 법리를 오해한 잘못이 있다고 할 수 없다고 판시하였다.

공공기관운영법 제39조 제2항은 입찰참가자격 제한 대상을 '공정한 경쟁이나 계약의 적정한 이행을 해칠 것이 명백하다고 판단되는 사람·법인 또는 단체 등'으로 규정하여 입찰참가자격 제한 처분 대상을 해당 부정당행위에 관여한 자로 한정하고 있다. 반면, 구 공기업·준정부기관 계약사무규칙 제15조 제4항은 '입찰참가자격을 제한받은 자가 법인이나 단체인 경우에는 그 대표자'에 대하여도 입찰참가자격 제한을 할 수 있도록 규정하여, 부정당행위에 관여하였는지 여부와 무관하게 법인 등의 대표자 지위에 있다는 이유만으로 입찰참가자격 제한 처분의 대상이 될 수 있도록 함으로써, 법률에 규정된 것보다 처분대상을 확대하고 있다.

그러나 공공기관운영법 제39조 제3항에서 부령에 위임한 것은 '입찰참가자격의 제한기준 등에 관하여 필요한 사항'일 뿐이고, 이는 규정의 문언상 입찰참가자격을 제한하면서 그 기간의 정도와 가중·감경 등에 관한 사항을 의미하는 것이지 처분대상까지 위임한 것이라고 볼 수는 없다. 따라서 위 규칙 조항에서 위와 같이 처분대상

---

71) 대법원 2017. 6. 15. 선고 2016두52378 판결 [입찰참가자격제한처분취소청구의소] [공2017 하,1479]; 이에 대해서는 남하균, "공기업·준정부기관의 부정당업자 입찰배제에서 몇 가지 법적 문제", 법과 기업 연구 제8권 3호 통권 21호(2018), 197-227면.

을 확대하여 정한 것은 상위법령의 위임 없이 규정한 것이므로 이는 위임입법의 한계를 벗어난 것으로서 대외적 효력을 인정할 수 없다. 이러한 법리는 계약사무규칙 제2조 제5항이 '공기업·준정부기관의 계약에 관하여 계약사무규칙에 규정되지 아니한 사항에 관하여는 국가를 당사자로 한 계약에 관한 법령을 준용한다.'고 규정하고 있다고 하여 달리 볼 수 없다고 판시하였다.

사. 요청조달계약의 입찰참가자격제한 처분 가능 여부

준정부기관으로부터 공공기관운영법 제44조 제2항에 따라 계약 체결 업무를 위탁받은 조달청장이 국가계약법 제27조 제1항에 따라 계약상대방에 대하여 입찰참가자격 제한 처분을 할 수 있는지 여부와 관련하여 대법원[72]은 국가계약법 제2조는 그

---

[72] 대법원 2017. 12. 28. 선고 2017두39433 판결 [입찰참가자격제한처분취소] [공2018상,442]; 이에 대한 논의는 정영철, "요청조달계약에서의 부정당업자 입찰참가자격제한 처분권한의 귀속주체 -대법원 2017. 6. 29. 선고 2014두14389 판결을 중심으로 -", 법학논집 제22권 제3호, 이화여자대학교 법학연구소 2018, 135면; 박정훈, "요청조달계약과 입찰참가자격 제한처분 권한 - 요청조달계약의 법적 성질, 사법적 관점과 공법적 관점 -", 행정판례연구 제24권 제2호(2019), 3면 이하 참조. 그 외 같은 취지의 판례로는 대법원 2019. 12. 27. 선고 2017두48307 판결 [입찰참가자격제한처분취소] 국가계약법 제6조 제3항은 "각 중앙관서의 장은 대통령령으로 정하는 바에 따라 그 소관의 계약에 관한 사무를 다른 관서에 위탁할 수 있다."라고 규정하고 있다. ① 국가계약법에 계약 사무 위탁에 관하여 법률 규정을 별도로 두고 있는 취지는 조달청에서 운영하고 있는 전문적이고 체계적인 조달시스템을 완전하게 이용하도록 하기 위한 것인 점, ② 이 사건 요청조달계약의 수요기관은 중앙관서의 장(국토교통부장관)에게 속한 지방행정청으로서 계약 사무 위탁 전에 국토교통부장관이 독자적인 입찰참가자격제한 처분 권한을 보유하고 있었던 점, ③ 중앙관서의 장으로부터 조달청장에게 계약 사무가 전적으로 위탁된 이상, 조달청장은 국가계약법에서 정한 제반 절차에 따라 위탁기관의 계약과 관련한 사무를 처리하여야만 하는 점 등을 종합하여 보면, 국가계약법 제6조 제3항의 '계약에 관한 사무 위탁'에는 국가계약법에서 정한 중앙관서의 장의 입찰참가자격제한 처분 권한에 관한 수권도 당연히 포함되는 것으로 볼 수 있다(대법원 2017. 10. 12. 선고 2016두40993 판결 참조). 이러한 법리와 관련 규정의 내용 및 취지에 비추어 보면, 중앙관서의 장인 국토교통부장관으로부터 국가계약법 제6조 제3항에 따라 요청조달계약의 형식으로 계약에 관한 사무를 위탁받은 피고는 국가계약법 제27조 제1항에 따라 입찰참가자격제한 처분을 할 수 있는 권한이 있다고 봄이 타당하다.

적용 범위에 관하여 국가가 대한민국 국민을 계약상대자로 하여 체결하는 계약 등 국가를 당사자로 하는 계약에 대하여 위 법을 적용한다고 규정하고 있고, 제3조는 국가를 당사자로 하는 계약에 관하여는 다른 법률에 특별한 규정이 있는 경우를 제외하고는 이 법에서 정하는 바에 의한다고 규정하고 있으므로, 국가가 수익자인 수요기관을 위하여 국민을 계약상대자로 하여 체결하는 요청조달계약에는 다른 법률에 특별한 규정이 없는 한 당연히 국가계약법이 적용된다고 하였다.

그러나 위 법리에 의하여 요청조달계약에 적용되는 국가계약법 조항은 국가가 사경제 주체로서 국민과 대등한 관계에 있음을 전제로 한 사법관계에 관한 규정에 한정되고, 고권적 지위에서 국민에게 침익적 효과를 발생시키는 행정처분에 관한 규정까지 당연히 적용된다고 할 수 없다고 하였다. 조달청장이 「조달사업에 관한 법률」 제5조의2 제1항 또는 제2항에 따라 수요기관으로부터 계약 체결을 요청받아 그에 따라 체결하는 계약(이하 '요청조달계약'이라고 한다)에서 조달청장은 수요기관으로부터 요청받은 계약 업무를 이행하는 것에 불과하므로, 조달청장이 수요기관을 대신하여 국가계약법 제27조 제1항에 규정된 입찰참가자격제한 처분을 할 수 있기 위해서는 그에 관한 수권의 근거 또는 수권의 취지가 포함된 업무 위탁에 관한 근거가 법률에 별도로 마련되어 있어야 한다고 하였다.[73]

한편 공공기관운영법 제44조 제2항은 "공기업·준정부기관은 필요하다고 인정하는 때에는 수요물자 구매나 시설공사계약의 체결을 조달청장에게 위탁할 수 있다."라고 규정하고 있다. 그런데 이처럼 공공기관운영법에 계약 체결 업무의 위탁에 관하여 법률 규정을 별도로 두고 있는 취지는 조달청에서 운영하고 있는 전문적이고 체계적인 조달시스템을 완전하게 이용하도록 하기 위한 것인 점, 요청조달계약의 수요기관이 준정부기관인 경우 공공기관운영법 제39조 제2항에 따라 독자적인 입찰참가자격제한 처분 권한을 보유하고 있는 점, 조달청장에게 계약 체결 업무가 전적으로 위탁

---

73) 대법원 2017. 6. 29. 선고 2014두14389 판결; 대법원 2017. 10. 12. 선고 2016두40993 판결 참조; 같은 취지의 판례로는 대법원 2017. 6. 29. 선고 2014두14389 판결; 대법원 2019. 12. 27. 선고 2017두48307 판결 참조.

된 이상 조달청장은 국가계약법에서 정한 제반 절차에 따라 위탁기관의 계약과 관련한 사무를 처리하여야만 하는 점 등을 종합하여 보면, 공공기관운영법 제44조 제2항은 국가계약법상의 입찰참가자격 제한 처분의 수권 취지가 포함된 업무 위탁에 관한 근거 규정에 해당한다고 보았다.

이러한 법리와 관련 규정의 내용 및 취지에 비추어 보면, 준정부기관으로부터 공공기관운영법 제44조 제2항에 따라 계약 체결 업무를 위탁받은 조달청장은 국가계약법 제27조 제1항에 따라 입찰참가자격 제한 처분을 할 수 있는 권한이 있다고 봄이 타당하다고 판시하고 있다.

그러나, 공공기관임에도 기타공공기관의 요청조달로 조달청이 계약한 사례에서 상대방이 입찰참가자격제한사유에 해당되어도 기타공공기관이 입찰참가자격처분권이 없으므로 조달청장도 계약상대방에 대하여 처분권이 없다는 대법원 판결도 있다.[74] 필자는 엄격한 공익에 반하는 사유가 아님에도 대단히 용이하게 입찰참가자격 제한 처분이 단행되는 현상에 대하여는 단호히 반대하지만 논리적이지 않은 전개과정이라고 생각되어 편하게 동의할 수 없다. 즉 요청조달에 따라 조달청장과 계약하는 계약상대자 A와 B가 있고 같은 제품의 같은 계약내용으로 계약하였으나 불가피한 사정으로 계약불이행을 하였는데 A는 기타 공공기관인 공공기관에 납품하였으므로 제한처분을 받지 않고, B는 공기업인 공공기관에 납품하도록 한 것으로 입찰참가제한의 처분을 받는다면 A, B 국민 모두 납득하지도 승복하지도 못할 것이다.[75]

아. 입찰참가자격제한조치의 의사표시 해석

원고는 피고와 원자력발전소 발전설비 납품계약을 체결하고 2008. 6. 27.부터 2010. 8. 16.까지 피고에게 배관재, 볼트, 너트 등 발전설비 부품을 납품하면서, 위

---

74) 대법원 2017. 6. 29. 선고 2014두14389 판결 [입찰참가자격제한처분취소].

75) 요청조달사례에 대한 다양한 법적 관점을 제시한 연구로서는 박정훈, "요청조달계약과 입찰참가자격 제한처분 권한 – 요청조달계약의 법적 성질, 사법적 관점과 공법적 관점 –", 행정판례연구 제24권 제2호(2019), 3면 참조.

부품과 관련하여 수차례에 걸쳐 위·변조된 시험성적서 33장을 제출하였고, 피고는 2014. 4. 15. 원고가 "입찰 또는 계약에 관한 서류를 위조·변조하거나 허위서류를 제출한 자"에 해당한다는 이유로 원고에 대하여 이 사건 입찰참가자격 제한 처분을 하였던 사건에서 대법원은 피고가 한 입찰참가자격 제한 조치는 계약에 근거한 권리행사가 아니라 공공기관운영법 제39조 제2항에 근거한 행정처분으로 봄이 타당하다고 판시하였다.[76]

판례에 따르면 공기업·준정부기관이 법령 또는 계약에 근거하여 선택적으로 입찰참가자격 제한 조치를 할 수 있는 경우, 계약상대방에 대한 입찰참가자격 제한 조치가 법령에 근거한 행정처분인지 아니면 계약에 근거한 권리행사인지는 원칙적으로 의사표시의 해석 문제이고, 이때에는 공기업·준정부기관이 계약상대방에게 통지한 문서의 내용과 해당 조치에 이르기까지의 과정을 객관적·종합적으로 고찰하여 판단하여야 한다고 전제한 다음, 그럼에도 불구하고 공기업·준정부기관이 법령에 근거를 둔 행정처분으로서의 입찰참가자격 제한 조치를 한 것인지 아니면 계약에 근거한 권리행사로서의 입찰참가자격 제한 조치를 한 것인지가 여전히 불분명한 경우에는, 그에 대한 불복방법 선택에 중대한 이해관계를 가지는 그 조치 상대방의 인식가능성 내지 예측가능성을 중요하게 고려하여 규범적으로 이를 확정하여야 한다고 하였다.

비록 피고가 원고에게 통지한 각 문서에는, 해당 조치가 계약임을 전제로 한 내용과 행정처분임을 전제로 한 내용이 혼재되어 있어, 객관적으로 보아도 해당 조치의 성격과 근거를 명확하게 알기 어렵고, 해당 조치에 이르기까지의 모든 과정을 살펴보더라도, 피고가 과연 어떠한 수단을 선택하여 입찰참가자격 제한 조치를 취한 것인지가 여전히 불분명하다고 하고, 피고는 행정절차법에 따라 입찰참가자격 제한에 관한 절차를 진행하였고, 원고에게 입찰참가자격 제한 조치에 대한 불복방법으로 일

---

76) 대법원 2018. 10. 25. 선고 2016두33537 판결 [입찰참가자격제한처분취소청구] [공2018하, 2254]; 이에 대해서는 남하균, "공기업·준정부기관의 부정당업자 입찰배제에서 몇 가지 법적 문제", 법과 기업 연구 제8권 3호 통권 21호(2018), 197면(218면 이하); 이상덕, "지방계약과 판례법 – 사법상 계약, 공법상 계약, 처분의 구별을 중심으로 –", 홍익법학 제19권 제4호(2018), 20면.

정한 기간 내에 행정심판법 또는 행정소송법에 따라 행정심판을 청구하거나 행정소송을 제기하여야 한다고 안내하였다는 점에서 원고가 이러한 상황에서, 피고의 위와 같은 통보에도 불구하고 입찰참가자격 제한 조치를 행정처분이 아니라 민사소송으로 다투어야 할 계약에 근거한 권리행사라고 인식하였을 것으로 기대하기는 어렵다고 판단하였다.

이에 따라 원고가 피고에게 시험성적서를 제출할 당시 피고는 기타공공기관에 불과하였으므로 위 제출행위는 공기업·준정부기관을 상대로 한 부정당행위에 해당되지 않는다고 하고 이 사건 입찰참가자격 제한 처분은 공공기관운영법 제39조 제2항이 정하는 입찰참가자격 제한 처분의 제재요건을 갖추지 못하였다고 하였다고 판시하고, 원심이 원고의 시험성적서 제출행위가 공공기관운영법 제39조 제2항의 적용대상이 된다는 전제하에, 위 행위가 공정한 경쟁이나 계약의 적정한 이행을 해칠 것이 명백한지에 관하여 나아가 판단한 점은 잘못이나, 이 사건 입찰참가자격 제한 처분이 위법하다고 본 원심의 결론만은 정당하다고 판시하였다.

공공기관의 운영에 관한 법률 제39조 제2항은, 공기업·준정부기관이 공정한 경쟁이나 계약의 적정한 이행을 해칠 것이 명백하다고 판단되는 행위를 한 부정당업자를 향후 일정 기간 입찰에서 배제하는 조항으로서, 공적 계약의 보호라는 일반예방적 목적을 달성함과 아울러 해당 부정당업자를 제재하기 위한 규정이다. 따라서 위 조항이 적용되는 부정당행위는 공기업·준정부기관을 상대로 하는 행위에 한정되는 것으로 해석함이 타당하다.

자. 중소기업의 직접생산의무

원고는 중소기업으로서 2016. 2. 26.부터 2018. 2. 25.까지를 유효기간으로 아스팔트콘크리트(이하 '아스콘'이라 한다) 및 재생아스팔트콘크리트(이하 '재생아스콘'이라 한다)에 대한 직접생산 확인을 받았다. ○○협동조합은 ○○지역의 아스콘 제조·판매업체를 조합원사로 하는 협동조합으로, 원고, 주식회사 G, H, I 등을 그 조합원사로 하고 있다.

○○협동조합은 2016. 6. 22. 행정기관 등에서 실시하는 아스콘 납품입찰 등에 참가하였고, 2016. 7. 1. 수의계약으로 위 행정기관 등에 일반·재생·칼라 아스콘을 납품하는 아스콘 물품계약을 각 체결하였다.

○○협동조합은 이 사건 물품계약에 입찰할 당시 해당 품목의 아스콘을 납품하는 조합원사들 사이에 입찰비율을 정하였고, 이 사건 물품계약은 그 입찰비율에 따라 체결되었다. 이후 원고를 비롯한 조합원사들은 이 사건 물품계약에 따라 수요기관에 해당 품목의 아스콘을 납품하였다.

한편, 피고는 2017. 3월경 실시한 아스콘업체의 2016년 제조실태에 대한 조사과정에서, 원고가 2016. 3. 9. 강화군에 납품한 건을 포함하여 수요기관 납품 건 중 총 15건, 총수량 3,608t을 원고가 직접 생산한 제품이 아닌 G가 생산한 제품을 납품한 것을 확인하였다. 이에 피고는 원고가 구 국가를 당사자로 하는 계약에 관한 법률(2016. 3. 2. 법률 제14038호로 개정되기 전의 것, 이하 '국가계약법'이라 한다) 제27조 제1항, 구 국가를 당사자로 하는 계약에 관한 법률 시행령(2016. 9. 2. 대통령령 제27475호로 개정되기 전의 것, 이하 '국가계약법 시행령'이라 한다) 제76조 제1항 제1호에서 정한 '계약을 이행함에 있어서 부실·조잡 또는 부당하게 하거나 부정한 행위를 한 자'에 해당한다고 보아 구 국가를 당사자로 하는 계약에 관한 법률 시행규칙(2016. 9. 23. 기획재정부령 제573호로 개정되기 전의 것) 제76조 제1항 [별표2] 3호 나목(설계서상의 기준규격보다 낮은 다른 자재를 쓰는 등 부정한 시공을 한 자, 제재기간 6개월)을 적용하고 2분의 1 감경을 하여 2017. 7. 6. 원고에게 3개월의 부정당업자 입찰참가자격 제한 처분을 하였다.

원고는 이 사건 납품계약의 계약당사자가 아닌 병존적 이행인수자에 불과하여, 계약상대방에게 직접생산의무를 부담하겠다는 의사를 표시한 사실이 없고, 입찰공고, 계약서, 특수조건 등 어디에도 '조합원사가 직접생산의무를 직접 부담한다.'는 내용이 없으므로, 원고는 이 사건 납품계약에 따른 직접생산의무를 부담하지 않으며, 중소기업자의 직접생산 위반행위를 인정하기 위해서는 '생산'을 직접 하지 않았을 뿐 아니라 '납품'을 그 중소기업자의 명의로 하였어야 하는데, 원고는 원고 명의가 아닌

이 사건 조합 명의로 조합원사 G가 생산한 아스콘을 납품하였으므로, 원고에게 직접 생산 위반행위가 있었다고 할 수 없다. 그 외 원고와 G은 모두 중소기업이자 아스콘에 대한 직접생산확인을 받은 업체로서 이 사건 조합의 조합원사이고, 원고가 납품한 G 생산의 아스콘은 원고가 생산한 것과 동일한 품질이므로, 원고가 사전 허락 없이 일부 물량을 G 생산의 아스콘으로 납품하였다 하더라도 이는 단순한 계약위반에 불과할 뿐, 원고가 '계약의 적정한 이행을 해칠 염려가 있거나 그 밖에 입찰에 참가시키는 것이 적합하지 아니하다고 인정되는 자(국가계약법 제27조 제1항), '계약을 이행함에 있어서 부정한 행위를 한 자(국가계약법 시행령 제76조 제1항 제1호), '설계서상의 기준규격보다 낮은 다른 자재를 쓰는 등 부정한 시공을 한 자'(국가계약법 시행규칙 제76조 제1항 [별표2] 3호 나목)라고 할 수 없다. 무엇보다 원고가 갑작스런 아스콘 생산 공장 설비 고장으로 인해 도로포장공사 지연 등을 방지하고자 부득이하게 G 생산의 물량을 납품한 점, 원고가 G 생산의 아스콘을 납품한 물량이 전체 물량 중 1.7%에 불과한 점, 아스콘 포장공사의 특수성에 비추어 사전에 물량 변경 허락을 받는 것은 사실상 불가능에 가까운 점, 원고가 이미 이 사건 조합으로부터 계약위반을 이유로 물량배정중지 통보를 받은 점, 이 사건 처분으로 인해 원고가 막대한 매출 등의 피해를 입게 되는 점 등을 고려할 때 이 사건 처분은 비례의 원칙에 반하여 재량권을 일탈·남용한 것이라는 주장을 하였다.

그러나 이에 대하여 항소심은 물론이고 대법원은, 조합원사인 원고가 피고에 대하여 이 사건 납품계약에 따른 직접생산의무를 부담하는데, 직접생산확인은 제품을 직접 생산하는 중소기업자를 보호하고 해당 중소기업자의 제품 구매를 확대하기 위한 것이므로 직접생산의무 이행 여부는 해당 중소기업자가 해당 제품을 직접 생산하였는지가 문제되는 것이지, 해당 중소기업자가 자기 명의로 납품하였는지 타인 명의로 납품하였는지가 문제되는 것이 아니다.

원고가 직접생산한 제품이 아닌 주식회사 G가 생산한 아스콘 제품을 납품한 것은 계약상 의무 위반에 해당하고, 원고가 아스콘 제품의 직접생산이 가능하도록 생산설비를 유지·보수해야 할 책임을 다하지 못하였고 그와 같은 유지·보수 미흡이 6개월 이상에 걸쳐 15회나 발생하였으므로 원고의 계약상 의무 위반에 정당한 사유가 있다고도 볼 수 없으므로, 주식회사 G가 대신 납품한 아스콘 제품의 품질과 상관 없이 국가계약법 시행령 제76조 제1항 제1호에서 정한 입찰참가자격 제한처분사유인 '계약을 이행함에 있어서 부정한 행위를 한 자'에 해당한다고 판단하였다.[77]

차. 계약상대방의 사용인 법위 및 계약에 관한 서류의 해석

원고는 피고와 2006. 10. 16. ○○항공기 후속양산계약을, 2010. 12. 28. 초도양산계약을, 2011. 12. 28. □□항공기 초도양산계약을 각 체결하고, 피고에게 계약물품을 납품하였고, 이후 피고측은 군납과 관련한 공인시험기관 발행 시험성적서에 대한 전수조사를 실시하였는데, 이 사건 각 계약과 관련하여 제출된 시험성적서가 위·변조되었음을 확인하였다.

원고는, 시험성적서를 위·변조한 것은 원고의 협력업체인데 원고의 협력업체는 원고의 대리인, 지배인 또는 사용인에 해당하지 아니하고, 원고는 제출된 시험성적서가 위·변조되었음을 전혀 알지도 못하였으며, 원고가 피고에게 시험성적서를 제출할 의무가 없으므로 시험성적서는 '계약에 관한 서류'에 해당하지 않는다.

구 국가를 당사자로 하는 계약에 관한 법률 시행령(2016. 9. 2. 대통령령 제27475호로 개정되기 전의 것) 제76조 제1항(이하 '이 사건 시행령 조항'이라 한다)은 본문에서 '계약상대자, 입찰자 등(이하 '계약상대자 등'이라 한다)이나 계약상대자 등의 대리인, 지배인 또는 그 밖의 사용인이 각 호의 어느 하나에 해당하는 경우에는 부정당업자인 해당 계약상대자 등에게 입찰참가자격을 제한하여야 한다'고 규정하면서, 단서에서

---

77) 대법원 2020. 12. 24. 선고 2018두48007 판결; 이 판결 선고 이후에도 직접생산의무에 대한 다양한 실무적 분쟁들이 발생하고 있다. 특히 2023년 조달청의 직접생산의무 위반에 대한 조사가 빈번하고 경쟁 중소기업의 민원이 잦아 다양한 분야에서 직접생산의무에 대한 내용과 위반여부에 대한 기준이 문제되고 있다. 위 사건에서 조합이 원고로부터 생산설비의 고장 등으로 원고에게 할당된 비율의 아스콘 생산을 다른 조합원에게 할당하는 등의 조치를 취하였다면 어떤 결론이 도출될 것인지 사뭇 궁금하기도 하다. 이 분야의 새로운 논의들이 많아지기를 바란다.

"계약상대자 등의 대리인, 지배인 또는 그 밖의 사용인이 다음 각 호의 어느 하나에 해당하는 행위를 하여 입찰참가자격의 제한 사유가 발생한 경우로서 계약상대자 등이 그 행위를 방지하기 위하여 상당한 주의와 감독을 게을리하지 아니한 경우에는 그러하지 아니하다."라고 규정하고 있다. 그리고 같은 항 제8호는 '입찰 또는 계약에 관한 서류를 위·변조하거나 부정하게 행사한 자 또는 허위서류를 제출한 자'를 입찰참가자격 제한 사유의 하나로 규정하고 있다.

이러한 부정당업자의 입찰참가자격을 제한하는 제도를 둔 취지는 국가를 당사자로 하는 계약에서 공정한 입찰 및 계약질서를 어지럽히는 행위를 하는 사람에 대하여 일정 기간 입찰참가를 배제함으로써 국가가 체결하는 계약의 성실한 이행을 확보함과 동시에 국가가 입게 될 불이익을 미리 방지하기 위한 데 있다(대법원 2014. 12. 11. 선고 2013두26811 판결 참조).

입찰참가자격 제한 처분은 위와 같은 입법 목적을 달성하기 위하여 경쟁의 공정한 집행이나 계약의 적정한 이행을 해칠 염려가 있거나 그 밖에 입찰에 참가시키는 것이 적합하지 아니하다는 객관적 사실 및 평가에 착안하여 가하는 제재이므로 반드시 현실적인 행위자가 아니라도 법령상 책임자로 규정된 자에게 부과될 수 있다. 이는 대리인 등 타인을 사용하여 이익을 얻는 부정당업자는 그로 인한 위험이나 불이익을 감수하는 것이 타당하다는 점에서도 그러하다.

이 사건 시행령 조항 단서 중 '그 행위를 방지하기 위하여 상당한 주의와 감독'을 해야 하는 것은 입찰참가자격 제한 사유의 발생을 방지하기 위한 계약상대자 등 자신의 의무이다. 이 사건 시행령 조항 단서에 의하여 입찰참가자격 제한 사유의 발생에 관하여 독자적인 책임이 없는 계약상대자 등은 제재의 대상에서 제외된다.

하지만 이 사안에서 이 사건 시행령 조항의 '그 밖의 사용인'은 반드시 부정당업자와 고용계약을 체결하는 등 일반적인 업무 전반에 관하여 직접적인 지휘·감독을 받는 자에 한정되는 것이 아니라, 부정당업자 스스로 처리해야 하는 의무가 있는 업무를 제3자에게 위탁하여 처리하도록 함으로써 부정당업자의 책임하에 그의 의무를 대신하여 처리하는 자 등을 포함하고, 원고는 피고와의 이 사건 각 계약의 계약상대자로서 이 사건 각 계약에서 부과된 의무를 부담하는 자이고, 원고의 협력업체들은 피고에 대하여 그와 같은 의무를 부담하는 자가 아니다. 또, 원고는 이 사건 각 계약의 이행을 위하여 자신이 선정한 협력업체들에 물품을 제작·납품하도록 하였으므로 위 협력업체들은 원고의 영역과 책임 범위 내에 있다고 볼 수 있으며, 원고는 협력업체들로부터 납품받은 품목에 대하여 직접 시험검사를 실시하거나 공인시험기관에 시험검사를 의뢰하여 시험성적서를 제공받아 제출함으로써 피고에 대한 계약상 품질보증의무를 이행할 수 있었음에도 불구하고 그 대신 협력업체들로부터 시험성적서를 받아 피고에게 제출하는 방법을 택하였음을 이유로 원고가 자신의 의무 이행을 위하여 이용한 협력업체는 이 사건 시행령 조항의 '그 밖의 사용인'에 해당하고, 따라서 원고의 협력업체들이 시험성적서를 위·변조한 것은 원고의 사용인이 시험성적서를 위·변조한 경우에 해당한다고 판단하였다.

또, 이 사건 시행령 조항 중 제8호 '계약에 관한 서류' 부분의 해석과 적용에 관하여는 이 사건 시행령 조항은 제8호에서 '입찰 또는 계약에 관한 서류를 위·변조하거나 부정하게 행사한 자 또는 허위서류를 제출한 경우'를 입찰참가자격 제한 사유로 규정하고 있다. 이 사건 시행령 조항의 다른 호는 '계약의 체결 또는 이행'(제6, 7, 10, 12, 17호)과 '계약의 이행'(제1, 5호)을 명확히 구분하고 있으나 제8호는 '계약에 관한 서류'라고 포괄적으로 규정하고 있다. 계약의 적정한 이행을 확보하기 위해서는 계약의 체결에 관한 서류뿐만 아니라 계약의 이행에 관한 서류의 위·변조 등 행위에 대해서도 제재할 필요가 있다. 문언의 통상적 의미에 비추어 보더라도 '계약에 관한 서류'가 '계약의 체결에 관한 서류' 또는 '계약상 제출 의무가 있는 서류'로 한정된다고 보기 어렵다. 따라서 이 사건 시행령 조항 중 제8호에서 말하는 '계약에 관한 서류'에는 계약체결에 관한 서류뿐만 아니라 계약의 적정한 이행 확보와 관련된 서류도 포함된다고 보아야 한다.[78]

---

78) 대법원 2020. 2. 27. 선고 2017두39266 판결; 이 사안은 무기체계의 하나인 항공기 양산계약에서 체계개발업체의 협력업체가 부품 및 구성품에 대한 납품시 제출한 시험성적서를 위조 혹은 변조한 행위에 대한 체계개발업체의 독자적 부정당제재 책임에 대한 것이다. 방위산업 실무상 체계업

카. 공기업의 공급자관리지침에 근거한 10년 공급자등록제한 조치

이 사건[79] 사실관계에 따르면 원고는 2004. 2. 12.부터 2005. 3. 15.까지, 2008년 10월경 및 2010. 3. 15.경 피고가 실시한 원자력 발전용 케이블 구매입찰에서 다른 입찰 참가자들과 물량배분 비율을 정하고, 투찰 가격을 공동으로 결정하는 등 부당하게 경쟁을 제한하는 담합행위를 하였고, 이와 같은 부당한 공동행위에 대하여 공정거래위원회로부터 2014. 1. 10.경 과징금을 부과 받았다.

피고[공공기관의 운영에 관한 법률(이하 '공공기관운영법'이라 한다) 제5조 제3항 제1호에서 정하고 있는 공기업에 해당한다]는 2014. 4. 15. 원고에게 위와 같은 담합행위를 이유로 2년의 입찰참가자격제한처분을 하였고, 2014. 9. 17. 부정당업자 제재처분을 받았음을 이유로 원고에게 공급자등록 취소 및 10년의 공급자등록제한을 하였다.

이에 대해 제1심은 행정청의 어떤 행위가 항고소송의 대상이 될 수 있는지는 추상적·일반적으로 결정할 수 없고, 관련 법령의 내용과 취지, 행위의 주체·내용·형식·절차, 그 행위와 상대방 등 이해관계인이 입는 불이익과의 실질적 견련성, 그리고

체의 협력업체는 단순한 하도급업체 등으로 단순비교할 수 없고, 상당한 경우에는 발주기관이 협력업체를 미리 정하여 주는 것이기도 하므로 이 사안에 대한 대법원의 판단을 일반화하기에는 어려움이 있어 보인다(서울행정법원 2016. 9. 22. 선고 2015구합70430 판결; 서울고등법원 2017. 3. 16. 선고 2016누68429 판결). 그 외 이 사안에서도 1심과 항소심의 결론이 상이하였는데, 대법원은 항소심의 판단을 그대로 인용하였다. 필자로서는 이 사안은 구체적 법원 판결에서 침익적 처분의 필요성 판단 등이 좀 더 치열하게 검토되어야 한다는 주장에 적절한 논거로 활용할 수 있는 사안이라고 생각한다.

79) 대법원 2020. 5. 28. 선고 2017두66541 판결 [공급자등록취소무효확인등청구] [공2020하, 1264]; 결국, 법원은 피고의 원고에 대한 10년의 공급자등록제한 조치는 무효임을 확인하였다. 이 사건의 피고인 한국수력원자력 주식회사 이외에도 다양한 공기업들이 독자적인 거래정지제도를 운영하고 있는 경우를 자주 보게 된다. 조달청도 전자조달시스템인 나라장터에서 납품정지 긴급거래정지 등의 다양한 거래정지 제도를 운영하거나 운영하였고, 일부 제도는 법원 판결에 의하여 무효 선언을 받은 것도 있다. 일부 공공기관 등은 구체적 거래정지 형식을 계약내용에 포함되었다는 논리로 쉽게 우회하고자 하는 사법으로의 도피 현상을 자주 목도하게 된다. 이에 대한 전면적인 검토가 필요하다.

법치행정 원리와 당해 행위에 관련한 행정청 및 이해관계인의 태도 등을 참작하여 개별적으로 결정해야 한다[80]고 전제하고, 이 사건 공급자등록제한의 성격에 대하여는, 원고로서는 2년간 입찰참가자격제한을 받았지만 같은 사유로 공급자등록이 취소되고, 10년간 공급자등록제한을 받게 됨으로써 입찰참가자격제한처분의 효력발생일인 2014. 4. 25.부터 10년 동안 입찰에 참가하지 못하게 되었다는 점에서 피고의 공급자등록취소, 공급자등록제한은 원고의 입장에서는 입찰참가자격제한처분과 사실상 동일한 효력을 가진다고 하였다. 또한 이 사건 공급자등록제한이 피고가 행정청의 지위에서 원고에 대하여 한 불이익처분으로 볼 수 있는 이상 법률에 근거하여 처분을 하여야 하나, 10년의 공급자등록제한을 할 수 있는 근거법률이 없으며, 공공기관운영법 제39조 제2항에서 정하고 있는 입찰참가자격제한의 상한은 2년인데, 이 사건 10년의 공급자등록제한은 같은 담합행위를 사유로 한 것으로서 2년의 입찰참가자격제한을 넘어서 추가로 8년의 입찰참가자격제한을 가져오고 이 사건 공급자관리지침은 상위 법률에 반하는 것을 규정하고 있어 이 사건 공급자등록제한의 근거가 될 수 없다고 하였다. 따라서 이 사건 처분은 법률에 근거가 없고, 상위 법률에 반하는 공급자관리지침에 근거한 것으로 그 하자가 중대할 뿐만 아니라 객관적으로 명백하여 무효이다고 원고의 주장을 인용하였다. 이에 항소심에서도 이와 결론을 같이하여 원고의 청구를 받아들인 제1심판결은 정당하다고 하였다.

이에 대법원은 이 사건 거래제한조치가 항고소송의 대상인 행정처분에 해당하고 행정청인 피고가 이미 공공기관운영법 제39조 제2항에 따라 2년의 입찰참가자격제한처분을 받은 원고에 대하여 다시 법률상 근거 없이 자신이 만든 행정규칙에 근거하여 공공기관운영법 제39조 제2항에서 정한 입찰참가자격제한처분의 상한인 2년을 훨씬 초과하여 10년간 거래제한조치를 추가로 하는 것은 제재처분의 상한을 규정한 공공기관운영법에 정면으로 반하는 것이어서 그 하자가 중대·명백하다고 한 원심판단은 정당하고, 거기에 상고이유 주장과 같이 항고소송의 대상적격 등에 관한 법리를 오해한 잘못이 없다고 하였다.

---

80) 대법원 2012. 9. 27. 선고 2010두3541 판결 참조.

대법원은 피고가 자신의 '공급자관리지침'에 근거하여 등록된 공급업체에 대하여 하는 '등록취소 및 그에 따른 일정 기간의 거래제한조치'는 행정청이 행하는 구체적 사실에 관한 법집행으로서의 공권력의 행사인 '처분'에 해당한다고 하고, 다음과 같이 추가적인 이유를 제시하였다.

그 이유에 대해서는 먼저, 피고의 공급자관리지침은 비록 피고가 공공기관이라는 우월적 지위에서 일방적으로 제정·운용하는 내부 규정으로서, 그것에 따른 거래제한조치도 피고가 등록된 공급업체의 법적 지위를 일방적으로 변경·박탈하는 고권적 조치라고 보아야 한다는 점, 계약당사자 사이에서 계약의 적정한 이행을 위하여 일정한 계약상 의무를 위반하는 경우 계약해지, 위약벌이나 손해배상액 약정, 장래 일정 기간의 거래제한 등의 제재조치를 약정하는 것은 상위법령과 법의 일반원칙에 위배되지 않는 범위에서 허용되며, 그러한 계약에 따른 제재조치는 법령에 근거한 공권력의 행사로서의 제재처분과는 법적 성질을 달리한다(대법원 2014. 12. 24. 선고 2010다83182 판결)고 전제하면서도 공공기관의 어떤 제재조치가 계약에 따른 제재조치에 해당하려면 일정한 사유가 있을 때 그러한 제재조치를 할 수 있다는 점을 공공기관과 그 거래상대방이 미리 구체적으로 약정하였어야 하며, 공공기관이 여러 거래업체들과의 계약에 적용하기 위하여 거래업체가 일정한 계약상 의무를 위반하는 경우 장래 일정 기간의 거래제한 등의 제재조치를 할 수 있다는 내용을 계약특수조건 등의 일정한 형식으로 미리 마련하였다고 하더라도, 「약관의 규제에 관한 법률」 제3조에서 정한 바와 같이 계약상대방에게 그 중요 내용을 미리 설명하여 계약내용으로 편입하는 절차를 거치지 않았다면 계약의 내용으로 주장할 수 없다는 점, 피고가 든 '청렴계약 및 공정거래 이행각서'에는 "경쟁입찰에서 담합 등 공정한 입찰질서 및 거래를 방해하는 행위를 하지 않습니다. … 위 사항을 위반할 경우에는 피고의 입찰참가자격의 취소, 낙찰취소, 계약의 해제 또는 해지 및 입찰참가자격의 제한 등의 조치를 감수할 것이며, 피고의 조치와 관련하여 손해배상을 청구, 소송 등에 의한 어떠한 이의도 제기하지 않을 것임을 확약합니다."라고 기재되어 있을 뿐, 피고의 '공급자관리지침'의 규정 내용이나 '10년의 거래제한조치'에 관한 내용이 포함되어 있지 않다는 점에서 이러한 이행각서의 기재만으로 피고가 자신의 공급자관리지침 중 등록취소 및 그에 따른 일정 기간의 거래제한조치에 관한 규정들을 설명하여 원고와의 계약내용으로 편입하는 절차를 거쳤다고 인정하기에는 부족하다고 하였다.

타. 부령 형식의 제재적 행정처분 기준의 적법성 판단방법

제재적 행정처분이 재량권의 범위를 일탈하였거나 남용하였는지 여부는 처분사유인 위반행위의 내용과 위반의 정도, 처분에 의하여 달성하려는 공익상의 필요와 개인이 입게 될 불이익 및 이에 따르는 제반 사정 등을 객관적으로 심리하여 공익침해의 정도와 처분으로 인하여 개인이 입게 될 불이익을 비교·교량하여 판단하여야 한다.

이러한 제재적 행정처분의 기준이 부령 형식으로 규정되어 있더라도 그것은 행정청 내부의 사무처리준칙을 규정한 것에 지나지 않아 대외적으로 국민이나 법원을 기속하는 효력이 없다. 따라서 그 처분의 적법 여부는 처분기준만이 아니라 관계 법령의 규정 내용과 취지에 따라 판단하여야 한다. 그러므로 처분기준에 부합한다고 하여 곧바로 처분이 적법한 것이라고 할 수는 없지만, 처분기준이 그 자체로 헌법 또는 법률에 합치되지 않거나 그 기준을 적용한 결과가 처분사유인 위반행위의 내용 및 관계 법령의 규정과 취지에 비추어 현저히 부당하다고 인정할 만한 합리적인 이유가 없는 한, 섣불리 그 기준에 따른 처분이 재량권의 범위를 일탈하였다거나 재량권을 남용한 것으로 판단해서는 안 된다.[81]

---

81) 대법원 2018. 5. 15. 선고 2016두57984 판결 [입찰참가자격제한처분취소] [공2018상,1084]; 이 판결은 실무적으로는 행정청의 처분이 지연되어 특별사면의 혜택을 받지 못한 기업의 불이익에 대하여 자주 거론되는 사안이기는 하다. 1심에서는 원고의 청구가 기각되었으나 항소심에서는 행정청의 위법에 주목하여 원고청구를 인용하고 입찰참가자격제한처분을 취소하였다(의정부지방법원 2016. 6. 2. 선고 2016구합7212 판결; 서울고등법원 2016. 10. 13. 선고 2016누51537 판결). 이에 대법원은 "...특별사면은 사면권자의 고도의 정치적·정책적 판단에 따른 시혜적인 조치이고, 특별사면 진행 여부 및 그 적용 범위는 사전에 예상하기 곤란할 뿐 아니라, 처분청에 처분상대방이 특별사면 대상이 되도록 신속하게 절차를 진행할 의무까지 인정된다고 보기도 어렵다. 따라서 처분이 지연되지 않았다면 특별사면 대상이 될 수 있었다는 사정만으로 입찰참가자격 제한처

6 입찰참가자격제한 대법원 판례의 평가

가. 법률유보원칙이나 비례성원칙 이면의 경쟁제한에 대한 예방적 고려

가급적 최근 10년 이래의 입찰참가자격제한 처분에 대한 대법원 판례를 중심으로 이슈를 정리해 보았다. 입찰참가자격제한 처분을 받은 기업이나 개인은 입찰참가자격제한사유에 해당되지 않음에도 정부기관이 입찰참가자격제한 처분을 통지하였다는 것이 다툼에서 가장 중요한 사유이다. 제한사유에 해당하지만 너무 과중한 처분이므로 재량권 일탈이나 남용에 따른 처분취소를 구하는 경우에는 대체로 대법원까지 소송이 제기되지는 않고 있는 것으로 보인다.

결국 대부분의 판례는 법률유보원칙과 관련하여 문제가 되고 있다. 입찰참가자격제한을 받은 업체나 개인은 입찰참가자격제한에 처해진 것에 일단은 억울하다는 것이 그 중심에 있는 것 같다. 하도급회사나 자회사의 부정행위에 때문에 원수급회사나 사실상의 모회사가 입찰참가자격제한을 받은 경우에는 사실상 억울할 수 있다. 하지만 입찰참가자격제한의 대부분의 사례에서 기업이 항상 억울하다는 것을 결코 일반화할 수는 없다. 그럼에도 입찰참가자격제한조치를 받게 된 기업들은 잘못이 없는데도 조치를 받게 되었다며 억울함을 호소하거나 제한조치의 과중함 때문에 파산에 이를 지경이라고 어려움을 토로하는 경우가 많은 것 또한 분명한 사실이다. 이러한 상황에서 입찰참가자격제한제도가 과도하게 기업의 기본권을 침해하는 것이어서 위헌이라는 의견도 있다.[82] 반면 제도 자체가 위헌이라고 볼 수는 없고 그 운영상 여러 법적 문제점이 있다는 의견, 현행 제도에 별반 문제점이 없다는 의견 등 이 제도를 바라보는 법률적 시각과 스펙트럼은 다양하다. 그러나, 입찰참가자격제한처분이 국민경

분이 위법하다고 볼 수는 없다...”고 판단하여 원심판결을 파기하고 서울고등법원으로 환송하였다. 결국 사건은 서울고등법원 2018누46645으로 계류중에 소취하되었다.

82) 이에 대해서는 허현, “부정당업자의 입찰참가자격제한에 관한 법적 문제”, 법제 2014권 3호, 2014, 123면 이하.

제의 핵심주체인 기업에 엄청난 부담을 주는 행정제재이고 성격상 침익적 처분이므로 법률유보에 근거하여야 한다는 논의가 대법원까지 상고된 사례에 관통하고 있는 법리라는 것에는 이론(異論)이 없다.

다만, 왜 그것뿐이냐는 것이다. 앞에서 든 요청조달계약의 경우에 ○○대학병원이 입찰참가자격제한처분권을 보유하지 않으므로 조달청장이 국가계약법에 따라 계약하였고 이 계약과정에 부정당한 입찰참가자격제한사례가 발생하였음에도 ○○대학병원이 입찰참가자격제한권한이 없으므로 조달청장도 입찰참가자격제한을 못한다는 법원의 견해[83]는 쉽게 이해할 수 없다.[84] 그 계약상대방은 ○○대학병원과 계약한 것이 아니고, 조달청과 계약하였으므로 국가계약법 제2조(적용 범위)에 따라 국가가 대한민국 국민을 계약상대자로 하여 체결하는 계약 등을 포함하여 국가를 당사자로 하는 계약에 대하여 적용되는 것을 계약 당사자 모두 인식하고 있었고(물론 인식하지 못하였더라도 적용할 수 있다), 제3조(다른 법률과의 관계)에서 밝히고 있는 바와 같이 국가를 당사자로 하는 계약에 관하여는 다른 법률에 특별한 규정이 있는 경우를 제외하고는 국가계약법에서 정하는 바에 따른다는 것에 대하여는 국가계약법의 공포와 시행으로 효력을 발휘하게 되는 것이다.

국가계약법 제4조(국제입찰에 따른 정부조달계약의 범위)에서와 같이 "국제입찰에 따른 정부조달계약의 범위는 정부기관이 체결하는 물품·공사(工事) 및 용역의 계약으로서 정부조달협정과 이에 근거한 국제규범에 따라 기획재정부장관이 정하여 고시하는 금액 이상의 계약으로 한다"와 같은 계약금액에 따른 적용 규정의 구별이 없는 이상, 국가가 계약당사자가 되는 계약이라면 (제3조와 같은 예외 혹은 특별규정이 없는 이상) 모두 국가계약법을 적용하여야 하는 것이라고 본다. 따라서 ○○대학교병원의 조달요청이라고 하더라도 그 조달계약의 상대방이 조달청이고 국가기관이 당사자가 되었다면 당연히 국가계약법이 적용되는 것이 옳고 부정당제재사유가 발생하였다면 입

---

83) 대법원 2017. 6. 29. 선고 2014두14389 판결 [입찰참가자격제한처분취소].
84) 결론적으로 다른 견해로는 박정훈, "요청조달계약과 입찰참가자격 제한처분 권한 – 요청조달계약의 법적 성질, 사법적 관점과 공법적 관점 –", 행정판례연구 제24권 제2호(2019), 3면 이하 참조.

찰참가자격제한을 하는 것이 옳다고 본다.

그 외의 경우에는, 부정당제재사유가 발생하면 즉시 입찰참가자격처분을 해야 하도록 규정된 법규정의 경직성에 따른 구체적 사안의 참을 수 없는 부정의(不正義)를 시정하기 위한 대법원의 고뇌를 충분히 공감한다. 그럼에도 여전히 입찰참가자격제한에 대한 본질적 의문은 해소되지 못하였다.

지금까지는 입찰참가자격제한을 포함하고 있는 정부조달법규의 해석론 중심으로 논의하였으나 이하에서는 정부조달법의 기본원칙의 관점에서 입찰참가자격제한을 살펴보고자 한다. 이러한 접근방법은 Robert Alexy나 Ronald Dworkin이 제시한 규칙과 원칙의 구별에 근거한 것임을 밝혀둔다.[85]

나. 행정법원의 in dubio pro populo 구현

정부조달계약에서 행해지는 입찰참가자격제한에 관한 법적 문제는 단순한 행정법의 문제가 아니고, 형사법·민사법·행정법이 복합적으로 문제되는 영역이다. 대법원의 입장은 정부조달계약은 사법상 계약으로서 당사자의 사적 자치가 발현되는 영역으로 이해하고 있다. 그럼에도 사법상 계약 체결 과정 혹은 계약 이행 과정 중에 일정한 사유가 발생하면 갑자기 계약의 한 당사자가 행정법관계에서 연유하는 권력적 단독행위이자 공법행위인 입찰참가자격제한 처분을 집행하게 되는 상황이다.

계약이라는 사법관계에서 어떤 기제를 통하여 갑작스레 행정법관계로 변경되었는지에 대한 충분한 설명도 없다. 사법관계에서 공법관계로 법적 성격이 바뀐 입찰참가자격제한 처분에 당면하여 국민은 처분의 대상으로서 평등원칙, 비례원칙, 자기책임원칙 등이 거론되는 것은 행정법적 관련에서 검토하게 된다. 이에 추가하여 죄형법정주의, 명확성원칙, 이중처벌금지원칙, 무죄추정원칙, 법률불소급원칙을 대응논리로 검토하게 되는 것은 이러한 처분의 형사법적 관련 속에서 검토하게 된다.

입찰참가자격제한 처분은 조달시장 참여자에게는 참여의 금지를 의미하므로 금

---

85) Alexy, Robert, Theorie der Grundrechte, 2. Aufl.(1994), S.71; Dworkin, Ronald, Taking Rights Seriously, 2nd ed., London 1978.

지처분에 대한 불복이 있는 경우에는 행정법원으로 사건을 가져갈 수밖에 없다. 처분의 당사자인 국민은 법원에 절박한 마음으로 소송을 제기하게 되는 것이다.

이러한 경우 우리에게는 많은 소위 "in dubio" 원칙이 있다. 입찰참가자격제한은 행정형벌은 아니므로 "in dubio pro reo(의심스러울 때는 피고인의 이익으로)"는 입찰참가자격제한처분 절차에 적용될 것은 아니다. 다만, "in dubio pro populo(의심스러울 때는 국민의 이익으로)"는 입찰참가자격제한 처분 절차에 적용할 만한 원칙이라고 생각된다. 특히, 입찰참가제한 처분의 무효와 취소를 구하게 되는 포럼인 행정법원에서는 반드시 견지하여야 할 원칙이라고 본다.

이하에서는 입찰참가자격제한 사유를 유형화하면서 법원의 구체적 판단을 제시하였다. 주로 최근 하급심 판결을 어렵게 구하여 개별 사유를 유형화하고 구체적 의미를 분석한 자료들인 바, 집적하여 정리하는 것 자체도 의미가 있다고 판단되어 분량이 적지 않지만 그대로 제시한다. 이렇게 집적된 특히 하급심의 입찰참가자격제한 사례의 유형화를 통하여 자격제한 처분의 양형기준을 수립할 수 있고, 법원이 의심스러울 때는 국가가 아닌 국민의 이익으로 판단할 수 있는 자료가 되도록 견인하고자 한다.

법원은 국민이 얼마나 다급하고 절박하였으면 국가를 상대로 무효 혹은 취소를 다투는 소송을 제기하겠는가에 대한 기본적 연민과 애정을 바탕으로 하고 있다고 믿는다. 물론 그 사이에 도저히 정부조달 입찰시장에 참여시켜서는 안 되는 국민도 있을 것이다. 그리고 집행정지제도가 자주 비판에 봉착하는 것처럼 신속히 제재되어야 함에도 제재처분의 실효적 효력를 우회하는 사례도 없지 않다. 이러한 불신받는 기업의 계속된 시장참여는 일반 국민의 사법부에 대한 신뢰마저도 거두어들이게 하는 큰 위협요소이기도 하다. 하지만 그럼에도 법원은 입찰참가자격제한 처분의 무효와 취소를 다투는 소송에서 만큼은 의심스러울 때는 국민의 이익으로 판단하는 것이 공공계약 영역에서 가장 중요한 가치의 하나인 경쟁원칙에 크게 기여하게 된다는 사실을 잊지 않았으면 한다.

그리고 연구자들과 실무가들이 입찰참가자격제한의 개념과 구체적 제재기준에 대하여는 많은 저작물들을 내어 놓은 바 있다. 여기서는 그러한 기본 개념과 적용기준을 다시 반복하여 설명하는 것은 지양하되 가급적 최근 5년 이래의 최신 사례를 소개하며 기존 연구성과를 보충하고 확인하고자 한다.

최근 입찰참가자격제한 처분 하급심 판결사례 동향과 유형 분석

 입찰참가자격제한 처분의 범위와 법인 대표의 부정당제재 대상

가. 처분의 범위와 대상

부정당제재는 공공기관운영법 제39조, 공기업·준정부기관 계약사무규칙 제15조, 지방자치단체를 당사자로 하는 계약에 관한 법률 제31조, 국가를 당사자로 하는 계약에 관한 법률 제27조에 법률적 근거를 두고 있고, 구체적으로는 (국가계약법 적용대상의 경우에는) 국가를 당사자로 하는 계약에 관한 법률 시행규칙 제76조 별표 2에 따라 부정당업자 입찰참가자격제한 처분을 하게 된다.

종래 제재처분의 집행과 관련된 여러 문제들을 경험적으로 해소하면서 각 중앙관서의 장은 입찰참가자격의 제한을 받은 자에게 그 처분일부터 입찰참가자격제한 기간 종료 후 6개월이 경과하는 날까지의 기간 중 다시 부정당업자에 해당하는 사유가 발생한 경우에는 (형사범의 누범가중과 같이) 그 위반행위의 동기·내용 및 횟수 등을 고려하여 해당 제재기간의 2분의 1의 범위에서 자격제한 기간을 늘릴 수 있도록 하였다.

그러나 이 경우에도 가중한 기간을 합산한 기간은 2년을 넘을 수 없다.

그 외에도 부정당업자가 위반한 여러 개의 행위에 대하여 같은 시기에 입찰참가자격제한을 하는 경우 입찰참가자격제한 기간은 해당 위반행위에 대한 제한기준 중 제한기간을 가장 길게 규정한 제한기준에 따르도록 하고 있다.

그와 반대로 부정당업자에 대한 입찰참가자격을 제한하는 경우 자격제한 기간을 그 위반행위의 동기·내용 및 횟수 등을 고려해 기준에서 정한 기간의 2분의 1의 범위에서 감경할 수 있으나 반드시 감경 후의 제한기간은 1개월 이상이어야 한다.

또, 개별기준에서 「건설기술진흥법」 제53조 제1항 각 호 외의 부분에 따른 "부실벌점"이나 하자담보책임기간 중 하자검사결과 하자보수보증금에 대한 하자발생 누계금액비율인 "하자비율" 그리고 물품보증기간 중 계약금액에 대한 보수비용발생 누계금액비율인 "보수비율"을 기준으로 하여 제재기간을 규정하고 있기도 하다.

나. 법인 이외에 법인대표자에 대한 부정당제재

행정형벌에서 주로 문제된 양벌규정의 위헌성 검토를 기반으로 입찰참가자격제한에서도 법인 이외에 대표자 등에게도 입찰참가자격제한이 적용되는지의 부정당제재 대상에 대한 논의는 지속되고 있다. 오래된 법리이지만 최근 다시 하급심에서 제기되고 있어 소개해 본다.

이 사건[1]의 사실관계에 따르면 원고 회사는 시멘트 제조, 가공 및 판매에 관한 사업 등을 영위하는 회사이고, 원고는 2016. 2. 15.부터 원고 회사의 대표이사로 재직 중인 사람, 피고는 2020. 11. 13. 원고 회사가 2013년 6월부터 2016년 5월까지 수도권 지역의 레미콘 구매입찰에서 16개의 다른 회사와 담합하였음을 이유로, 피고는 원고에 대하여 구 국가계약법 시행령 제76조 제4항, 구 지방계약법 시행령 제92조에 근거하여 이 사건 각 처분을 하였다. 그러나 위 시행령 조항들이 입찰참가자격제한처

---

1) 서울고등법원 2023. 4. 14. 선고 2022누44790 판결(입찰참가자격제한처분취소 항소기각); 서울행정법원 2022. 4. 29. 선고 2021구합51287 판결(입찰참가자격제한처분취소 원고패).

분을 받은 자가 법인인 경우 그 대표자에 대하여 입찰참가자격제한처분을 하도록 한 부분은 법률유보 및 위임입법원칙, 자기책임원칙에 반하므로, 이 사건 각 처분 중 원고에 대한 부분은 위법하다고 주장하였으나 법원은 이를 기각하였다.

법원은 법인의 대표자의 경우 그 법인의 행위에 관하여 의사결정 권한 및 지휘·감독 책임을 갖는 점, '입찰에 참가시키는 것이 적합하지 아니하다고 인정되는 자'를 계약당사자로만 한정한다면 입찰참가자격 제한을 받은 법인의 대표자가 언제든지 새로운 법인을 설립하여 입찰에 참가하는 것이 가능하게 되어 위 규정의 실효성이 확보될 수 없는 점 등을 고려할 때, 법인의 대표자는 '입찰에 참가시키는 것이 적합하지 아니하다고 인정되는 자'의 범주에 포함된다고 보는 것이 이 사건 모법규정의 취지에 부합한다고 하였다. 이에 따라 이 사건 조항들이 수권규정으로부터 예측가능한 범위를 벗어나 위임입법의 한계를 일탈하거나 처분대상을 임의로 확대하였다고 볼 수 없다고 판시하였다.

다. 평가

입찰참가자격제한 처분의 범위와 부정당제재 대상은 지속적으로 확대되었다. 제재 대상이 되지 않도록 하기 위하여 혹은 좀 더 많은 입찰기회를 확보하기 위하여 사실상 1명이 여러 법인을 운영하는 형태 또한 지속적으로 증가하고 있다. 규범(Sollen)을 벗어나려는 현실인 존재(Sein)의 원심력이 더욱 강하고 이로써 법규의 규범력이 대단히 선택적으로 작용되고 있다는 오해와 불만까지 누적되고 있는 점은 서글픈 현실이다.

② 원가계산 용역계약에서 원가계산금액을 부적정하게 산정

가. 조사설계 또는 원가계산 용역계약에서 고의 또는 중과실로 부적정한 금액 산정

지방계약법 제31조 제1항 제9호 나목, 지방계약법 시행령 제92조 제2항 제2호 나목은 '원가계산 용역계약에서 고의 또는 중대한 과실로 원가계산금액을 적정하게 산정하지 않은 자에 대해서는 2년 이내의 범위에서 입찰 참가자격을 제한해야 한다'고 규정하고 있다.[2] 이와 관련하여 최근 판례[3]에서 법원은 "이 사건 개발비용의 적정성을 확인할 의무를 부담하는 원고가 사실 확인이 가능한 자료에 근거하지 아니한 채 임의로 공사단가가 현저히 높은 약액주입 공법을 적용하여 암 절취 공사비를 산정한 것은 그 의무를 위반한 정도가 중대하다"고 하여 원고에게 한 부정당업자 입찰참가자격제한 처분(2개월) 취소청구를 기각하였다.

여기서 법원은 중대한 과실이란 조금만 주의를 기울였더라면 적정한 원가계산금액을 손쉽게 산정할 수 있었음에도 이를 게을리한 경우를 뜻한다고 전제한 다음, 원고는 이 사건 용역을 수행하는 과정에서 조금만 주의를 기울였더라면 적정한 이 사건 개발비용을 손쉽게 산정할 수 있었음에도 이를 게을리하여 이 사건 개발비용을 적정하게 산정하지 않았다고 판시하였다.

---

2) 지방자치단체를 당사자로 하는 계약에 관한 법률 시행령 제92조(부정당업자의 입찰 참가자격 제한)
   ② 법 제31조 제1항 제9호 각 목 외의 부분에서 "대통령령으로 정하는 자"란 다음 각 호의 자를 말한다.
   2. 정당한 이유 없이 계약의 체결 또는 이행 관련 행위를 하지 않거나 방해하는 등 계약의 적정한 이행을 해칠 염려가 있는 자로서 다음 각 목의 어느 하나에 해당하는 자
   나. 조사설계 용역계약 또는 원가계산 용역계약에서 고의 또는 중대한 과실로 조사설계금액이나 원가계산금액을 적정하게 산정하지 않은 자
3) 수원고등법원 2022. 8. 19. 선고 2021누13717 판결(항소기각); 수원지방법원 2021. 7. 22. 선고 2019구합69835 판결(원고패).

나. 평가

이 사안은 최근 급증하고 있는 원가계산 업체로서는 반드시 알고 있어야 할 판결례이다. 자치단체가 주택단지 개발시행자에게 부과할 과밀부담금 산정을 위한 기초자료로 활용하기 위하여 개발비용을 계산하도록 도급계약을 체결하였다. 도급계약에 따른 1, 2차 보고서의 개발비용이 717억 원과 666억 원으로 상당한 차이나 날 뿐만 아니라 또 다른 기관에 추가 용역의뢰하였더니 개발비용을 492억 원으로 산정하였다.

개발이익환수법상 개발부담금은 개발이익에서 개발비용을 뺀 금액을 기준으로 부과되는 데 개발비용을 과다하게 산정하여 보고함으로써 정당한 개발부담금을 부과할 수 없도록 한 것이고 부적정한 산정에는 토공사 비용 산정에 대한 기초적인 규정조차 열람하지 않은 것이므로 조금만 주의를 기울였더라면 적정한 개발비용을 손쉽게 산정할 수 있었을 것이라는 것이다.

한편 구 지방계약법 시행규칙 제76조 제1항 별표2 기준에 따르면 이러한 행위에 대한 처분 기준은 고의인 경우에는 5개월 이상 7개월 미만이고, 중대한 과실에 의한 경우는 2개월 이상 4개월 미만이다. 판결이유의 개발비용 산정의 중과실을 최대 4개월 처분으로 하고 있고, 고의로 개발비용 산정을 하였음에도 불과 7개월의 부정당제재만을 전제하고 있다는 것이 전혀 합리적이지 않아 보인다.

결국 비합리적인 요청과 필요에 따라 포함시킨 처분사유라는 생각을 지울 수 없다. 보고서 내용에 쉽게 확인할 수 있는 산정방법에 오류가 있었다면 수차례 보고할 동안 발주기관은 도대체 무엇을 하였다는 말인가? 그리고 고의로 개발비용을 과다산정한 원가계산업체의 행위에 대하여 최대 7개월의 부정당제재만을 하겠다는 위 별표 2의 기준도 이해하기 힘들다.

따라서 재판과정에서 개발비용의 산정이 부적정하다고 판단한 기준과 그에 대한 정당한 이유 유무에 대한 충분한 검토를 할 필요가 있었고, 이 규정의 적용에는 충분한 논의가 필요하다고 본다.

계약불이행에 따른 입찰참가자격 제한

가. 정부조달법상 계약불이행에 대한 규정

구 국가계약법(법률 제17816호, 2021. 1. 5., 일부개정 이전의 법률) 제27조 제1항은 부정당업자의 입찰참가자격 제한사유를 열거하면서 제8호 나목에서 정당한 이유 없이 계약의 체결 또는 이행 관련 행위를 하지 아니하거나 방해하는 등 계약의 적정한 이행을 해칠 염려가 있는 자로서 대통령령으로 정하는 자를 규정하고 있고, 그 위임에 따른 같은 법 시행령 제76조 제1항 제2호 가목은 '계약의 적정한 이행을 해칠 염려가 있는 자로서 정당한 이유 없이 계약을 이행하지 아니한 자'를 규정하고 있다.[4]

위 국가계약법 제27조 제1항에서 부정당업자의 입찰참가자격을 제한하는 제도를 둔 취지는 국가를 당사자로 하는 계약에서 공정한 입찰 및 계약질서를 어지럽히는 행위를 하는 자에 대하여 일정기간 동안 입찰참가를 배제함으로써 국가가 체결하는 계약의 성실한 이행을 확보함과 동시에 국가가 입게 될 불이익을 미연에 방지하기 위한 것이다(헌법재판소 2005. 6. 30. 선고 2005헌가1 전원재판부 결정). 따라서 국가계약법 시행령 제76조 제1항 제2호 가목의 규정을 해석함에 있어서는 모든 채무불이행에 대하여 무조건 입찰참가자격을 제한하는 것은 비례원칙에 위반될 소지가 크므로, 개별적이고 구체적인 사안에서 계약의 내용, 체결경위 및 그 이행과정 등을 고려하여 채무불이행에 있어 정당한 이유가 없고, 아울러 그것이 경쟁의 공정한 집행 또는 계약의 적정한 이행을 해할 염려가 있거나 기타 입찰에 참가시키는 것이 부적법하다고 인정되는 경우에 한하여 그 입찰참가자격을 제한하여야 할 것이다(대법원 2007. 11. 29. 선고 2006두16458 판결 등 참조).

---

4) 개정이유로 "국가를 당사자로 하는 계약에 관한 법률[시행 2021. 7. 6.] [법률 제17816호, 2021. 1. 5., 일부개정]로 제27조 제1항 제8호를 제9호로 하고, 같은 항에 제8호를 다음과 같이 신설한다.
8. 계약을 이행할 때에 「산업안전보건법」에 따른 안전·보건 조치 규정을 위반하여 근로자에게 대통령령으로 정하는 기준에 따른 사망 등 중대한 위해를 가한 자"로 설명하고 있다. 국가계약법 시행령도 그에 따라 조문 순서가 변경되었다.

또 지방계약법 제31조 제1항은 경쟁의 공정한 집행 또는 계약의 적정한 이행을 해칠 우려가 있는 자 등 입찰에 참가시키는 것이 부적합하다고 인정되는 자에 대하여는 대통령령이 정하는 바에 따라 2년 이내의 범위에서 입찰참가자격을 제한하여야 한다고 규정하고 있고, 위 규정의 순차 위임을 받은 지방계약법 시행규칙 제76조 제1항 [별표 2] 제17호는 정당한 이유 없이 계약을 체결하지 않은 자 또는 계약을 체결한 후 계약이행을 하지 않은 자의 경우 제한기간을 5개월 이상 7개월 미만으로 정하고 있다. 아울러 지방계약법 시행규칙 제76조 제4항 및 제5항은 정상을 참작할 특별한 사유가 있을 때에는 그 제재기간을 경감할 수 있되, 그 경감 기간은 6개월을 초과할 수 없도록 정하고 있다.

계약이행여부와 관련하여 다양한 판결들이 있는데, 다음의 대표적인 사례를 제시한다.

나. 최근 계약불이행 사례

1) 물품단종에 따른 계약불이행

이 사건[5]의 사실관계에 따르면, 피고는 2019. 4. 19. 이 사건 물품에 관한 구매입찰을 공고하였고, 원고는 이 사건 입찰에 참가하여 2019. 6. 13. 낙찰자로 선정되었다. 원고는 피고와 가격조건 등에 관한 협의를 한 후 가계약을 체결하기 전인 2019. 9. 18. 피고에게 이 사건 물품의 단종으로 인해 피고와 구매계약을 체결할 수 없다고 통보하였다. 이에 피고는 2020. 5. 18. 원고에게 정당한 이유 없이 계약을 체결하지 않았다는 이유로 2020. 5. 25.부터 2020. 8. 24.까지 3개월간 입찰참가자격을 제한하는 처분(이하 '이 사건 처분'이라 한다)을 하였다.

이에 대해 원고는 여러 차례 이 사건 물품의 단종 여부를 확인하는 등 계약이행

---

5) 대법원 2022. 8. 19. 선고 2022두43658 판결(입찰참가자격제한처분취소, 심리불속행기각); 대구고등법원 2022. 4. 22. 선고 2021누4251 판결(항소기각); 대구지방법원 2021. 8. 18. 선고 2020구합24389 판결(원고패).

을 위한 주의의무를 다하였으므로 원고가 정당한 이유 없이 계약체결을 거부하였다고 볼 수 없다고 처분사유의 부존재와 원고가 제품 단종 전에 이 사건 물품을 확보하지 못한 데에는 피고의 지연된 행정처리가 기여한 측면도 있다고 하며, 원고는 해당 부품 공급을 유일한 사업영역으로 하고 있어 이 사건 처분으로 받게 될 불이익이 매우 크다고 하여 재량권의 일탈·남용을 주장하였다.

이에 대해 법원은 "행정법규 위반에 대하여 가하는 제재조치는 행정목적의 달성을 위하여 행정법규 위반이라는 객관적 사실에 착안하여 가하는 제재이므로 위반자의 고의·과실이 있어야만 하는 것은 아니지만, 그렇다고 하여 위반자의 의무 해태를 탓할 수 없는 정당한 이유가 있는 경우까지 부과할 수 있는 것은 아니다(대법원 2003. 9. 2. 선고 2002두5177 판결, 대법원 2014. 12. 24. 선고 2010두6700 판결 참조)라고 전제한 다음, 원고가 계약을 체결하지 못한 데에는 정당한 이유가 없고 오히려 과실이 있다고 보일 뿐이므로, 이 사건 처분은 처분사유가 존재한다고 판시하였다. 그 이유로는 "구매 입찰에 참가하고자 하는 자는 대상 물품의 사양, 규격 등을 비롯하여 납품기한과 단종 여부 등에 관한 사항을 미리 확인하여 계약이행이 가능한지 검토한 후 입찰에 참가하여야 하고, 이를 제대로 확인하지 못한 책임은 원칙적으로 입찰참가자에게 있다고 보아야 한다. 원고는 이 사건 입찰 공고가 있기 전인 2018년 10월경 거래처인 이 사건 물품의 제조사에게 이 사건 물품의 단종 일자에 대하여 문의하였는데, 위 제조사는 원고에게 '공식적인 단종 일자는 정해지지 않았지만 2019년 중일 것'이라고 회신하였으므로, 원고는 입찰하기 전부터 이 사건 물품이 단종될 가능성이 있음을 어느 정도 알고 있었다. 따라서 원고는 이 사건 물품이 단종된다면 이를 직접 제조하거나 다른 업체로부터 조달받아 납품할 수 있는지 등도 검토해 본 후 이 사건 입찰 참가 여부를 결정했어야 한다. 또한 원고는 2019. 6. 13. 이 사건 입찰의 낙찰자로 선정되었는데 그 당시에는 이 사건 물품이 단종되기 전이었고 원고도 그 직후 무렵 제조사로부터 이 사건 물품이 생산 중이라는 회신을 받았다. 앞서 본 것처럼 원고는 이 사건 물품이 2019년 중에 단종될 것임을 어느 정도 알고 있었으므로, 단종 전에 제조사로부터 물품공급확약을 받는 등 이 사건 물품의 물량을 확보하기 위한 조치를 신속히 취하였어야 하는데 이를 하지 않았다."고 인정하고 피고는 낙찰자 선정 후 원고와 가격조건에 관한 협상을 거쳐 2019. 8. 16.경 가계약을 체결하고자 하였다는 것으로, 계약체결 절차가 부당하게 지연되었다고 보기 어려울 뿐만 아니라, 계약체결이 지체됨으로써 원고가 이 사건 물품을 확보하지 못하였다고 볼 수도 없다고 판단하였다.

2) 납품대금 지급을 위한 구비서류에 대한 이견 중 계약불이행

이 사건[6]의 사실관계에 따르면 원고는 2020. 4. 28. 천안시 B보건소가 발주한 2020년 물품 구입(단가계약) 건에 대하여 계약기간은 계약일로부터 2020. 12. 31.까지, 계약금액은 78,005,850원으로 하고, 원고는 천안시 B보건소의 수시 납품 요구에 대하여 요구일로부터 14일 이내에 납품할 의무를 부담하는 내용의 물품구매계약(이하 '이 사건 구매계약'이라 한다)을 체결하였다. 원고는 2020. 5. 19.경 천안시 B보건소장의 1차 납품 요구에 따른 납품을 완료한 후, 천안시 B보건소장에게 1차 납품대금 18,638,160원의 지급을 청구하였다.

천안시 B보건소장은 2020. 8. 20. 원고에게 1차 납품대금의 지급을 위한 구비서류 중 납세증명서, 지방세 납세증명서, 건강·연금 보험료 완납증명서가 미제출 또는 유효기간이 경과되었으므로, 2020. 8. 28.까지 위 서류들을 보완할 것을 요청하였고, 피고는 2020. 8. 21. 원고에게 이 사건 구매계약에 따른 2차 납품 요구를 하였다.

원고는 2020. 8. 20. 납세증명서, 지방세 납세증명서를 각 발급받은 후 이를 천안시 B보건소장에게 제출하였으나, 건강·연금 보험료 완납증명서는 보험료 체납 등을 이유로 발급받지 못하였다. 이에 원고는 2020. 9. 4. 천안시 B보건소장에게 "현재 4대보험 완납에 대한 증명서를 받을 수 없어 국민건강보험공단 본사에 이의신청을 해놓은 상태이다. 이 부분이 해결되어 1차 납품대금이 지급되어야 2차 납품도 진행 될 수 있으니 협조를 부탁한다."는 내용의 2차 납품에 대한 지연사유서를 제출하였다.

천안시 B보건소장은 2020. 9. 8. 피고에게 "1차 납품대금의 지급을 위한 구비서

---

6) 대전지방법원 2022. 7. 14. 선고 2021구합101801 판결(각하).

류 중 건강·연금보험료 완납증명서를 2020. 9. 18.까지 제출할 것을 다시 요청한다. 만약 위 서류를 기한 내 제출하지 않는 경우, 1차 납품대금은 관련 법령에 따라 체납된 건강보험료 등으로 대납될 수 있다."는 내용으로 1차 납품대금 지급 관련 구비서류의 재보완 요청 공문을 발송하였고, 피고는 같은 날 원고에게 "2020. 9. 4.까지 2차 납품이 이루어져야 하나 아직까지 납품이 되지 않아 치매관리사업 추진에 막대한 지장을 초래하고 있으니, 2020. 9. 15.까지 납품하여 주기를 바란다. 위 납품기한까지 납품하지 않을 시 계약이행 의사가 없는 것으로 간주하여 계약 해지 절차를 진행할 예정이다."는 내용의 2차 발주 재요청 공문을 발송하였다.

피고는 2020. 9. 14. 다시 원고에게 "1차 납품에 대한 대가 지급은 구비서류 미비에 따라 보완 요청한 사항으로 2차 납품과는 별개의 사항이다. 원고가 천안시 B보건소 치매관리사업 조호물품 납품을 지연하고 있어 치매관리사업 대상 어르신들이 불편함을 겪고 있는 등 사업추진에 막대한 지장을 초래하고 있기에 더 이상의 납품기한 연장은 불가하며, 기한 내 미 납품 시 관련법에 따라 행정조치함을 알려드린다."는 내용의 2차 발주 관련 안내 공문을 발송하였다.

원고는 2020. 9. 15.까지 이 사건 구매계약에 따른 2차 납품의무를 이행하지 아니하였고, 이에 천안시 B보건소장은 2020. 9. 21. 원고에게 지방자치단체를 당사자로 하는 계약에 관한 법률 제30조의2 제1항 제5호에 따라 원고의 계약 불이행(사업부서의 납품요구 미이행)을 사유로 이 사건 구매계약을 해지한다고 통보하였다.

"피고는 2020. 10. 7. 원고에게 지방계약법 제31조, 지방계약법 시행령 제92조를 근거로 이 사건 구매계약의 불이행을 사유로 한 5개월 이상 7개월 미만의 입찰참가자격 제한처분에 대한 사전통지 및 청문실시통지를 하였다. 피고는 원고의 요청 등을 이유로 청문일을 2회 연기하여 2020. 12. 23. 청문을 실시하였고, 청문주재자는 청문 결과 "원고가 계약 입찰 특약사항을 제대로 확인하지 못한 과실이 있어 계약불이행에 정당한 이유가 있다고 볼 수는 없으나, 계약체결을 전후하여 화재, 수재 등으로 인한 경영악화가 있었던 점 등을 참작하여 입찰참가자격제한처분 3개월 정도로 감경처분이 타당하다고 사료된다."는 종합의견을 밝혔다. 피고는 2020. 12. 28. 원고가 이 사건 구매계약을 정당한 이유 없이 불이행하였다는 이유로 지방계약법 제31조 제1항 제9호 나목, 지방계약법 시행령 제92조 제2항 제2호 가목, 지방계약법 시행규칙 제76조를 근거로 하여 원고에 대하여 2020. 12. 30.부터 2021. 3. 29.까지 3개월의 입찰참가자격 제한처분을 하였다.

이에 원고는 이 사건 처분에는 처분사유가 존재하지 않는다고 주장하였다. 즉 이 사건 구매계약에 따른 1차 납품의무를 성실히 이행하였음에도 단순히 건강·연금보험료 완납증명서를 제출하지 못하였다는 형식적인 이유로 피고로부터 1차 납품대금을 지급받지 못하였으므로, 원고가 2차 납품 의무를 이행하지 못한 것에는 계약불이행에 정당한 이유가 있다고 보아야 한다고 하고, 나아가 이 사건 구매계약의 내용, 체결 경위, 이행과정 등을 고려하면, 원고의 계약불이행이 경쟁의 공정한 집행 또는 계약의 적정한 이행을 해할 염려가 있다고 할 수도 없다고 주장하였다.

이에 법원은 피고는 원고가 이 사건 구매계약에 따른 2차 납품의무를 이행하지 않은 데에 정당한 이유가 없다고 보아 원고가 지방계약법 제31조 제1항 제9호 나목에서 정한 '정당한 이유 없이 계약의 이행 관련 행위를 하지 아니한 자'에 해당한다고 판단하여 이 사건 처분을 한 것이므로, 이 사건 처분의 적법 여부는 원고가 계약불이행에 이른 경위, 사유 등을 구체적으로 검토하여 계약불이행에 정당한 이유가 있는지 및 피고의 재량권 행사에 일탈·남용의 위법이 있는지 여부에 따라 판단되어야 할 뿐이고, 원고가 주장하는 사정만으로는 이 사건 처분의 위법성과 관련하여 법원의 해명이 필요한 불분명한 법률문제가 존재하여 예외적으로 소의 이익이 인정되는 경우에 해당한다고 보기는 어렵다고 부적법 각하하였다.

여기에 또 더하여 이 사건 처분이 정한 입찰참가자격의 제한기간은 이미 종료하여 처분의 효력이 소멸하였고, 이 사건 처분이 외형상 잔존함으로 인하여 가중된 제재처분이나 다른 불이익을 받을 현실적 우려가 있어 원고의 법률상 이익이 침해되고 있다거나, 동일한 사유로 위법한 처분이 반복될 위험성이 있어 행정처분의 위법성 확인 내지 불분명한 법률문제에 대한 해명이 필요한 경우에 해당한다고 볼 만한 사정은 달리 찾을 수 없다고 하고, 원고는 이 사건 처분의 취소를 구할 소의 이익이 없다고 하여 원고의 청구취지는 부정당제재 취소를 구하고 있음에도 법원은 이 사건 소를 각하하였다.

3) 특정 규격의 불고지에 따른 불이행

이 사건[7]의 사실관계에 따르면 피고는 2020. 11. 17. 입찰공고(이하 '이 사건 입찰공고'라고 한다)를 하였고 이 사건 입찰공고에 첨부된 규격서(이 사건 규격서)의 내용을 제시하였다. 원고는 이 사건 입찰에 투찰하여 2020. 11. 23. 개찰 순위 1위로 낙찰되었다. 원고는 2020. 12. 1. 피고와 납품기한을 '2020. 12. 31.'로 정하고, 아래와 같은 물품을 납품하는 내용으로 이 사건 입찰공고에 따른 물품 납품 계약(이 사건 계약)을 체결하였다.

피고는 2021. 5. 14. 원고가 정당한 이유 없이 계약을 체결 또는 이행하지 아니하였다는 이유로 이 사건 계약의 해지를 통보하였다. 피고는 2021. 6. 7. 원고에 대하여 '계약을 체결한 이후 정당한 이유 없이 이행을 하지 않음'을 제재사유로 하여 입찰참가자격 제한 3개월(입찰 참가 자격 제한 기간: 2021. 6. 7.부터 2021. 9. 6.) 처분을 하였다.

이 사건 구매 규격서에 기재된 제품(이하 '이 사건 제품'이라고 한다)은 중국에 본사가 있는 회사에서 생산하는 특수 제품이고, 위 제품의 국내총판 유통회사는 서울에 본사를 둔 회사이다. 이와 같이 특정회사에서 생산하는 매우 특수한 성능·품질의 제품을 지정하여 입찰·공고하려면 특정규격 사유서를 함께 첨부하여 공고하거나 물품 공급 또는 기술지원 협약 체결 등 피고가 이행하였어야 할 제반 절차를 이행하여야 한다. 이 사건 계약서에는 '중국본사의 특수제품'으로 이 사건 제품을 납품하는 것이 명시되어 있다. 이에 원고는 피고가 특정규격을 요하는 제품을 공고하면서 위와 같은 절차를 이행하지 않았고, 원고는 1순위로 낙찰된 이후 이러한 상황을 알게 되었다. 원고는 피고 담당자가 국내총판 유통회사의 연락처를 알려주고, 국내총판 유통회사

---

7) 광주지방법원 2022. 7. 14. 선고 2021구합12350 판결.

에서도 납품이 가능하다고 하여 이 사건 계약을 하였다. 그런데 코로나19로 인한 제품 생산 지연 및 제조사의 제조 중단 선언 등 불가항력적인 사정들로 인하여 이 사건 제품을 납품하지 못하고 있었다. 이에 따라 원고는 구 국가계약법 제27조 제1항 제8호 나목에서 정하는 '계약에 따른 이 사건 제품의 납품을 할 수 없었던 정당한 이유'가 있다고 주장하였다.

하지만, 법원은 원고가 이 사건 계약을 이행하지 않은 데에 정당한 이유가 있다고 보기 어렵고, 그러한 계약 불이행은 공정한 경쟁이나 계약의 적정한 이행을 해치는 것이라 보아야 함이 상당하므로, 이 사건 처분의 처분사유가 인정된다고 판시하였다. 즉 피고는 이 사건 입찰공고문에 '입찰에 참가하는 자는 입찰 설명서를 구성하는 견적제출 안내공고 및 각종 규정, 규격서 등을 반드시 열람하고 숙지하여 할 것'을 기재하였고, 이러한 입찰에 참가하고자 하는 경우 입찰공고의 내용을 숙지하고, 계약 이행 가능성 등을 검토한 후 입찰에 참여하여야 하는 것은 당연하다고 하였다. 이 사건 규격서에는 필수 주요기능으로 '빠르게 움직이는 피사체 자동 추적(트래킹)기능, 카메라의 흔들림을 줄여주는 짐벌 기능 지원' 등을, 주요 사양으로는 '유효 픽셀 해상도, 줌 범위, ISO 범위' 등이 기재되어 있는데, 피고는 이 사건 입찰공고를 하면서 '기타 세부사항(수량, 규격 등)은 첨부된 규격서를 반드시 확인하라'고 기재하고 '규격서 사양과 동등하거나 동등 이상인 경우만 입찰에 참가하라'고 기재하였다.

이 사건 입찰공고 및 첨부된 규격서의 내용 등에 비추어 보면 피고가 이 사건 제품을 'D사'에서 생산하는 'E'로 특정되는 제품을 공고한 것이라거나, 반드시 D사에서 생산하는 제품을 납품하여야 한다고 정하였다고 보기 어렵고, 피고에게 이를 특정하여 납품받아야 할 만한 사정도 보이지 않는다고 하고, 이 사건 계약에서 이 사건 제품이 'D사'에서 생산하는 'E'로 특정된 것은 이 사건 입찰공고 후 원고가 1순위로 낙찰되자 원고와 피고 담당자가 계약내용을 구체적으로 협의하는 과정에서 결정한 것으로 보이고, 원고가 주장하는 내용이나 제출된 증거만으로는 이 사건 규격서에 기재된 기능이나 성능을 모두 포함할 수 있는 제품이 특정회사에서만 생산하는 특수규격 제품에 해당한다고 단정할 수 없다고 하였다.

피고의 담당자인 G가 원고에게 이 사건 규격서에 기재된 제품의 유통회사로 F를 알려준 사실은 인정되나, 원고가 주장하는 내용이나 제출된 증거만으로는 G가 원고에게 반드시 F를 통하여 제품을 납품하도록 하였다거나, 'D사'에서 생산하는 'E'를 납품하여야 한다고 정하여 준 것이라고 보기도 어렵다고 하여 피고가 이 사건 제품을 특정규격으로 공고하였어야 한다고 보기도 어렵다고 판단하였다.

생각건대, 위 사례를 살펴보면 특정 규격을 공고시에 고지하지 않았다면 심각한 발주기관의 하자가 문제될 수 있는 사항이다. 그러나 이 사례에서 보는 바와 같이 물품구매 계약의 경우 중소기업 담당직원의 입장에서는 낙찰 후 발주기관과 토의 후 특정제품을 납품하면 된다고 생각하고 그 내용이 계약의 이행내용으로 오해하는 경우가 이례적이지는 않다.

4) 시험성적서 미제출은 계약불이행

이 사건[8]의 사실관계에 따르면, 이 사건 입찰공고와 이 사건 입찰공고에 게시된 구매규격서에 따라 원고는 2020. 6. 23. 피고와 납품기한을 2020. 10. 19.로 하는 물품 구매 계약(이 사건 계약)을 체결하였다.

원고는 2020. 7. 6. 피고에게 '2020. 9. 25.경까지 KSC 8505 규격에 따른 시험성적서를 제출하겠다.'는 취지의 공문을 보냈으나, 피고는 2020. 7. 13.경 원고에게 '이 사건 계약 시 미제출된 공인시험성적서를 2020. 7. 17.까지 제출하되 그 규격은 KEPICEEG-1000에 따라야 하며, 납품 후 시운전으로 변경할 수 없다'는 취지가 담긴 공문을 발송하였다. 피고는 원고가 2020. 7. 17.까지 서류를 제출하지 않자 2020. 7. 20.경 원고에게 제출기한을 2020. 7. 27.로 하여 계약시 미제출된 서류를 제출하여 달라는 취지의 공문을 발송하였다. 피고는 2020. 8. 11. 원고에게 '물품구매계약 일반조건 제29조 제1항 제2호[계약 상대자의 귀책사유로 인하여 납품기일 내에 납품할 가능성이 없음이 명백하다고 인정될 경우(납품기한까지 시험성적서

---

8) 광주지방법원 2022. 7. 14. 선고 2022구합10535 판결.

를 제출하지 못한 경우를 포함한다)]에 따른 계약해제사유가 있으므로, 2020. 8. 21.까지 납품기한 내 계약이행이 가능한지 여부를 회신하지 않으면 계약을 해제한다.'는 통지를 하였다.

원고는 2020. 8. 18. 피고에게 '납품기한까지 피고가 요구한 대로 KEPI-CEEG-1000의 기준에 따른 시험성적서를 제출하겠다.'는 통지를 하였고, 피고는 2020. 8. 25. 원고에게 "제출기한을 납품기일 전까지로 연장하고, 구매규격서상 시험항목은 '외형 및 치수, 충·방전수명, 내부저항, 자기방전, 밀폐반응, 최대방전, 방폭 성능, 비말방지성능' 등 총 8가지 항목에 대한 시험이나 피고에 접수된 원고의 문서상 시험 항목은 4가지 항목만 명시되어 있어 전 항목이 아닌 일부 항목에 대한 시험성적서를 제출할 경우 인정되지 못한다"는 통지를 하였다. 원고는 2020. 9. 초순경 공인시험기관인 G에 2000년판 KEPIC EEG-1000 규격에 따른 시험을 의뢰하였고, 이후 위 시험기관으로부터 '환수형(E)의 경우 8개 시험항목 중 방폭시험과 비말방지시험은 적용하지 않는 것으로 되어 시험결과는 약 30일이면 가능하다.'는 답변을 듣게 되었다. 이후 원고는 2020. 10. 16. 피고에게 2000년판 KEPICEEG-1000 규격에 따른, 위 2개 항목을 제외한 6개 항목에 관한 시험성적서를 제출하였다. 피고는 2020. 10. 28. 원고에게 '2005년판 KEPIC EEG-1000 규격에 따른 시험항목 11개 중 과충전수명, 내부저항, 부동충전, 방폭성능, 비말방지성능, 용량보전성능의 항목에 관한 시험성적서가 제출되지 않았으므로 2020. 11. 11.까지 제출을 완료할 것을 요청하며, 만약 기한 내 제출이 완료되지 않을 경우 계약을 해제한다.'는 통지를 하였다. 이에 대하여 원고가 2020. 11. 10. 이의신청을 하였고, 피고는 2020. 11. 24. 재차 '2020. 12. 4.까지 미제출항목에 관한 시험성적서 제출이 가능한지 회신이 없으면 계약을 해제한다'는 통지를 하였다.

원고는 2020. 12. 2. 피고에게 '시험항목을 8개에서 11개로 번복하고 그중 최대 360일 이상 소요되는 시험성적서를 제출하라는 것은 납품기일 내에 이행할 수 없는 요구조건으로서 부당하다.'는 의견을 밝혔다. 그러나 피고는 2020. 12. 11. 원고에게 '물품구매계약 일반조건 제29조(계약상대자의 책임 있는 사유로 인한 계약의 해제 또는 해지) 제1항 제1호의 해제사유에 해당하므로 이 사건 계약을 해제하고, 계약보증금을 납부하라'는 통지를 하였다.”

이에 피고는 2021. 12. 17. '원고는 시험성적서를 제출하지 못하였을 뿐만 아니라 납품기한 내 계약된 규격과 같은 물품의 납품을 완료하지 못하는 등 정당한 이유 없이 계약을 이행하지 않았다'는 이유로 공공기관의 운영에 관한 법률 제39조 제2항, 공기업·준정부기관 계약사무규칙 제15조, 국가를 당사자로 하는 계약에 관한 법률 시행령 제76조 제2항 제2호 가목 국가를 당사자로 하는 계약에 관한 법률 시행규칙(이하 '국가계약법 시행규칙'이라고 한다) 제76조 [별표 2] 개별기준 제13호 가목에 근거하여 원고에게 2021. 12. 28.부터 2022. 6. 27.까지 6개월간 부정당업자 제재처분(이 사건 처분)을 하였다.

이에 원고는 피고가 시험성적서에 관한 요건을 2000년판 KEPIC EEG-1000규격의 8개 항목에서 2005년판 KEPIC EEG-1000규격의 11개 항목으로 번복하여 시험성적서 일부를 제출하지 못한 것일뿐, 피고가 2020. 8. 25. 원고에게 통지한 대로 8가지 항목에 대한 시험성적서를 제출[그중 2개 항목인 방폭시험과 비말방지시험은 공인시험기관인 한국기계전기전자시험연구원에서 2000년판 KEPIC EEG-1000규격에 따른 환수형(E)의 경우 8개 시험항목을 적용하지 않은 것이라고 하여 제출하지 못한 것]하였고, 시험성적서 미제출에 원고의 잘못이 없다고 하고 원고는 이 사건 축전지의 납품을 거부하거나 완료하지 못한 사실이 없다고 주장하였다.

법원은 “다음과 같은 사정들, 즉 ① 이 사건 입찰공고의 구매규격서상 시험항목으로 '외형 및 치수(10시간 용량), 구조, 만충전, 내부저항, 자기방전, 밀폐반응, 방폭성능, 진동시험, 충방전 수명, 최대방전, 비말방지성능'의 11개 항목이 포함되어 있고, 이 사건 입찰공고 당시 구매규격서상 시험기준이 KEPIC EEG-1000으로 게시된 점, ② 이 사건 입찰공고에는 '규격서에 인정시험항목이 있는 품목은 납품 전 검사시 공인시험기관의 인정시험성적서를 제출해야 하며, 미제출시 당사 물품구매(제조)계약 일반조건 제29조에 의거 계약이 해지될 수 있다'고 기재되어 있고, 자재구매조건의 '계약특수조건' 항목에도 '계약시 제조사 공급확약서 및 공인기관 인정시험성적서 제출'이 기재되어 있는 점, ③ 원고는 이 사건 입찰공고의 내용을 숙지하고 이 사건 입찰에 참여하였을 것으로 보이는 점, ④ 피고가 2020. 8. 25. 원고에게 이 사건 입찰공고와 달리 '8가지 항목에 대한 시험성적서를 제출하라'는 취지의 통지를 하기도 하였으므로, 원고는 피고가 위 통지 이후 11개 항목으로 시험성적서를 제출하라고 번복하여 통지한 것에 대하여 이의를 제기할 수 있다 하더라도, 그것만으로는 원고가 '8가지 항목에 대한 시험성적서'를 제출하지 못할 이유가 될 수는 없는 점(원고는 8가지 항목 중 6가지 항목의 시험성적서만을 제출하였다) ④ 2000년판 KEPIC EEG-1000규격과 2005년판 KEPIC EEG-1000규격이 있는 경우 신판을 적용하는 것이 거래관념에 부합하고, 원고가 2000년판 KEPIC EEG-1000규격에 따른 시험을 의뢰하면서 구판을 적용하여야 할 특별한 사정이나 피고의 조건에 부합하는지 명확하게 확인하였다고 볼 자료가 없음에도, 원고가 2000년판 KEPIC EEG-1000규격에 따른 시험을 의뢰하여 방폭시험과 비말 방지시험이 적용되지 않은 시험성적서를 제출한 것은 원고의 과실로 보이는 점 등을 고려하여 보면, 원고가 시험성적서 일부를 제출하지 못한 것은 이 사건 계약을 이행하지 못한 것에 해당하고, 계약을 이행하지 못한 것에 정당한 이유가 있다고 보기 어렵다. 이러한 계약 불이행은 공정한 경쟁이나 계약의 적정한 이행을 해치는 것이라 보아야 함이 상당하므로, 이 사건 처분의 처분사유가 인정된다"고 하고, 원고의 이 부분 주장은 이유 없다고 기각하였다.

다. 평가

최근 계약불이행에 따른 입찰참가자격제한 사례가 많은 것만 보아도 여전히 계약불이행에 대한 제재가 횡행하고 있고, 업체 입장으로는 코로나 상황, 우크라이나 전쟁 상황 등 각종의 사정으로 업체에게 책임을 돌릴 수 없는 계약불이행 사유로 생각되는 사유가 증가하고 있다는 점을 확인할 수 있다. 또 한편으로는 정부조달시장에 처음 진입하는 업체가 계약이행에 임하는 자세와 수준에 대하여는 한 번 더 주의사항과 고려요소들에 대한 정보전달이 필요하다고 본다.

업체로서는 무엇보다도 계약불이행에 정당한 사유가 있음을 주장하고 있다. 그러나 업체가 제시하는 정당한 이유에 대한 주장과 논거가 충분하지 못하여 이러한 주장이 받아들여진 사례는 찾아보기 어려웠다. 하지만 최근 코로나-19 상황을 근거로 한 계약불이행의 정당한 사유는 대단히 설득력 있는 것이므로 그에 합당한 사유과 근거를 제시해 보는 것이 적절한 대안이 될 수 있을 것이다.

 4 **직접생산의무 위반**

가. 중소기업의 직접생산 의무

조달청 나라장터에서 거래되는 물품의 70% 이상이 중소기업제품이다. 중소기업제품 구매촉진 및 판로지원에 관한 법률에 따른 중소기업제품 혹은 중소기업자간 경쟁제품으로서 기본이 되는 소위 중소기업의 직접생산은 중소기업 지원을 위한 중요한 전제조건이다. 그래서 중소기업의 직접생산 의무위반은 실무에서 대단히 중요한 입찰참가자격제한 사유이다.

하지만 직접생산의무를 위반하는 조달시장 참여자를 엄격히 제재하여야 하는 이유는 충분하지만 실제 직접생산의무 위반 사유로 각종 제재를 받게 되는 기업의 입장을 들어보면 제도의 취지에는 공감하나 운영에 대단히 문제가 많다는 느낌을 지울 수가 없다. 다행히 2022년부터 중소기업벤처부가 실무의 현안문제를 개선하기 위하여 직접생산확인증명서의 발급기관과 직접생산확인 취소 및 신청 제한 업무를 중소기업중앙회에서 중소기업유통센터, 실태조사원 등으로 변경한 것은 적절한 것으로 보인다. 다만, 직접생산위반에 대한 조달청 등의 각 발주기관이 직접생산의무 위반에 대한 입찰참가제한 처분을 광범위하게 함으로써 중소기업간 경쟁제품 혹은 중소기업 장려정책이 행정실무능력이 부족한 중소기업의 작은 실수임에도 직접생산의무위반에 따른 입참참가제재를 받게 될 수 있다는 부분에 대한 주의는 필요하다.

나. 최근 하급심의 직접생산 의무위반 사례

1) 중소기업이 다른 업체로부터 구입하여 납품

이 사건[9]의 사실관계에 따르면, "원고 주식회사 A(이하 '원고 회사')는 조경자재, 조경시설물, 섬유제품(식생매트, 기타 플라스틱포대) 제조업 등을 영위하는 회사이고, 원고 B는 원고 회사의 대표이사이다. 원고 회사는 2018. 7. 26. 피고 조달청과 사이에 2018. 7. 27.부터 2021. 7. 26.까지 보행매트를 공급하기로 하는 다수공급자계약을 체결하였다. 이 사건 계약서에는 '국가를 당사자로 하는 계약에 관한 법률 시행령 제76조 제1항 제2호에 따라 하청생산, 타사제품 납품 등 직접생산조건을 위반하여 계약을 이행하는 경우에는 부정당업자 입찰참가자격 제한처분을 받을 수 있다.'는 내용이 포함되어 있다.

관세청은 '보행매트의 원자재인 로프로 수입신고를 한 후 실제로는 매트를 수입하여 국산 제품인 것처럼 공공기관에 납품하고 있다.'는 제보를 받고 피고에게 합동조사를 요청하였다. 피고와 관세청은 보행매트 조달업체의 통관자료, 수입실적 등을 분석하여 위와 같은 내용의 허위 수입신고 사실이 적발된 'C'와 로프 거래내역이 있는 D 주식회사(이하 'D')로부터 로프 구입내역이 있는 원고 회사를 대상으로 2019. 9. 4.부터 2019. 9. 5.까지 직접생산 여부 조사(이하 '이 사건 조사')를 실시하였다.

피고는, 원고 회사가 아래 '직접생산위반 납품 건'에 대하여 이 사건 계약을 이행하면서 D로부터 타사의 수입완제품을 구입 후 납품하여 직접생산조건을 위반하였다는 이유로, 구 국가를 당사자로 하는 계약에 관한 법률(2021. 1. 5. 법률 제17816호로 개정되기 전의 것, 이하 '구 국가계약법') 제27조 제1항 제4호, 제8호, 구 국가를 당사자로 하는 계약에 관한 법률 시행령(2021. 7. 6. 대통령령 제31864호로 개정되기 전의 것, 이하 '구 국가계약법 시행령') 제76조 제1항 제2호 가목, 제2항 제1호, 구 국가를 당사

---

9) 대법원 2022. 8. 18. 선고 2022두43375 판결(입찰참가자격제한처분취소, 심리불속행기각); 서울고등법원 2022. 5. 10. 선고 2021누60788 판결(항소기각); 서울행정법원 2021. 9. 3. 선고 2020구합86903 판결.

자로 하는 계약에 관한 법률 시행규칙(2017. 9. 17. 기획재정부령 제751호로 개정되기 전의 것, 이하 '구 국가계약법 시행규칙') 제76조 관련 [별표 2] 제2항 제6호 나목, 제16호 다목에 근거하여 2020. 11. 26. 원고들에 대하여 12개월간 입찰참가자격을 제한하는 처분을 하였다."

이에 원고는 피고는 원고들에 대한 '부정당업자제재 통보서'에 근거 법령을 잘못 기재하고, 관세청 합동조사를 받은 적이 없는데도 관세청 합동조사 실시 결과 직접생산위반을 확인하였다고 허위 기재하여, 행정절차법 제23조 제1항에 의한 처분의 근거와 이유제시 의무를 위반하였다고 주장하고, 원고 회사는 로프 원자재를 구입하여 자신의 생산시설 및 생산인력을 활용하여 보행매트를 직접 생산하였으므로, 이 사건 처분은 그 처분사유가 인정되지 않는다고 주장하였다. 피고가 문제 삼고 있는 보행매트는 원고 회사가 구매회사가 다른 업체로부터 매입한 로프를 구매하여 반자동식 기계설비로 직접 생산한 것이라고 주장하였다.

이에 대해 법원은 피고는 원고 회사의 직접생산위반 사실이 있는지 여부를 조사하고, 이 사건 확인서의 내용을 비롯한 이 사건 조사결과 및 원고 회사가 이 사건 계약 체결 당시 피고에게 제출한 보행매트 규격서의 제조 공정에 관한 내용과 현장에 납품된 제품의 직조 형태 등을 확인하여 그 구체적인 위반내역을 확정하였다는 점과 피고가 제출한 증거들에 의하여 인정되는 위와 같은 사정을 종합하면 보면, 이 사건 납품내역에 관한 원고 회사의 직접생산위반 행위가 인정된다고 판시하였다.

또한 원고들은 이 사건 납품내역에 관한 보행매트를 생산하는 동안 '자동직조기' 뿐만 아니라 '반자동직조기'를 같이 사용하였고 반자동직조기로 생산한 보행매트는 육안상 수입완제품 보행매트와 유사한 직조 형태를 보인다고 주장하나, 이러한 주장은 원고 회사가 이 사건 계약 과정에서 스스로 작성하여 제출한 제조 공정 관련 내용에 부합하지 아니하므로 그대로 믿기 어렵다고 판단하였다. 이처럼 원고 회사가 직접생산의무를 위반하여 수입완제품인 보행매트를 직접생산한 물품인 것처럼 납품한 행위는 기술력이 있는 국내 제조업체가 공공기관에 납품할 수 있는 기회를 박탈하고 공공조달의 공정성을 침해하는 행위이므로, 실제로 납품된 물품의 성능이나 품질과 무관하게 그 자체로 부정한 행위로 국가에 손해를 끼친 경우에 해당하고, 계약서에 명시된 계약의 주요조건을 위반한 경우에도 해당한다고 판시하였다.

2) 일부 공정의 외주와 직접생산 위반

이 사건[10]의 사실관계에 의하면, 원고는 변압기, 개폐기 등 전기장치를 제조·판매하는 회사로서 천안시 서북구 B에 본점을, 나주시 C에 지점을 두고 있다. 원고는 D조합, E조합의 각 조합원으로서 위 각 조합이 피고와 변압기 및 개폐기에 관한 물품구매계약을 체결하면 원고는 다른 조합원들과 동등한 비율로 물량을 배분받는데, 물량을 배분받기 위해서는 피고가 제정한 '지방중소기업 특별지원지역 입주기업 직접생산 확인기준(이하 '이 사건 기준이라' 한다)'에 따른 직접생산 확인을 받아야 한다. D조합과 E조합은 2020. 9.경부터 2021. 5.경까지 약 19회에 걸쳐 피고와 변압기 및 개폐기 납품계약을 체결하고, 원고의 나주공장에 지역제한 물량을 각 배정하였다. 피고는 2021. 5. 18.부터 2021. 7. 5.까지 4회에 걸쳐 원고의 나주공장을 방문하여 직접생산 여부를 조사하였고, 그 결과 변압기의 경우 권선, 조립 등 필수공정을 나주공장에서 수행하지 않고 완제품, 반제품(중신)을 외부에서 가공한 후 납품하고, 개폐기의 경우에도 완제품을 외부에서 가공한 후 납품한 사실을 적발하였다.

피고는 2021. 7. 21. 원고가 변압기 반제품(중신), 개폐기 완제품을 외부에서 가공한 후 납품하였다는 이유로 원고에 대하여 직접생산 확인 취소 및 계약해지를 통보하였다. 피고는 2021. 9. 6. 원고가 계약상 주요조건인 중소기업 특별지원지역 직접생산준수를 위반하였다는 이유로 원고에게 제재기간 3개월의 입찰참가자격을 제한하는 처분을 하였다.

이에 원고는 ① 변압기의 설계, 가공(다만, 외함제작은 외주 가능), 권선, 조립, 시험의 필수공정과 ② 개폐기의 설계, 몰딩, 조립, 시험의 필수공정을 원고의 나주공장에서 보유한 설비와 인력으로 각 직접 수행하였는바, 이 사건 처분은 그 처분사유인 이

---

10) 광주지방법원 2022. 7. 21. 선고 2021구합13551 판결(입찰참가자격제한처분취소).

사건 직접생산 위반사실은 존재하지 아니하여 위법하다고 주장하였다.

이에 대해 법원은 중소기업은 개폐기의 경우 생산설비로서 가스절연 관련 Clean Room, TIG 용접기, 가스진공 충진장치, LEAK METER, 수밀성 시험지그(가공용 가스절연인 경우), 폴리머, 에폭시절연 관련 성형기 또는 내전압시험기, 필수 검수설비가 포함되며, 위 생산설비는 임차보유를 인정하지 않고, 생산공정의 경우 '설계 → (몰딩) → 조립(부싱, 조작부, 외함 등 조립) → 시험' 공정이 전체공정이자 필수공정이라고 하였다. 위와 같은 직접생산 확인 규정은 지방중소기업 특별지원지역에 입주하여 위 지역에서 공장과 설비를 갖추고 인력을 고용하여 생산하는 중소기업에 지원과 혜택을 주려는 데 그 목적이 있다고 하고 ㉠ 피고의 4회에 걸친 원고 나주공장에 대한 현장조사 당시 이 사건 변압기에 대한 권선 및 조립(철심, 중신) 작업이 없었던 점, ㉡ 개폐기의 경우 완제품 상태로 보관되어 있었던 점, ㉢ 원고의 작업일지에 의하면 2021. 5. 18. 당일 권선작업을 위해 작업자 2명의 작업실적이 기록되어 있으나, 같은 날 이루어진 현장조사 당시 권선작업 사실을 확인하지 못하였는바, 원고의 작업일지가 허위로 작성된 것으로 보이는 점, ㉣ 나아가 변압기의 권선작업을 위해 고용된 권선작업자 2명의 고용·산재보험 취득일은 2021. 6. 1.인바, 그 이전에는 권선작업이 있었다고 보기 어려운 점 등 원고가 변압기 및 개폐기에 대하여 직접생산 의무를 위반한 사실을 인정하였다. 이에 따라 이 사건 기준 제22조 제2항 제3호에 규정된 직접생산 확인 취소사유 중 '피고와 납품 계약을 체결한 후 부당한 방법으로 직접 생산하지 아니한 제품을 납품한 경우'에 해당하고, 국가를 당사자로 하는 계약에 관한 법률 시행령 제76조 제2항 제2호 가목에서 정한 '계약의 주요조건을 위반한 자'에 해당하여 부정당업자 입찰참가자격 제한 대상이 된다고 판시하였다.

다. 평가

중소기업에게 직접생산 확인서 발급 및 직접생산 취소(정지) 권한은 조달청이 아니고 중소벤처기업부 소관사항이다. 중소벤처기업부는 중소기업중앙회로 일원화하였던 직접생산 확인 업무를 중소기업유통센터로 이원화하였다.

조달청에 불공정조달의 조사 기능이 신설되면서 직접생산 위반 업체가 획기적으로 증가하고 있다. 규격위반에 중점을 두는 조달청으로서는 직접생산하겠다는 최초 규격 등록과 다르게 생산하여 납품하는 모든 납품을 직접생산위반으로 의율하게 된다.

하지만 직접생산이라는 제도의 취지에는 부합하지 않은 규격위반 사례들이 있으므로 구체적 사례에서는 제도의 취지와 납품위반의 경중 등을 견주어 볼 필요가 있다. 이와 함께 생산조합 등은 업계의 상황과 생산기반의 발전 속도에 부합하지 않는 규격들에 대한 변경노력들도 병행하여야 한다.

실무에서는 직접생산 위반이 주로 경쟁업체의 제보로 문제가 되는 경우가 대부분이다. 일부 업체의 경우는 등록업체가 정부조달법규에 입각한 직접생산의 범위와 내용을 충분히 숙지하지 못하고 있는 경우도 없지 않다. 직접생산 여부는 중소기업에게는 대단히 중요한 선결조건이므로 이에 대하여는 종합적이고 체계적으로 검토하는 것이 필요하다.

 5 입찰담합에 따른 부정당제재

가. 입찰담합 행위

경쟁입찰, 계약 체결 또는 이행 과정에서 입찰자 또는 계약상대자 간에 서로 상의하여 미리 입찰가격, 수주 물량 또는 계약의 내용 등을 협정하였거나 특정인의 낙찰 또는 납품대상자 선정을 위하여 담합한 경우 담합을 주도하였는지 혹은 주도하여 낙찰을 받았는지 등에 따라 제재기간의 기준이 상이하다. 부정당업자의 입찰 참가자격 제한기준에서는 '담합을 주도한 자'와 '단순 가담자'를 구별하여 그 제재기간을 달리 규정하고 있는데, 이는 '담합을 주도한 자'가 '단순 가담자'보다 입찰의 공정성 및 계약의 적정성을 해할 위험성이 더 크기 때문이다.

국가계약법상 입찰참가자격 제한처분이 국가를 당사자로 하는 '개별' 계약에 관한 경쟁입찰의 공정한 집행 등을 보호법익으로 삼고 있고, 동일한 입찰자들 사이에서도 수회의 입찰절차에서 그 주도행위가 서로 다른 양상으로 나타날 수 있어 개별 입찰절차마다 양상을 따질 필요성이 인정되므로, 국가계약법 시행규칙상 '담합을 주도한 자'를 판단할 때에는 수회의 전체적인 입찰담합을 통틀어 판단할 것이 아니라 개별 입찰절차별로 판단해야 한다. 이와 같은 해석은 국가계약법상 입찰참가자격 제한처분 제도의 취지를 참작하여 '주도'라는 문언적 의미 내에서 이루어지는 것이어서, 입찰참가자격 제한처분의 상대방에게 특별히 불리한 유추해석이나 확장해석에 해당한다고 볼 수 없다.

또한 국가계약법 시행규칙상 제재기준은 담합에 참가한 자 중 담합을 주도한 자와 단순 담합자 사이에 차등을 둘 뿐 아니라 담합을 주도한 자 사이에서도 낙찰을 받은 자와 그렇지 않은 자를 구별하고 있는 반면에, 단순 담합자에 대해서는 낙찰을 받았는지 여부를 기준으로 제재기준을 달리하고 있지는 않다. 이는 통상적으로 낙찰을 받은 자가 단순 담합자에 해당하는 경우를 상정하기 어렵다는 점을 고려한 결과로 보인다. 이러한 관점에서 법원[11]은 담합에 의하여 낙찰을 받은 경우 해당 업체가 반드시 담합을 주도하였다고 볼 수는 없다고 하더라도 낙찰을 받지 아니한 다른 업체에 비하여 해당 입찰에 관한 담합을 주도하였다고 판단될 가능성은 높다고 보고 있다. 이 사건에서 "원고와 ○○○○의 담합행위가 1회에 그치기는 하였으나, ① 앞서 본 바와 같이 담합의 주도 여부는 개별 입찰별로 판단하여야 하고, 단 1회의 입찰담합으로 인한 낙찰의 경우에도 원칙적으로 2년의 입찰참가자격 제한이 가능한 점, ② ○○○○과의 담합을 통하여 원고는 2건의 계약을 낙찰받았고, 그 계약금액 합계액도 17억 원을 넘는 점, ③ 원고와 ○○○○이 더 이상의 담합을 하지 못한 것은 다른 업체들이 스마트 급전제어장치 제조·구매 입찰에 참여함으로써 자연스럽게 경쟁입찰 분위기가 조성되는 등 외부적인 사정에 따른 것으로 보이는 점 등을 고려해 볼 때, 피고가 위와 같은 사정을 처분의 감경요소로 고려하지 않은 것이 현저히 부당하다고 평가할 수도 없다고 제1심판결을 취소하고, 원고의 청구를 기각하였다.

---

11) 대전고등법원 2022. 8. 19. 선고 2021누13764 판결(입찰참가자격제한처분취소, 원고패); 대전지방법원 2021. 11. 24. 선고 2020구합106724 판결(입찰참가자격제한처분취소, 원고승).

여기서 '주도하다'의 의미는 통상적으로 '어떤 일을 주동적인 처지에서 이끈다' 는 것인데, 특정 업체가 입찰에서 투찰가격의 범위를 제시하거나 낙찰자를 예정하는 등 경쟁입찰의 공정성을 해치는 구체적인 내용을 주도적으로 제시하여 관련자의 참여나 동조를 이끌어 냈다면, 위 업체는 담합의 성립·유지·실행 과정에서 주도적·핵심적인 역할을 수행한 것으로 볼 수 있다고 한다.[12] 또한 하급심 판례[13]에서 '입찰에서 투찰가격의 범위를 제시하거나 낙찰자를 예정하는 등으로 경쟁을 제한하거나 배제하는 구체적인 내용을 주도적으로 제시하여 관련자의 참여나 동조를 이끌어 내는 자'를 의미하고, 이에 해당하는지 여부는 입찰담합이 사업자단체 내지 모임에서 합의한 전체적인 계획에 따라 같은 방법으로 반복적으로 실행되었더라도 개별 입찰 별로 판단하여야 하되, 입찰담합의 전체적인 계획을 마련하는 데 참여한 경위나 역할도 고려할 수 있다고 보는 것이 합리적이라고 보고 있다.

여타 다른 담합 사건을 살펴보면, 법원이 입찰담합을 정당화할 만한 객관적인 사유에 대해 매우 엄격하게 판단하고 있는 사례가 많다.[14]

---

12) 대법원 2010. 3. 11. 선고 2008두15169 판결 등 참조.

13) 서울행정법원 2022. 7. 8. 선고 2021구합51324 판결(원고일부승).

14) 그 외에도 '공정한 경쟁이나 계약의 적정한 이행을 해칠 것이 명백하다고 판단되는 법인'에 해당하는지 여부와 관련하여 최근 판례로는 대전지방법원 2022. 7. 21. 선고 2021구합101993 판결(법원은 이 사건 담합행위는 2015년부터 2018년까지의 장기간에 걸쳐서 조직적으로 이 사건 각 입찰마다 이루어졌고, 그 담합 횟수도 8회에 이른다고 인정한 다음 원고가 이 사건 각 입찰에서 ○○○○와 함께 낙찰예정자와 투찰가격을 합의한 것은 시장경제질서의 근간인 공정한 경쟁과 계약의 적정을 해치는 행위로서 국가계약법령에서 규율하고 있는 전형적인 담합행위에 해당하고, 원고가 주장하는 이 사건 장치에 대한 시장의 특수성을 감안하더라도 달리 볼 수 없다고 판시), 인천지방법원 2022. 7. 8. 선고 2021구합55283 판결[(입찰참가자격제한처분취소)(이 사건 연구용역을 자신들이 수행할 목적으로 단독 입찰 참가에 따른 유찰 방지를 위하여, 대학 산학협력단의 연구책임자에게 들러리로 1차 입찰에 참가할 것을 요청하였고, 이에 따라 다른 대학 산학협력단과 ○○○ 연구소 등의 공동수급체, 대학 산학협력단 등이 입찰에 참가하였는데, 입찰 참가자들이 모두 적격심사 점수 미달로 인하여 탈락함에 따라 1차 입찰은 유찰되었다. 이에 피고는 2018. 5. 9. 다시 이 사건 연구용역 수행자를 선정하기 위한 입찰(이하 '이 사건 입찰'이라 한다)을 공고하였다. 원고의 연구책임자에게 들러리로 이 사건 입찰에 참가할 것을 요청하였고, 전화로 원고가 입찰에 참가할 가격(11억 5,000만 원)을 알려주었고, 원고의 직원으로 하여금 알려준 위 가격으로 입찰에 참

1) 들러리 업체로 내세우고 입찰 담당자 등과 공모

이 사건[15]의 사실관계에 따르면, 백신구매입찰과 관련하여 원고는 다른 도매상을 들러리로 참여시킨 범행 등과 제약사의 들러리로 참여한 범행으로 관련 형사사건에서 확정된 범죄사실에 근거하여 피고는 국가를 당사자로 하는 계약에 관한 법률 제27조 제1항 제2호, 같은 법 시행규칙 제76조 [별표2] 제4호 다목에 따라 원고들이 관련 입찰에서 '입찰자 또는 계약상대자 간에 서로 상의하여 미리 입찰가격, 수주 물량 또는 계약의 내용 등을 협정하거나 특정인의 낙찰 또는 납품대상자 선정을 위하여 담합한 자'에 해당한다는 이유로 2021. 1. 7. 원고들에게 6개월의 입찰참가자격제한처분을 하였다.

이에 원고는 입찰 등 원고 회사가 참여한 입찰은 실질적인 경쟁이 있었는바 1순위 업체가 공급확약서를 받지 못하여 원고 회사가 계약을 체결한 것일 뿐 입찰의 공정을 해하거나 담합한 것이 아니고, 들러리로 참여한 입찰의 경우 원고 회사는 업체의 요구로 인하여 어쩔 수 없이 들러리로 참여한 것에 불과하여, 처분사유가 인정되지 아니하므로, 이 사건 처분은 위법하여 취소되어야 한다고 주장하였다.

이에 1심 법원[16]은 관련 형사사건에서, 관련 입찰 역시 원고 회사가 들러리 업체

가하도록 하였다(이 사건 담합행위). 이 사건 담합행위는 이 사건 연구용역을 자신들이 수행할 목적으로 단독 입찰 참가에 따른 유찰 방지를 위하여 원고의 입찰금액을 정해주고 원고로 하여금 이 사건 입찰에 참가하도록 한 것으로, 공정한 자유경쟁을 통한 적정한 가격형성을 목적으로 하는 입찰 제도를 무력화하는 것이어서 공정한 경쟁을 해치는 행위에 해당한다(국가계약법 제27조 제1항 제2호가 정하는 '경쟁입찰, 계약 체결 과정에서 입찰자 간에 서로 상의하여 미리 입찰가격을 협정하고 특정인의 낙찰을 위하여 담합'한 행위에도 해당한다). 이 사건 담합행위 결과, 실제로 대학 산학협력단과 OOO연구소 등의 공동수급체가 이 사건 연구용역을 낙찰 받게 되어 그 목적을 달성하였고, 공정거래위원회는 이 사건 담합행위가 공정거래법이 금지하는 부당하게 경쟁을 제한하는 행위에 해당한다고 판단하여 원고에 대하여 시정조치 및 과징금 처분을 하였는바, 그 의무위반의 정도 및 결과도 중하다고 판시)] 참조.

15) 서울고등법원 2022. 8. 16. 선고 2021누78000 판결; 서울행정법원 2021. 12. 9. 선고 2021 구합51461 판결.
16) 서울행정법원 2021. 12. 9. 선고 2021구합51461 판결.

로 내세우고 입찰 담당자 등과 공모하여 위계 기타의 방법으로 인플루엔자 백신 입찰의 공정을 해한 사실이 확정되었는바, 이 사건에서 원고들의 위 입찰담합을 정당화할 만한 객관적인 사유를 인정할 근거나 자료를 찾아볼 수 없다고 하고, 이에 '경쟁입찰 과정에서 입찰자 간에 서로 상의하여 미리 입찰가격, 수주 물량 또는 계약의 내용 등을 협정하였거나 특정인의 낙찰 또는 납품대상자 선정을 위하여 담합한 자'에 해당하며, 원고 회사가 참여한 다수의 입찰이 실제로는 수요기관과 발주기관에서 경쟁입찰 방식 대신 수의계약을 채택할 수 있었다고 할지라도, 그러한 사정만으로 원고들의 입찰담합이 정당화된다고 보기 어렵다고 판시하였다. 이에 따라 원고들의 입찰담합 행위는 국가예방접종사업에 사용되는 백신 입찰절차의 공정을 해하는 것인바, 부정당업자의 입찰참가자격 제한사유에 해당한다고 판시하였다.

항소심에서도 원고는 백신(vaccine) 시장은 처음부터 경쟁이 존재하지 않아 경쟁입찰을 실시하는 것이 사실상 불가능한 구조적인 문제가 있는바, 원고들이 해당 경쟁입찰에 직접 들러리를 서거나 다른 업체를 들러리로 서도록 하였더라도, 경쟁을 제한하는 효과가 발생하지 않기 때문에 원고들은 입찰의 공정을 해하거나 담합한 것이 아니고, 이 사건 처분은 지나치게 가혹하다고 주장하였으나 항소법원은 '경쟁제한성'[17]이나 '입찰의 공정을 해할 것'은 이 사건 처분의 처분사유가 아닐뿐더러, 이 사건과 같이 조직적·지속적 담합이 있을 경우, 특정한 경쟁 입찰에 참여하여 백신 시장에 새로 진입하고자 마음먹었던 신규업체를 좌절하게 함으로써, 백신시장의 잠재적인 경쟁을 저해하고 진입장벽을 높여 기존의 시장구조를 더 공고히 만드는 효과가 있으므로, 원고들의 담합행위가 경쟁을 제한하지 않는다거나 입찰의 공정을 해하는 것이 아니라고 보기도 어렵다고 1심의 결론과 같이 판시하였다.

---

17) 대법원이 심리불속행기각으로 확정한 서울고등법원 2021. 1. 29. 선고 2020누49784 판결 참조.

2) 다른 입찰참가자들과 서로 상의하여 미리 입찰가격 및 낙찰예정업체, 낙찰 물량 및 배분방식 등에 관하여 협의

이 사건[18]의 사실관계에 따르면 원고가 이 사건 입찰 중 총 78건의 입찰에 참가하여 14건의 낙찰을 받고 64건의 입찰에 들러리 업체로 참가하였다고 인정하였고, 이를 바탕으로 원고에게 이 사건 담합행위를 이유로 구 국가를 당사자로 하는 계약에 관한 법률 제27조 제1항, 구 국가를 당사자로 하는 계약에 관한 법률 시행령 제76조 제1항 제7호 및 제2항, 구 국가를 당사자로 하는 계약에 관한 법률 시행규칙 제76조 제1항, [별표 2] 제9호 다목에 따라 6개월의 입찰참가자격 제한처분을 하였다.

이에 법원은 원고가 다수공급자계약 2단계 경쟁입찰의 특성상 이미 단가가 정해져 있음에도 다시 출혈경쟁을 해야 하고, 단가가 일정 금액 이상인 경우에는 일정한 할인율을 적용받아 사실상 이윤이 없으므로, 원고 등 10개 업체는 업계 전체의 공멸을 방지하기 위해 최소 단가를 협의한 것일 뿐이지 담합을 한 것이 아니라고 하였으나 원고는 이 사건 담합행위에 참가하면서 다른 입찰참가자들과 서로 상의하여 미리 입찰가격 및 낙찰예정업체, 낙찰물량 및 배분방식 등에 관하여 협의함으로써 실질적으로는 단독입찰인 것을 들러리를 세우거나 입찰자들끼리 특정한 입찰자로 하여금 낙찰받게 하는 방식으로 담합한 것으로 볼 수 있다고 판시하였다.

3) 담합에 대한 제재기간 산정

이 사건[19]의 사실관계에 따르면 원고 회사를 포함한 5개 대기업은 2014년경 ○○사 발주 ○○구매입찰에서 사전에 모임을 갖고 공동수급체를 구성하여 번갈아 주관사를 맡으면서 해당 주관사가 중소기업을 들러리로 섭외하기로 합의하였고, 구매입찰에서 사전에 주기적인 영업담당자 모임을 갖고 사전에 낙찰예정자, 들러리 입찰자 및 투찰가격을 합의한 사건에서 "피고는 이 사건 각 입찰에서 낙찰받거나 다른 사업

---

18) 대전고등법원 2022. 7. 22. 선고 2021누13825 판결; 대전지방법원 2021. 12. 15. 선고 2020구합105622 판결.

19) 서울행정법원 2022. 7. 8. 선고 2021구합51324 판결(입찰참가자격제한처분취소, 일부인용).

자의 낙찰을 돕기 위해 담합하였다는 사유로(이 사건 담합행위) 구 국가를 당사자로 하는 계약에 관한 법률(2016. 3. 2. 법률 제14038호로 개정되기 전의 것, 이하 "구 국가계약법"이라 한다) 제27조 제1항 등에 근거하여 22월 19일(2021. 1. 1. ~ 2022. 11. 19.)의 입찰참가자격 제한처분을(이하 "원고 회사에 대한 제1처분"이라 한다), 구 지방자치단체를 당사자로 하는 계약에 관한 법률(2018. 12. 24. 법률 제16042호로 개정되기 전의 것, 이하 '구 지방계약법'이라 한다) 제31조 제1항 등에 근거하여 2년(2021. 1. 1. ~ 2022. 12. 31.)의 입찰참가자격 제한처분(이하 "원고 회사에 대한 제2처분"이라 한다)을 하였다.

이에 원고는 이 사건 각 입찰에서 다른 사업자들이 결정한 내용을 수동적으로 수용하였을 뿐 다른 사업자들을 설득·종용하거나 거부하기 어렵도록 회유한 적이 없음에도 원고 회사가 담합을 주도하였음을 전제로 제재기간이 산정되었다고 주장하면서, 발주자의 요청으로 불가피하게 입찰에 참여한 경우도 다수 있고, 이 사건 담합행위를 모두 인정하고 공정거래위원회 조사과정에서 자진신고를 하였으며, 한정된 기간 동안 적은 횟수의 담합행위가 있었을 뿐이어서 원고 회사가 취득한 이익이나 시장에 미친 효과가 크지 않은 등 감경사유가 존재함에도 피고는 제재기간을 정함에 있어 이를 반영하지 않았다고 하고 제1처분은 재량권을 일탈·남용하여 위법하다고 주장하였다.

원고 회사는 담합을 주도한 적이 없음에도 담합을 주도하였음을 전제로 제재기간이 산정되었고, 다른 대기업들과 담합에 관여한 정도가 같음에도 피고는 다른 회사에 대해서는 1년, 또 다른 회사에 대해서는 6월의 입찰참가자격 제한기간을 정한 것과 달리 원고 회사에게 2년의 입찰참가자격 제한기간을 정하였으므로 평등원칙을 위반하였으며, 원고 회사에 대해 다수의 감경사유가 존재함에도 피고는 제재기간을 정함에 있어 이를 반영하지 않았다고 주장하였다. 또한 제2처분도 제1처분과 같이 원고 회사가 기존의 6개월의 입찰참가자격 제한을 받은 선행처분을 고려하여 제재기간을 일부 감축하여야 함에도 이를 하지 않았다고 주장하였다.

이에 대해 법원은 제1처분은 구 국가계약법 시행규칙 제76조 제1항 [별표 2] 제9호 가목에서 정한 제재기준에 부합하며 위 기준이 헌법 또는 법률에 합치되지 않는다거나 이를 적용한 결과가 현저히 부당하다고 인정할 만한 사정을 찾을 수 없다고 판단하였다. 즉 원고 회사의 이 사건 담합행위는 비교적 장기간에 걸쳐 반복적으로 이루어졌고, 원고 회사가 단독 내지 공동으로 낙찰받은 입찰 건의 계약금액도 상당히 크다. 여기에 대기업과 중소기업이 서로의 이익을 위하여 상호 협력하는 과정에서 이루어진 2014년 담합행위와 달리 2016년 담합행위의 경우 원고 회사를 포함한 5개 대기업이 자신들만의 이익을 추구하기 위해 합의에 가담한 점을 아울러 고려하면, 원고 회사에 대한 비난가능성이 상당히 크다고 판시하였다.

또한 다른 사업자들은 지방계약법이 적용되는 입찰에서 담합을 주도하였으나 결과적으로 낙찰받지 못하였거나, 단순히 들러리로만 참여한 점에서 원고 회사와 다른 사업자들 간 지방계약법상 입찰참가자격 제한처분의 기간이 달리 정해진 것에 합리적 이유가 있으므로 평등원칙을 위반하였다고 인정하기 어렵다고 하였지만 피고가 제재기간을 정함에 있어 재량권을 불행사하였는지 여부와 관련하여 원고의 주장을 일부 인용하였다.

구 지방계약법 시행규칙 제76조 제4항은 임의적 감경규정이므로, 감경사유가 존재하더라도 행정청이 감경사유까지 고려하고도 자격제한기간을 감경하지 않은 채 [별표 2]의 해당 호에서 정한 상한으로 입찰참가자격 제한처분을 한 경우에는 이를 위법하다고 단정할 수는 없으나, 감경사유가 있음에도 이를 전혀 고려하지 않았거나 감경사유에 해당하지 않는다고 오인하여 자격제한기간을 감경하지 아니하였다면 이는 재량권 불행사로서 그 자체로 재량권 일탈·남용으로 해당 처분을 취소하여야 할 위법사유가 된다(대법원 2019. 12. 27. 선고 2017두48307 판결의 취지 참조)고 전제한 다음, ① 원고 회사가 한 지방계약법이 적용되는 입찰에 관한 담합행위는 2건으로 비교적 횟수가 적은 점, ② 원고 회사는 중소기업자간 경쟁제품으로 지정되어 있어 중소기업들이 대부분의 물량을 공급하는 공공부문 입찰 중 일부 제한된 물량에 대해서만 입찰에 참가할 수 있었으므로 위와 같은 담합행위가 공공부문 공급시장에 미치는 영향은 크지 않아 보이는 점, ③ 원고 회사가 위 담합행위를 통해 낙찰받은 계약금액은 107,694,400원으로, 원고 회사의 매출액(2016년도 약 5,425억 원)에서 차지하는 비중이 극히 낮은바 위 각 담합을 통해 원고 회사가 취득한 경제적 이익이 미미한 것으로 보이는 점을 종합하면, 원고 회사의 위와 같은 담합행위에 관하여는 입찰참가자격 제한기간의 감경 여부를 결정함에 있어 참작하여야 할 고려요소들이 다수 있으므로, 피고로서는 이를 충분히 고려하여 입찰참가자격 제한기간의 경감에 관한 재량권을 적법하게 행사하였어야 함에도, 이를 전혀 감안하지 아니한 채 기준의 상한을 적용하여 제2처분을 한바, 위 처분에는 재량권 불행사로서 재량권을 일탈·남용한 위법이 있다고 볼 수 있다고 하였다.

선행처분에 관한 원고 회사의 별건 담합행위와 지방계약법이 적용되는 각 입찰에 관한 담합행위는 구 지방계약법 시행규칙 제76조 제1항 [별표 2] 제9호에 해당하고 그 제재기간은 최대 2년을 초과할 수 없다. 그런데 피고는 원고 회사에 대한 선행처분에서 입찰참가자격 제한기간을 2020. 11. 20.부터 2021. 5. 19.까지 6개월로, 제2처분에서 입찰참가자격 제한기간을 2021. 1. 1.부터 2022. 12. 31.까지 2년으로 정하였는데, 이에 따라 이 사건 선행처분과 제2처분의 제재기간을 합산하는 경우 중복되는 기간을 제외하더라도 제재기간의 상한인 2년을 초과하게 된다(2020. 11. 20. ~ 2022. 12. 31.)고 하여 제2처분은 구 지방계약법 시행규칙 제76조 제3항에 위반하여 평등원칙이나 신뢰보호의 원칙에 어긋나 재량권을 일탈·남용한 위법도 있다고 판시하였다.

4) 입찰담합행위의 동기·내용 등의 감경요소를 고려하지 않은 재량권 일탈·남용 인정

이 사건[20]의 사실관계에 따르면 원고는 제철, 강관 등의 생산 및 판매사업을 영위하는 회사로서 2015. 7. 1. ○○○○를 흡수합병하였다. 피고는 '공공기관의 운영에 관한 법률'(이하 '공공기관운영법'이라 한다)에서 정한 공기업으로서 액화천연가스(LNG)를 수입한 후 이를 기화하여 발전소 등지에 공급하거나 일반도시가스회사에

---

20) 대구지방법원 2020. 8. 27. 선고 2019구합26402 판결에서 원고의 청구가 인용되었고, 피고의 항소는 대구고등법원 2021. 5. 21. 선고 2020누3817 판결(항소기각)로 확정.

공급하는 사업을 수행한다. 원고의 입찰담합행위 및 공정거래위원회의 의결, 2003. 1.경부터 2013. 12.경까지 피고가 발주한 총 37건의 강관 구매입찰(이하 '이 사건 강관 구매입찰'이라 한다)에서 가격경쟁을 회피하고 물량을 안정적으로 확보하고자 낙찰 예정사, 투찰가격, 유찰 여부, 물량 배분 등을 사전 합의하였다(이하 '이 사건 입찰담합 행위'라 한다).

피고는 원고가 '담합을 주도하여 낙찰을 받은 자'에 해당한다고 보아 2018. 3. 7. 원고에 대하여 입찰담합행위와 관련하여 제재기간 2년(2018. 3. 12. ~ 2020. 3. 11.) 의 입찰참가자격 제한 처분을 하였다(이하 '종전 처분'이라 한다). 원고는 종전 처분에 불복하여 대구지방법원에 종전 처분의 취소를 구하는 소송을 제기하였고, 위 법원은 2019. 8. 14. 종전 처분이 제척기간이 경과하였음이 역수상 명백한 2003. 1.경부터 2011. 3. 7.까지의 입찰담합행위에 대하여도 처분의 사유로 삼았다는 이유로 종전 처 분을 취소하는 판결을 선고하였고, 위 판결은 2019. 9. 4. 확정되었다.

피고는 2019. 12. 12. 계약심의위원회를 개최하였고, 계약심의위원회는 제척기 간이 경과하지 않은 2013. 1. 22.부터 2013. 12. 30.까지의 입찰담합행위에 대하여 원고에 대하여 '담합을 주도하여 낙찰을 받은 자'로서 종전 처분에서 제재를 받았던 기간을 제외한 2년의 입찰참가자격 제한처분을 의결하였다. 피고는 2019. 12. 18. 원고에 대하여 2013. 1. 22.부터 2013. 12. 30.까지의 입찰담합행위와 관련하여 '담합을 주도하여 낙찰을 받은 자'라는 이유로 2년의 제재기간 중 종전 처분에서 이 미 진행된 11일을 제외한 719일(2019. 12. 23.부터 2021. 12. 11.까지)의 입찰참가자 격 제한처분을 하였다(이 사건 처분).

이에 원고는 ○○○○는 이 사건 입찰담합행위를 주도하지 않았으므로 2년의 제 재기간은 적용될 수 없다고 주장하였고, 피고는 이 사건 입찰담합행위의 동기·내용, 원고의 합병 경위 등의 감경요소를 전혀 고려하지 않았으므로 비례·평등의 원칙을 위 반하여 재량권을 일탈·남용하였다고 주장하였다.

이에 대해 법원은 종전 처분에서 제재를 받았던 기간을 제외한 2년의 입찰참가자 격 제한처분은 비례의 원칙에 반하여 재량권을 일탈·남용한 것으로 위법하여 취소되어야 한다고 하였다. 즉 "① 강관 제조시장은 발주처인 피고가 독점적 수요처라는 특징을 가지고 있어 이 사건 입찰담합행위로 인한 피고의 피해규모나 원고의 부당이득이 크다고 보기 어렵고, ○○○가 원재료를 독점적으로 공급하며, 원고 등 6개 회사들과 ○○○와의 거래관계, 시장상황 등에 비추어 볼 때, 원고 등 6개 회사들이 ○○○로부터 납품받을 수 있는 물량이 사실상 제한되어 특정업체가 단독으로 피고의 물량을 소화할 수 없었던 것으로 보인다. 피고도 위와 같은 강관 제조시장의 현실을 고려해 낙찰사의 물량 외주를 허용하였던 것으로 보이고, 다만 2013년 강관 구매입찰부터는 낙찰사(계약사) 외 외주 생산을 전면 금지하도록 방침을 변경하였다. ② 공정거래위원회도 이 사건 입찰담합행위에 대한 과징금 산정에 있어서 '매우 중대한 위반행위'로서 최대 10%의 부과기준율을 적용할 수 있음에도 관련 시장 현황, 위반 행위의 전후 사정, 부당이득 취득 여부 등의 사정들을 고려하여 그 산정기준을 이보다 낮은 '중대한 위반행위'에 해당하는 것으로 보아 6%의 감경된 부과기준율을 적용하였다 (이와는 별도로 원고가 공정거래위원회의 조사에 적극 협력한 점을 감안하여 20%를 추가 감경하였다). ③ 이 사건 처분은 총 37회의 종전 처분 대상행위에서 제척기간이 경과한 별지1 기재 순번 1 내지 31 행위를 제외하여 그 대상행위가 2013년도 6회에 불과하게 되었음에도, 종전 처분과 비교하여 제재기간이 "2년(다만, 기 집행된 11일 제외)"으로 동일하고, 그 수위도 입찰제한기간의 상한에 해당한다. ④ 이 사건 처분으로 합병 전 ○○○○가 영위한 강관 사업부문 외에 원고의 다른 강관 사업부문도 피해를 입게 되므로, 원고로서는 합병 전 ○○○○가 받았어야 할 피해와 비교했을 때 추가적인 피해를 입은 것으로 볼 수 있다. 이 사건에서 원고와 ○○○○의 합병이 이 사건 처분의 효과를 회피하고자 의도된 것이라는 점을 인정할 증거가 없다. 따라서 이 사건 처분에서 합병으로 인한 추가적인 피해효과를 고려할 필요가 있다고 할 것인데, 피고는 이에 관하여 아무런 고려를 하지 않은 것으로 보인다."

나. 평가

입찰담합은 공공계약에서 가장 중요시 되는 경쟁의 원칙을 위반하는 중요한 법률 위반행위이다. 그러나 입찰담합의 여부를 주로 심사하게 되는 공정거래위원회가 부정당제재 또한 제재조치의 하나임에도 부정당제재는 선택하지 않고 과징금처분과 시정조치만을 부과하여 종결하였음에도 과징금부과처분 사유를 확인한 조달청이나 중소벤처기업부가 다시 같은 사유로 부정당제재를 개시하는 것이 실무의 다수례이다. 제재를 당하는 업체로서는 기관을 달리하여 같은 사유로 이중 삼중의 제재를 받는다는 느낌을 가지지 않을 수 없는 것으로 보인다. 이에 대한 각 기관의 업무정리가 필요해 보인다.

6 무단 하도급

가. 불법하도급 조사를 통한 제재 처분

이 사건[21]의 사실관계는 다음과 같다.

"피고는 2019. 12. 30. B 시설공사(이하 '이 사건 공사'라고 한다)의 입찰을 공고하였고 2020. 1. 21. 원고와 이 사건 공사에 관한 도급계약(이하 '이 사건 계약'이라 한다)을 체결하였다. 피고는 2020. 8. 26. 원고가 이 사건 공사를 다른 업체에게 일괄 하도급하여, 회사 장부에 자재납품 및 유지보수 건으로 위장하여 세금계산서를 발행하였고, 이 사건 공사 현장에서 근무하는 인원들이 다른 업체의 직원 등이라는 민원을 받고, 2020. 10. 9.부터 2021. 3. 19.까지 원고의 불법 하도급 여부에 대한 조사(이 사건 조사)를 실시하였는데, 피고는 원고의 불법 하도급 여부에 대한 이 사건 조사결과, ① 이 사건 공사의 시공책임자와 현장소장, 작업자 일부가 원고가 아닌 주식회사 C(이

---

21) 광주지방법원 2022. 8. 11. 선고 2021구합14653 판결(부정당업자 입찰참가자격제한처분 취소, 원고패).

하 'C'라고 한다)의 소속이었고, ② 이 사건 공사에 투입된 원고측 근로자 총 10명의 임금을 C가 지급하였으며, ③ 원고가 피고로부터 지급받은 이 사건 공사의 1차 기성금의 약 70% 상당을 C에게 지급하고, ④ 자재비 및 노무비를 자재납품 및 유지보수 내역으로 위장하여 세금계산서를 발급받는 등 원고가 피고의 승인 없이 C에게 이 사건 공사의 전부 또는 일부를 실질적으로 무단 하도급하였다고 판단하였다.

피고는 2021. 8.경 원고가 피고의 승인 없이 C에게 이 사건 공사의 전부 또는 일부를 실질적으로 무단 하도급하였다는 이유로 원고에 대하여 계약의 주요조건 위반으로 인한 부정당업자 제제처분에 대한 사전통지 및 청문절차를 실시한 후, 2021. 10. 29. 협력업체 상벌위원회를 거쳐, 2021. 11. 8. 아래와 같이 원고에 대하여 불법 하도급으로 인한 계약의 주요조건 위반을 원인으로 한 6개월의 부정당업자 입찰참가자격 제한처분(이하 '이 사건 처분'이라 한다)을 하였다."

이에 "원고는 과거 피고와 공사계약을 체결하여 수행해본 적이 없었기 때문에, 피고로부터 수차례 공사를 수급하여 진행한 C로부터 이 사건 공사에 필요한 근로자들을 소개받고, 자재와 장비를 공급받는 등 이 사건 공사와 관련한 여러 도움을 받았을 뿐, 이 사건 공사를 원고가 실제로 주도하였는바, C에게 이 사건 공사를 하도급하지 아니하였다. 특히 이 사건 공사에 투입된 근로자들과 관련하여 C로부터 근로자들을 소개받아 고용하였으나, 4대 보험 가입과 관련한 문제로 인하여 C에게 인건비 명목으로 돈을 지급한 후 C로부터 '통신설비 유지보수 외'라는 품목으로 세금계산서를 발행받아 C가 근로자들에게 인건비를 지급하였을 뿐인바, 원고는 C를 통하여 이 사건 근로자들을 사실상 직접 고용하였다. 따라서 이 사건 처분은 그 처분사유가 존재하지 아니한 하자가 있어 위법하다."고 주장하였다.

그러나, 이에 대해 법원은 "① 이 사건 공사의 현장소장이었던 D와 원고가 이 사건 공사에 투입하였던 작업자 중 E, F는 이 사건 공사의 전부 또는 일부 기간 동안 원고가 아닌 C의 소속이었던 사실, ② 이 사건 공사에 투입된 원고측 근로자인 현장소장 D와 10명의 작업자 전원 총 11명에 대한 임금을 원고가 아닌 C가 전액 지급한 사실, ③ 원고는 2020. 6. 24. 피고로부터 이 사건 공사의 1차 기성금 240,363,465

원(부가가치세 포함, 이하 같다. 기성률 93.34%)을 지급받아, 그중 약 66%에 해당하는 158,983,660원을 자재비 및 노무비 명목으로 C에게 지급한 사실, ④ 원고는 당시 이 사건 공사의 하도급 등과 관련하여 피고로부터 어떠한 승인도 받지 아니하였던 사실에 의하면, 원고는 이 사건 처분사유와 같이 피고의 승인 없이 C에게 이 사건 공사의 전부 또는 일부를 실질적으로 무단 하도급하였음을 충분히 인정할 수 있고, 달리 원고가 제출한 증거들만으로는 위 인정을 뒤집기 부족한바, 이와 다른 전제에 선 원고의 이 부분 주장은 이유 없다."고 판단하였다.

나. 하도급 승인 시점에 따른 무단하도급 여부 판단

이 사건[22]의 사실관계에 따르면 "피고는 가스를 장기적으로 안정공급할 수 있는 기반을 마련함으로써 국민생활의 편익을 증진하고 공공복리의 향상에 기여함을 목적으로 설립된 공기업이고, 원고는 가스설비 유지보수, 개보수 공사업 등을 사업 목적으로 하는 피고의 자회사이다. 피고는 2020. 6. 3. 'A' 사업(이하 '이 사건 사업'이라 한다)의 입찰을 공고하였고, 원고가 이 사건 사업의 입찰에 참가하여 수주한 뒤 2020. 6. 23. 피고와 이 사건 사업에 관한 도급 계약(이하 '이 사건 도급 계약'이라 한다)을 체결하였다.

피고는 2020. 11. 4. 원고에 대한 관리·감독의 일환으로 원고의 하도급 이행실태 점검을 하였는데, 그 과정에서 원고가 이 사건 사업 중 일부에 관하여 하도급 계약을 체결하였음에도 승인신청을 하지 않은 것을 발견하였다. 이에 따라 피고는 그중 「구 건설기술 진흥법」(2021. 3. 16. 법률 제17939호로 개정되기 전의 것, 이하 같다)의 적용대상으로 판단한 6개의 미승인 하도급 업체들로부터 하도급 이행실태 점검표를 제출받았는데, 원고는 피고의 지적에 따라 2020. 11. 5.과 2020. 11. 10. 피고에게 이 사건 각 하도급 업체를 포함하여 8개 하도급 업체와 관련된 하도급 계약 승인을 신청하였고, 피고가 2020. 11. 16. 이를 모두 승인하였다.

---

22) 대법원 2022.12. 1. 선고 2022두52409 판결.

그 후 피고는 2021. 1. 26. 원고에게, 발주자의 승인 없이 하도급 하였음을 제재 사유로 하여 「공공기관의 운영에 관한 법률」(이하 '공공기관운영법'이라 한다) 제39조, 「공기업·준정부기관 계약사무규칙」(이하 '계약사무규칙'이라 한다) 제15조, 「국가를 당사자로 하는 계약에 관한 법률」(이하 '국가계약법'이라 한다) 제27조, 구 「국가를 당사자로 하는 계약에 관한 법률 시행령」(2021. 7. 6. 대통령령 제31864호로 개정되기 전의 것, 이하 '구 국가계약법 시행령'이라 한다) 제76조 및 구 「국가를 당사자로 하는 계약에 관한 법률 시행규칙」(2021. 7. 6. 기획재정부령 제859호로 개정되기 전의 것, 이하 '구 국가계약법 시행규칙'이라 한다) 제76조에 따라 원고를 부정당업자로 지정하고, 국가 및 공공기관 등의 입찰참가자격을 3개월(2021. 2. 2.부터 2021. 5. 1.까지) 제한하는 처분(이하 '이 사건 처분'이라 한다)을 하였다."

이에 원고는 국가계약법 제27조 제1항 제3호에서 말하는 발주관서의 승인 없이 하도급을 한 자는 아래의 이유에서 보는 바와 같이 하도급계약 전에 승인을 받지 못한 자로 해석할 수는 없고, 원고는 하도급계약 이후이기는 하지만 승인을 받았으므로, 발주관서의 승인 없이 하도급을 한 자에 해당하지 않는다고 주장하고, 설령 원고가 하도급계약 이전에 승인을 신청하여야 했더라도, 피고가 원고의 하도급계약을 모두 승인하였으므로, 신청행위의 하자는 피고의 하도급 승인으로 모두 치유되었다고 주장하였다. 또한 피고는 원고의 신청에 하자가 있었다면 건설기술용역 하도급 관리지침 제10조에 따라 원고에게 변경요구를 하였어야 한다고 하고, 그럼에도 피고가 이러한 시정 요구를 하지 않은 채 원고가 사전승인을 받지 않은 것을 탓하는 것은 자기모순이고, 신뢰보호원칙을 위반하는 것이라고 주장하였다.

이에 대해 1심 법원은, "주식회사 B의 용역기술자가 2020. 9. 3.부터, 주식회사 D의 용역기술자가 2020. 9. 15.부터, F 주식회사의 용역기술자가 2020. 9. 28.부터, H 주식회사의 용역기술자가 2020. 10. 7.부터, 사단법인 J의 용역기술자가 2020. 10. 16.부터, 주식회사 L의 용역기술자가 2020. 10. 28.부터 하도급 업무에 배치된 것으로 업무배치표에 기재된 사실, 그 하도급 승인은 그 후인 2020. 11. 16.에 있었던 사실은 앞서 본 바와 같다. 그러나 하도급 업무가 실제로 시작하였다고 인정하기 위해서는 단순히 하도급 업체의 직원이 업무배치표상으로 하도급 업무에 배치되었다는 것만으로는 부족하고, 배치된 직원이 실제로 하도급된 업무의 시행 내지 과업의 수행을 시작하였음이 확인되어야 한다. 그런데 앞서 본 사실만으로는 이러한 하도급 업무의 실제 시행을 인정하기에 부족하고, 달리 이를 인정할 증거가 없다. 따라서 원고가 발주관서의 승인 없이 하도급을 한 자에 해당한다고 볼 수 없으므로, 이를 지적하는 원고의 주장은 이유 있다."고 판시하였다.

또한, 피고는 원고가 승인신청을 하지 않은 채 하도급계약을 체결하였다는 사실만으로 곧바로 위 관계 법령을 위반한 것이라는 잘못된 전제에서 이 사건 처분을 하였다. 공공기관의 운영에 관한 법률 제39조 제2항에서 공정한 경쟁이나 계약의 적정한 이행을 해치 것이 명백하다고 판단되는 법인에 대하여 입찰참가자격을 제한할 수 있다고 규정하고 있는데, 원고가 승인이 있기 전 하도급업무를 실제로 시작하였는지가 확인되지 않는 이상 하도급계약이 승인 전에 체결되었다는 사실만으로 처분 당시 공정한 경쟁이나 계약의 적정한 이행을 해칠 것이 명백하게 증명되었다고 보기도 어려워, 이 사건 처분은 이 점에서도 그 처분사유가 인정된다고 보기 어렵다."고 판단하였다.[23]

이에 반해 항소심[24]은, "구 「건설기술 진흥법」 제35조 제4항에서 '발주청의 승인을 받아 그 일부를 하도급을 할 수 있다.'고 규정하고 있고, 국가계약법 제27조 제1항 제3호에서 '발주관서의 승인 없이 하도급을 한 자'를 부정당업자로 규정하고 있는 등 위 규정의 문언에 비추어 볼 때, '승인'은 '하도급을 하기 전'에 받아야 한다고 해석하는 것이 자연스럽다. 이때 '하도급을 하기 전'의 의미에 관하여 살펴보면, ① 구 「건설기술 진흥법」 제35조 제4항이 하도급 계약을 체결하기 전에 승인을 받아야 한다고는 명시하고 있지 않은 점, ② 구 「건설기술 진흥법」 제31조 제2항 제2호 역시 '발주청의 승인을 받지 아니하고 하도급을 한 경우 영업정지를 명할 수 있다.'고 규정하고 있을 뿐, 승인을 받지 아니하고 하도급 계약을 체결한 경우라고 규정하고 있지는 않은

---

23) 서울행정법원 2021. 9. 10. 선고 2021구합52709 판결(원고승).
24) 서울고등법원 2022. 7. 21. 선고 2021누62739 판결(입찰참가자격제한처분취소, 원고패).

점, ③ 구「건설기술 진흥법」제35조 제5항의 위임에 따른 구「건설기술 진흥법 시행규칙」제31조 제1항은 하도급 계약 승인신청서 양식을 별지 제32호로 마련하고 있는데, 위 서식에는 하도급 계약을 맺으면서 '지급하기로 계약한 금액'을 기재하여야 하는 것으로 되어 있는 점 등을 고려할 때, 원고가 반드시 이 사건 각 하도급 계약을 체결하기 전에 피고로부터 승인을 받아야 한다기보다는 늦어도 이 사건 각 하도급 업체가 하도급 업무에 착수할 때까지는 승인을 받아야 한다고 봄이 타당하다(이에 대하여 피고는, 실제 하도급 업무를 시작하기 전에 발주관서의 승인을 받는 것으로 해석하면 계약 체결 후 발주관서의 승인을 받지 못할 경우 이미 체결된 하도급 계약이 취소되거나 무효로 되는 결과가 발생하여 법률관계의 안정을 해치고, 하도급 업체의 지위를 위태롭게 할 수 있다고 주장하나, 하도급 계약 체결 이후 승인을 받지 못하더라도 실제 하도급 업무에 착수하기 전에 승인 여부가 결정됨으로써 하도급 업체가 입는 피해가 그리 크다고 보기 어렵다)고 판시하였다.

앞서 본 것처럼 하도급 이행실태 점검표에 B의 책임기술자가 2020. 9. 3.부터, D의 책임기술자가 2020. 9. 15.부터, F의 책임기술자가 2020. 9. 28.부터, H의 책임기술자가 2020. 10. 7.부터, J의 책임기술자가 2020. 10. 16.부터, L의 용역기술자가 2020. 10. 28.부터 각 하도급 업무에 배치된 것으로 기재되어 있고, 이 사건 각 과업수행계획서상 이 사건 각 하도급 업체는 이 사건 각 하도급 계약 체결일부터 과업수행에 착수하기로 되어 있는데, 원고는 이 사건 각 하도급 업체의 책임기술자가 배치되고 과업기간이 시작된 후에야 비로소 하도급 승인을 신청하여 2020. 11. 16. 피고로부터 승인을 받았다.

이처럼 이 사건 각 하도급 계약 체결일에 이 사건 각 하도급 업체의 용역책임기술자가 설계 업무를 하기 위하여 배치되었고, 과업기간도 그때부터 시작되는 이상, 실제 하도급 업무가 하도급 이행실태 점검표 및 이 사건 각 과업수행계획서에 기재된 날과 다른 날에 시작되었다고 볼 만한 특별한 사정이 없다면 이 사건 각 하도급 업체는 하도급 이행실태 점검표에 기재된 업무 배치일 내지 이 사건 과업수행계획서에 기재된 과업수행 개시일에 하도급 업무를 시작하였다고 봄이 타당하다고 판시하였다.

이에 대하여 원고는 하도급 이행실태 점검표에 기재된 배치기간과 이 사건 각 과업수행계획서에 기재된 과업수행기간은 예정공정으로 사전 계획에 불과하고, 그 성격상 계약기간과 일치할 수밖에 없으므로, 위 기간의 기산점에 하도급 업무를 시작한 것으로 볼 수 없으며, 이 사건 각 하도급 업체가 실제 하도급 업무를 언제 시작하였는지는 확인되지 않는다는 취지로 주장하였는데, 법원은 하도급 이행실태 점검표는 이 사건 각 하도급 계약 체결 이후 피고가 원고의 하도급 이행실태를 점검하는 과정에서 이 사건 각 하도급 업체로부터 제출받은 것으로 그 증거가치가 높고, 이 사건 각 과업수행계획서도 이 사건 각 하도급 업체가 하도급 업무를 수행하기 위하여 작성한 것으로 신빙성이 있는 점 등을 고려하면, 하도급 이행실태 점검표에 기재된 배치기간이나 이 사건 각 과업수행계획서에 기재된 과업수행기간의 기산점에 하도급 업무가 시작되었다고 충분히 추단할 수 있다고 하고 원고는 위 기간의 기산점과 다른 날에 하도급 업무가 시작되었다거나 피고로부터 승인을 받을 때까지 하도급 업무에 착수하지 않았다는 점에 관하여 아무런 객관적인 자료를 제출하지 아니한 채 다른 하도급 업체가 작성한 과업수행계획서를 증거로 제출하고 있으나, 위 증거만으로 이 사건 각 하도급 업체가 관행상 계약기간과 과업수행기간을 동일하게 기재하면서 실제 과업수행은 그 이후에 착수하였다고 인정하기 어렵다고 판단하면서 이 사건 각 하도급 업체는 원고가 피고로부터 하도급 행위를 승인받기 이전에 하도급 업무를 시작하였다고 봄이 타당하다."고 판시하였다.[25]

다. 평가

"발주관서의 승인 없이 하도급을 한 자"를 하도급 계약 체결 전에 승인을 받지 못한 자로 해석할 수 없다는 데에는 다수가 동의하고 있다. 그러므로 무단하도급은 실질적으로 하도급 업무개시 시점을 기준으로 발주관서의 승인 여부를 기준으로 판단하여야 할 것이다.

그러나 이 기준도 승인되는 과정에서 승인신청은 하였으나 발주기관의 업무해태

---

25) 이에 대하여 이 사건은 심리불속행기각되었다. 대법원 2022. 12. 1. 선고 2022두52409 판결.

로 승인 없는 상태로 불가피하게 하도급 업무가 개시가 된 경우는 어떠할지 등에 대한 새로운 의문이 꼬리를 문다. 원청이 모든 업무를 할 수 없거나 그렇게 하는 것이 효율을 떨어뜨리는 사업분야에서 필요불가결하게 하도급은 다양한 방식으로 전개된다. 모자회사 관계에서 발생한 무단하도급의 인정여부에 따른 부정당제재 처분의 취소와 인용을 다룬 서울행정법원 2021. 9. 10. 선고 2021구합52709 판결과 서울고등법원 2022. 7. 21. 선고 2021누62739 판결에서 많은 시사점을 발견할 수 있다.[26]

 7 ## 공정한 경쟁이나 계약의 적정한 이행을 해칠 것이 명백한 경우

공공기관운영법 제39조 제2항 중 '공정한 경쟁이나 계약의 적정한 이행을 해칠 것이 명백하다'의 해석과 관련하여 소위 명백성을 근거로 무단하도급을 한 사실을 인정하면서도 공공기관운영법상 "명백성" 요건 불비를 이유로 입찰참가자격제한처분을 취소한 사례를 제시한다.

가. 무단하도급에 따른 부정당제재 처분 취소

이 사건[27] 사실관계에 따르면 "원고는 엘리베이터 등의 설계, 제조, 설치, 유통 및 그에 대한 유지, 보수와 현대화 서비스의 제공 등을 목적으로 하는 법인이다. 피고는 구 공공기관의 운영에 관한 법률(2020. 3. 31. 법률 제17128호로 개정되기 전의 것, 이하 '구 공공기관운영법'이라 한다)에 따른 공공기관이다.

감사원은 2017년 피고에 대한 감사를 실시한 후 피고와 피고의 여러 사옥에 관하

---

26) 원심과 항소심 등에서 결론이 변경된 사례로는 대구지방법원 2021. 12. 8. 선고 2021구합22090 판결(원고승), 대구고등법원 2022. 7. 15. 선고 2022누2016 판결(입찰참가자격제한처분취소, 항소인용) 사건도 제시한다.

27) 전주지방법원 2022. 8. 11. 선고 2021구합460 판결(입찰참가자격제한처분 취소).

여 승강기 유지관리 용역계약을 체결한 원고 등이 구 승강기시설 안전관리법(2018.3. 37. 법률 제15526호 승강기 안전관리법으로 개정되기 것, 이하 '구 승강기법'이라 한다) 제11조의5를 위반하여 유지관리업무 중 자체점검 등의 업무를 피고의 서면동의 없이 제3자에게 하도급하였다는 이유로, 2017. 12.경 피고에 대하여 구 승강기법 제11조의5 규정을 위반한 원고 등 회사들에 대해 구 승강기법 제12조 제1항, 제26조 및 구 공공기관운영법 제39조 제2항의 규정에 따라 해당 시·도지사에게 승강기 유지관리업무 하도급 사실을 통보하여 등록취소 등 행정제재 처분을 하도록 하고, 입찰참가자격제한 및 고발조치 등 적정한 제재조치 방안을 마련하도록 통보하였다.

이에 피고는 원고에 대한 입찰참가자격 제한처분 사전통지 등의 절차를 거쳐 2021. 2. 26. 원고가 피고와 체결한 승강기 유지관리 용역계약을 이행함에 있어 피고의 사옥 승강기에 관한 유지관리용역을 하도급하여 관련 법령을 위반하였음을 이유로, 국가를 당사자로 하는 계약에 관한 법률(이하 '국가계약법'이라 한다) 제27조 제1항을 제재근거로 하여 원고에 대하여 2021. 3. 9.부터 2021. 6. 8.까지 3개월간 입찰참가자격 제한처분(이하 '이 사건 처분'이라 한다)을 하였다."

이에 원고는 구 공공기관운영법 제39조 제2항 및 그 위임을 받은 공기업·준정부기관의 계약사무규칙 제15조는 '공정한 경쟁이나 계약의 적정한 이행을 해칠 것이 명백한 경우'에 한하여 입찰참가자격 제한을 할 수 있도록 정하고 있는데, 원고는 공동수급 방식으로 위 업체들과 위 각 승강기 유지관리업무를 하였고, 피고도 이를 알고 용인하였으며, 원고가 철저한 검증을 거쳐 공동수급체 구성 업체들을 선정하고 승강기 유지관리 업무 관련 서비스 향상을 위해 노력하였으므로, 원고가 위 각 승강기 유지관리업무와 관련하여 경쟁의 공정한 집행이나 계약의 적정한 이행을 명백히 해쳤다고 할 수 없다고 하고, 이에 따라 이 사건 처분은 구 공공기관운영법 제39조 제2항에 따른 입찰참가제한 요건의 하나인 '명백성' 요건을 갖추지 못하였다고 주장하였다.

이에 대하여 법원[28]은, "피고는 이 사건 처분 당시 이 사건처분의 제재근거로 국가계약법 제27조를 명시하였는데, 피고는 구 공공기관운영법상의 공공기관이므로

---

[28] 전주지방법원 2022. 8. 11. 선고 2021구합460 판결(입찰참가자격제한처분 취소).

피고에 대해서는 구 공공기관운영법이 적용된다. 공공기관운영법 제39조 제2항은, 공기업·준정부기관이 공정한 경쟁이나 계약의 적정한 이행을 해칠 것이 명백하다고 판단되는 행위를 한 부정당업자를 향후 일정기간 입찰에서 배제하는 조항으로서, 공적 계약의 보호라는 일반예방적 목적을 달성함과 아울러 해당 부정당업자를 제재하기 위한 규정이다. 따라서 공공기관운영법 제39조 제2항에 따라 부정당업자에 대하여 입찰참가자격 제한 처분을 하려면 그 부정당행위 당시에 시행되던 법령에 의하여야 한다(대법원 2019. 2. 14. 선고 2016두33292 판결 등 참조)고 전제한 다음, 이 법리에 비추어 보면, 원고의 앞서 인정된 구 승강기법 제11조의5 위반행위에 대하여는 그 위반행위 당시 시행되던 구 공공기관운영법 제39조 제2항, 제3항 및 그 위임에 따른 공기업·준정부기관 계약사무규칙(2016. 9. 12. 기획재정부령 제571호로 개정되기 전의 것, 2014. 1.부터 2016. 9. 11.까지의 위반행위에 대하여) 내지 공기업·준정부기관 계약사무규칙(2016. 9. 12. 기획재정부령 제571호로 개정되어 같은 날부터 시행된 것, 2016. 9. 12.부터 2017. 12. 31.까지의 위반행위에 대하여)이 적용된다고 할 수 있고, 구 공공기관운영법 제39조 제2항과 그 위임에 따른 위 규칙은 '공정한 경쟁이나 계약의 적정한 이행을 해칠 것이 명백하다고 판단되는 경우' 내지 '공정한 경쟁이나 계약의 적정한 이행을 해칠 것이 명백한 경우'를 입찰참가자격 제한의 요건으로 규정하고 있다고 인정하였다.

구 공공기관운영법 제39조 제2항 중 '공정한 경쟁이나 계약의 적정한 이행을 해칠 것이 명백하다'는 것은 공기업·준정부기관의 계약당사자가 계약체결과 그 이행 과정에서 불공정한 행위를 하여 계약의 공정성과 적정성을 해치고 계약을 통해 달성하려는 목적을 해할 수 있는 자라는 것이 확실한 상태에 있는 것이다(헌법재판소 2017. 8. 31. 선고 2015헌바388 결정 등 참조)라고 전제하고, 다음과 같은 사정들에 비추어 보면, 피고가 제출한 증거들만으로는 원고가 구 공공기관운영법 제39조 제2항에서 정한 '공정한 경쟁이나 계약의 적정한 이행을 해칠 것이 명백한 경우'에 해당한다고 인정하기 부족하고 달리 이를 인정할 증거가 없다고 판단하였다. 즉 원고가 피고측과 위 각 승강기에 관한 유지보수계약을 체결하고서 앞서 인정된 구 승강기법 제11조의5 위반행위를 하였음은 위에서 본 바와 같으나, 원고가 구 승강기법 제11조의5를 위반하여 승강기의 유지관리업무를 하도급하였다는 사실 자체만으로 원고가 '공정한 경쟁이나 계약의 적정한 이행을 해칠 것이 명백하다'고 보기 어렵다고 판단하였다.

또한 원고가 위와 같이 하도급을 통해 위 각 승강기에 대한 유지보수 업무를 수행하는 동안 위 각 승강기 유지보수가 제대로 되지 않아 승강기의 안전이나 이용에 어떠한 문제가 있었다고 볼 만한 사정은 보이지 않아, 승강기시설의 안전성 확보와 승강기 이용자 보호라는 구 승강기법의 목적이 실질적으로 저해되었다거나, 원고가 피고측과 위 각 승강기에 관하여 체결한 위 각 유지보수계약에 따른 점검, 보수, 관리 등의 의무를 제대로 이행하지 못하였다고 보기 어렵다고 판단하였다.

아울러 원고는 승강기 유지관리에 필요한 능력을 갖춘 업체를 하도급업체를 선정하고, 하도급업체에 대하여 원고의 승강기 제품 유지보수 및 기종별 점검에 관한 정기기술교육 등을 지원하며 위 각 승강기 유지관리업무 서비스의 품질을 담보하기 위해 상당한 노력을 기울인 것으로 보인다고 판단하였다.

나. 평가

위 사안은 감사원의 감사와 수사기관의 수사까지 진행된 사건이었다. 부정당제재에서 명백성 요건이 일반원칙으로 인식되었다가 법규 개정으로 일정 사례에 대하여만 소위 명백성을 요건으로 하는 것으로 그 역할이 변경된 것으로 보기도 한다. 하지만 계약이행과 관련하여는 소위 '명백성'은 대단히 중요한 요소이고 이에 대한 부정당제재 처분의 집행이나 취소에 중요한 요소로 작용되도록 하는 것이 부정당제재 처분의 목적에 부합하는 것이라고 생각된다.

기술혁신 촉진 지원사업에의 참여 제한에 입찰참가자격제한 법리적용

가. 24년의 기술혁신 촉진 지원 협약사업 참여제한

이 사건[29] 사실관계에 따르면 원고는 2011년경부터 2015년경까지 사이에 중소기업청장(현 중소벤처기업부 장관)이 공고한 기술혁신사업에 참여하여 피고와 총 6개의 과제(이하 '이 사건 각 과제'라 한다)에 관한 중소기업 기술개발사업 협약을 체결하고, 이를 수행하면서 해당 과제별로 정부출연금을 지원받았다. 그런데 원고의 대표자 D는 이 사건 각 과제의 수행자로 선정된 것에 대한 대가로 담당 공무원에게 뇌물을 공여하였거나, 지원받은 정부출연금을 해당 과제를 위한 사용용도 외로 집행하였다는 등의 범죄사실로 유죄의 확정판결을 선고받았다. 이에 피고는 2019. 8. 20. 구 「중소기업 기술혁신 촉진법」(이하 '중소기업기술혁신법'이라 한다)(2012. 12. 11. 법률 제11538호로 개정되기 전의 것) 제31조 제1항, 제32조 제1항, 구 중소기업기술혁신법(2017. 3. 21. 법률 제14683호로 개정되기 전의 것) 제31조 제1항, 제32조 제1항에 따라 원고에 대하여 이 사건 각 과제별로 기술혁신촉진 지원사업에의 참여제한(총 제한기간 24년) 및 정부출연금환수 처분(이하 '이 사건 각 처분'이라 한다)을 하였다.

이에 원고는 뇌물을 공여하여 유죄 취지의 형사판결을 받은 사실은 있으나, 수뢰 공무원들이 중소기업청의 심의조정위원회와 평가위원회 등이 담당하는 이 사건 각 과제의 평가 및 선정에 영향을 미칠 수 없으므로, 이러한 선정과정에 비추어 보더라도 뇌물공여와 과제 선정 사이에 인과관계가 없다고 하여 처분사유의 부존재와 원고는 이 사건 각 과제에 선정될 자격이 충분했고, 이후 이 사건 각 과제의 결과에서도 성공 판정을 받았으며, 만약 피고가 이 사건 각 처분에 따라 이 사건 정부출연금 전액을 환수하고 24년 동안 원고의 국가연구개발사업 참여를 제한한다면 원고는 더 이상 회사

---

29) 대법원 2022. 7. 28. 선고 2022두31822 판결(환수금등취소처분).

운영하는 것이 사실상 불가능하게 된다고 하여, 그럼에도 피고는 이러한 제반사정을 고려하지 않고 관련 법령상의 최고 한도의 제재에 해당하는 이 사건 각 처분을 하였다는 점에서 이는 재량권을 일탈·남용하여 위법하다고 주장하였다.

이에 대해 원심[30]은 이 사건 각 처분에 관하여 적용될 제재처분기준을 규정한 중소기업기술혁신법 시행령 [별표2] 등의 내용, 「국가를 당사자로 하는 계약에 관한 법률」(이하 '국가계약법'이라 한다) 등에 따른 입찰참가자격제한처분에 관한 세부기준을 규정한 국가계약법 시행규칙 [별표2]에서 제한기간의 누적 합산을 허용하지 않은 취지, 행정기본법 등에서 제재처분의 제척기간을 둔 취지, 원고가 이 사건 각 처분으로 입게 될 불이익의 정도 등 그 판시와 같은 사정을 종합하면, 이 사건 각 처분은 재량권을 일탈·남용한 위법이 있어 취소되어야 한다고 판단하였다.

원심의 이유로는 구체적으로는 중소기업 기술혁신 촉진법과 국가계약법의 기본법적인 성격을 유사하게 파악하고 이를 입찰참가자격제한에도 그대로 해석하였다. 즉, 이 사건에 직접적으로 적용되는 중소기업 기술혁신 촉진법 및 하위 법령과 구 국가계약법령·공공기관의 운영에 관한 법률 및 하위 법령의 조문체계, 규정의 문언 및 그에 따른 의미의 유사성, 구 국가계약법의 기본법적인 성격 등을 종합하여 보면 구 국가계약법과 달리 중소기업 기술혁신 촉진법 위반에 따른 참여제한기간을 단순합산 해야 할 합리적 필요성 내지 정책적 이유가 있어 보이지 않는다고 하고 이 사건과 같이 여러 수행과제에 대하여 부정행위를 이유로 같은 시기에 참여제한 처분을 내리는 경우 그 근거 법령은 피고가 주장하는 구 중소기업 기술혁신 촉진법 시행령 제20조 제2항 별표2 1. 다항(둘 이상의 연구개발과제를 수행하던 중 하나의 연구개발과제로 인하여 제2호에 따라 참여제한을 받은 자에 대하여 다른 하나의 연구개발과제로 인하여 다시 참여제한을 하는 경우 그 참여제한 기간의 기산일은 진행 중인 참여제한 기간이 끝나는 날의 다음 날로 한다)이 아닌, 같은 법 시행령 제20조 제2항 별표2 2. 나. 4)항 및 구 중소기업기술개발 지원사업 운영요령 제30조 제1항(중소벤처기업부고시 제2019-13호) [별표 3] 3.

---

30) 대전지방법원 2020. 11. 19. 선고 2019구합106506 판결(원고청구 일부인용); 대전고등법원 2021. 12. 17. 선고 2020누13521 판결(원고청구 인용).

4)항(3회 이상 부정한 방법을 사용하여 과제 수행기관으로 선정된 경우 참여제한기간을 가중 합산하여 6년으로 정하고 있다)으로 보는 것이 적정하다고 하였다.

또한, 2021. 3. 23. 시행된 행정기본법 제23조는 제재처분의 제척기간(행정청은 법령 등의 위반행위가 종료된 날로부터 5년이 지나면 해당 위반행위에 대하여 제재처분을 할 수 없다) 규정을 두어 제재처분을 내릴 수 있는 기간을 제한하고 있다(다만 위 규정은 2023. 3. 23. 이후 발생하는 위반행위부터 적용된다). 한편 구 국가계약법 제27조 제4항 은 '각 중앙관서의 장은 부정행위 등이 종료된 때부터 5년이 지난 경우에는 입찰 참 가자격을 제한할 수 없다. 다만, 계약의 체결·이행과 관련하여 관계 공무원에게 뇌물 을 준 자에 대하여는 위반행위 종료일부터 7년으로 한다.'고 정하고 있다. 행정기본 법 및 구 국가계약법에서 정한 제척기간 규정이 이 사건 각 처분에 직접 적용되지는 않는다고 하더라도 앞서 인정사실에서 살핀 바와 같이 이 사건 일부 과제의 행위완료 일과 참여제한처분일 사이에 5년 이상의 시간적 간극이 벌어진 점은 부인할 수 없다. 더군다나 위 인정사실처럼 일부 과제에 대하여는 행정처분이 내려진 뒤 20여년이 지 난 다음에야 집행되는 것이 허용되는지도 불분명하다고 하였다.

그러나, 위와 같은 하급심의 판결 선고에 대하여 대법원의 견해는 달랐다.

대법원은 원고는 이 사건 각 처분에도 불구하고 이 사건 각 과제를 수행하여 얻은 성과물을 그대로 향유할 수 있고, 다만 향후 참여제한기간 동안 기술개발을 하는 데 에 있어 정부출연금을 지원받을 수 없게 되었을 뿐이며, 입찰참가를 제한받는 등으로 기존 사업을 영위하는 데에 제한이 있다고 보이지 않는데도 원심은, 그 판시와 같은 사정만으로 이 사건 각 처분에 재량권을 일탈·남용한 위법이 있어 취소되어야 한다 고 판단하였는데, 이러한 원심판결에는 제재적 행정처분에 있어 재량권의 일탈·남용 에 관한 법리를 오해하여 판결에 영향을 미친 위법이 있다고 판시하였다.

즉 "기술혁신 촉진 지원사업에 대한 참여제한은 기술혁신사업에 참여한 중소기 업자 등에 대하여 이들이 수행한 연구개발과제와 관련하여 일정한 사유가 발생하였 을 때 행하여지는 제재처분이므로, 연구개발과제별로 참여제한 처분을 할 수 있다고 하고, 구 중소기업기술혁신법 시행령(2013. 6. 11. 대통령령 제24586호로 개정되기 전의 것, 2013. 12. 30. 대통령령 제25043호로 개정되기 전의 것 및 2017. 9. 19. 대통령령 제28336호로 개정되기 전의 것) [별표2]는 '비고'란에서 "둘 이상의 참여제한 사유에 해당하는 경우에는 각 참여제한 기간을 합산하되, 합산한 기간은 5년을 초과할 수 없다."라고 규정하고 있는데, 위 규정은 하나의 연구개발과제에 복수의 참여제한사유가 있는 경우에 참여제한사유별 참여제한기간을 합산하되 최대 5년까지로 한다는 취지로 해석될 뿐이고, 복수의 연구개발과제에 각각의 참여제한사유가 있는 경우에까지 적용된다고 볼 수는 없다."고 문언적 해석을 한 다음, 비록 복수의 연구개발과제에 관한 참여제한처분을 동시에 함께 받는 경우에는 각 참여제한처분의 참여제한기간의 합산 기간이 최장 참여제한기간의 한도로 한정되지만 각기 다른 시기에 복수의 연구개발과제에 대한 참여제한처분을 받는 경우에는 위와 같은 제한 없이 각 참여제한처분별로 참여제한기간을 정하게 되어 최장 참여제한기간의 한도를 넘게 되는데, 이와 같은 결과는 같은 정도의 위법 내지 비위행위를 저지른 자에게 처분 시점이라는 우연한 사정에 따라 다른 법적 규율을 받게 하는 것으로서 형평의 원칙에 반하기 때문이라고 판시하였다.

또한 국가계약법 등에 의한 입찰참가자격제한은 국가 등이 사경제주체로서 계약상대방과 동등한 지위에서 체결한 사법상의 계약과 관련한 법 위반행위에 관한 처분인 점에서 국가 등이 상대방에게 반대급부 없이 연구개발비의 전부 또는 일부를 정부출연기금으로 지원하는 시혜적 조치의 영역인 중소기업기술혁신법 등에 의한 기술혁신 촉진 지원사업에 대한 참여제한과는 그 성격이 다르므로 입찰참가자격제한에 대하여 제한기간의 누적 합산을 허용하지 않는 취지가 참여제한에 대하여도 그대로 적용된다고 볼 수는 없다고 하였다. 중소기업기술혁신법 제10조에 따라 지급되는 출연금은 기술혁신을 촉진하고 기술혁신을 위한 기반을 조성하여 중소기업의 기술경쟁력을 강화하여 국가경제 발전에 이바지함을 목적으로 한정된 국가 예산의 범위 내에서 지급되는 것으로서, 별다른 반대급부 없이 주어지는 시혜적인 것이므로, 지급된 목적과 용도에 따라 적정하게 지출되도록 할 공익이 매우 중대하다고 전제한 다음, D는 2011년경부터 2015년경에 이르기까지 담당 공무원들에게 지속적으로 금품을 제공하였고, 이를 통하여 원고는 기술개발사업의 사업자로 선정되어 과제를 수행하였음은 물론 정부출연금을 지정된 기술개발사업 이외의 용도로 사용하였는바, 그 위법의 정도가 가볍지 아니하다고 하였다.

2021. 3. 23. 제정되어 2023. 3. 24. 시행예정인 「행정기본법」 제23조 제2항 제1호에 따르면, '거짓이나 그 밖의 부정한 방법으로 인허가를 받거나 신고를 한 경우'에는 5년의 제재처분 제척기간이 적용되지 않는데, D는 담당 공무원에게 뇌물을 제공하는 부정한 방법으로 이 사건 각 과제에 대한 협약을 체결하고 정부출연금을 지원받았다는 점 등을 논거로 들면서 원고는 이 사건 각 처분에도 불구하고 이 사건 각 과제를 수행하여 얻은 성과물을 그대로 향유할 수 있고, 다만 향후 참여제한기간 동안 기술개발을 하는 데에 있어 정부출연금을 지원받을 수 없게 되었을 뿐이며, 입찰 참가를 제한받는 등으로 기존 사업을 영위하는 데에 제한이 있다고 보이지 않는다고 판단하고, 이러한 원심판결에는 제재적 행정처분에 있어 재량권의 일탈·남용에 관한 법리를 오해하여 판결에 영향을 미친 위법이 있다며, 이 점을 지적하는 상고이유 주장은 이유 있다고 파기환송하였다[대법원 2022. 7. 28. 선고 2022두31822 판결(환수금등취소처분)]. 이에 따라 대전고등법원 2022. 12. 1. 선고 2022누12072 판결로 원고의 항소를 모두 기각하였다.

나. 평가

계약 이외의 형식으로 체결된 협약사업에 대한 입찰참가제한에 대하여 대법원이 처분을 취소한 원심을 파기하고 환송한 사례이다.

다만, 원심법원은 비록 뇌물공여와 과제 선정 사이에 인과관계가 없다고 하여 처분사유의 부존재에 대해서는 기각하였으나 국가계약법 등에 의한 입찰참가자격제한과 중소기업기술혁신법 등에 의한 기술혁신 촉진 지원사업에 대한 참여제한의 규범적 차이를 인정하여, 중소기업기술혁신법 등에 의한 기술혁신 촉진 지원사업에 대한 제한기간의 누적 합산을 허용하지 않는 취지를 고려하여 해석을 하고 있다는 점에서 문언적 엄격성을 강조하였지만 대법원은 "둘 이상의 참여제한 사유에 해당하는 경우에는 각 참여제한 기간을 합산하되, 합산한 기간은 5년을 초과할 수 없다."는 규정은 하나의 연구개발과제에 복수의 참여제한사유가 있는 경우에 참여제한사유별 참여제한 기간을 합산하되 최대 5년까지로 한다는 취지로 해석될 뿐이고, 복수의 연구개발과제에 각각의 참여제한사유가 있는 경우에까지 적용된다고 볼 수는 없다고 하여 문언적 해석에 머무르지 않고 목적론적 해석을 하고 있다는 점에서 의미가 있다고 생각된다.

결국 기술혁신 촉진 지원사업에 대한 참여제한과 입찰참가자격제한의 성격과 취지를 다르게 볼 수는 있으나 사업참여를 위하여 뇌물을 공여한 자에게 24년간의 사업참여제한 처분에 대하여도 만연히 비례원칙에 부합한다고 판단하는 것은 입찰참가자격 제한사유로서 뇌물공여에 대한 처분 범위와 정합성에 상당한 의문이 있다. 기술혁신 촉진 지원사업의 경쟁 확대를 위하여도 이러한 처분의 경쟁제한성에 대한 심층 검토가 필요하다. 원심과 대법원 판결 모두를 살펴 볼만한 사안이다.

 ## 9 원처분 이후 항고소송중 입찰참가자격제한사유와 처분근거의 변경 가능성

가. 시험성적서의 위조 및 행사

이 사건[31]의 사실관계에 따르면 원고는 토목공사업, 목재유통업, 국제물류 운송업 등을 영위하는 회사이고, 피고는 전력산업 구조개편 촉진에 관한 법률 제정·시행으로 한국전력공사 발전부문을 물적 분할하여 전력자원개발, 발전사업 등을 영위할 목적으로 설립된 회사로, 공공기관의 운영에 관한 법률(이하 '공공기관운영법'이라 한다)에 정한 공기업이다.

피고는 이 사건 처분을 하면서 제제에 대한 구체적인 사유를 '이 사건 계약 이행

---

31) 창원지방법원 2021. 8. 12. 선고 2020구합54164 판결(원고청구 인용); 부산고등법원(창원) 2022. 7. 20. 선고 2021누11084 판결(입찰참가자격제한처분취소, 항소 기각).

과정에서 B 시험성적서를 위조하여 대금 지급용으로 제출함으로써 사기, 그 밖의 행위로 계약의 이행과정에서 국가에 손해를 끼친 자'에 해당한다는 이유로, 구 국가를 당사자로 하는 계약에 관한 법률(2020. 10. 20. 법률 제17555호로 개정되고, 2021. 1. 5. 법률 제17816호로 개정되기 전의 것, 이하 '개정 국가계약법'이라고 한다) 제27조 제1항 제4호, 같은 법 시행규칙(2019. 9. 17. 기획재정부령 제751호로 개정되고, 2021. 7. 6. 기획재정부령 제859호로 개정되기 전의 것, 이하 '개정 국가계약법 시행규칙'이라고 한다) 제76조 [별표2] 제2항 제6호 나목은 "국가에 10억 원 미만의 손해를 끼친 자"에 대한 제재기간을 1년으로 정하고 있었고 이를 감경하여 원고에 대하여 6개월의 입찰참가자격 제한처분을 하였다(이하 '이 사건 처분'이라고 한다).

피고는, 원고가 이 사건 소송에서 이 사건 행위 당시에 시행된 구 공기업·준정부기관 계약사무규칙(2016. 9. 12. 기획재정부령 제571호로 개정되기 전의 것, 이하 '구 계약사무규칙'이라 한다) 제15조 제1항이 규정한 입찰참가자격 제한을 할 수 있는 경우에는 '사기, 그 밖의 행위로 계약의 이행과정에서 국가에 손해를 끼친 자'가 포함되어 있지 않다고 주장하자, 제1심 진행 도중 2021. 4. 12.자 준비서면을 통하여, 이 사건 처분의 근거법령 내지 처분사유를 '공공기관운영법 제39조, 구 공기업·준정부기관 계약사무규칙(2013. 11. 18. 기획재정부령 제375호로 개정되고, 2016. 9. 12. 기획재정부령 제571호로 개정되기 전의 것, 이하 '구 계약사무규칙'이라고 한다) 제15조, 구 국가를 당사자로 하는 계약에 관한 법률 시행령(2015. 12. 31. 대통령령 제26829호로 개정되기 전의 것, 이하 '구 국가계약법 시행령'이라 한다) 제76조 제1항 제8호, 같은 법 시행규칙(2016. 9. 23. 기획재정부령 제573호로 개정되기 전의 것, 이하 '구 국가계약법 시행규칙'이라 한다) 제76조 제1항 [별표2] 제10호 가목[입찰에 관한 서류(제15조 제2항에 따른 입찰 참가자격등록에 관한 서류를 포함한다)를 위조·변조·부정행사하거나 허위서류를 제출하여 낙찰을 받은 자, 이하 '제1처분사유'라고 한다] 및 같은 호 나목[입찰 또는 계약에 관한 서류(제15조 제2항에 따른 입찰참가자격등록에 관한 서류를 포함한다)를 위조·변조·부정행사하거나 허위서류를 제출한 자, 이하 '제2처분사유'라고 한다]'으로 변경하였다.

피고는 항소심 진행 도중 2021. 11. 25.자 준비서면을 통하여, 이 사건 처분의 근거법령 내지 처분사유에 '구 국가계약법 시행규칙 제76조 제1항 [별표2] 제19호 [구 국가계약법 시행령 제76조 제1항 제17호에 해당하는 자(사기, 그 밖의 부정한 행위로 입찰·낙찰 또는 계약의 체결·이행 과정에서 국가에 손해를 끼친 자), 이하 '제3처분사유'라고 한다]'를 추가하였다.

이에 원고는 우선 처분사유 변경 관련(제1, 2처분사유)하여 피고가 이 사건 소송 도중 이 사건 처분사유를 제1, 2처분사유로 변경하는 것은 당초 처분사유와 근거법령에서 정한 요건이 되는 사실이 다르고 제재기간에도 차이가 있어 원고의 방어권 행사에 현저한 지장을 초래하므로 허용될 수 없다고 주장하고 또한 공공기관운영법 제39조 제2항에 따른 입찰참가자격 제한은 '공정한 경쟁이나 계약의 적정한 이행을 해칠 가능성이 존재하고, 아울러 그러한 가능성이 명백한 경우'를 요건으로 하는데 이 사건 행위는 원고 직원의 개인적인 일탈로 이루어졌을 뿐 원고 임원의 조직적인 개입은 없었고, 원고는 피고에게 이 사건 행위로 인한 목질계 펠릿 품질 변경에 따른 대금 감액분을 이미 반환하였으며, 원고가 공급한 목질계 펠릿을 사용하는 과정에서 추가적인 문제가 발생하였다는 사정도 없다는 사정을 고려하면 이 사건 행위가 공공기관운영법 제39조 제2항에 따른 입찰참가자격 제한 요건에 해당한다고 볼 수 없다고 주장하였다.

이에 대해 법원은 입찰참가자격 제한 요건 해당 여부와 관련하여 공공기관운영법 제39조 제2항에서 부정당업자의 입찰참가자격을 제한하는 제도를 둔 취지는 부정당업자가 공공기관의 계약에 관여함에 따라 여러 가지 공적 폐해가 발생할 우려가 있는 경우를 방지하고 계약의 공정성을 확보함과 동시에 공공기관이 추구하는 공적 목표를 달성하기 위하여 계약의 충실한 이행을 확보하는 것을 그 목적으로 한다(헌법재판소 2005. 4. 28. 선고 2003헌바40 결정 참조)고 전제한 다음, 이 사건 행위는 공공기관운영법 제39조 제2항에서 정한 입찰참가자격 제한 요건인 '공정한 경쟁이나 계약의 적정한 이행을 해칠 가능성이 존재하고, 아울러 그러한 가능성이 명백한 경우'에 해당한다고 봄이 타당하다고 판단하였다.

또한 처분사유 추가·변경의 허용 여부와 관련하여 "행정처분의 취소를 구하는 항고소송에 있어서는 실질적 법치주의와 행정처분의 상대방인 국민에 대한 신뢰보호라는 견지에서 처분청은 당초 처분의 근거로 삼은 사유와 기본적 사실관계에 있어서 동일성이 있다고 인정되지 않는 별개의 사실을 들어 처분사유로 주장함은 허용되지 아니하나, 당초 처분의 근거로 삼은 사유와 기본적 사실관계에 있어서 동일성이 있다고 인정되는 한도 내에서는 다른 사유를 추가하거나 변경할 수 있고, 여기서 기본적 사실관계의 동일성 유무는 처분사유를 법률적으로 평가하기 이전의 구체적인 사실에 착안하여 그 기초가 되는 사회적 사실관계가 기본적인 점에서 동일한지 여부에 따라 결정된다(대법원 2004. 11. 26. 선고 2004두4482 판결 참조). 처분청이 처분 당시에 적시한 구체적 사실을 변경하지 아니하는 범위 내에서 단지 그 처분의 근거 법령만을 추가·변경하는 것은 새로운 처분사유의 추가라고 볼 수 없으므로, 이와 같은 경우에는 처분청이 처분 당시에 적시한 구체적 사실에 대하여 처분 후 추가·변경한 법령을 적용하여 처분의 적법 여부를 판단하여도 무방하다(대법원 2011. 5. 26. 선고 2010두28106 판결 참조)"라고 법리를 설명한 다음, 법원은 피고가 변경한 처분사유 중 제1처분사유는 입찰참가자격 제한사유로 '입찰에 관한 서류를 위조·변조·부정행사하거나 허위서류를 제출하여 낙찰을 받은 자'를 규정하고 있는바, 이는 시험성적서를 위조하여 '입찰과정'에 제출하여 낙찰받았다는 것을 주요 내용으로 하는 것인데 B 납품과정에서 한국전력공사 발전자회사들이 수입업체로부터 입찰 서류 제출 시, 납품받기 전, 대금을 지급하기 전 각 시험성적서를 제출받음은 앞서 본 바와 같고, 이 사건 처분은 그중 입찰과정이 아닌 '대금 지급용'으로 제출된 시험성적서가 위조되었음을 당초 처분사유로 하고 있었으므로, 제1처분사유와 기본적 사실관계가 동일하다고 볼 수 없다고 인정하고 이에 따라 피고가 제1처분사유를 이 사건 소송에서 추가하는 것은 허용할 수 없다고 판시하였다.

다만 피고가 이 사건 소송에서 변경한 제2처분사유는 입찰참가자격 제한사유로 '입찰 또는 계약에 관한 서류를 위조·변조·부정행사하거나 허위서류를 제출한 자'를 규정하고 있는바, 이는 당초 처분사유와 '이 사건 계약 이행과정에서 시험성적서를 위조하여 대금 지급용으로 제출하였다'는 기본적 사실관계는 동일하고, 규정 내용이

유사하다는 점을 고려하여 피고가 제2처분사유를 이 사건 소송에서 추가하는 것은 허용된다고 판시하였다.

또한 재량권 일탈·남용 여부의 기준과 관련하여 법원은 피고가 제2처분사유를 사유로 이 사건 처분을 한 것과 피고가 자기구속에 반하는 제3처분사유를 이 사건 처분의 사유로 삼은 것은 재량권의 일탈·남용에 해당하여 위법하다고 판시하였다. 즉 제2처분사유에 관한 판단과 관련하여 피고가 제1심 진행 도중 위와 같은 기존 처분사유를 제2처분사유로 변경하였음은 앞서 본 바와 같고, 제2처분사유에 따른 원칙적인 제재기간은 구 국가계약법 시행규칙 [별표2] 제10호 나목에서 정한 6개월이다. 한편 구 국가계약법 시행규칙 제76조 제4항은 '각 중앙관서의 장은 부정당업자에 대한 입찰참가자격을 제한하는 경우 자격제한기간을 그 위반행위의 동기·내용 및 횟수 등을 고려하여 별표 2의 해당 호에서 정한 기간의 2분의 1의 범위 안에서 감경할 수 있다.'고 규정하고 있으므로, 이에 따라 제2처분사유의 제재기간을 감경하면 6개월 미만의 처분을 할 수 있는 여지가 있다. 이 사건 처분은 위와 같은 사정에도 불구하고 제재기간의 하한이 6개월임을 전제로 내려진 것인 만큼, 기간의 감경에 관한 참작 사유가 있음에도 이를 전혀 고려하지 않거나 감경 사유에 해당하지 않는다고 오인하여 기간을 감경하지 아니한 경우에 해당한다고 봄이 타당하다고 판시하였다.

그 외에도 제3처분사유에 관한 판단(재량권 일탈·남용 여부)에서는 공공기관운영법 제39조 제3항은 입찰참가자격의 제한 여부나 기간 등의 기준에 관하여 필요한 사항을 기획재정부령인 공기업·준정부기관 계약사무규칙에 위임하고 있는데 이 사건 처분 당시 시행되던 구 계약사무규칙 제15조는 계약상대자 등의 대리인, 지배인 또는 그 밖의 사용인이 공정한 경쟁이나 계약의 적정한 이행을 해칠 것이 명백한 경우로서 이는 구 공기업·준정부기관 계약사무규칙(2013. 11. 18. 기획재정부령 제375호로 개정되기 전의 것) 제15조 제1항에서 입찰참가자격 제한 대상을 포괄적으로 국가계약법 시행령 제76조 제1항 각 호의 경우로 규정하고 있던 것을, 공공기관운영법의 취지에 맞추어 부정당업자 제재와 관련하여 부정행위가 명백하다고 인정되는 경우로 한정하여 입찰참가자격을 제한할 수 있도록 한 점과 그 위임 사항을 고려하여 입찰참가자격을 제한할 수 있는 경우를 한정하여 규정할 목적에서 그와 같이 개정된 것이라고 하고 위와 같은 관련 규정의 개정 취지와 문언 내용·규정 형식을 살펴보면, 구 계약사무규칙 제15조 제1항은 구 국가계약법 시행령 제76조 제1항 제17호를 의도적으로 제외시킴으로써 행정기관 스스로 구 국가계약법 시행령 제76조 제1항 제17호 및 구 국가계약법 시행규칙 제76조 제1항 [별표 2] 제19호에 해당하는 유형의 경우에는 입찰 참가자격 제한 처분을 하는 유형에서 제외하겠다는 사무처리 준칙을 정한 것이라 할 것이고, 피고는 특별한 사정이 없는 한 공공기관운영법 제39조 제2항을 근거로 입찰참가자격 제한 처분을 함에 있어서는 그 상대방에 대한 관계에서 사무처리 준칙인 구 계약사무규칙 제15조 제1항에 따라야 할 자기구속을 받는다고 보아야 한다고 판시하였다.

나. 평가

재량권 일탈·남용 여부과 관련하여 법원은 기존의 법리를 설시하고 있다. 즉 재량행위에 대한 법원의 사법심사는 당해 행위가 사실오인, 비례·평등의 원칙 위배, 당해 행위의 목적 위반이나 부정한 동기 등에 근거하여 이루어짐으로써 재량권의 일탈·남용이 있는지 여부만을 심사하게 되는 것이나, 법원의 심사결과 행정청의 재량행위가 사실오인 등에 근거한 것이라고 인정되는 경우에는 이는 재량권을 일탈·남용한 것으로서 위법하여 그 취소를 면치 못한다 할 것이다(대법원 2001. 7. 27. 선고 99두8589 판결 등 참조). 행정청이 기간의 감경에 관한 참작 사유가 있음에도 이를 전혀 고려하지 않거나 감경 사유에 해당하지 않는다고 오인하여 기간을 감경하지 아니한 경우 그 처분은 재량권을 일탈·남용한 위법한 처분이라고 할 수밖에 없다(대법원 2012. 12. 26. 선고 2012두18660 판결 등 참조). 이와 같은 법리에 비추어 공공기관은 사무처리 준칙에 따라야 할 자기구속을 받는다고 보아야 한다고 판시하였다.

또 공공기관은 공공기관운영법이 구별하는 기준에 따라 입찰참가자격제한처분권의 범위와 내용 그리고 그 행사방법까지 상이하다. 따라서 공공기관에 대한 입찰참가자격제한사유의 변경에 대하여는 검토가 충분하지 않으면 처분사유와 근거 제시에 잦은 오류를 범하게 된다.

　이 사안은 짧은 이유설시가 아쉽기는 하지만 대법원 2022. 11. 17. 선고 2022두53471 판결까지 선고된 것으로 관련 판결을 충분히 살펴보기를 권한다.

 10　계약을 체결한 이후 계약서에 정한 조건을 위반하여 이행

가. 이행확약서의 확약조건 위반

1) 허위 직원으로 등재하여 직접노무비 횡령

　이 사건[32] 사실관계에 따르면 원고는 1999년경부터 현재까지 시 생활폐기물 수집·운반 대행업체로 선정되어 시와 생활폐기물 수집·운반 대행계약을 체결하고 그에 따라 시 일대에서 생활폐기물의 수집·운반 등의 용역을 수행하면서 시로부터 대행료를 지급받았다. 원고 대표이사의 남편과 원고의 직원은 2019. 9. 30. "대표이사의 남편은 원고의 실질적 대표이사이고, 원고의 직원은 급여 지급 및 법인의 예산집행 등의 업무를 담당하는 사람으로서 공모하여 원고 소속 환경미화원들에게 ○○시에 보고하는 노무비 금액보다 적은 금액을 지급하는 방법으로 그 차액을 횡령하거나, 원고 회사에 허위의 환경미화원을 등재하여 그 환경미화원의 노무비를 횡령하였다"는 공소사실(이하 '관련 형사사건'이라 한다)로 피고는 2019. 11. 26. 원고에게 이유로 부정당업자 제재처분 사전통지(청문실시통지)를 하였고 이들은 공모하여 2016. 1.경부터 2017. 3.경까지 14회에 걸쳐 ○○시로부터 받은 용역비를 원고 소속 환경미화원의 계좌로 이체하였다가 이를 즉시 원고의 직원의 계좌로 이체하여 그중 일부만 환경미화원에게 지급한 다음 나머지는 대표이사의 남편에게 교부하는 방법 등으로 17,407,630원(=2016년 15,206,850원 + 2017년 2,200,780원)을 횡령하였고, 위와

---

32) 창원지방법원 2021. 10. 21. 선고 2019구합54984 판결(기각); 부산고등법원(창원) 2022. 7. 20. 선고 2021누11503 판결(입찰참가자격제한처분취소, 항소기각).

같은 범죄사실을 모두 유죄로 인정하는 형사사건 판결이 확정되었다.

이에 대해 피고는 2019. 12. 12. 원고에 대하여, "생활폐기물 수집·운반 대행용역을 이행하면서 근로조건 이행 확약서에서 확약한 조건을 위반하여, 지방계약법 시행령 제92조 제2항 제2호 가목(계약을 체결한 이후 계약서 정한 조건을 위반하여 이행한 자)에 해당"한다는 사유로, 지방계약법 시행규칙 제76조 제1항 별표2에 근거하여 2019. 12. 13.부터 2020. 3. 12.까지 3개월간 입찰참가자격을 제한하는 내용의 부정당업자 입찰참가자격 제한처분을 하였다(이하 '이 사건 처분'이라 한다).

이에 원고는 소속 환경미화원들에 대해서 근로계약에 따라 약정한 임금을 모두 지급하였고, 원고가 환경미화원들에게 지급한 직접노무비는 피고와 계약한 금액보다 더 많으므로, 원고는 피고가 이 사건 처분 사유로 주장하는 '계약서에 정한 조건을 위반하여 이행한 자'에 해당하지 않는다고 주장하였고 또한, 관련 형사사건은 이들의 개인의 독단적인 행위로 인한 것으로 원고는 관여한 사실이 없고, 원고는 평소 임직원에 대한 관리감독 의무를 충실히 하였으므로 이 사건 처분은 책임주의 원칙에 반한다고 주장하였다.

그러나 이에 대해 법원은 "원고가 제출한 인건비 지급내역 기재 금액 중 이 사건 처분 당시 부당해고된 것으로 인정된 환경미화원 E, F에 대하여 부당해고라고 인정되어 그에 대한 손해배상으로 지급된 부분은 직접노무비에 해당하지 않는다고 인정하였다. 즉, 2016년 생활폐기물 수집·운반 대행용역 인건비(직접노무비, 간접노무비)를 집행함에 있어 ○○지방노동위원회의 부당해고에 대한 구제명령으로 원직에 복직된 자의 임금상당액을 원고는 근로소득에 해당됨에 따라 직접노무비에서 지급되는 것이 당연하다고 하나, ○○지방노동위원회의 입장은 부당해고기간에 대한 임금상당액은 소득세법상의 근로소득에 해당하기는 하지만 근로기준법상의 임금채권이 아닌 민법상 손해배상채권으로 근로기준법상의 임금에 해당하는 것으로 볼 수 없다."는 것이었다.

따라서 G의 임금 부분과 관련하여 C 및 D가 횡령한 부분은 원고가 지급한 직접노무비에서 제외되어야 하고, 그렇다면 원고가 실제 지급한 급여는 1,058,742,122원(=2016년 526,827,902원 + 2017년 531,914,220원)이라고 보아야 한다고 하고, 이에 따라 원고는 '예정가격 산정 시 적용한 노임에 낙찰률을 곱한 수준 이상의 임금'을 지급하지 않아 원고와 B자치단체 사이의 계약 조건을 위반하였다고 봄이 타당하다고 판단하였다. 또한 대표이사의 남편은 사실상 법인의 대표자이고, 원고의 직원은 전 대표이사이자 급여 지급 등의 업무를 담당하는 자로서 이들의 행위가 개인의 독단적인 행위에 불과하다거나 원고가 임직원에 대한 관리감독 의무를 충실히 이행하였다는 원고의 주장은 받아들이기 어렵다고 판시하였다.

2) 평가

법원은 ○○지방노동위원회가 발송한 공문을 그대로 인정하여 부당해고 이후 복직에 따른 기존 임금을 근로기준법상 임금이 아니고 손해배상채무의 배상금을 지급한 것이므로 이행확약서상 확약한 '예정가격 산정 시 적용한 노임에 낙찰률을 곱한 수준 이상의 임금'을 지급하지 않은 것으로 되어 결국 입찰참가자격제한을 정당하다고 판단하였다.

하지만, 원고 회사의 입장에서 근로자에게 지급된 금원의 총액은 1,096,960,752원에서 G와 관련한 횡령금 17,407,630원을 제외한 직접노무비는 1,079,553,112원이고, 이는 앞서 본 근로조건 이행 확약서에서 정한 기준인 1,064,040,880원을 초과하고 있는 것은 사실이다.

실제 지급한 금원의 액수가 아니라 회계처리 항목이나 금원의 법적 성격에 따라 확약서의 확약조건 성취 여부를 판단하는 것은 임금의 일부를 횡령한 회사대표의 책임을 입찰참가자격제한 처분으로도 물어야한다는 의지를 엿볼 수 있다. 하지만 그런 회사에서 미화원으로 근무하고 있는 종업원들은 이 사건 처분을 마냥 반길 수만은 없을 것이다.

나. 감리용역의 종료시점과 제척기간의 기산점

1) 제척기간을 준공검사가 이루어진 날로 확대한 사례

이 사건[33] 사실관계에 따르면 피고는 지방출자출연법이 정한 출자·출연기관이고, 시와 군은 C에 태양광, 풍력, 지열, 전력저장장치를 융합 설치함으로써 자연보전형 에너지 개발 보급과 온실가스 배출 감소를 목적으로 하는 'D' 사업(이하 '이 사건 사업'이라 한다)을 총괄 시행하였고, 피고는 이 사건 사업의 수행계획 수립, 사업비 관리, 설계 및 공사 발주, 시공 관리 등 업무를 담당하였으며, E 주식회사(이하 '주식회사' 표시는 생략한다)는 풍력 용량 산정, 설비 설치공사 등 업무를, F 주식회사는 풍력 터빈 발전기 등 풍력 관련 설비 공급업무를 각 담당하였다(한편, F 주식회사가 이 사건 사업에 관하여 담당하기로 한 업무는 2016. 11. 30.경 모두 E의 업무로 이전되었다). E는 2015. 11. 2. 이 사건 사업에 따른 풍력발전설비 설치공사(이하 '이 사건 공사'라 한다)에 착수하고, 2015. 11. 9. 피고에게 착공신고를 하였다. 피고는 2015. 11. 9. 원고와 사이에 이 사건 공사에 관한 감리용역계약(이하 '이 사건 감리용역계약'이라 한다)을 체결하고, 원고로 하여금 위 공사의 감리업무를 수행하게 하였는데, 이 사건 감리용역계약은 아래와 같이 정하고 있다.

E는 2016. 12. 26.경 피고에게 이 사건 공사에 관한 준공계, 준공검사원을 제출하였고, 원고도 같은 날 피고에게 '이 사건 공사가 설계도서, 시방서, 기타 약정대로 시공되었다.'는 취지의 준공계, 준공검사원, 준공감리조서, 준공검사조서, 준공검사검토 의견서 등을 제출하였다. 한편, 2018. 1.경 이 사건 공사에 따라 시공된 풍력발전설비 중 일부가 강풍에 의하여 파손되는 사건이 발생하였는데, 현장조사결과 인증 받지 않은 블레이드 및 인버터가 시공되는 등 설계도서의 내용대로 시공되지 않은 사실이 밝혀졌다.

이에 피고는 2021. 11. 19.경 원고에 대하여 '이 사건 감리용역계약에 관하여 자

---

33) 서울고등법원 2023. 1. 11. 선고 2022누54711 판결(입찰참가자격제한처분취소, 항소기각); 인천지방법원 2022. 7. 15. 선고 2022구합50070 판결(입찰참가자격제한처분취소, 원고청구 기각).

재의 현장 반입검수, 준공검사 등을 소홀히 하였음'을 이유로 입찰참가자격제한처분을 할 예정이라는 사전통지를 하고[법적 근거 및 조문 내용: 지방자치단체를 당사자로 하는 계약에 관한 법률(이하 '지방계약법'이라 한다) 시행령 제92조 제2항 제2호 가목 및 지방계약법 시행규칙 제76조 제1항 별표1, 정당한 이유 없이 낙찰된 후 계약을 체결하지 아니한 자 또는 계약을 체결한 이후 계약을 이행하지 아니하거나 계약서에 정한 조건을 위반하여 이행한 자], 2022. 1. 4. 원고에 대하여 1개월간(2022. 1. 5.부터 2022. 2. 3.까지) 입찰참가자격제한처분(제재 근거: 지방계약법 제31조, 같은 법 시행령 제92조 제1항 제6호, 제재 사유: 자재의 현장 반입검수, 준공검사 등 소홀)을 하였다(이하 '이 사건 처분'이라 한다)."

원고는 피고가 이 사건 처분의 근거 법령으로 '지방계약법 시행령 제92조 제1항 제6호'를 특정하였는데, 지방계약법 시행령 제92조 제1항에는 제1호, 제2호만 규정되어 있을 뿐이므로, 이 사건 처분의 근거 법령은 지방계약법 제31조, 지방계약법 시행령 제92조 제2항 제2호 가목, 지방계약법 시행규칙 제76조 제1항이므로 처분의 근거법령을 잘못 특정한 하자가 있다고 주장하였다.

또한 지방출자출연법 제17조 제4항, 제6항, 지방출자출연법 시행령 제12조 제1항, 지방계약법 제31조 제1항 제9호, 지방계약법 시행령 제92조 제2항 제2호 가목을 종합하면, 피고는 '정당한 이유 없이 계약서에 정한 조건을 위반하여 이행한 자'에 대하여 입찰참가자격제한처분을 할 수 있으나, 지방계약법 제31조 제6항에 따라 그 행위가 종료된 때부터 5년이 경과한 경우에는 입찰참가자격을 제한할 수 없음에도 원고는 2016. 12. 26. 최종적으로 준공보고를 하였으므로, 원고의 이 사건 감리용역계약에 따른 용역상의 잘못은 위 2016. 12. 26. 이전에 벌어진 일인바, 그로부터 5년의 제척기간이 경과한 이후인 2022. 1. 4.에 이루어진 이 사건 처분은 위법하다고 주장하였다(제2주장).

이에 대해 법원은 이 사건 처분서에 제재의 근거로 기재된 '지방계약법 시행령 제92조 제1항 제6호'는 (처분청의 의도를 객관적으로 살펴보면) '구 지방계약법 시행령 제92조 제1항 제6호'를 의미하는 것으로 봄이 타당할 뿐만 아니라 처분청이 처분 당시

적시한 구체적 사실을 변경하지 아니하는 범위 내에서 단지 처분의 근거 법령만을 추가·변경하는 것은 새로운 처분사유의 추가라고 볼 수도 없다고 하고 피고가 이 사건 처분서에서 제재 근거를 기재하면서 개정 전의 지방계약법 시행령임을 표기하지 않은 사정만으로는 이 사건 처분이 위법하다고 보기 어렵다고 판단하였다.

또한, 이 사건 감리용역계약은 준공검사의 절차에 관하여, 시공자인 E가 준공검사원을 제출하면, 감리자인 원고가 이를 검토하여 준공검사자를 임명하고 준공검사 수행계획을 수립하여 이를 발주자인 피고에게 통보하고, 피고의 입회 하에 준공검사를 실시하도록 정하고 있는데, 원고가 주장하는 2016. 12. 26.은 시공자인 E가 피고에게 준공계, 준공검사원을, 감리자인 원고가 피고에게 준공계, 준공검사원, 준공감리조서, 준공검사조서, 준공검사검토의견서를 각 제출한 날일뿐, 피고의 입회 하에 준공검사가 이루어진 날이 아니므로, 위 2016. 12. 26.에 원고의 이 사건 감리용역계약 위반행위가 종료된 것으로 볼 수는 없다고 하였다. 오히려 이 사건 공사에 관한 준공검사는 2017. 3. 1.에 이루어진 것으로 보이는바, 원고의 이 사건 감리용역계약 위반행위는 위 2017. 3. 1.에 종료되었다고 할 것이고, 이 사건 처분은 위 2017. 3. 1.로부터 지방계약법 제31조 제6항이 정한 제척기간 5년 내인 2022. 1. 4.에 이루어졌다고 하여 이 사건 처분은 지방계약법 제31조 제6항이 정한 5년의 제척기간 내에 이루어졌다고 인정되므로, 원고의 제2주장도 받아들일 수 없다.

2) 평가

감리기관은 발주기관의 용역의뢰를 받고 시공사의 시공업무를 감리하게 된다. 하지만 이 사건에서와 같이 설계도서대로 시공되지 않은 사실만을 근거로 감리용역기관을 입찰참가자격제한을 하게 되면 감리용역업무를 수행할 감리회사를 구할 수 없게 될 수도 있을 것 같다.[34]

---

34) 필자가 2021년부터 서울시 건축사징계위원으로 일하면서 주로 감리인의 업무해태를 징계하면서 느낀 바는 감리인으로서의 권한과 책임에 상응한 법적 지위와 대우를 보장하여야 한다는 생각을 확고히 가지게 되었다.

또한, 처분기간이 비록 1월이지만 해당 감리기관은 입찰참가자격제한 처분을 받은 사실만으로 2년 혹은 3년 동안 적격심사 등에서 불이익을 받을 것이고 사실상 이로써 관급 감리시장에서 퇴출을 의미하게 된다. 이렇게까지 할 필요가 있으며 이렇게 하는 것이 옳은 일일까? 스스로 자문해 본다. 법원만큼은 침익적 처분의 필요성, 최소 제한성 등 비례성에 대한 좀 더 신중한 검토를 하였으면 한다.

⟨11⟩ 계약에 관한 서류를 거짓으로 제출한 자

가. 용역계약에서 서류 중 일부 직원의 학위에 관한 기재 부분이 사실과 다른 경우

이 사건[35] 사실관계에 따르면 "원고는 도시 및 농어촌 지역 개발업, 조경·관광·지역개발 컨설팅 및 사업타당성 검토 등을 하는 회사이다. 피고는 2016년 원고와 사이에 'B사업에 관한 기본계획 수립'을 위한 용역계약을 체결하였다. 그런데 피고는 2017년경 특별감사 과정에서 위 용역계약 체결을 위하여 원고로부터 제출받은 서류 중 일부 직원의 학위에 관한 기재 부분이 사실과 다르다는 점을 알게 되었다. 이에 피고는 2018. 4. 13. 원고에게 '계약에 관한 서류를 부정하게 행사하였다.'는 사유로 구 「지방자치단체를 당사자로 하는 계약에 관한 법률」(2018. 12. 24. 법률 제16042호로 개정되기 전의 것) 제31조, 구 「지방자치단체를 당사자로 하는 계약에 관한 법률 시행령」(2018. 7. 24. 대통령령 제29059호로 개정되기 전의 것) 제92조, 구 「지방자치단체를 당사자로 하는 계약에 관한 법률 시행규칙」(2019. 6. 25. 행정안전부령 제125호로 개정되기 전의 것) 제76조에 따라 5개월(2018. 4. 13. ~ 2018. 9. 12.)의 부정당업자 입찰참가자격 제한처분(이하 '이 사건 선행처분'이라 한다)을 하였다.

---

35) 서울고등법원 2022. 7. 20. 선고 2021누70440 판결(입찰참가자격제한처분취소, 항소기각); 의정부지방법원 2021. 10. 5. 선고 2020구합15296 판결(원고청구 기각).

이후 피고는 2018. 11.경 다시 원고에게 'C 계획수립'에 관한 용역계약을 수의계약 형태로 체결할 것을 제안하였다. 이에 원고는 피고에게 견적서 등 계약체결을 위한 관련 서류들을 제출하고, 2018. 11. 13. 피고와 사이에 계약금액 17,550,000원, 계약기간 2018. 11. 13.부터 2019. 2. 10.까지로 정하여 위 사업에 관한 용역계약(이하 '이 사건 용역계약'이라 한다)을 체결하였다. 원고는 2019. 2. 10.경 이 사건 용역계약에 따른 용역업무를 완료하였다.

피고는 2020. 7.경 경기도 종합감사에서 '구「지방자치단체 입찰 및 계약 집행기준」(2018. 11. 8. 행정안전부예규 제47호로 개정되기 전의 것, 이하 '이 사건 집행기준'이라 한다)에 의하면, 이 사건 용역계약은 원고가 당시 이 사건 선행처분 기간만료 후 6개월이 지나지 않아 수의계약 배제대상에 해당함에도 불구하고 체결된 것'이라는 지적을 받았고, 감사담당관으로부터 '원고가 수의계약 배제대상이면서 사실과 다르게 수의계약 배제대상이 아니라는 각서를 제출하고서 이 사건 용역계약을 체결하였으므로 원고에 대한 입찰참가자격 제한 등의 조치방안을 마련하라'는 요구를 받았다.

이에 피고는 2020. 11. 2. 원고에게 '계약에 관한 서류를 거짓으로 제출한 자'에 해당함을 이유로 구「지방자치단체를 당사자로 하는 계약에 관한 법률」(2020. 10. 20. 법률 제17555호로 개정되기 전의 것, 이하 '구 지방계약법'이라 한다) 제31조 제1항 제9호, 구「지방자치단체를 당사자로 하는 계약에 관한 법률 시행령」(2020. 12. 8. 대통령령 제31222호로 개정되기 전의 것, 이하 '구 지방계약법 시행령'이라 한다) 제92조 제2항 제1호 가목, 구「지방자치단체를 당사자로 하는 계약에 관한 법률 시행규칙」(2021. 1. 7. 행정안전부령 제232호로 개정되기 전의 것, 이하 '구 지방계약법 시행규칙'이라 한다) 제76조 제1항에 따라 부정당업자 입찰참가자격 1개월(2020. 11. 23. ~ 2020. 12. 22.) 제한처분(이하 '이 사건 처분'이라 한다)을 하였다."

이에 대해 원고는 피고가 원고가 이 사건 선행처분을 받은 후 6개월이 경과하지 않았던 자라는 것을 잘 알면서도 당시 원고 외에 해당 용역업무를 수행할 업체가 거의 없었고 원고가 기존의 용역업무를 성공적으로 수행한 실적이 있었기 때문에 원고에게 수의계약 형태로 이 사건 용역계약의 체결을 제안하였다고 하고, 원고는 피고의 계약제의에 어떠한 하자가 없을 것이라고 신뢰하였고, 이 사건 용역계약은 경쟁입찰이 아니어서 원고로서는 계약체결을 위하여 의도적으로 피고를 기만할 이유도 없었다고 주장하였다. 또한 원고는 이 사건 용역계약에 따른 용역을 성공적으로 수행하였고, 이로 인하여 피고에게 어떠한 손해를 입힌 바도 없다고 하고, 결국 이 사건 처분은 신뢰보호원칙에 위배될 뿐만 아니라, 그 목적달성을 위해서는 피고가 구 지방계약법 제31조의2에 따른 입찰참가자격 제한에 갈음하는 과징금 부과처분을 할 수 있음에도 불구하고 이 사건 처분을 한 것은 이 사건 처분은 위법하므로 취소되어야 한다고 주장하였다.

　　법원은 "피고는 이 사건 집행기준의 내용을 제대로 확인하지 않은 채, 이 사건 선행처분의 기간이 2018. 9. 12. 종료된 후인 2018. 11.경 원고에게 먼저 이 사건 용역계약의 체결을 제안한 바는 있다. 그런데 피고는 당시 원고에게 이 사건 집행기준에 따라 〈별표 1〉의 '수의계약 배제사유'가 첨부된 〈별지 1〉 기재 양식의 각서를 제출하도록 요구하였고, 이에 따라 원고는 2018. 11. 13. 이 사건 용역계약 체결 당시 피고에게 위와 같은 양식의 각서를 제출한 바 있다(위 각서에는 '본인은 피고와 계약을 체결함에 있어서 붙임 배제사유 중 어느 사유에도 해당되지 않으며 차후에 이러한 사실이 발견된 경우 계약의 해지·해제 및 부정당업자의 제재처분을 받아도 하등의 이유를 제기하지 않겠다.'고 기재되어 있다). 이에 의하면, 피고가 먼저 원고에게 계약체결을 제안하였다는 사정만으로, 피고가 원고에게 '이 사건 용역계약 체결과 관련하여 원고가 수의계약 배제 대상이 아니고 향후 원고에게 계약배제사유가 발견된다고 하더라도 입찰참가자격 제한처분을 하지 않겠다.'는 취지의 어떤 공적인 견해를 표명하였다고 볼 수는 없으며, 피고로서는 원고가 제출한 위 각서에 따라 원고에게 수의계약 배제사유가 없다고 보고 이 사건 용역계약의 체결로 나아간 것이다."라고 판단하였고, 원고로서는 피고에게 앞서 본 바와 같은 각서를 제출하면서 첨부된 '수의계약 배제사유'에 기재된 내용 중 '견적서 제출 마감일을 기준으로 입찰·계약 서류의 허위·위조 제출 등으로 부정당업자 제재 처분을 받고 그 종료일로부터 6개월이 지나지 아니한 자'라는 부분을 확인함으로써 원고가 이러한 사유에 해당한다는 점을 알았거나 알 수 있었던 것으로 보인

다고 하고 원고의 주장을 기각하였다.[36]

나. 평가

계약에 관한 서류는 발주기관이 부동문자로 작성하고 계약상대방이 서명날인하도록 한 각서도 당연히 포함되는 것이고, 계약금액 1,700만 원 정도의 계약은 소액수의계약 대상이 되지만 선행처분으로 입찰참가자격제한 처분을 부과받은 업체에게는 '구「지방자치단체 입찰 및 계약 집행기준」(2018. 11. 8. 행정안전부예규 제47호로 개정되기 전의 것)'에 의하면, 이 사건 용역계약은 원고가 당시 이 사건 선행처분 기간만료 후 6개월이 지나지 않아 수의계약 배제대상에 해당함에도 불구하고 수의계약을 체결한 점을 지적하여 1개월의 입찰참가자격 제한을 하고 있다.

법원은 "일반적으로 행정상의 법률관계에 있어서 행정청의 행위에 대하여 신뢰보호의 원칙이 적용되기 위하여는, 첫째 행정청이 개인에 대하여 신뢰의 대상이 되는 공적인 견해표명을 하여야 하고, 둘째 행정청의 견해표명이 정당하다고 신뢰한 데에 대하여 그 개인에게 귀책사유가 없어야 하며, 셋째 그 개인이 그 견해표명을 신뢰하고 이에 상응하는 어떠한 행위를 하였어야 하고, 넷째 행정청이 그 견해표명에 반하는 처분을 함으로써 그 견해표명을 신뢰한 개인의 이익이 침해되는 결과가 초래되어야 하며, 마지막으로 위 견해표명에 따른 행정처분을 할 경우 이로 인하여 공익 또는 제3자의 정당한 이익을 현저히 해할 우려가 있는 경우가 아니어야 하는바(대법원 2001. 9. 28. 선고 2000두8684 판결 등 참조), 둘째 요건에서 말하는 귀책사유라 함은 행정청의 견해표명의 하자가 상대방 등 관계자의 사실은폐나 기타 사위의 방법에 의한 신청행위 등 부정행위에 기인한 것이거나 그러한 부정행위가 없다고 하더라도 하자가 있음을 알았거나 중대한 과실로 알지 못한 경우 등을 의미한다고 해석함이 상당

---

36) 유사한 취지의 하급심 판결로는 대전지방법원 2022. 6. 30 선고 2020구합106717 판결(입찰참가자격제한처분취소, 원고패소); 대전고등법원 2022누11888 항소심은 취하되었다. 수의계약 배제에 대한 헌법소원과 관련하여는 배병호, "결정 기준을 위임하는 시행령 및 수의계약 배제사유를 규정한 예규의 헌법소원 대상성", 행정판례연구 제24권 제2호(2019), 447면 이하 참조.

하고, 귀책사유의 유무는 상대방과 그로부터 신청행위를 위임받은 수임인 등 관계자 모두를 기준으로 판단하여야 한다(대법원 2002. 11. 8. 선고 2001두1512 판결 참조).”고 전제한 다음, 피고가 원고에게 이 사건 처분을 하지 않겠다는 취지의 공적인 견해를 표명하였다거나, 원고가 그 견해표명을 신뢰한 데 대하여 귀책사유가 없다고 볼 수는 없다고 인정하였다. 이에 따라 이 사건 처분이 신뢰보호의 원칙에 위배된다고 인정하기 어렵고, 이와 다른 전제에 선 원고의 이 부분 주장은 이유 없다고 인정하였다.

그러나, 입찰참가자격제한 5개월 처분으로 종료되었으면 특별한 제한이 없다면 경쟁입찰뿐만 아니라 소액수의계약에도 참여할 수 있도록 하여야 할 것이다.

 계약을 이행함에 있어서 부실·조잡 또는 부당하게 하거나 부정한 행위를 한 자

가. 국방품질보증기관의 하자처리에 따른 부정당제재

이 사건[37]의 사실관계에 따르면 “원고는 방위사업청에 개인전투용 천막 26,977 개를 계약금액 7,711,186,611원에 2016. 12. 20.까지 공급하는 납품계약(이하 ‘이 사건 계약’이라 한다)을 체결하였다. 이후 원고는 2017. 1. 20.까지 위 천막 납품을 완료하였다. 육군본부는 2017. 2. 20.경 원고가 납품한 천막 완제품에 대하여 국방기술품질원(이하 ‘기품원’이라 한다)에 성능 시험분석을 의뢰하였는데, 시험결과 그 중 2017. 1. 12. 납품된 천막(이하 ‘이 사건 천막’이라 한다) 샘플에 관하여 “본체원단의 발수도”, “바닥원단의 내수도”가 각 국방규격에 미달한다는 결과가 나왔다(이하 ‘이 사건 시험결과’라 한다). 기품원은 2018. 9. 19. 이 사건 시험결과에 기초하여 이 사건 천막 6,512개 전량에 대하여 하자판정(이하 ‘이 사건 하자판정’이라 한다)을 하였다.

---

37) 서울고등법원 2022. 7. 20. 선고 2022누32445 판결(입찰참가자격제한처분취소, 항소기각); 서울행정법원 2021. 12. 17. 선고 2020구합65074 판결(원고청구 인용).

피고는 2019. 1. 31.과 2019. 2. 21. 이 사건 하자판정을 근거로 원고에게 하자보수 이행을 요구하였으나, 원고는 하자가 없다고 다투며 위 요구에 응하지 않았다. 피고는 2020. 5. 21. 원고에게 '① 계약의 이행을 조잡하게 하고(제품의 하자), ② 계약(하자보수의무)을 불이행하였으며, ③ 감독 및 검사에 있어서 그 직무의 수행을 방해하였다.'는 이유로 원고에게 8개월의 입찰참가자격제한처분(이하 '이 사건 처분'이라 한다)을 하였다.

원고는 이 사건 천막의 제조에 사용된 원단에는 아무런 하자가 없을 뿐 아니라, 육안검사 대상인 가공 후 완제품에 가공 전 원단에 대한 이화학 검사방법을 적용하여 하자를 판정하는 것은 그 자체로 국방규격을 위반한 검사이다. 제조과정에서 원단의 내수도 및 발수도는 하락할 뿐 아니라 납품·보관 과정에서 접히거나 굴곡이 생기는 등 원래의 원단과 비교해 물적 특성이 상당히 변하므로 가공된 원단에 대한 검사결과를 들어 불량 원단을 사용한 완제품이라고 볼 수는 없다고 주장하였다. 나아가 이 사건 하자판정은 완제품에 대한 하자판정 요건도 충족하지 못하였다고 주장하였다. 국방규격에 따라 6,512개 천막 전부에 대하여 하자 판정을 하려면 최소 125개 이상의 샘플을 채취하여 그중 22개 이상의 샘플에 대하여 불량 판정이 이루어져야 함에도, 기품원은 이 사건 천막 중 샘플 4개만을 채취하여 그중 1개 샘플의 본체원단 및 바닥원단에 대한 시험결과에 근거하여 완제품 전량에 대하여 하자판정을 하였다. 이에 대해, 원고는 사전에 모든 원단에 대하여 기품원의 검사를 받았고, 사후 불시검사에도 응했으나 하자가 발견되지 않았다고 하고, 다만 추가된 원단 납품업체를 업무상 착오로 품질보증계획서에 추가하지 못하였으나, 해당 업체의 원단도 모두 검사를 받았기 때문에 그로 인한 검사 누락은 없었다고 하고 결국 이 사건 천막의 하자와 원고의 검사방해 사실 모두 인정되지 않으므로, 이를 전제로 한 이 사건 처분은 위법하여 취소되어야 한다고 하고 이 사건 처분은 그로 인하여 원고가 입는 경제적 불이익이 그 달성하고자 하는 공익에 비하여 현저히 커 비례원칙에 위배된다고도 주장하였다.

이에 대하여 법원은 이 사건 천막의 하자 인정 여부와 관련하여 피고가 제출한 증거들만으로는 이 사건 천막에 하자가 있다고 인정하기는 부족하다고 판단하였다. 그 이유로는 원고가 사용한 원단은, 그 가공 전 상태에서 기품원의 품질감사, 불시검사 뿐 아니라 원단 납품업체가 공인시험기관을 통해 실시한 시험결과 아무런 규격미달이나 하자가 발견되지 않았다고 하고 비록 원고가 2016. 10. 11.경부터 ○○으로부터 원단을 공급받기는 하였으나, 위 공급분을 포함한 원단에 대한 기품원의 2차례의 품질감사(2016. 10. 19.자, 2016. 10. 26.자)에서도 아무런 하자가 발견되지 않았으므로, 원고가 ○○을 품질보증계획서에 추가하지 않았다는 이유만으로 ○○텍스텍이 공급한 원단이 '불량' 원단이라고 단정할 수는 없다고 하였다. 또한 기품원의 마지막 품질감사 이후에 공급받은 원단 역시 기품원의 불시검사에서 아무런 하자가 발견되지 않았으므로, 단지 원고가 기품원에 이 부분 원단의 품질확인요청을 하지 않았다는 사정만으로 해당 원단에 '불량'이 있어 원고가 이를 숨기려 한 것이라고 추단할 수도 없다고 하였다. 더구나 이 사건 천막은 기품원의 완제품 검사를 거쳐 2017. 1. 12. 각 군부대에 납품되었고, 위 시료채취 당시 이 사건 천막은 1달 이상 각 군부대에 보관 중인 상태였고, 이처럼 완제품 검사까지 마치고 납품되어 매수인의 영역에서 1달 이상 보관되고 있었던 물품에 대하여 그 원자재의 결함을 인정하고, 나아가 이를 제재 처분의 사유로 삼기 위해서는 객관적이고 충분한 증거가 요구된다고 하였다. 나아가 총 6,512개 천막 중 1개 샘플에 대한 이 사건 시험결과에만 기초하여 이 사건 천막 '전량'에 하자가 있다고 보기도 어렵다고 하였다. 기품원은 이처럼 1개의 시료에 대한 이 사건 시험결과를 기초로 하자판정을 하면서, 국방규격에 따라 적용되는 표준 샘플링검사 방식(KS Q ISO 2859)상 로트 규모에 따라 요구되는 시료의 개수를 고려하지 않았다. 이에 대하여 피고는 위 샘플링 방식은 완제품에 적용되는 방식이지 원단에는 적용되지 않는다고 주장하나, 이 사건 천막이 모두 동일한 내수도, 발수도의 원단으로 제작되었다고 볼 만한 아무런 근거가 없는 상황에서 균일하게 제작된 원단에 대한 샘플링 방식을 적용하는 것은 이 사건 천막 전량에 대한 대표성을 갖지 못한다[더구나 국방규격에 따르면 완제품뿐 아니라 원단도 로트 규모(면적)에 따라 시료 수가 달라지므로, 피고 주장에 의하더라도 이 사건 천막 제작에 사용된 원단 전체의 면적을 고려하여 시료 수를 정하였어야 했다]고 판단하였다.

또한 원고의 검사방해 사실 인정 여부와 관련하여 법원은 원고가 이 사건 계약에 따른 납품이 지연된 상황에서 기품원에 2019. 11. 7. 이후 공급받은 원단에 대하여 품질확인요청을 하지 않음으로써 품질감사를 받지 않은 사실은 인정되나, ① 이 부분 원단에 대하여도 원단 공급업체가 공인시험기관의 시험검사를 받아 국방규격 충족 사실을 확인한 점, ② 원고가 품질확인요청확인을 하지 않은 주된 이유는 추가적인 지체책임을 면하기 위한 것으로 검사 자체를 회피할 의도는 없었던 것으로 보이는 점, ③ 결과적으로 품질감사를 받지 않은 부분의 원단에 하자가 인정되지 않는 점 등을 고려하면, 위와 같이 품질확인요청의 누락만으로 원고가 입찰참가자격제한의 사유로서 "감독 또는 검사에 있어서 그 직무의 수행을 방해"하였다고 보기는 어렵다고 하여, 원고의 이 부분 주장도 이유 있다고 하였다.[38]

나. 평가

이 사안은 대규모 방산비리 수사의 진행과 함께 전개되었다. 경찰청장은 2018년 10월 피고와 기품원장에게 "원고는 이 사건 계약 후 생산능력 부족 등으로 납품기한

---

38) 이에 대한 다음의 유사한 사례와 함께 비교검토하면 유익하다. 서울행정법원 2022. 7. 12. 선고 2021구합83680 판결[부정당업자제재처분취소(원고들이 이 사건 각 물품계약에서 요구하는 직접생산의무를 위반하여 다른 업체가 제조한 이 사건 물품을 원고들 스스로의 생산시설과 인력을 활용하여 생산한 것처럼 납품한 행위는 피고를 기망한 것으로서 그 자체로, 물품의 성능이나 품질과 무관하게 지방계약법 제31조 제1항 제1호 및 같은 법 시행규칙 제76조 제1항 [별표 2] 제3호 나목에 따라 '계약을 이행할 때 부실·조잡 또는 부당하게 하거나 부정한 행위를 한 자'에 해당한다고 봄이 타당하다고 한 사례)]; 서울행정법원 2022. 8. 16. 선고 2020구합71185 판결[입찰참가자격제한처분취소(이 사건 규정은 설계서 등 일정한 기준보다 낮은 부정한 시공을 한 계약상대방 등에 대해 적용되는 규정으로서, 원고 회사가 부실·조잡하게 계약을 이행한 이 사건과 가장 유사하다고 볼 수 있다고 전제하고, 원고 회사는 재정분석시스템 내 취약점에 대한 보완 조치를 불완전하게 이행하였다. 이로 인해 사용자가 불법적인 해킹 도구나 방법을 사용하지 않고도 단순한 조작에 의해, 자유롭게 시스템에 드나들고 비인가 정보에 접근하여 다운로드 받는 등 재정정보시스템의 접근 권한 체계가 무력화되었다. 이는 이 사건 계약의 규격서인 제안요청서에서 요구한 기술적 보안 수준에 미치지 못하는 낮은 수준의 보안을 제공한 것으로서, 이 사건 규정에서 예시하는 '설계서상의 기준규격보다 낮은 다른 자재를 쓰는 등 부정한 시공'에 준한다고 봄이 타당하다고 한 사례)].

을 초과하여 높은 배상금이 예상되자, 품질검사를 고의로 누락한 저질 원단으로 불량 천막 6,512세트(18억 6천여만 원)을 제조하여 피고 등을 기망하고 군에 납품하였다" 는 취지의 범죄사실로 위 사건을 '기소의견'으로 검찰에 송치하였다는 수사결과를 통보하였으나, 사건을 수사한 담당 검사는 '품질감사를 받지 않은 원단에 하자가 있었다고 단정하기 어렵고, 원고가 품질검사를 받지 않은 것을 두고 곧바로 기망행위라고 볼 수도 없다.'는 이유로 불기소처분을 하였다. 이후 법원도 품질보증기관에 의하여 정규 품질검사는 말할 것도 없고 불시에 실시된 품질검사에서도 모두 국방규격에 적합하다는 판정을 받은 원단으로 제작하여 납품한 총 6,512개 천막 중 1개 샘플에 대한 시험결과만으로 전량에 대한 하자처리한 것에 대한 의미있는 지적을 하고 있다. 법원은 원고가 ① 계약의 이행을 조잡하게 하지도 않았고, ② 계약의 하자보수의무도 부담하지 않으며, ③ 품질보증기관의 감독 및 검사에 있어서 그 직무의 수행을 방해하지도 않았다고 판결하였다.

 ## 기타공공기관의 입찰에 허위서류를 제출

가. 의료기기 변경신고를 완료하지 않은 허위서류의 제출

이 사건[39]의 사실관계에 따르면 원고는 2019. 4. 29. 식품의약품안전처장에게 이 사건 수입허가에 관하여 이 사건 시약이 사용되는 의료용 면역발광측정장치에 N을 추가한다는 취지의 경미한 변경사항을 보고하였고, 식품의약품안전처장은 위 보고에 따라 의료기기법 제12조에 따른 변경허가 절차가 이행된 것으로 간주하였다. 이에 따라 이 사건 수입허가증의 '모양 및 구조' 항목에는 이 사건 시약이 'C 및 N(의료용 면역발광측정장치, A22175, [1], E)을 이용하여 각종 바이러스의 항체 등을 검출하는 체외진단분석기용 시약'이라는 내용이 기재되었다.

---

39) 춘천지방법원 원주지원 2022. 7. 7. 선고 2021가합5351 판결(입찰참가자격제한처분 무효확인, 인용).

피고는 2019. 8.경 식품의약품안전처에 '원고가 이 사건 시약의 분석장비로 N을 제안한 것이 의료기기법 위반에 해당하는지 여부'에 대한 조사를 의뢰하였다. 서울지방식품의약품안전청장은 2019. 11. 28. 원고에게 '이 사건 입찰과 관련하여 식품의약품안전처의 허가사항과 상이한 제품을 응찰한 것이 확인된바, 향후 이러한 문제가 반복되지 않도록 응찰 제품의 관리에 만전을 기하도록 시정명령하니 이를 적극 이행하라.'라는 취지의 시정 및 예방조치 등 명령을 하였다. 또한, 식품의약품안전처장은 같은 날 피고에게 '원고에게 향후 응찰 제품의 관리에 만전을 기하도록 시정명령을 하였다. 다만, 단순 입찰 행위만으로는 의료기기법상 행정처분 대상에 해당되기는 어렵다.'라는 취지로 회신하였다.

피고는 2020. 2. 18. '원고가 이 사건 입찰에 참여하면서 의료기기 변경신고를 완료하지 않은 허위서류를 제출하였다.'라는 이유로 원고에게 입찰참가자격을 6개월간 제한하는 처분(이하 '이 사건 처분'이라 한다)을 하였다.

이에 원고는 N에 관하여 수입신고(변경신고)를 마쳤고, 이 사건 시약에 관하여도 수입허가를 받았다. C와 N은 체외진단용 분석기 동일제품군에 속하는 사실상 같은 분석장비이고, N에 관하여 C와 동일한 신고번호로 변경신고가 완료되었으므로, N을 이 사건 시약의 분석장비로 추가하기 위한 변경허가는 필요하지 않다고 주장하고, 결국 원고는 이 사건 입찰에 허위서류를 제출한 사실이 없으므로, 이 사건 처분은 처분사유가 존재하지 않는다고 주장하였다. 또한 이 사건 시약의 분석장비로 N을 추가하기 위해 변경허가(이하 '이 사건 변경허가'라 한다)가 필요하다고 보더라도, 이는 경미한 변경사항에 불과하므로 원고는 변경내용을 적은 문서를 제출하기만 하면 변경허가를 받은 것으로 간주된다고 주장하였다. 이 사건 입찰은 입찰금액에 예정가격을 초과하여 유찰되었을 뿐이고, 원고가 제안한 장비의 성능이나 안정성 등에는 아무런 문제가 없었다고 하고, 이러한 제반 사정들에 비추어 볼 때 변경허가 없이 입찰에 참여한 원고의 행위는 공정한 경쟁이나 계약의 적정한 이행을 해칠 것이 '명백'한 경우에 해당하지 않는다고 주장하였다.

이에 대해 법원은 원고가 이 사건 입찰 과정에서 허위서류를 제출하였다는 사실 및 원고가 이 사건 시약의 분석장비로 N를 추가하는 변경허가를 받지 않은 행위가 공정한 경쟁이나 계약의 적정한 이행을 해칠 것이 '명백'한 경우에 해당한다는 사실을 인정하기에 부족하다고 판시하였다.

다만, 이 사건 제안서 중 이 사건 시약 중 3종의 명칭에는 'N'이 기재되어 있는 점, 피고는 이 사건 입찰 공고에서 입찰 대상인 면역검사시스템 전반에 관하여 적법한 신고 또는 허가를 얻을 것을 요구한 점을 종합하여 보면, 이 사건 제안서에는 이 사건 시약이 피고가 요구한 신고 또는 허가요건을 모두 충족하였다는 취지, 즉 이 사건 시약의 분석장비로 N을 사용하는 것이 관련 법령상 가능하다는 원고의 입장이 묵시적으로 표명되었다고 볼 여지가 있다고 하면서도 구 국가계약법 시행령 제76조 제1항 제1호 가목은 '허위서류를 제출한 자'를 '서류를 위조·변조하거나 부정하게 행사한 자'와 동일하게 나열하고 있으므로, 허위서류의 제출은 작위나 명시적인 입장표명을 전제로 한다고 보아야 하고, 부작위나 묵시적인 입장표명만으로는 허위서류 제출의 범주에 포섭된다고 볼 수 없다고 하였다.

결국 원고가 이 사건 제안서에 명시적으로 '이 사건 시약의 분석장비로 프리즘 넥스트를 추가하는 변경허가를 받았다'는 등의 구체적 사실을 기재하지 않은 이상, 설령 원고가 묵시적으로 위와 같은 입장을 표명하였다고 하더라도 이는 신고 또는 허가요건 충족 여부에 대한 원고의 추상적이고 일반적인 의견 내지는 판단을 표시한 것에 불과하고, 이러한 묵시적 의견 내지는 판단에 사소한 오류가 있다고 하여 이를 허위서류를 제출한 것으로 평가할 수는 없다고 판시하였다.

이 사건 처분은 단지 원고를 피고가 시행하는 입찰에 참가시키지 않겠다는 뜻의 사법상의 효력을 가지는 통지행위에 불과하고(대법원 2010. 11. 26.자 2010무137 결정 등 참조), 이 사건 처분에 관하여는 원칙적으로 사적자치와 계약자유의 원칙 등 사법의 원리가 그대로 적용된다(대법원 2014. 12. 24. 선고 2010다83182 판결 등 참조)고 전제한 다음, 이 사건 처분에 이 사건 운영규정을 위반한 중대한 하자가 존재하는 등 이를 무효로 하지 않으면 공공계약의 공공성과 공정성을 유지하기 어렵다고 할 만한 특별한 사정이 있는 경우 이 사건 처분은 무효가 된다고 봄이 타당하다(대법원 2014.

12. 24. 선고 2010다83182 판결 등 참조)고 하여 관련 법리 및 이 사건 처분의 효력판
단기준을 제시하고 있다.

결국 이 사건 처분에는 이 사건 운영규정 제14조 제1항에서 정한 입찰참가자격
제한처분의 발령요건을 충족하지 않은 중대한 하자가 존재하고, 이를 무효로 하지 않
으면 공공계약의 공공성과 공정성을 유지하기 어려운 사정이 존재한다고 봄이 타당
하므로, 이 사건 처분은 효력이 없고, 피고가 이 사건 처분의 효력 유무를 다투고 있는
이상 원고는 이 사건 처분의 무효 확인을 구할 이익이 있다고 판시하였다.

나. 평가

공공기관 중에서도 기타공공기관의 지위는 상당히 특별하다. 구체적으로는 수입
된 의료용 면역발광측정장치 시약의 변경사항을 입찰시에 보고하지 않은 것 자체만
으로는 허위서류를 제출한 것으로 볼 수 없다는 것이다. 상급심에서 충분히 다투어졌
으면 허위서류 제출 이외에도 여러 입찰참가자격 제한 사유의 판단에 의미 있는 판결
로 활용될 수 있을 사안이다.

그 외에도 법원은 입찰참가자격제한처분의 효력 유무를 다투고 있음에도 행정사
건이 아닌 일반 민사사건으로 처리하고 있다. 소송 실무에서 해당 사건이 민사법원 관
할인지 행정법원 관할인지에 대한 판단이 용이하지 않은 경우가 있다. 행정사건을 민
사법원에 소제기하여 재판하면 전속관할 위반으로 절대적 상고이유가 되나 성질상 민
사사건을 행정법원에 소제기하면 특별한 사정이 없는 한 민사사건을 행정소송 절차
로 진행한 것 자체가 위법하다고 볼 수 없고(대법원 2018. 2. 13. 선고 2014두11328 판
결), 그 외에도 행정법원에 취소소송이 심리중인 경우에는 사실심의 변론종결시까지
손해배상, 부당이득금반환, 원상회복 등 관련청구소송을 병합할 수도 있다. 그러므로
"의심스러울 때는 행정법원으로"를 원칙으로 소제기 법원을 결정하는 것이 현명하다.

코로나19 등으로 인한 계약이행 지연과 계약포기

가. 공동수급체에서 탈퇴하여 사업포기

이 사건[40]의 사실관계에 따르면 피고 C자치단체는 2019. 10. 16. 나라장터에 'D'(이하 '이 사건 용역사업'이라 한다) 용역의 입찰을 공고하였다.

원고는 주식회사 E, 주식회사 F, 주식회사 G, 주식회사 H와 함께 공동수급체 'B 컨소시엄'을 구성하여 입찰에 참가하여 이 사건 용역사업을 수주하고, 2019. 12. 5. ○○시와 사이에 용역계약을 체결하였다. 그러나 이후 원고가 피고의 요구사항을 이행하지 못하는 등으로 공정률이 지속적으로 예정보다 부진하던 중, 원고는 2020. 9.경 이 사건 공동수급체에 탈퇴 의사를 피력하였고 이 사건 공동수급체는 이에 동의하였다. 이어 원고는 그 무렵 피고에게 이 사건 용역사업에 관하여 코로나19 감염병의 유행 등의 사유로 지속적인 공정 지연이 발생하던 중 이 사건 공동수급체에 원고가 마련한 사업완료계획을 제시하였으나 구성원들과 합의에 이르지 못하여, 이 사건 용역사업을 기한 내에 완수하기 어렵다고 판단하여 구성원 전원의 동의를 얻어 이 사건 공동수급체에서 탈퇴하였고, 이 사건 용역사업을 포기하겠다.'는 내용의 사업포기 각서 및 사유서를 제출하였다.

피고는 원고의 탈퇴와 계약포기를 승인한 다음 2020. 12. 29. 원고에게 '계약포기에 따른 계약미이행'을 이유로 지방자치단체를 당사자로 하는 계약에 관한 법률(이하 '지방계약법'이라 한다) 제31조 제1항 제9호 나목, 지방계약법 시행령 제92조 제2항 제2호 가목, 지방계약법 시행규칙 제76조 제1항, [별표 2] 제17호 가목에 따라 5개월의 기간 동안 입찰참가자격을 제한하는 처분을 하였다.

원고는 계약포기에 공동수급체 구성원이 중도 탈퇴하거나 코로나19 감염병이 유행하는 등으로 사업을 제때 진행하기 어려운 사유가 있었으며, 특히 피고는 이 사건 용역계약의 내용에 포함되어 있지도 않은 공공디자인심의, 도로굴착심의를 받을 것

---

40) 인천지방법원 2022. 6. 30. 선고 2021구합51496 판결(기각).

을 요구하고, 이 사건 용역사업에 따라 설치될 시설상 안전인증 등 관계 법령상 인증 대상에 해당하지 않음에도 인증을 받을 것을 요구하여 이 사건 용역사업이 제대로 진행될 수 없었다는 사유를 제시하였으나 법원은 받아들이지 않았다.

나. 평가

피고가 코로나19 감염병으로 인하여 납품기간 연장마저도 부인하였으면 발주기관에 상당한 귀책을 인정할 수 있을 것이지만 원고 스스로가 계약포기를 결정하여 놓고 계약포기를 공동수급체 구성원뿐만 아니라 피고도 이를 승인하였으므로 계약포기에 정당한 사유가 있다고 주장하는 것은 논리적이지도 않고 계약포기의 정당성에 대한 이해가 전혀 없는 행위로 보인다.[41]

정부조달계약의 공공성은 공공계약으로서의 가장 우선적인 특징이자 핵심요소이다. 공공계약 당사자인 원고는 기존에 체결한 일반적 민사 계약 중의 하나로 생각하여서는 안 되고 자치단체가 수행하는 공적임무의 수행에 필요한 용역수행자로서 특별히 요구되는 요소들이 있다. 안타깝게도 많은 공공계약 입찰자와 낙찰자는 이러한 특별한 지위에 대하여는 관심이 없고 오로지 계약의 체결에만 관심이 편중되어 있는 것이 공공계약 실무현장의 모습이다. 공공계약 실무와 이론 사이 어디쯤에 이러한 문제를 해결할 수 있는 시스템이나 기관의 존재가 절실히 필요해 보인다.

---

41) 그 외에도 계약을 이행하는 행위에 행정법규가 정하는 허가 등의 자격이 요구되는 경우 계약을 이행하는 데에 적합한 자격요건을 갖추는 것은 채무자의 의무에 속하는 것이므로, 폐기물처리업 영업정지 처분으로 인하여 원고가 이 사건 용역계약에 따른 용역 업무를 수행하는 데 필요한 허가를 결여하게 된 결과 그 용역 업무를 수행하지 못하게 되어 결국 계약불이행을 하게 된 경우에도 입찰참가자격제한처분취소를 하여야 한다는 취지에는 대구지방법원 2020. 6. 18. 선고 2020구합20080 판결 참조.

⟨15⟩ 입찰참가자격 미비를 사유로 부적격 처리

가. 최소 참여지분율 미달

이 사건[42]의 사실관계에 따르면 피고는 2018. 5. 28. ○ 신축공사(이하 '이 사건 공사'라 한다)에 관하여 입찰을 공고하였다. 위 입찰 공고는 4차례의 변경을 거쳐 2018. 7. 5. 그 내용이 최종적으로 확정되었고, 이 사건과 관계되는 주요 내용은 아래와 같다(이하에서는 2018. 7. 5.자 입찰 공고에 따른 입찰을 '이 사건 입찰'이라 한다).

원고들은 이 사건 공사 중 건축공사 부분에 대하여는 원고 L 주식회사(이하 '원고 L'이라 한다)가 100%, 소방공사 부분에 대하여는 원고 L이 40%, 원고 주식회사 M(이하 '원고 M'이라 한다)이 60%를 각 이행하기로 하는 공동수급체(이하 '이 사건 공동수급체'라 한다)를 구성하여 이 사건 입찰에 참가하였다. 2018. 7. 11. 이 사건 입찰에 대한 개찰 결과 이 사건 공동수급체가 제1순위 적격심사대상자, P 주식회사가 대표사인 공동수급체(이하 'P 공동수급체'라 한다)가 제2순위 적격심사대상자로 각 선정되었다.

피고는 적격심사에서 이 사건 공동수급체가 공동수급체 구성원의 최소 참여지분율 10% 이상의 요건을 구비하지 못한다는 이유로 부적격 처리하였고, 2018. 7. 18.경 원고 L에게 위와 같은 취지를 알렸다. 피고는 P 공동수급체에 대한 적격심사를 진행하여 이 사건 입찰의 낙찰자로 P 공동수급체를 선정하였고, 2018. 7. 24. P 공동수급체와 공사계약을 체결하였다.

이에 원고는 이 사건 공동수급체는 이 사건 공사 중 건축공사와 소방공사를 분담이행방식으로, 소방공사를 공동이행방식으로 결성한 공동수급체이고, 이 사건 입찰 공고에 따르면 공동수급체 구성원의 최소 참여지분율은 공동이행방식인 소방공사 부분만을 기준으로 하여 산정되어야 한다고 하고 피고가 공동수급체 구성원의 최소 참여지분율을 이 사건 공사 전체를 기준으로 산정하여 이 사건 공동수급체를 부적격 처

---

42) 광주고등법원 2022. 5. 12. 선고 2020나23829 판결; 광주지방법원 순천지원 2020. 9. 17. 선고 2018가합12651 판결(원고청구 기각).

리한 것은 위법하다고 주장하였으며, 이 사건 공동수급체는 적법한 낙찰자의 지위에 있었으나 피고가 정당한 이유 없이 이 사건 공사계약의 체결을 거절하였으므로, 피고는 이 사건 공동수급체의 구성원인 원고들에게 이행이익 상당의 불법행위에 기한 손해배상책임이 있다고 주장하였다.

이에 대해 1심[43]은, 공고문에서 정한 공동수급체의 최소 참여지분율에 대하여 이 사건 입찰 공고에서 정한 공동수급체 구성원의 최소 참여지분율은 건축공사와 소방공사를 포함한 이 사건 공사 전체를 기준으로 산정하여야 하여야 한다고 하여 원고 M의 참여 지분율은 6.348%(= 이 사건 공사 중 소방공사 부분의 기초금액 비율 10.58% × 원고 M의 소방공사 이행 비율 60%)이므로 이 사건 공동수급체는 공동수급체 구성원의 최소 참여지분율 요건을 충족하지 못하였으므로 피고의 부적격 처리는 적법하다고 판시하였다.

이에 반하여 항소심[44]에서는, "피고가 이 사건 입찰 공고의 공동도급에 관한 사항을 이 사건 입찰 공고의 해당 문구, 즉 "공동수급체의 대표자는 공사 참여지분율이 50% 이상인 업체로 하며, 공동수급체 구성원의 최소 참여지분율은 10% 이상으로 하여야 한다."는 문장을 관련 규정이나 오랜 기간 형성되어 온 공공공사에 대한 공사입찰거래의 실제를 고려하면 이 사건 공동수급체 구성원의 최소 참여지분율을 공사 전체를 기준으로 산정하기로 정하였다거나 그와 같은 취지를 공고하였다고는 도저히 인정하기 어려운바, 이 사건 입찰 공고에서 요구하는 최소 참여지분율도 주 공사인 건축공사 부분만을 기준으로 산정되어야 한다고 봄이 타당하므로 이 사건 공동수급체는 이 사건 입찰 공고에 따른 입찰참가자격에 아무런 흠결이 없었음에도 불구하고, 피고는 당초 입찰 공고에서 요구하지도 않은 부당한 이유를 들어 제1순위 적격심사대상자인 이 사건 공동수급체에 대하여 부적격 처리를 하였다고 할 것인바, 이로 인하여 그 구성원인 원고들에게 공사계약 체결을 거절함으로써 손해를 입게 하였으므로, 피고는 원고들에게 불법행위에 기한 손해배상책임이 있다고 1심의 결론과는 달리 판시하였다.

---

43) 광주지방법원 순천지원 2020. 9. 17. 선고 2018가합12651 판결(원고청구 기각).
44) 광주고등법원 2022. 5. 12. 선고 2020나23829 판결(낙찰자지위확인청구 등, 원고청구 인용).

나. 평가

적격심사는 가장 널리 활용되는 낙찰자 결정 방법이다. 입찰공고시에 각종 입찰 참가자격을 요구하는 경우, 투찰 이후 1순위 적격심사대상자로 선정된 이후 각종 심 사자료를 제출하도록 하고 이를 심사하여 기준에 부합하면 바로 낙찰자로 결정하고 계약을 체결하게 된다. 하지만 위 적격심사에서 입찰참가자격을 포함한 공고사항에 미흡한 점이 발견되면 부적격 처리하고 차순위자를 적격심사대상자로 선정하여 다 시 심사하게 된다. 실무상 입찰공고시에 제시되는 입찰참가자격 사항이 공공계약에 부합하지 않는 경우도 허다하고, 그 자격의 해석이 명확하지 못하여 다양한 분쟁을 야기한다.

계약담당공무원의 전문성은 이러한 입찰공고문 작성에서 여실히 드러나므로 발 주기관으로서는 공공계약 분야에 충분한 경험을 갖추지 못한 계약담당자가 공고업무 를 하게 될 때는 기관 외부의 전문가에게라도 충분한 자문을 구하기를 권고한다. 입 찰참가자격에 관한 사항은 정부조달계약의 실질적 경쟁 확보에 대단히 중요한 역할 을 하게 된다. 사후적 입찰참가자격제한 처분 이상으로 입찰 경쟁의 공정성과 공공 성이 담보되어야 그에 부합하는 낙찰자가 선정되고 공정한 입찰을 거친 계약상대방 은 계약이행 단계에서도 입찰공고에 부합하는 납품이 될 가능성이 높게 된다. 이로 써 불필요한 계약불이행을 사유로 입찰참가자격제한처분을 받는 국민이 감소하게 되 는 것이기도 하다.

현행 입찰참가자격제한에 대한 새로운 대안 제시 필요성

앞에서 우리나라에서 전개된 다양한 사례와 그와 함께 주로 검토되는 입찰참가자격제한에 대한 해석론적 논의를 설명하였다. 시각을 달리하여 입찰참가자격제한 또한 정부조달법에 근거한 것이므로 정부조달법규범이 다른 법규범과 구별되는 독립된 규범으로 존재하는 것에 상응한 본질적인 기본원칙의 관점에서 검토해 볼 수 있을 것이다. 한편 지금껏 정부조달법의 기본원칙에 대한 논의는 충분히 이루어지지는 않고 있다.[1]

그러나 글로벌 스탠다드로서 정부조달법의 기본원칙은 대체로 다음의 것으로 제시할 수 있을 것이다. 즉 경쟁원칙, 경제성원칙, 투명성원칙, 비례성원칙, 평등대우원칙이고 중소기업우대원칙이나 사회적기업 배려원칙 등은 정부조달의 정책집행적 기능에 따른 원칙으로 자주 설명된다. 그외에도 공법상의 제원칙들[2]이 정부조달법에도 중요한 가이드라인이 될 것이다.

---

1) 자세한 것은 김진기, 『정부조달법 이해』[법률신문사(2쇄), 2020], 81면 이하; 김진기, "정부조달법 기본원칙-대법원 2017. 11. 9. 선고 2015다215526 정산금-", 홍익법학 제19권 제1호(2018), 597면.

2) 정부조달의 헌법적 기초에 대해서는 김진기, "헌법적 문제로서 한국 정부조달제도의 몇 가지 이슈", 저스티스 통권 제170-3호(2019. 2), 434면(444면 이하).

기존의 입찰참가자격제한에 대한 공법상의 원칙들에 근거한 여러 비판적 논의에 기본적 동의를 표하지만 정부조달제도의 중요한 페널티 시스템으로서 계약당사자 모두에게 대단히 중요한 처분인 입찰참가자격제한에 대하여 정부조달법의 관점으로 다시 재평가하여야 한다. 주로 법률유보, 비례성원칙 등 공법상 주요 원칙과 도그마를 입찰참가자격제한의 실무에 투영한 것을 정부조달법의 기본원칙을 중심으로 적용가능한 투명성원칙, 비례성원칙, 평등대우원칙으로 재평가하여야 한다.

이러한 정부조달의 기본원칙을 구현하고자 하는 비판적 검토이지만 기본적으로는 공법상 제원칙을 기준으로 하고 있으므로 정부조달법 고유한 독자적 평가가 되지 않아 여전히 미흡하다. 무엇보다 정부조달법의 가장 중요한 이슈인 경쟁의 원칙이나 경제성 원칙을 적용할 만한 논의나 비판은 찾아 볼 수 없었다는 점은 대단히 아쉽다.

뿐만 아니라 현행 입찰참가자격제한제도에는 지속적으로 제한사유가 증가하고 있다. 정부조달제도의 중요성이 강조될수록 제도를 부당하게 악용하는 부정당업자에 대한 응징이 더욱 필요하게 되었다. 언론과 국회의 지적을 언급하지 않더라도 집행정지 제도를 통한 즉시적이고 실질적인 제재로서의 역할에 대한 의구심 또한 증가하고 있는 것 또한 사실이다.

그와 함께 입찰참가자격제한제도에 대한 많은 법해석적 문제 제기가 있어 왔다. 판례에서도 다양한 논점으로 입찰참가자격제한을 제한적으로 운용하도록 법치주의적 통제를 하고 있다.

무엇보다 입찰참가자격제한이 기업에 실질적 사망선고가 되고 있는 것에는 제도의 취지가 제대로 살려지고 있는 것인지에 대한 근본적 회의가 생기기도 한다. 한번 낙인 찍힌 기업은 제재기간이 도과한 후에도 다양한 보이지 않는 후속피해를 유발하고 있다. 그래서 우리나라에서는 한 사람이 실질적으로 여러 회사를 소유하고 있는 것이 지혜로운 경영자로 이해되기도 한다. 같은 대표가 가족과 친인척들을 동원하여 여러 회사를 만들어 놓고 한 회사가 입찰참가자격제한 받으면 자기 소유의 다른 회사를 입찰에 참가시키는 등으로 입찰참가자격제한을 형해화 시킨다.

정부조달 입찰에서 낙찰만을 받고 계약권을 양도하고 수수료를 챙기는 소위 핸

드폰기업이 등장할 수 있는 것도 이러한 여건을 용인하기 때문이기도 하다. 결국 실질과 형식이 동일하지 않도록 제도가 운영되고 있음에도 국가는 짐짓 알지 못하는 채하고 있는 형국이다.

또 국가의 행위 형식이 대단히 다양해졌다. 사회기반시설에 대한 민간투자법(이하 '민간투자법'이라 한다)에 따른 정부조달, Concession, In-House Procurement은 이제 고전적 정부조달형식의 하나가 되어가고 있다.[3] 코로나19의 펜데믹 상황에서 공적마스크 제도 운영과 같이 새로운 위기 상황에 대처하는 정부조달 방법이 필요하고 이러한 조달상황에서 부정당업자에 대한 적절한 제재가 입찰참가자격제한일수는 없어 보인다.[4]

무엇보다 우리나라 기업은 대한민국에서만 영업활동을 하지는 않는다. 그야말로 글로벌 사회이다. 이를 위해 GPA, FTA가 국제사회 거래규범으로 작동하고 있다. 그래서 무차별주의, 호혜주의를 근본원칙으로 내세우고 있다. 하지만 세부적으로는 정부조달시스템의 국민경제적 소득 환류시스템으로서의 역할이 강조되면서 각국은 자국 기업 우선주의를 취하고 있다. 미국은 공개적으로 Buy American Act를 공표하고 있다. 이런 상황에 한국 기업이 부정당제재를 당하면 어느 외국의 정부조달시스템에도 접근하지 못한다. 외국 정부조달시장에 국한되지 않을 것이다. 물론 가격과 품질이 월등한 분야라면 다를 수 있으나 일반적 분야는 시장 참여자체가 금지된다. 이러한 배경에서 외국은 정부조달분야에서 다른 길을 가고 있다. 우리나라도 외국의 변화상황을 잘 살펴보는 것이 필요하다.

지금까지 우리나라 입찰참가자격제한제도를 심층 검토하였고, 많은 문제와 한계를 드러내었다. 다음 장(章)에서는 이에 대한 새로운 대안(代案)으로서 EU와 독일의 자율시정제도를 주로 소개한다.

---

3) 이에 대하여는 김진기, "동아시아 정부조달법 발전방향 – 동아시아연합(EAU)을 염두에 두고 –", 저스티스 통권 제158-3호(2017. 2), 395면(396면 이하).

4) 특히 방위사업에 대한 광범위한 혜안을 주는 자료로는 김현수, 『방위사업법의 이해』(청출어람, 2021); 김형동, 『판례로 보는 군법』(박영사, 2022); 양창호, 『부정당업자 입찰참가자격 제한 해설』(리걸플러스, 2017); 윤대해, 『판례로 이해하는 공공계약』(박영사, 2021) 각 관련 부분 참조.

제3장

경쟁 확대를 위한
자율시정제도

앞서 제2장에서 입찰참가자격제한의 여러 현황과 문제점을 제시하였다. 특히 입찰참가자격제한 제도를 다룬 최근 대법원 판례와 하급심 판결의 동향과 유형을 분석함으로써 다양한 문제점과 이슈를 도출하였고, 그 외에도 공법적 관점에서 다양한 검토를 했다. 입찰참가자격제한은 침익적 처분이고 제재로서의 성질이 대단히 강한 처분이므로 수범자로서는 쉽게 받아들이지 못하는 본래적 속성 또한 없지 않다.

그 외 글로벌 스탠다드로서 정부조달법에 관통하는 글로벌 기본원칙을 제시한 바 있고, 이러한 원칙들에 근거하여 이론과 실무례를 검토하였다. 그러나 여기에서도 경쟁원칙이나 경제성원칙을 핵심으로 다룬 논문이나 판례이론을 찾아볼 수 없었다. 정부조달의 문제를 법학에서 다루다 보니 경제성이나 경쟁확대 혹은 경쟁제한금지를 정부조달 분야에서 천착한 연구사례는 발견하기 어려웠다.

그러나 정부조달 시스템의 가장 중요한 가치는 경쟁을 통하여 가장 경제적으로 조달하는 것이다. 이러한 관점에서 과다한 입찰참가자격제한으로 제도 본연의 취지를 몰각하는 순간 입찰참가자격제한제도 자체가 경쟁과 경제성이라는 정부조달 핵심원칙에 걸림돌이 된다.

이 장(章)에서는 입찰참가자격제한의 새로운 모델에 대한 검토로서 침익적 처분인 입찰참가자격제한의 본질적 한계를 넘어 입찰참가자격제한사유가 있음에도 입찰참가자격제한을 하지 않고 계속적으로 입찰에 재참여 시키는 제도인 자율시정제도를 본격적으로 서술하고자 한다.

자율시정제도는 EU와 독일에서 가장 선구적으로 시행하고 있는데 이러한 자율시정제도가 탄생할 수 있는 배경으로 작용하고 있는 입찰참가자격제한의 새로운 모델에 대한 고민 과정을 도입부에서 제시하겠다. 그 다음으로 EU차원에서는 어떤 입찰참가자격제한 사유를 두고 있는지 등에 대한 검토를 하고, EU회원국 중에서 가장 모범적인 제도를 운영하고 있는 독일의 입찰참가자격제한 사유도 함께 검토함은 물론이고 EU가 제안하고 독일이 가장 선진적으로 발전시키고 있는 정부조달법상 입찰참가자격제한을 대체하는 새로운 제도로서 자율시정제도를 분석하겠다.

이 부분은 이 책에서 가장 중심적인 부분이라고 할 수 있으므로 독일 정부조달법의 자율시정제도에 대하여는 단순히 소개하는 정도를 넘어 좀 더 심층적으로 고찰해 보고자 한다. 새롭게 정비되고 발전되는 판례 분석과 이론적 논의도 가급적 최근까지 정리해 보겠다. 독일정부조달법상 자율시정제도는 EU법에서 연원하였으므로 EU정부조달법상 자율시정제도를 우선적으로 살펴보고 그 다음으로 독일이 어떻게 구체적으로 발전시켜 제도화하였는지 살펴보는 방식으로 서술하겠다.

마지막으로 이러한 자율시정제도에서 어떠한 시사점을 발견할 수 있는지 분석할 텐데 가장 우선적으로 조달시스템의 경쟁을 통한 경제적 조달이라는 정부조달활동의 최우선 가치를 실현할 수 있게 되도록 정부조달 핵심원칙으로서 경쟁원칙과 경제성원칙의 상관관계의 정립이 필요하다. 이를 위해 다른 원칙들도 함께 소개하며 우리나라 정부조달법에도 기본원칙의 정립 필요성을 언급한다. 이와 함께 EU가 제시한 자율시정제도를 자신에게 맞게 체화함은 물론이고 깔끔하게 정돈하여 시행하고 있는 독일의 현황을 통하여 우리나라의 입찰참가자격제한 제도의 새로운 대안으로서 도입 여부 가능성 검토를 해보겠다.

자격제한의 새로운 모델에 대한 검토

 자격제한에 대한 경쟁법적 재검토

정부조달의 가장 기본적인 메커니즘은 경쟁방식을 기초로 한 입찰에 의하도록 하고 있다. 이러한 방식은 고대 그리스 로마 시대에도 다르지 않았다. 당시에도 대규모 사원이나 상수도 시설 또는 그에 상응하는 대형 조형물 공사는 입찰절차를 통하여 개인 사업자로부터 조달하였다.[1] 1670년경의 프랑스에서는 지방 행정기관의 입찰절차 준수를 강조하는 지침이 발견되기도 한다.[2] 그러한 전통은 제도로 정착하여 현재 EU회원 제국 정부조달법의 연원을 이루고 있다. 예나 지금이나 간과하면 안 되는 것은 경쟁을 통한 효율적인 조달을 위해 입찰참가자의 경쟁을 조직화하고 실질화하는 것은 반드시 필요하다는 것이다. 즉, 입찰참가자의 경쟁을 보장하는 것은 정부조달법의 적용과 집행을 위한 핵심적 요체인 것이다. 그래서 입찰참가자가 경쟁을 회피하거나 위법한 행위를 하는 것으로부터 공공발주기관을 보호하는 시스템은 필수 불가결하다. 정확히는 공공발주기관만을 보호하는 것이 아니라 정부조달 참여자 전체를 보호한다는 것이 옳은 표현이다. 우선적으로는 공공발주기관도 국민경제 구성

---

[1] Byok/Jaeger, Kommentar zum Vergaberecht 2.Aufl. 2002, Rn.2.
[2] Kunert, Staatliche Bedarfsdeckungsgeschäfte und Öffentliches Recht, Berlin 1977, S. 30ff.

체의 하나이므로 원칙적으로 형사법이나 공정거래법은 중요한 보호시스템이라고 할 수 있을 것이다. 이와 함께 정부조달법 자체가 보유한 유효한 보호시스템으로서 입찰참가자격제한을 들 수 있다. 이러한 점에서 입찰참가자격제한조치는 효율적인 국가의 시장경제시스템의 본질적인 구성요소를 보호하고 책임과 분업 개념에 입각한 조치로 볼 수 있다.

정부조달제도는 국가의 재정지출과 연관되어 있는 시스템이다. 종래 공공발주기관이 체결하는 조달계약의 공공적 성격에 착안하여 발주기관의 보호가 중요시 되어 왔다. 그래서 정부조달법 시스템은 범죄와 연관된 기업이거나 국가계약을 수행하기에 적절하지 않은 입찰참가예정자를 걸러 내는 장치를 발전시켜 왔다. 국가의 상황에 따라 법률로 제한사유를 정한 국가도 있고, 법률의 형식이 아닌 훈령이나 규정으로 입찰에 참여하지 못할 사유를 정해 놓기도 하였다. 2004년 EU공공조달지침 제45조가 입찰참가자격제한을 규정한 이후 2014년 EU공공조달지침 제57조가 재확인하고 있다.

그러나 기업이나 개인이 정부조달절차에서 입찰에 참여하여 낙찰을 받고 계약체결을 통하여 기업의 지속성과 영업수익을 확보하는 경제활동은 직업선택의 자유, 영업의 자유 등의 기본권 목록을 비교해보지 않더라도 당연히 헌법이 보장하고 있는 기본권 실현 사항이고 국가는 이를 보장해 주어야 하는 것이다. 이에 따라 발주기관이 발령하는 입찰참가자격제한은 말할 것도 없고 입찰참가자에 대한 광범위한 불이익한 처분, 무엇보다 정부조달 기본원칙에 부합하지 않는 입찰절차의 진행 등에 따른 다양한 부당한 조치에 대하여 입찰참가자의 권리구제도 중요시되었다. 특히 독립된 권리구제 기관의 설치와 법원에 의한 권리 보호의 구체적 실현 가능성은 특별히 강조되었다. 국가는 헌법적으로 보장된 법익, 즉 다른 사적 주체의 위법한 침해로부터 경쟁의 자유를 보장해야 할 뿐만 아니라 공공발주기관 스스로도 자신을 보호해야 한다. 기본권의 형식으로 광범위하게 보장되는 기업활동은 시장참여자로서 거부할 수 없는 존재 자체의 유혹에 이끌려 시장지배적인 지위를 지향하고자 끊임없이 노력하며, 경쟁에서는 우위를 확보하고자 하는 경향이 있다. 따라서 민간기업은 정부조달시장이나 일반상용시장에서 활동하는지 여부와 관계없이 입찰자의 측면에서 원칙적으로 경쟁법의 적용을 받으며 시장지배적 지위와 행태의 발현시에는 즉각적인 법적 제지를 받게 된다.

한편, 국민경제 내 정부조달시장의 주체로서 등장하는 국가의 모습인 국고(國庫)는 국민경제에서 일상적인 경제주체의 신분으로 등장하지 않는 경우가 많다. 국가는 공고절차로부터 개시되는 정부조달시장에서 특수한 수요자로 등장하는 경우가 오히려 일반적이다. 개인의 총기 소유는 국가적 상황에 따라 허용 여부가 다른 경우가 있으나 개인이 탱크나 전투기를 소유하는 것을 허용하는 국가는 없다. 예컨대 이러한 무기들은 법령에 따라 소유나 거래가 금지되어 있고 오로지 국가만이 입찰공고를 통하여 특별한 정부조달시장을 열어 획득하게 된다. 입찰시장에서 경쟁을 위해 잠재적인 입찰자의 수는 매우 중요한 의미를 가진다. 특히 문제가 되는 것은 국가의 조달행위와 관련하여 실질적으로 관련이 있는 시장의 범위이다. 시장의 범위는 일반적인 시장인지 국가적으로 수요독점적 시장인지의 구별이 필요할 수 있다. 국가적으로 수요독점적 시장에서는 국가가 입찰공고를 해야 비로소 시장이 열리게 되는 것이고 이러한 시장에서는 입찰공고에 따라 입찰에 참여를 해야 시장에서 경쟁을 할 수 있다는 것을 의미한다. 특히 앞에서 언급한 무기와 같은 특수한 국가수요의 경우 구체적인 입찰공고로 인한 경우에만 일시적으로 시장이 성립한다고 볼 수 있다. 결국 이러한 관점에서 발주기관의 입찰참가자격제한조치는 시장에서 경쟁을 제한하는 효과를 가지게 된다.

또한 발주기관의 독점적 지위 또는 시장지배적 지위에 대하여 경쟁법적 가치는 중요한 역할을 하게 되는데, 국가에게 이러한 특별한 지위를 악용하여 개별적인 입찰자들에게는 실질적으로 이익을 부여하고 다른 입찰자들에게 임의로 불이익을 주는 것을 방지하도록 하게 한다. 개별기업들은 국가의 정부조달수요로부터 자의적으로 배제되어서는 안 되며, 국가는 원칙적으로 모든 정부조달계약에 대하여 입찰공고를 해야 한다. 이 과정에서 헌법의 차별금지와 직업활동의 자유보장은 중요한 역할을 하며 국가는 시장경제질서를 보장하고 차별금지원칙을 준수하여야 한다. 이러한 의미에서 독일 Dortmund 지방법원(LG)은 발주기관에게 시장강화적인 지위를 인정할 수 있는 경우에는 조달원칙에 합치되지 않는 행위를 함으로써 입찰참여자를 차별하거나 부당한 대우를 할 가능성이 있음을 인정하고 있다.[3]

결국 발주기관이 입찰참가자격제한권을 행사함으로써 민간 기업의 조달시장 참여자로서의 경쟁을 제한할 수 있게 된다는 위험을 인식하였고, 국가의 독점적 지위가 점차 자유화되고 있다는 점에서 그러한 위험은 더욱 증가하고 있다.[4] 따라서 입찰참가자격제한 사유가 있음에도 발주기관으로 하여금 입찰참가제한을 하지 못하도록 하고 입찰에 다시 참여할 수 있게 함으로써 경쟁을 축소하지 않도록 하여 시장의 범위를 확대할 수 있도록 제도화 하고, 기업으로 하여금 일정한 조치를 수행함으로써 입찰에 재참여할 수 있는 권리를 인정하기에 이르렀다. 이로써 국가의 효율적인 조달 이외에 시장참여자인 입찰참가자측에서도 경쟁원칙은 적절히 작동하게 되었으며 법적 권리보호도 두터워지게 되는 것이다.

 ## ② 국제정부조달법과 경쟁의 새로운 의미

정부조달법의 해석이나 그 기본원칙으로서 투명성, 경쟁, 차별금지, 경제성은 국제정부조달 시스템 아래에서 요구되는 국제적인 규율과 원칙의 조화도 고려해야 한다.

한편, 국제정부조달법으로서 정부조달협정(Government Procurement Agreement, 이하 'GPA'라 한다)이 개정·발효되어 매년 1조 7천억 달러의 국제 조달시장이 개방되었다.[5] GPA도 차별금지, 투명성, 실효성, 공정성, 접근성 강화를 핵심 어젠다로 하고, 가입국간 지속적 협상의무를 규정하여 정보기술과 조달방법의 개선을 고려

---

3) LG Dortmund, Urt. v. 4.9.2003, 13 O 160/03 (Kart.).

4) 이러한 조달경쟁을 보호하는 목적에 대해서는 Schlichting, Die Verfolgung öffentlicher In-teressen mithilfe der Vergabesperre, 2018, S.25.; Burgi, Vergaberecht, 1. Auflage 2016, S.185.

5) https://www.wto.org (2022. 6. 10. 방문) 참조.

한 협정 개정과 협정 대상 범위의 확대를 강조하고 있다.[6]

그 외 각 국간 체결된 자유 무역 협정(Free Trade Agreement, 이하 'FTA'라고 한다)도 중요한 국제정부조달 규정으로 역할을 한다. 마지막으로 EU는 많은 정부조달 지침(Directives)을 발령하였는데, 그중 가장 영향력 있고 혁신적인 지침은 2014년 2월 소위 EU 정부조달 현대화 3대 지침이다. 이 지침들은 2016년 4월 18일부터는 EU 전회원국의 국내법으로 변환되어 그 취지가 구현되도록 하였다.

국제사회는 물품, 용역뿐만 아니라 정보의 거래도 거의 실시간 이루어지고 있다. A국가에서 어느 한 기업에게 입찰참가자격제한을 하였다는 사실과 무슨 사유로 그러한 처분을 받았는지는 알려고 하기만 하면 곧바로 알게 된다. 예컨대 노동법위반, 뇌물범죄 이력은 중요한 입찰참가자격제한 사유로서 외국의 입찰참여에도 제한될 위험이 크다. 여기서 입찰참가자격제한 사유의 차이로 어떤 사안이 A국에서는 절대적 입찰참가자격제한사유이고, B국에서는 임의적 입찰참가자격제한사유이고 C국에서는 입찰참가자격제한사유조차 아니라면 국제정부조달 거버넌스는 상당한 혼란과 불공정 시비에 휘말리게 될 것이 자명하다. 따라서 정부조달 참가자격과 관련하여서는 국가간 어느 정도 수위와 내용을 비교하여 글로벌 스탠다드를 수립해 나갈 필요가 있다. 이 사안은 호혜적으로 해결할 사안은 아니므로 입법평가 단계에서 국제적 입법평가를 동반하여야 할 것이다. 이런 노력을 통해 어느 한 기업이 어느 일정한 국가에 속했다는 이유만으로 결과적으로 평등하지 못한 차별대우를 받게 되어 국제적 경쟁원칙에 기여하지 못하여 국제정부조달시장의 경쟁원칙과 경제성원칙을 달성하지 못하게 되는 우를 범하여서는 아니 된다.

그러나 어떤 경우에도 조달에 참여시켜서는 안 되는 사유도 존재한다. 테러자금 관련이나 외국 공무원에 대한 뇌물범죄는 국제적 법익을 침해하는 것으로 국제정부

---

6) Diehl, Hanna, Völkerrechtliche Beschaffungsabkommen: Inhalt und Wirkung im Gemeinschaftsrecht : GPA, EWR, USA und Mexiko, Lang, 2009; Bovis, Christopher. The liberalisation of public procurement and its effects on the common market, 1998.

조달 입찰참가자격제한사유라고도 말할 수 있을 것이다.[7]

결국 국제정부조달 규범에 대한 개별적인 조항들의 분석은 필요하며, 국제법적인 조화에 따른 규범체계와 규율 및 입법에 대한 적절성에 대한 검토는 상시 요구된다. 국내정부조달법의 국제정부조달법과의 조화로운 개선으로서 가장 큰 장점은 국제적 "경쟁 원칙"에 대한 체계적인 정립이라고 할 수 있을 것이다.

이러한 관점에 따라 정부조달법의 새로운 의미로서 경쟁은 글로벌화의 요청에 따른 국제적 경쟁시스템에 기여하도록 재정립해야 한다. 결국 입찰참가자격제한을 다시 되돌아보아야 할 필요가 생겼다. 이러한 맥락에서 EU법과 독일정부조달법은 입찰참가자격제한 사유를 법제화함과 동시에 입찰참가자격제한을 배제할 수 있는 자율시정제도를 병치(竝置)하고 있는 것이다. 아래에서 구체적으로 살펴보겠으나 이 연구의 핵심대상은 자율시정제도이므로 제도의 설명과 구체화를 위한 전제와 기본적 사실로서 입찰참가자격제한 제한사유를 설명하고 곧바로 자율시정제도를 다루겠다.

---

7) 특히 경제협력개발기구(Organization for Economic Cooperation and Development, 이하 'OECD'라 한다)가 중심이 되어 1999년 2월 15일에 발효시킨 국제상거래에 있어서 외국공직자에 대한 뇌물공여방지에 관한 협약(Convention on Combating Bribery of Foreign Public Officials in International Business Transactions, 이하 '뇌물방지협약'이라 한다)은 국제상거래에서의 뇌물공여를 범죄로 규정하기로 한 최초의 국제적 합의이다.

제2절

자율시정제도에 대한 비교법적 검토

다음에서는 자율시정제도에 대한 비교법적 검토를 위해 미국, 유럽연합 특히 독일을 중심으로 입찰참가자격제한의 규율과 자율시정제도에 대해 살펴보고자 한다.

미국의 administrative agreements

가. 개요

미국 정부 조달법제에서 "administrative agreements" 제도는 일정한 조건들을 충족시킴으로써, 입찰참가제한 사유가 있는 기업이 입찰에 참여할 수 있도록 하는 메커니즘이다.[1] 그러나 이 제도는 연방 정부 조달과 관련하여 일반적으로 사용되는 제도는 아니다. 그것은 규정 위반 또는 윤리적 문제를 해결하는 유연한 방법으로 특정 상황에서 사용된다. 이러한 합의는 주로 심각한 윤리적 또는 법적 문제가 발생했을 때, 그리고 해당 기업이 정부 계약을 계속 수행할 자격이 있는지를 결정하는 과정에서 고려된다. 일반적으로 윤리, 법률 또는 규제 위반을 저지른 기업이 적절한 조

---

1) 미국 정부조달의 현황에 대하여는 전현철, 『정부조달계약법의 새로운 이해 ―미국 법제와의 비교를 중심으로』(글누리, 2022) 참조; 미국 부정당제재 제도 전반에 대하여는 김대인, "미국의 부정당업자제재제도에 대한 연구", 미국헌법연구 제26권 제1호(2015. 4), 31면 이하 참조.

치를 취하여 그 위반 사항을 해결하고, 향후 비슷한 위반을 방지하기 위한 시스템이나 절차를 구축할 경우, 정부 조달 프로젝트에 다시 참여할 수 있게 하는 프로세스이다. EU와 독일의 자율시정(self-cleaning) 제도와 그 취지는 유사하다. 제도의 연원으로서는 administrative agreements가 EU와 독일의 self-cleaning 제도보다 앞서서 시행되었다.

한 기업이 정부와의 계약을 진행하던 중, 법률을 위반하거나 윤리적 문제에 휘말렸을 때 해당 기업은 더 이상 정부와 계약할 자격을 보유할 수 없게 된다. 하지만, 완전히 계약 기회를 박탈하는 것은 늘 최선의 해결책은 아니라는 것이다.

이 제도의 목적은 기업이 자신의 문제를 인정하고, 필요한 개선 조치를 취함으로써, 다시 정부계약에 참여할 수 있도록 하는 것이다. 이는 공공의 이익을 보호하면서도, 기업에게 두 번째 기회를 제공하는 것이 된다[2]. 그런 측면에서 필자는 자율시정 제도가 패자부활전의 의미를 가진다고 생각한다.

나. 내용

administrative agreements의 핵심 요소로서는 ① 정정 조치: 기업은 과거의 위반 사항을 정정하기 위한 조치를 취해야 하고 ② 내부 제어 시스템 강화: 기업은 재발 방지를 위해 내부 감사 및 모니터링 시스템을 강화해야 하며 ③ 감독 기간: administrative agreements는 특정 기간 동안 유효하며, 이 기간 동안 기업은 특별 감독 또는 모니터링 하에 놓이게 되며 ④ 투명성과 협력: 기업은 조사 과정에서 투명하게 협력해야 하며, 필요한 정보와 문서를 제공해야 한다.

이러한 합의는 법적 구속력이 있는 문서로, 기업이 특정 조건을 충족시키고 유지함으로써 공공계약에 다시 참여할 수 있도록 하는 것이다. 그러나, 제도 운영의 주체가 특정되어 있거나 권한과 책임을 명확히 규정한 법률적 근거가 있는 것은 아니다.

---

2) Willard, Jessica G., BALANCING GOALS: FAPIIS'S EFFECT ON ADMINISTRATIVE AGREEMENTS, Public contract law journal, 2013-09, Vol.43 (1), p.105-126.

그러므로 그 제도의 도입에는 어려움이 있다고 본다

다. 사례

자주 거론되는 사례로는 2015년의 방위산업 분야에서 록히드 마틴(Lockheed Martin) 사례이다. Lockheed Martin Corporation은 미국 정부와의 계약에서 부적절한 로비 활동과 관련하여 문제가 발생하였다. Lockheed Martin은 미국 정부와 administrative agreements를 체결하여, 내부 통제 시스템을 강화하고, 윤리 및 규정 준수 프로그램을 개선하는 등의 조치를 취하였고, 이를 통해 Lockheed Martin은 계속해서 정부 계약에 참여할 수 있었다. Lockheed Martin이 미국 정부와 체결한 administrative agreements의 구체적인 협의내용은 일반적으로 공개되지 않았다.

또, 정부조달계약 분야는 아니지만 2010년 대규모 환경문제를 야기한 BP Exploration and Production Inc. 사례도 administrative agreements의 사례로 많이 거론된다. BP는 2010년 멕시코만에서 발생한 Deepwater Horizon 유출 사건 이후, 환경 관련 규제 위반으로 인해 미국 정부로부터 대규모 제재를 받게 되었다. BP는 이후 몇 년간 여러 개의 administrative agreements를 통해 정부와 협력하여, 안전 및 환경 관리 시스템을 강화하고, 재해 예방 및 대응 능력을 향상시키는 조치를 취하였다.

이러한 사례들은 administrative agreements가 기업이 법적, 윤리적 문제를 해결하고, 정부 계약 참여 자격을 유지하거나 회복하는 데 어떻게 도움을 줄 수 있는지를 보여준다. 이러한 합의는 특히 규모가 크고, 정부 계약이 중요한 부분을 차지하는 기업들에게 중요한 역할을 한다. 이러한 합의의 구체적인 내용은 경우에 따라 다를 수 있으며, 해당 기업과 정부 기관 간의 협상과 협의를 통해 결정된다.

라. 비교와 평가

administrative agreements는 미국 연방정부 조달과 관련된 법적 틀 내에서 사용되는 메커니즘으로, 특정한 하나의 법률에 명시적으로 규정된 것은 아니다. 이러한 합의는 연방 조달 규정(Federal Acquisition Regulation, FAR)과 각 연방 기관의 내부 정책이나 지침에 따라 실행된다. administrative agreements의 실행과 관리는 주로 해당 기업이 계약을 체결하는 연방 기관의 책임이다. 예를 들어, 방위산업에서의 부정행위나 규정 위반에 대한 administrative agreements는 방위 계약 관리 기관(Defense Contract Management Agency, DCMA)이나 방위 로지스틱스 기관(Defense Logistics Agency, DLA)과 같은 기관에 의해 관리된다.

기업이 과거의 실수로부터 배우고 개선할 수 있는 기회를 제공한다는 장점이 있고, 연방정부 차원에서도 공공의 이익과 보안을 유지하면서도, 경쟁력 있는 조달 시장을 유지할 수 있게 된다.

다만, 효과적인 감독과 실행이 필수적인 제도임에도 명확한 책임 기관이 존재하지 않는다. 이 제도의 핵심은 공정한 기준과 투명성을 유지하는 것이 중요하다. 그렇지 않으면, 불공정한 경쟁을 용인하게 될 수 있으며 이와 관련한 구조적 부정 행위의 위험이 있을 수 있다.

따라서, 필자로서는 우리나라에서 미국식 제도를 취할 것을 제안하기는 어렵다고 본다. 오히려 구체적 권한과 책임을 보유한 기관을 두고, 제도의 취지를 구현할 수 있는 절차와 방법을 제도화하는 것이 필요하다. 다만, 실수를 개선할 수 있도록 기회를 제공하면서도 경쟁이 제한되지 않도록 조달시장을 유지할 수 있도록 하는 그 취지만은 충분히 벤치마킹해야 할 것이다. 그러한 취지만큼은 제도화되어 오히려 도그마적 폐해를 야기할 수 있는 EU와 독일 제도의 한계와 문제점을 방지하기 위한 유용한 기제가 될 수 있을 것이다. 이하에서는 비교법적 관점으로 EU와 독일제도를 살펴 볼 것이고, 자율시정제도의 수용과 관련하여도 EU와 독일, 특히 독일을 중심으로 다루겠다.

⟨2⟩ EU

유럽지침 2014/24/EU 제57조 제4항에서 유럽입법자는 자율시정에 대한 세 가지 요구사항을 설정했다. 사실관계를 명확히 하고, 피해를 배상하거나 보상하여야 하며 향후 재발방지를 위한 예방조치를 취해야 한다는 것이다.[3] 자율시정제도는 유럽지침 2014/24/EU의 제57조 제6항에 반영되어 있다.[4]

이에 따라 모든 입찰 참가자는 입찰참가자격제한사유의 존재에도 불구하고 범죄 또는 부정행위로 인한 피해에 대해 배상금을 지급했거나 배상금을 지급하기로 약속했으며 수사기관[5]과의 적극적인 협력을 통해 사실과 정황을 충분히 해명하고 구체적인 기술 자료를 제공했으며, 조직적이며 추가 범죄 또는 부정행위를 방지하는 데 적합한 인사 조치를 취했다는 자료를 제시함으로써 결국 그의 신뢰성을 증명하도록 하고 있다.

---

3) 자율시정조치에 따른 요구가 자기부죄금지원칙(nemo tenetur se ipsum accusare)과 합치될 수 있는지 여부의 문제에 대해서는 Opitz in Beck'scher Vergaberechtskommentar, 3. Aufl. 2017, § 125 GWB Rn. 27.

4) RICHTLINIE 2014/24/EU DES EUROPÄISCHEN PARLAMENTS UND DES RATES 제57조 입찰배제사유(Ausschlussgründe)

　(6) 제1항부터 제4항까지의 사유가 있는 모든 사업자는, 이러한 입찰참가자격제한사유의 존재에도 불구하고 사업자가 취한 조치가 신뢰성(reliability)을 보여주는 데에 충분하다는 점에 대한 증거를 제시할 수 있다. 이러한 증거가 충분하다고 판단되며, 관련된 사업자는 조달절차에의 참여가 제한되어서는 안 된다. 이러한 목적을 위해서, 사업자는 형사범죄나 부정행위로 인해서 발생한 손해와 관련해서 이를 배상하거나 보상금을 지급했다는 점, 조사기관과의 적극적인 협력을 통해서 포괄적인 방법으로 사실관계와 상황을 명확히 했다는 점, 더 이상의 형사범죄나 부정행위를 방지하기 위해서 필요한 구체적 기술적, 조직적, 인사적 조치를 취했다는 점을 입증해야 한다. 조달 또는 양허입찰 절차에의 참여가 최종결정을 통해서 배제된 사업자는 이러한 결정이 유효한 회원국 내에서는 결정에 따른 입찰참가자격제한기간 동안에는 본 항에 따른 가능성을 사용할 수 있는 권리가 인정되어서는 안 된다.

5) 이 부분과 관련하여 독일 입법부는 독일 경쟁제한방지법(GWB) 제125조 제1항에서 이러한 요구사항을 국내법적으로 수용했지만 일부는 의도적으로 지침의 문언을 넘어 발주기관의 협력행위도 포함하였다. BT-Drs. 18/6281, 109.

EU공공조달지침(Public Procurement Directive)은 2004년 및 2014년 지속적인 개정을 거쳤는데 2004년 공공조달지침 제45조, 2014년 공공조달지침 제57조에 입찰참가자격제한에 관한 규정을 두고 있다. 공공조달에 관한 2014년 2월 26일자 유럽지침(Directive 2014/24/EU, 이하 'EU공공조달지침'이라 한다)은 2004/18/EC(조달조정지침)을 대체하며 2014년 3월 28일 유럽연합 관보에 공표되었다. EU공공조달지침은 EU 공공조달시장의 자유화를 촉진시키기 위해서 제정되었기 때문에, 공공조달과 관련하여 세부적인 내용은 각국의 사정에 맞추어서 규정할 수 있도록 재량권을 부여하고 공공조달시장의 자유화를 위해서 필요한 제한적 범위 내에서 규정을 두고 있다.[6]

가. 제재사유

공공조달에 관한 지침 2014/24/EU(조달지침)은 지침 2014/24/EU 제57조 제1항에 따라 발주기관은 제57조 제1항 a)-f) 및 II 지침에 명시된 조건 중 하나에 해당하는 경우 입찰참여자가 조달절차에 참여하는 것을 배제할 의무가 있다. 즉 2014/24/EU는 참여배제에 대한 의무적 입찰참가자격제한사유를 규정하고 있다. 여기에는 예를 들어 범죄 조직 참여, 뇌물 및 부패 가능성, 사기 및 자금세탁이 포함되었다. 배제에 대한 이러한 의무적 입찰참가자격제한사유 외에도 Directive 2014/24/EU의 제57조 제4항은 선택적 배제사유를 규정하고 있으며, 이러한 사유가 있는 경우 발주기관은 입찰참여자가 조달절차에 참여하지 못하도록 배제할 수 있다. 따라서 제4항에 언급된 입찰참가자격제한사유의 평가 및 적용은 발주기관의 기속재량에 맡기고 있다.[7]

---

6) 이에 대해 자세한 것은 김대식 등 6인, 부정당제재제도 실효성강화 방안 연구, 한국조달연구원, 2016. 10., 39면; 김대인, "EU법의 부정당업자제재제도에 대한 연구", 공법연구 45집 3호, 한국공법학회(2017), 249면.

7) Mutschler-Siebert/Baumann, Zulässigkeit und Anfechtbarkeit einer Vergabesperre, NZBau 2016, 678.; Roth, Selbstreinigung und Wiedergutmachung im Vergaberecht,

EU공공조달지침에서는 입찰참가자격제한제도를 규율하고 있는 취지나 목적에 대해서는 명시적으로 규정하고 있지는 않다. 다만 이에 대해서는 ① 공공재정을 보호하고, 계약의 이행과 관련한 공익을 보호하고, ② 경제생활에서 부패 및 다른 허용 불가능한 행위들을 예방하며, ③ 가치를 공표하고 증진시키며, ④ 공정한 경쟁을 확보하는 것 등을 EU 입찰참가자격제한제도의 취지나 목적으로 보아야 하며, 부정당업자를 처벌하는 데에 초점이 있는 것은 아니라는 점이 강조되고 있다.[8]

EU공공조달지침에 따르면 EU의 부정당업자제재 사유는 크게 두 가지로 나누어진다. 제재사유가 발생하면 반드시 제재를 해야 하는 '의무적 제재사유'와 제재사유가 있더라도 제재여부에 대해서 발주청이 재량권을 갖는 '선택적 제재사유'가 그것이다.

의무적 제재사유는 형사처벌이 이루어지는 경우(제1항)와 세금납부 등을 하지 않은 경우(제2항)이며, 선택적 제재사유는 위와 같은 사유에 이르지 않는 기타 비위행위가 있는 경우임을 알 수 있다. 위와 같은 2014년 지침상의 부정당업자제재사유는 2004년도 지침에 비해서 강화되고 확대된 것이다. 특히 선택적 제재사유는 2004년 지침에 비해서 그 사유가 크게 확대되었다. 다만 의무적 제재사유가 있는 경우라고 하더라도 환경보호와 같은 공익적 필요가 있는 경우에는 그 금액이 소액인 경우에는 제재를 하지 않을 수 있도록 하고 있다. 이러한 예시로는 긴급하게 필요한 백신이나 비상물품의 공급을 의무적 제재사유가 있는 사업자로부터만 받을 수 있는 경우를 들 수 있다.[9]

선택적 제재사유 중에서 '중대한 직무상 부당행위'(grave professional misconduct)가 존재하는데, 이는 중대한 과오행위가 있을 경우에는 사업자의 염결성이 의심

NZBau 2016, 672; Eufinger, Vereinbarkeit der nationalen Anforderungen an eine vergaberechtliche Selbstreinigung mit europarechtlichen Vorgaben, EuZW 2017, 674(676).

8) Pünder/Prieß/Arrowsmith (Hrsg.), Self-Cleaning in Public Procurement Law, 2010, p. 17-23 참조.

9) 2014년 EU공공조달지침 Recital 100.

스럽게 되고, 따라서 사업자가 계약을 이행할 수 있는 기술적, 경제적 역량이 있는지 여부와는 무관하게 사업자가 낙찰을 받는 것이 적합하지 않기 때문으로 보인다. 발주청은 의무적 제재사유에 대한 최종판결이 있기 전이라고 하더라도 적절한 방법을 통해 사업자가 의무를 위반하였다는 점을 밝힘으로써 '중대한 직무상 부당행위'가 있다는 점을 자유롭게 고려할 수 있다. 다만 발주청은 선택적 제재사유를 적용함에 있어서 비례원칙을 존중해야 한다. 사소한 비위행위(minor irregularities)가 있을 경우에는 극히 예외적 사유가 있는 경우에만 부정당업자제재를 해야 한다. 다만 사소한 비위행위가 반복적으로 발생할 경우에는 부정당업자제재가 이루어질 수도 있다.[10]

나. 부정당업자제재의 종류

EU 공공조달지침에서는 입찰참가자격을 일정기간 동안 제한하는 입찰참가자격 제한제도 이외에 제재사유가 있는지 여부를 조사하는 기간 동안 일시적으로 입찰참가자격을 제한하는 입찰참가자격정지제도는 두지 않고 있으며, 입찰참가자격제한을 대체하는 과징금을 부과하는 제도도 두지 않고 있다.

다. 유럽지침(Directive 2014/24/EU)에 따른 자율시정

자율시정의 제도는 지침 2014/24/EU의 제57조 제6항에 규정되어 있다.[11] 이에 따라 모든 입찰참가자에게는 입찰참가자격제한사유의 존재에도 불구하고 그의 신뢰성을 증명할 수 있는 기회를 제공한다. 즉, 입찰참가자격제한사유의 존재에도 불구하고 범죄 또는 부정행위로 인한 피해에 대해 배상금을 지급했거나 배상금을 지급하기로 약속했으며 수사 기관과의 적극적인 협력을 통해 잘못에 대한 사실과 정황을 충분

---

10) 2014년 EU공공조달지침 Recital 101.

11) 자율시정조치에 따른 요구가 자기부죄금지원칙(nemo tenetur se ipsum accusare)과 합치될 수 있는지 여부의 문제에 대해서는 Opitz in Beck'scher Vergaberechtskommentar, 3. Aufl. 2017, § 125 GWB Rn. 27.

히 해명하고 구체적인 기술 자료를 제공했으며, 조직적이고 추가적인 범죄 또는 부정행위를 방지하는 데 적합한 인사 조치를 취했다는 점을 증명해야 한다.

그런 다음 입찰참여자가 취한 조치는 범죄 또는 비행의 중대성과 특정 상황을 고려하여 그 신뢰성 증명 여부가 평가된다. 발주기관은 제공된 증거가 충분하다고 결론을 내리는 경우 해당 입찰참여자는 조달절차에서 배제되지 않는다. 지침 2014/24/EU의 제57조 제6항에 따른 성공적인 자율시정은 입찰참가자격제한사유가 있음에도 불구하고 기업으로 하여금 조달절차에서 배제되지 않을 법적 권리를 부여한다는 것이 특징이다.

자율시정이라는 EU정부조달법이 규정한 새로운 제도를 이해하기 위해서는 유럽지침(Directive 2014/24/EU)에서 해당 규정에 대한 구체적이고도 체계적 분류 상황을 검토하는 것이 중요하다. 유럽지침(Directive 2014/24/EU) 제58조 제1항은 최종적으로 적격성 기준을 (a) 전문직을 수행할 수 있는 능력, (b) 경제적 및 재정적 능력, (c) 기술 및 전문적 능력으로 결정한다. 지침의 제56조 제1항 b에 따르면 긍정적인 낙찰결정의 전제조건은 무엇보다도 입찰자의 제안이 발주기관이 지정한 적합성 기준을 충족하고, 유럽지침(Directive 2014/24/EU) 제57조에 따라 입찰참가자격제한이 되지 않은 입찰자로부터 나오는 것을 요건으로 한다. 이는 이미 입찰참가자격제한사유의 유무가 입찰자의 적격성에서 체계적으로 분리되어 있음을 보여주고 있다.

지침 2014/24/EU의 제57조 제1항과 제2항에 따라 발주처의 재량을 인정하지 않는 의무적 입찰참가자격제한사유(zwingende Ausschlussgründe)는 종래 지침 2004/18/EC와 비교하여 테러 범죄 및 테러 자금 조달, 아동 노동 및 인신매매에 추가되었다. 세금 및 사회보장기여금 미납에 대해 이전의 선택적 입찰참가자격제한사유(fakultative Ausschlussgrund)는 지침 2014/24/EU의 제57조 제2항에 따라 의무적 입찰참가자격제한사유로 상향조정하였다.

제57조 제3항에 따르면, 의무적 입찰참가자격제한사유는 공익 또는 명백한 비례성위반(Unverhältnismäßigkeit)을 이유로 제외되는 것이다. 평가 및 적용이 발주자의 구속력 있는 재량행사의 가능성이 있는 선택적 입찰참가자격제한사유는 2014/24/EU 지침 제57조에서 2004/18/EG 지침 제45조와 비교하여 뚜렷하게 확대되었다.

이제 선택적 입찰참가자격제한사유는 정부조달계약의 실행에 있어서 적용 가능한 환경, 사회 및 노동법 의무를 위반하는 경우, 경쟁을 왜곡하는 계약의 경우, 이해상충의 경우, 회사의 사전개입으로 인한 경쟁왜곡의 경우, 계약의 조기 이행에 하자가 있는 경우 및 공공발주기관의 의사결정과정에 부적절한 영향을 미치려는 시도가 있는 경우 등의 경우에도 적용될 수 있게 되었다.

그러나 지침 2014/24/EU의 제57조 제4항 c)[12]는 여전히 직업활동의 맥락에서

---

12) 2014/24/EU의 제57조

    (4) 발주청은 다음과 같은 경우에는 사업자가 조달절차에 참여하는 것을 배제하거나 회원국으로부터 배제를 요청받는 것이 가능하다.

        (a) 발주청이 적절한 수단에 의해서 제18조 제2항에 정해진 의무를 위반했다는 점을 소명하는 경우,

        (b) 사업자가 파산하거나 도산이나 회생과정 중인 경우, 자산이 파산관재인이나 법원에 의해서 관리되는 경우, 채권자와 협약을 체결한 경우, 영업행위가 정지된 경우, 국내법이나 규정에 따라 유사한 절차에서 이에 상응하는 상황이 발생하는 경우,

        (c) 발주청이 적절한 수단을 통해서 사업자가 염결성을 의심스럽게 하는 '중대한 윤리적 과오행위'(grave professional misconduct)를 했다는 점을 소명할 수 있는 경우,

        (d) 사업자가 다른 사업자와 경쟁을 왜곡하기 위한 협약을 체결했다고 결론을 내릴 만한 충분한 가능성 있는 징표가 있는 경우,

        (e) 제24조에 규정된 이해상충이 다른 덜 침익적인 방법을 통해서 효율적으로 제거되기 힘든 경우,

        (f) 제41조에 따른 조달절차의 준비과정에서 사업자의 사전적인 개입으로 인한 경쟁왜곡이 다른 덜 침익적인 방법을 통해서는 제거되기 힘든 경우,

        (g) 사업자가 이전의 정부조달계약, 발주청과의 이전계약, 또는 이전의 특허계약의 실체적인 요건의 이행에 있어서 중대하고도 지속적인 하자가 있어서 이전 계약의 해약을 가져오거나, 손해배상책임을 지거나, 기타 유사한 제재를 받은 경우,

        (h) 사업자가 입찰참가자격배제사유가 없다는 점에 대한 공인 및 적격심사기준(selection criteria)의 충족을 위해서 요청되는 정보를 제공함에 있어서 중대한 기망을 했거나, 그러한 정보를 제출하지 않거나, 제59조에 따른 근거서류를 제출하지 않은 경우,

        (i) 조달절차에서 부당한 이득을 줄 수 있는 기밀정보를 획득하기 위해서 발주청의 결정과정에 부당하게 영향력을 행사하거나, 입찰참가자격제한, 적격심사 또는 낙찰과 관련하여 중대한 영향을 미칠 수 있는 잘못된 정보를 고의나 과실에 의해서 제공한 경우.

      단, (b)에도 불구하고, (b)에서 언급된 경우의 영업의 지속에 관한 국내규정을 고려할 때 사업자가 계약을 이행할 수 있다고 발주청이 판단하는 경우에는, 사업자가 (b)에 언급된 어느 하나의

심각한 부정행위에 대한 증거를 포함하고 있으며, 이는 선택적 입찰참가자격제한사유의 취지를 가장 잘 표현하고 있다.

지침 2014/24/EU의 제57조 제6항에 규정된 자율시정절차의 진행 가능성에 따라 의무적 또는 선택적인 입찰참가자격제한사유가 있는 입찰자는 자신의 신뢰성 입증을 위하여 이에 대한 사실적 증거를 제출할 수 있다. 수사당국과의 적극적인 협력과 추가범죄나 부정행위를 방지하는 데 적합한 구체적인 기술적, 조직적, 인적 조치 외에도 "모든 범죄에 대한 배상" 또는 "부정행위로 인한 손해배상금을 지급하거나 배상금을 지급하기로 약정할 것"을 요구하고 있다.

지침 2014/24/EU 제57조 제6항 제2문[13]에 따르면 제공된 증거가 충분한 것으로 간주되는지 여부에 대한 재량권이 있음에도 불구하고 증거가 제공된 경우에는 입찰참가자를 조달절차에서 제외할 수 있는지에 대한 재량권은 인정하고 있지 않는 것으로 보인다.

의무적 및 선택적 입찰참가자격제한사유가 "질적 적격성기준(Qualitative Eignungskriterien)" 제목으로 제57조에 나열되어 있더라도 긍정적인 형태나 제외근거가 없는 형태가 아닌 신뢰성(Zuverlässigkeit)이 Directive 2014/24/EU 지침 제58조에 언급된 적합성 기준 이외에 적격성의 기준이 된다. 이는 지침 2004/18/EG의

상황에 해당한다고 하더라도 해당 사업자를 입찰참가자격을 배제하지 않도록 회원국들이 요청하거나, 배제하지 않을 수 있는 근거규정을 둘 수 있다.

13) (6) 제1항 및 제4항에 언급된 상황 중 하나에 처한 입찰참가자는 관련 배제 사유가 있음에도 불구하고 입찰 운영자가 취한 조치가 그의 평판을 입증하기에 충분하다는 증거를 제공할 수 있다. 그러한 증거가 충분하다고 판명되면 해당 입찰참가자는 조달 절차에서 제외되지 않는다. 이를 위해 입찰참가자는 범죄 또는 부정행위로 인한 피해에 대해 배상금을 지급했거나 지급할 의사가 있다는 점, 수사 기관과의 적극적인 협조를 통해 사실과 정황을 충분히 해명하고 구체적인 기술적, 조직적, 추가 범죄 또는 위법행위를 피하기에 적합한 인사조치를 취했다는 점을 증명해야 한다. 입찰참가자가 취한 조치는 범죄 또는 부정행위의 심각성과 특정 상황을 고려하여 평가된다. 조치가 충분하지 않은 것으로 판명되면 입찰참가자는 이러한 결정에 대한 정당성을 법원에서 심사 받을 수 있다. 최종 법원결정에 의해 조달 또는 양허조달절차 참여에서 제외된 입찰참가자는 해당 결정에 명시된 제한기간 동안 결정이 유효한 회원국에서 본 항에서 부여된 기회를 사용할 자격이 없다.

제44조 제1항에 해당하며, 이 시스템은 독일의 경우에는 유럽지침의 국내법적 수용 과정에서 채택되었다. 이로 인하여 독일에서는 신뢰성의 적합성 기준성 혹은 적격성 기준에 대한 논의를 유발하게 되었다.

Directive 2014/24/EU의 제57조에 의해 다루어지는 부정행위가 있는 경우, 이는 실제로 발주내용에 대한 입찰자의 적합성과는 관련이 없다.[14] Directive의 Recital 101(Erwägungsgrund 101)에서 심각한 직업적 부정행위가 "참여자의 도덕성"에 의문을 제기하고 결과적으로 "그가 그렇지 않으면 계약을 수행할 기술 및 경제적 능력이 있더라도" 그러한 결과를 초래할 수 있다고 언급하는 경우에 정부조달계약은 "부적합한 것으로 간주됨"이라는 의미에서 여전히 적격성의 개념을 암시한다.

그러나 여기에서는 고려되지 않는다는 의미에서 적격성의 추상적 결여만 언급된 것으로 보인다. 지침의 영어 버전 용어는 적합성(Eignung)을 "능력(capacity)"과 적합한 입찰자가 계약 낙찰에 부적합하다는 사실(부적격함)을 개념적으로 구분한다. "청렴성"이라는 개념도 적합성과 관련됨을 의미하며, 이는 입찰자의 심각한 부정행위로 인해 문제가 될 수 있는 것이다. 지침에서 언급되는 도덕성(Integrität)은 발주기관(öffentlichen Auftraggeber)에 대한 서비스 제공과 관련하여 특별한 언급이 없는 통상적인 특성이자 당연히 요구되는 특성이기도 하다. 하지만 이 개념들은 지침상 유사한 개념들과 완벽히 구별되게 사용되지는 않고 있다. 예를 들어, 지침 제57조 제6항에 따른 자율시정은 입찰자가 "관련 배제 사유가 있음에도 불구하고 자신의 신뢰성을 입증"할 수 있도록 한다고 하였으나, 이러한 표현은 적격성에 대한 독일의 전통적인 이해에 더 가깝다.[15] 결국 유럽지침에서는 적합성[Eignungsprüfung (zweite Wertungsstufe)]과 적격성에 대한 구별이 완벽하게 이루어지지 못하였음을 지적하지 않을 수 없다.[16]

---

14) 이에 대한 자세한 내용은 Roth, Selbstreinigung und Wiedergutmachung im Vergaberecht, NZBau 2016, 672(674) 참조.

15) 이에 대한 자세한 내용은 Roth, Selbstreinigung und Wiedergutmachung im Vergaberecht, NZBau 2016, 672(673) 참조.

16) 이런 현상은 대한민국의 입찰 및 낙찰 절차에서는 지극히 흔한 상황이기는 하다.

독일

독일의 경우 경쟁제한방지법(GWB)의 제4장에서 공공조달을 다루고 있으며, 제 97조부터 제184조까지 88개 조문에서 공공조달에 관한 기본적인 내용들을 다루고 있다. 이 중에서 제123조부터 제126조까지 4개 조문에 걸쳐서 부정당업자제재와 관련된 규정을 두고 있다. 제123조는 의무적 입찰참가자격제한사유를, 제124조는 선택적 입찰참가자격제한사유를, 제125조는 자율시정을, 그리고 제126조는 입찰참가자격제한의 제척기간과 유효기간을 규정하고 있다. 이처럼 의무적 사유와 선택적 사유를 구분하고[17] 이에 따라 제척기간과 유효기간을 달리 규정한 것은 이는 2004년 및 2014년에 개정된 EU 공공조달지침의 내용을 반영한 것이다.[18]

가. 정부조달법상 제재 개관

경쟁제한방지법(GWB) 제124조 제1항 제3호에 따르면, 회사의 도덕성에 의문을 제기하는 활동 과정에서 명백히 심각한 부정행위를 저지른 경우 발주기관은 회사가 조달절차에 참여하지 못하도록 배제할 수 있다. 경쟁제한방지법(GWB) 제124조 제1항 제4호에 따르면, 발주기관은 회사가 다른 회사와 담합을 하였거나 업계의 암묵적 관행에 따른 입찰참가를 한다는 충분한 징후를 보이는 경우 경쟁을 방지, 제한 또는 왜곡할 목적 또는 효과가 있는 반경쟁적 행위로 인해 회사가 조달절차에 참여하지 못하도록 배제할 수 있다.

적합성심사기준(Eignungskriterien)은 무엇보다도 공공 공사의 계약 수주에 관한 규칙(VOB/A), 공공 용품에 대한 계약 수주에 관한 규칙, 서비스 일반 발주 규

---

17) Sterner, Rechtsschutz gegen Auftragssperren, NZBau 2001, 423; Burgi, Ausschluss und Vergabesperre als Rechtsfolgen von Unzuverlässigkeit, NZBau 2014, 595(597).

18) 김대인, "독일의 부정당업자제재제도에 대한 연구", 행정법연구 제53호(2018. 5), 80면 이하; 김진기, 『정부조달법 이해』[법률신문사(2쇄), 2020], 58면 이하; 강지웅, "독일 공공조달법의 역사와 체계", 행정법연구 52권(2018), 105면.

칙(VOL/A), 독립적인 전문 서비스에 대한 계약수주에 관한 규칙(VOF)을 포함해서, Utilities규칙(SektVO), 국방조달규정(VSVgV)에서 입찰참가자격제한사유를 정하고 있다.[19] 신뢰성과 관련하여 실제로 심각한 위법행위로 인하여 입찰이 제외된다는 것은 기업이나 발주기관 모두에게 특별한 중요성을 가진다. 이러한 입찰참가자격제한 사유에 따라 신뢰성이 의심되는 중대한 부정행위를 저지른 것으로 입증될 수 있는 기업의 경우에는 입찰이 제한될 수 있다.

조달 규정에 언급된 다른 입찰참가자격제한 사유와 마찬가지로 중대한 위법행위로 인한 입찰참가자격제한도 독일 판례 및 문헌에서 "선택적 입찰참가자격제한 사유(fakultativer Ausschlussgrund)"라고도 한다.[20] 그러나 입찰참가자격제한은 "자발적"도 아니고 발주기관의 재량에 있는 것도 아니기 때문에,[21] 발주기관이 적절한 예측적 판단(Prognoseentscheidung)[22]에 도달하여 회사를 신뢰할 수 없다는 결론에 이르면 의무적으로 이러한 기업에 대해 입찰참가자격을 제한해야 한다고 보고 있다.[23]

심각한 위법행위 중에서 실질적으로 가장 중대하게 생각되는 경우로는 경쟁을 제한하는 협의에 회사가 참여하거나 형법을 위반하는 범죄를 저지르는 것이다. 특히 공무원에게 계약과 관련하여 이익을 제공하는 등 뇌물범죄와 관련되는 것은 최악의 상

---

19) Dreher/Hoffmann, Sachverhaltsaufklärung und Schadenswiedergutmachung bei der vergaberechtlichen Selbstreinigung, NZBau 2012, 265(266).

20) OLG München, NZBau 2010, 720 Ls. = BeckRS 2010, 13748; Hölzl/Ritzenhoff, Compliance leicht gemacht!, NZBau 2012, 28.

21) "선택적(fakultativ)"이라는 개념과 관련하여 이러한 문제에 대해 자세한 것은 Dreher/Hoffmann, Sachverhaltsaufklärung und Schadenswiedergutmachung bei der vergaberechtlichen Selbstreinigung, NZBau 2012, 265(266 f.); 이러한 관점에서 독일 판례도 § 16 I Nr. 2 VOB/A에서 "할 수 있다(können)"라고 하는 법문언에도 불구하고 발주기관에게 재량권을 인정하지 않는다고 명시하고 있는 입장도 있다. 이에 대해서는 OLG München, NZBau 2013, 261; 이와는 반대로 재량권이 있다고 보는 판례로는 OLG Schleswig, BeckRS 2012, 11885 = VergabeR 2012, 900 (904 f.).

22) Dreher/Hoffmann, Sachverhaltsaufklärung und Schadenswiedergutmachung bei der vergaberechtlichen Selbstreinigung, NZBau 2012, 265(267); KG, Beschl. v. 27.11.2008 - 2 Verg 4/08, BeckRS 2009, 00113.

23) OLG München, Beschl. v. 22.11.2012 - Verg 22/12, NZBau 2013, 261.

황이다. 대표성 이론을 거론 않더라도 기업에서 책임 있는 사람의 행동은 곧바로 회사의 책임으로 귀속되는 것은 당연하다.[24]

하지만 단순히 회사 측에서 심각한 위법행위를 한 경우에도 기업이 무조건 배제되지는 않는다. 입찰자 회사의 신뢰성에 대해 고객이 내리는 예측적 결정의 근거는 단 하나이다. 위법행위로 인해 회사의 신뢰성에 의문이 제기되는 것이다. 따라서 기업이 저지른 중대한 부정행위의 결과를 기초로 개별 사례의 특정 상황에서 객관적으로 볼 때 더 이상 필요한 방식으로 입찰공고된 급부를 이행할 것에 대한 보증을 담보하지 못할 경우에만 제외될 수 있다.[25] 특히, 구체적인 개별사례를 자신의 예측적 결정(Prognoseentscheidung)의 기초로 활용하고 충분히 확인된 사실로부터 진행해야 하는 발주기관으로서는 입찰참가자가 자신이 입찰을 위하여 신뢰할 수 있는 조치를 취했는지 여부를 고려해야 할 의무를 부담한다.[26] 특정 입찰에 대한 예측적 결정은 장래에 진행되는 모든 입찰의 선례로 되지는 않는다. 왜냐하면 발주기관은 각 입찰에 대한 적합성을 구체적이고 반복적으로 확인해야 하기 때문이다.[27]

그리고 일반적으로 기업은 소위 "자율시정" 조치를 행함으로써 정부조달법에 따른 신뢰성 회복 방법을 활용할 수 있다. 자율시정절차의 일부로 취해진 조치로 인해 과거의 위법행위가 반복되지 않을 가능성이 높다면, 그것으로써 더 이상 부정행위 이슈로 부정평가를 받아서는 안 된다. 이에 따라 장래 입찰에 대한 회사의 최종적인 신뢰성을 회복하고 종래의 입찰참가자격제한 사유에도 불구하고 입찰에 다시 참여할 수 있게 된다.

---

24) Dreher/Hoffmann, Sachverhaltsaufklärung und Schadenswiedergutmachung bei der vergaberechtlichen Selbstreinigung, NZBau 2012, 265(268).

25) OLG Frankfurt a. M., VergabeR 2004, 642(645); OLG Brandenburg, Beschl. v. 14.12.2007 - Verg W 21/07, NZBau 2008, 277(279); Dreher/Hoffmann, Sachverhaltsaufklärung und Schadenswiedergutmachung bei der vergaberechtlichen Selbstreinigung, NZBau 2012, 265(267).

26) VK Niedersachsen, Beschl. v. 24.3.2011 - VgK-04/2011; OLG Frankfurt a. M., VergabeR 2004, 642(645 u. 647); OLG München, NZBau 2013, 261(263).

27) OLG München, NZBau 2013, 261(262).

나. 부정당업자제재의 사유

경쟁제한방지법에서 규정하고 있는 부정당업자제재의 사유는 앞서 언급한 것처럼 의무적 조달절차 참가제한사유와 선택적 참가제한사유로 구분된다. 경쟁제한방지법은 이에 대한 규정과 함께 참가제한사유가 있는 경우에도 예외를 인정할 수 있는 자율시정조치에 대한 규정을 두고 있고 참가제한기간에 대한 규정을 두고 있다.

1) 의무적 입찰참가자격제한사유

독일 경쟁제한방지법(GWB) 제123조는 중대한 법률 위반으로 인해 입찰자 및 지원자를 조달절차에서 의무적으로 배제하는 것을 규정하고 있다. 이는 유럽지침 제57조 제1항을 기반으로 하여, 선택적인 조달절차 참가제한사유를 규정하고 있는 독일 경쟁제한방지법(GWB) 제124조와 함께 기능적 유닛(unit)으로 분업화 되어 있다.

경쟁제한방지법(GWB) 제123조의 규정내용을 살펴보면, 의무적 조달절차 참가제한사유로 형법상 범죄단체나 테러단체의 구성, 테러리즘에 대한 재정적 지원, 자금세탁, 사기, 증수뢰, 인신매매 등의 범죄를 저지르거나 조세, 부담금 또는 사회보장부담금의 납부를 이행하지 않은 경우 등을 규정하고 있다. 특히 제123조 제4항에서 규정하고 있는 조세, 부담금 또는 사회보장부담금의 납부를 이행하지 않은 경우는 2016년 개정 이전에는 선택적 참가제한사유였다가 이번의 개정을 통해 의무적 제한사유로 변경되었다. 즉 참가자격제한사유가 강화되었다고 볼 수 있다. 또한 동조 제5항은 공익적 필요가 있는 경우 또는 비례성원칙에 근거하여 적용되지 않을 수 있음을 규정하고 있다.

이러한 규정의 입법취지는 정부조달법에서는 배제 사유와 적합성 기준을 함께 고려해야 한다는 데 있으며,[28] 기업의 전문성을 고려한 적합성 및 경제적, 재정적 성

---

28) VK Sachsen v. 1.3.2017 - 1/SVK/037-16 (juris), 독일 경쟁제한방지법(GWB) 제123조 또는 제124조에 따라 적합성의 증거 및 입찰참가자격제한사유가 존재하지 않는다는 입증은 전체 또는 부분적으로 제공되는 사전자격시스템(Präqualifizierungssystem) 참여를 통해서 이행될 수 있다는 점을 지적하고 있다.

과 외에도 기업의 신뢰성 및 법규 준수도 적합성 차원의 평가에서 중요한 역할을 하도록 하고 있다.

정부조달계약의 낙찰에 결정적인 역할을 한 위법행위 혹은 회사가 과거에 심각한 관련 법률 위반을 범하여 법적 효력이 있는 제재를 받은 경우 등에는 독일 경쟁제한방지법(GWB) 제123조에 따라 조달절차에서 회사를 강제로 제외하는 것은 논리적인 결과이며 더 이상의 정당화가 필요하지 않다. 이러한 새로운 법적 상황은 이전의 2단계 적합성검토와 달리 조달절차의 어느 단계에서든 입찰배제를 할 수 있어 상황에 유연하게 대처할 수 있게 되었다는 것이 특징이다. 하지만 이러한 발주기관의 유연성은 기업의 입장에서는 적합성검토가 이미 성공적으로 완료되었으며 조달절차의 후반부 시점에 곧 낙찰이 될 상황에 임박하여 입찰참가자격제한사유가 발생하거나 확인된 경우에는 대단히 억울할 수 있다. 그럼에도 모든 절차의 어떤 시점에서든지 입찰참가자격제한사유가 확인되면 배제할 수 있는 것이다.

독일 경쟁제한방지법(GWB) 제123조에 명시된 입찰참가자격제한사유에 대해서는 모든 사실이 의무사항으로 규정되어 있어 발주기관이 재량권을 가질 수 없음을 의미한다.[29] 오로지 경쟁제한방지법(GWB) 제123조 제5항이 공익을 위한 불가피한 이유 또는 명백한 불균형으로 인해 제1항에 따른 의무적 입찰참가자격제한사유에 대한 예외를 규정하고 있을 뿐이다. 물론 경쟁제한방지법(GWB) 제125조에 따라 성공적인 자율시정은 또 다른 트랙으로 인정한 입찰참가자격제한의 예외라고 생각된다.

경쟁제한방지법(GWB) 제123조에 따른 입찰참가자격제한은 경쟁제한방지법(GWB) 제126조 제1항에 따라 확정판결을 받은 날로부터 5년이다.

2) 선택적 입찰참가자격제한사유

독일 경쟁제한방지법(GWB) 제124조 제1항 제1호부터 제9호에 따른 선택적 제외 사유가 있는 경우 회사가 반드시 제외되는 것은 아니지만 발주기관의 재량에 따른

---

29) Immenga/Mestmäcker, Wettbewerbsrecht, 6. Aufl. 2021, GWB § 123, Rn. 7.

다. 계약당국은 비례의 원칙에 따라 배제사유가 존재함에도 불구하고 특정회사가 적법하고 적절하며 신중하게 정부조달계약을 이행할 것으로 기대할 수 있는지 여부에 대한 예측적 판단을 내려야 한다.[30]

규정의 내용을 살펴보면, 선택적 참가제한사유로 사업자가 환경법, 사회법, 노동법을 위반한 경우, 파산절차나 이에 준하는 절차가 신청되었거나 개시된 경우, 중대한 과실이 있는 경우, 경쟁을 저해하는 협약을 체결한 경우, 이해관계의 충돌이 있는 경우, 사업자의 사전 개입으로 인해 경쟁이 저해된 경우, 이전 조달계약이행에 현저하고 지속적인 하자가 있는 경우, 공적 발주기관에 허용되지 않는 방식으로 영향을 미치는 경우 등을 규정하고 있다.

2016년 독일 정부조달법 개정 과정에서 경쟁제한방지법(GWB) 제124조 제1항 제1호가 새로운 선택적 배제사유로 추가되어 해당 기업이 환경, 사회 및 노동법을 명백히 위반한 경우 조달절차에서 제외될 수 있음을 명백히 하였다. 그 외에도 경쟁제한방지법(GWB) 제124조 제1항 제4호는 독점금지법 위반에 대한 선택적 배제사유를 구체적으로 표준화함으로써 발주기관의 권리를 강화했다.[31] 종래에는 카르텔에 연루되었다는 의혹을 받는 회사는 회사가 다른 회사와 계약을 체결했거나 경쟁을 방지, 제한 또는 왜곡할 목적으로 행동을 조정했다는 충분한 징후가 있는 경우 입찰배제할 수 있다고 규정하였다. 이 조항은 유럽지침 2014/24/EU 제57조 제4항 d를 국내법적으로 수용하고, 경쟁을 왜곡하려는 목적으로 입찰참가자가 다른 입찰참가자와 협의하는 사례에 대해 그와 같은 입찰참가자격제한을 하도록 하는 데 있다.

경쟁제한방지법(GWB) 제124조 제1항 제4호 사유에 해당할 경우 해당 기업이 조달절차에서 제외될 가능성이 크다. 배제의 "여부"와 관련하여 발주기관은 재량의 여지가 있으며,[32] 이에 대하여는 비례원칙이 적용된다.[33][34] 사소한 부정행위는 예외적

---

30) BT-Drs. 18/6281, 104.
31) 김대식 등 6인, 부정당제재제도 실효성강화 방안 연구, 한국조달연구원, 2016. 10., 39면 이하.
32) BT-Drs. 18/6281, 104.
33) ErwG 101 der RL 2014/24/EU.
34) VK Nordbayern, IBRRS 2006, 1397.

인 경우에만 입찰배제로 이어져야 하지만 사소하더라도 반복적으로 발생하고 있다면 배제할 수 있게 된다.[35] 유럽연합(EU)은 경쟁규칙 위반 또는 지적재산권[36]과 관련하여 경쟁과 지적재산권 보호를 위해 사실상 의무적 제재와 같이 중대한 위반행위 여부에 따라 발주기관의 재량은 완전히 없을 수도 있다고 하였다.[37]

재량권을 행사할 때 일반적으로 검토기관은 재량권행사의 하자에 대한 판단은 발주기관의 재량결정 자체에 대하여만 검토할 수 있다.[38] 이러한 재량권행사의 하자는 발주기관이 내린 사실적 결정과 결정이 자의적이고 부적절한 고려에 기초한 경우 존재한다.[39] 입찰참가자격제한의 중대한 법적 효과 때문에 발주기관은 가능한 한 구성요건적 사실관계를 충분히 확인하여야 한다.

공공발주기관은 특히 경제법상의 위반을 포함하여 입찰참가자격제한에 대한 선택적 또는 의무적 사유를 확인한 경우에는 원칙적으로 조달절차에 참여하는 해당 기업을 배제해야 한다. 계약당국은 경쟁제한방지법 위반으로 입찰참가자격제한사유가 있는 조달절차참여자에 대하여 입찰배제를 하기로 결정한 경우[40]는 경쟁제한방지법 (GWB) 제125조에 따른 자율시정이 수행된 경우에만 입찰배제를 회피할 수 있다. 이러한 배제사유가 존재함에도 불구하고 입찰자는 정부조달법이 규정하는 신뢰성을 회복한 것으로 인정되면 입찰배제에서 벗어나 정부조달계약의 입찰경쟁에 계속하여 참가할 수 있는 것이다. 이를 위해 회사는 향후 유사한 범죄 또는 중대한 부정행위가 발생하지 않도록 "자율시정" 조치를 수행하여야 한다.

독일은 물론이고 다른 EU회원국에서도 자율시정에 대한 구체적 법적 규정이 없

---

35) BT-Drs. 18/6281, 104.
36) ErwG 101 der RL 2014/24/EU.
37) ErwG 101 der RL 2014/24/EU; vgl. auch VK Bund, Beschl. v. 20.7.2004 - VK 2-72/05, BeckRS 2004, 50984.
38) VK Bund, Beschl. v. 20.7.2005 - VK 2-72/05, BeckRS 2004, 50984.
39) Hausmann/von Hoff in Kulartz/Kus/Portz/Prieß, Kommentar zum GWB-Verga-berecht, 4. Aufl. 2016, § 124 Rn. 71.
40) BT-Drs. 18/6281, 104; Hausmann/von Hoff in Kulartz/Kus/Portz/Prieß, Kommentar zum GWB-Vergaberecht, 4. Aufl. 2016, § 123 Rn. 57.

었을 때에도 정부조달법상 자율시정과 유사한 조치를 취한 경우에는 판례 및 문헌에서 상당기간 입찰배제에서 벗어나 입찰참가를 할 수 있도록 하여 왔다.[41] 신뢰할 수 없다는 이유로 조달절차에서 제외된 회사가 "자율시정"을 통해 신뢰성을 회복하고 경쟁에 다시 접근할 수 있다는 원칙은 오랫동안 유럽 및 독일 조달법의 안전장치의 일부이기는 하였다. 독일 경쟁제한방지법(GWB) 제125조에 따른 자율시정 조치를 통해서만 회사는 이러한 자율시정 조치의 결과로 회사의 신뢰성이 회복되었기 때문에 조달절차에서 입찰참가자격제한이 더 이상 정당화되지 않음을 입증할 수 있다.[42] 그러나 세부사항은 논쟁의 여지가 있다. 어떠한 구체적인 조치가 올바른 자율시정의 범위를 충족하는 것으로 판단되는지 여부는 학설과 정부조달법 실무에서 상당한 논란이 되고 있다.

유럽법차원에서 자율시정을 규정한 지침 2014/24/EU(조달지침) 제57조 제6항에 의해 이러한 수단에 대한 첫 번째로 명문으로 규정한 이후 독일은 EU조달지침을 구현하기 위해 2016년 4월 18일 "공공조달법 현대화에 관한 법률"(Gesetz zur Modernisierung des Vergaberechts, 이하 'VergRModG'라고 한다)을 시행하게 되었다. 2016년 4월 18일 유럽지침(Directive 2014/24/EU)의 제57조 제6항에 규정된 대로 경쟁제한방지법(GWB) 제125조는 입찰자가 정부조달계약에 대한 입찰참가자격제한에 대한 의무적 사유와 선택적 사유를 규정하고 있다. 이것은 지침 2014/24/EU(조달지침) 제57조 제6항에 제시된 자율시정의 가능성이 이제 독일 국내 차원에서 경쟁제한방지법 제125조에서 규율됨을 의미한다. 지금까지 경쟁에 성공적으로 재진입을 위해 판례 및 문헌에서 발전된 접근방식은 이러한 법적 규정에 크게 반영되었음은 당연한 일이다.[43]

---

41) Pünder/Prieß/Arrowsmith (Hrsg.), Self-Cleaning in Public Procurement Law, 2010.

42) Eufinger, Vereinbarkeit der nationalen Anforderungen an eine vergaberechtliche Selbstreinigung mit europarechtlichen Vorgaben, EuZW 2017, 674.

43) 예를 들어 OLG Brandenburg, 14.12.2007 - Verg W 21/07; OLG München, 22.11.2012 - Verg 22/12, VergabeR 2013, 498.; Prieß/Stein, Nicht nur sauber, sondern rein: Die Wiederherstellung der Zuverlässigkeit durch Selbstreinigung, NZBau 2008, 230.

다. 자율시정에 대한 독일 입법부의 접근방식

경쟁제한방지법(GWB) 제125조는 카르텔조달법(Kartellvergaberecht)에서 처음으로 회사의 자율시정을 규율하고 있다. 여기에는 과거 부정행위의 결과를 제거함으로써 회사의 도덕성 또는 신뢰성을 회복하는 동시에 미래에 대한 이러한 도덕성을 보장하는 것이 포함된다.[44]

또한 자율시정이란 기업이 청렴을 회복하고 향후 범죄나 중대한 부정행위를 방지하기 위해 취하는 일반적 조치를 의미하고, 충분한 자율시정조치를 취한 경우 입찰절차에서 제외할 수 없도록 하고 있다.[45] 이는 법률이 규정한 자율시정조치의 정당성에 따라 기업의 기본권도 보장해야 하고 기본권 관념에도 부합해야 한다는 것이다.[46] 어떤 경우에도 자율시정의 승인은 비례성원칙의 결과이다.[47] 입법이유서에 따르면 자율시정조치를 취해야 하는 의무도 헌법상 기본권에서 비롯된다고 한다.[48]

자율시정에 대한 일반적인 법적 규정인 경쟁제한방지법(GWB) 제125조가 신설되기 이전까지는 자율시정과 관련한 법규가 독일에 존재하지 않았다. 독일 경쟁제한방지법(GWB) 제125조는 유럽지침(Directive 2014/24/EU) 제57조 제6항을 국내법으로 수용한 것이다.[49]

자율시정제도에 대한 입법이전의 판례에 따르면 신뢰성의 영구적인 복원을 보장하는 자율시정조치는 이미 회사가 향후 수행할 수 있는지 여부에 대한 예측적 결정

---

44) Kaufmann in: Pünder/Schellenberg § 125 Rn. 5.
45) Art. 57 Abs. 6 UAbs. 1 Satz 2 VRL.
46) Gesetzentwurf der BReg BT-Drucks. 18/6281 S. 107.
47) Radu in: Müller-Wrede § 125 Rn. 10; Ley in: Reidt/Stickler/Glahs § 125 Rn. 9; Ohrtmann in: Byok/Jaeger § 125 Rn. 3; Prieß/Simonis in: Kulartz/Kus/Portz/Prieß § 125 Rn. 7.
48) Gesetzentwurf der BReg BT-Drucks. 18/6281 S. 107.
49) 자율시정의 가능성에 대한 기존의 판례와 학설은 유럽법의 근거와 그 지침의 시행과 관련하여 논의되었다. 이에 대해서는 BT-Drs. 18/6281, 107; 유럽연합의 입법적 동기에 대해서는 Erwägungsgrund 106 der 지침 2014/24/EU.

에 영향을 미친다.[50]

독일 입법자는 자율시정(Selbstreinigung) 과정과 관련하여 유럽지침(Directive 2014/24/EU) 제57조에 따라 국내 입법부에 맡겨진 재량권을 다음과 같이 행사하였다.

(1) 경쟁제한방지법(GWB) 제122조 제1항[51]에 따르면 신뢰성은 더 이상 적격성 심사 기능을 보유하지 않으므로 적격 판단에서 사용되지 않는다. 따라서 경쟁제한방지법(GWB) 제124조 제1항 제3호는 더 이상 명백히 심각한 부정행위가 신뢰성이 아니라 "도덕성(Integrität)"에 의문을 제기한다고 명시하고 있다.

(2) 유럽지침(Directive 2014/24/EU) 제57조 제7항에 따라 열어놓고 있는 재량권의 범위 내에서 입법자는 입찰참가자격제한사유의 영향을 받는 입찰자가 다른 발주기관이 아닌 해당 발주기관에 신뢰성을 증명해야 한다고 결정했다. 따라서 부정행위에 따른 조달절차 참여에 대한 자율시정의 증명은 추상적으로 이루어지는 것이 아니라, 각각의 구체적인 조달절차와 관련하여 예정된 조달절차와 관련하여 이루어져야 한다는 것이다.[52] 그러므로 자율시정의 증명이 다른 조달절차로 인한 것인 경우에는 바로 그 다른 조달절차를 진행하는 기관에 다시 자율시정의 증거를 제출해야 한다.

(3) 지침 2014/24/EU의 요구사항에 따라 경쟁제한방지법(GWB) 제125조 제1항은 경쟁제한방지법(GWB) 제123조, 제124조에 따른 입찰참가자격제한사유에 대해 자율시정을 보류할 수 있다. 그러나 특정한 조달절차에서는 자율시정을 시도할 수 없는 입찰참가자격제한사유가 있다. 이러한 예로는 경쟁제한방지법(GWB) 제124조 제1항 제5호의 이해상충의 경우나, 경쟁제한방지법(GWB) 제124조 제1항 제6호의 프로젝트업자의 지위(Projektantenstellung)에 따른 입찰참가자격제한사유인 경우를 말한다. 또, 경쟁제한방

---

50) OLG Düsseldorf, NZBau 2003, 578; Beschl. v. 28.7.2005 - VII-Verg 42/05, BeckRS 2005, 11753; OLG Frankfurt a. M., BeckRS 2004, 14379 = ZfBR 2004, 822; OLG Brandenburg, NZBau 2008, 277; OLG München, NZBau 2013, 261; LG Berlin, NZBau 2006, 397; VK Bund, Beschl. v. 12.6.2015 -VK 2-31/15, BeckRS 2015, 15996.

51) (1) Öffentliche Aufträge werden an fachkundige und leistungsfähige (geeignete) Unternehmen vergeben, die nicht nach den §§ 123 oder 124 ausgeschlossen worden sind.

52) 이에 대한 입법이유서는 BT-Drs. 18/6281, 108.

지법(GWB) 제124조 제1항 제8호 입찰참가자격제한 사유 또는 적격성 기준에 대한 부정확한 정보만 있는 경우도 그러한 사유 중의 하나로 보기도 한다.[53] 그 외에도 자율시정으로 극복할 수 없는 관련 입찰참가자격제한사유인 경우에는 그 배제 사유 자체를 제거해야 한다. 이는 경쟁제한방지법(GWB) 제124조 제1항 제2호의 회사의 경영 위기 상황으로 인한 선택적 제외사유에도 적용된다.

(4) 경쟁제한방지법(GWB) 제123조 제5항의 명백한 비례성위반인 경우와 같이 세금 및 사회보장 부담금 미납으로 인한 배제 및 공익의 불가피한 이유로 입찰참가자격제한사유의 적용을 자제할 수 있는 가능성을 규정하고 있다.

(5) 입찰참가자격제한사유가 있는 입찰자가 자율시정조치를 취하지 않는 경우 유럽지침(Directive 2014/24/EU) 제57조 제7항에 따라 최대 허용기간을 정하고 있는데, 경쟁제한방지법(GWB) 제126조에 따라 경쟁제한방지법(GWB) 제123조에 따른 필수적 입찰참가자격제한사유는 5년이고, 경쟁제한방지법(GWB) 제124조에 따른 선택적 입찰참가자격제한 사유는 3년으로 규정하였다.

(6) 또한 자율시정절차(Verfahren zur Selbstreinigung)는 EU지침에서와 비교하였을 때 경쟁제한방지법(GWB) 제125조 제1항에서 다소 엄격한 뉘앙스를 담고 있는 것에 유의하여야 한다. 한편, 입찰참가자격제한처분과 자율시정의 관계는 지시에 따른 것이라기 보다는 더 정확하게는 언어적 측면에서 명확한 규칙과 그의 예외 관계로 보는 것이 적절해 보인다. 유럽지침(Directive 2014/24/EU) 제57조 제6항은 증거 부여로 시작하여 증거가 충분하다고 판단되면 입찰참가자격제한이 없다고 규정하였다. 경쟁제한방지법(GWB) 제125조 제1항에서 독일 입법부는 계속해서 비입찰참가자격제한(Nicht-Ausschluss)에 대한 전제조건을 정의하고 있으므로 입찰참가자격제한의 규칙을 더욱 강력하게 강조하고 있다. 결국 EU지침과는 달리 자율시정은 예외적인 조치라는 것임을 강조한다고 볼 수 있을 것이다.

---

53) 이러한 입찰배제사유에 대해 통일적인 유럽적격성증서형식(Formblatt zur Einheitlichen Europäischen Eigenerklärung (EEE))도 자율시정에 대한 정보를 제시하지 않고 있다(Verordnung 2016/7 der Kommission vom 5.1.2016 zur Einführung des Standardformulars für die Einheitliche Europäische Eigenerklärung, ABl. 2016 L 3, 16). 이에 대해서는 Reichling/Scheumann, Durchführung von Vergabeverfahren (Teil 2): Die Bedeutung der Eignungskriterien - Neuerungen durch die Vergaberechtsreform GewA 2016, 228(234).

또한, 경쟁제한방지법(GWB) 제125조 제1항은 증거가 "충분한 것으로 판명(ausreichend befunden)"되었다는 요건을 포기하고 있다. 따라서 증거가 객관적이고 완전하게 제공되었는지 여부의 문제일 뿐이며 입찰자의 노력이 충분하다는 낙찰 기관의 평가가 필수적인 것은 아니라는 점이다. 그럼에도 불구하고 경쟁제한방지법(GWB) 제125조 제2항은 궁극적으로 법을 적용하는 정부조달계약기관의 평가 문제라는 사실을 규정하고 있다. 이러한 의미에서 입법이유서는 성공적인 자율시정의 경우 입찰참가자격제한을 하지 않도록 할 법적 청구권이 있지만 조달기관이 "넓은 평가 범위"를 보유한다는 것을 함께 강조하고 있다.[54]

라. 자율시정의 요건

경쟁제한방지법(GWB) 제125조 제1항에 따르면, 결과적으로 세 가지 독립적인 법률 시스템이 얽혀 있다. 예를 들어 회사가 입찰 참여에서 제외되도록 강제하거나 가능하게 하는 형법 영역과 같이 정부조달법의 외부에 있는 부정행위는 민법에 따라 회사가 최소한 배상을 하도록 의무화한 경우 개별 사례에서 입찰참가자격제한이 된다. 이러한 제한은 법을 적용하는 사람들, 주로 발주기관에 큰 문제가 될 수 있다.

독일 경쟁제한방지법(GWB) 제125조 제1항 제1문 제1호 내지 제3호에 따른 자율시정의 요건은 다음을 들 수 있다.[55]

1) 손해의 배상

경쟁제한방지법(GWB) 제125조 제1항 제1문 제1호는 유럽지침 제57조 제6항에

---

54) BT-Drs. 18/6281, 107.

55) Dreher/Hoffmann, Die erfolgreiche Selbstreinigung zur Wiedererlangung der kartell-vergaberechtlichen Zuverlässigkeit und die vergaberechtliche Compliance - Teil 1, NZBau 2014, 67; Immenga/Mestmäcker/Kling, 6. Aufl. 2021, GWB § 125 Rn. 10-30.

명시된 요건을 국내법적으로 수용하였다.[56] 즉, 형사 범죄 또는 회사의 부정행위로 인한 모든 손해를 배상해야 한다는 규정이다. 그러나 여기서는 회사가 배상을 지급하기로 약속했다면 그것으로 충분한 것이지 반드시 지급하여야 하는 것은 아니다.[57] 여기서 언급된 의미의 "손해"는 물질적 손해를 의미한다.[58] 학설로는 경쟁제한방지법(GWB) 제125조 제1항 제1문 제1호에 규정된 손해배상의무가 민사상 원상회복의 일반원칙(Prinzip der Schadenswiedergutmachung)이라고 명시하고 있다.[59]

우선 배상해야 할 손해가 이미 법적으로 확정되어 있을 필요는 없다. 오히려 회사는 법적 구속력이 있는 법원 결정의 존재 여부와 관계없이 범죄 또는 부정행위로 인한 손해를 배상하거나 손해배상책임을 인정하였다는 것을 입증해야 한다. 이러한 경우는 특히 반독점 위반의 경우에 발생할 수 있으며, 경쟁제한방지법(GWB) 제33a조에 따른 손해의 산정은 상당히 어려운 것이므로 이러한 손해배상 인정은 유용한 도그마가 된다.[60]

입법이유서에는 회사가 기본적으로 손해배상의무를 인정하는 경우 자율시정조치로서는 충분할 수 있다고 일반적으로 명시되어 있다.[61] 이러한 경우 손해배상은 아직 가능하지 않거나 회사에 귀속될 수 없는 상황으로 인해 인정한 배상을 하지 않게 되거나 인정한 액수만큼 지급하지 않게 되는 경우를 포함한다. 왜냐하면 회사는 입증되지 않고 근거가 없을 수 있는 손해에 대한 청구를 인정하거나 보상하도록 요구받을

---

56) 이에 대해 자세한 것은 Horn/Götz, Ausschluss vom Vergabeverfahren aufgrund von Kartellrechtsverstößen und die vergaberechtliche Selbstreinigung, EuZW 2018, 13(16).

57) Immenga/Mestmäcker/Kling, 6. Aufl. 2021, GWB § 125 Rn. 10.

58) Summa in: juris-PK Vergaberecht § 125 Rn. 8; 같은 의견은 Ley in: Reidt/Stickler/Glahs § 125 Rn. 35; 반대의견은 Prieß/Simonis in: Kulartz/Kus/Portz/Prieß § 125 Rn. 26.

59) Huerkamp, Vergaberechtliche Selbstreinigung und Kartellrechtsverstoß, WuW 2020, 294, 295.

60) Immenga/Mestmäcker/Kling, 6. Aufl. 2021, GWB § 125 Rn. 11.

61) Gesetzentwurf der BReg BT-Drucks. 18/6281 S. 108.

수는 없는 것이다.[62] 입법자는 특히 카르텔 피해 문제와 관련하여 전체 피해와 개별 채권자의 손해 산정이 대단히 어려운 작업임을 고려하여 회사가 일반적으로 보상을 수락한다면 이것만으로 자율시정으로 충분할 수 있음을 밝히고 있다.

법률에 대한 입법이유서가 자율시정 요구사항과 관련하여 비례원칙도 강조하고 있다. 독일 입법부의 이러한 설명은 충분히 설득력이 있는 것으로 보인다.[63] 어떤 경우든, 회사로서도 비례원칙에 부합하지 않는 불균형적인 의무를 부담해서는 안 된다. 자율시정은 항상 특정 입찰내용에 대한 회사의 "적합성" 및 "신뢰성"을 결정하는 것에 관한 것이지, 위반행위에 대하여 회사를 처벌하거나 일반적인 예방의 의도로 회사의 활동을 억제하는 것에 관한 것이 결코 아니다. 결국, 발주기관은 법 집행 기관이나 규제 당국의 기능을 보유하고 있지는 않다. 또 모든 발주기관들이 카르텔을 효과적으로 규제하는 임무를 맡은 카르텔 정부당국을 대체하지도 않는다는 것이다.

특별히 카르텔 손해배상의 합의와 관련하여 법 집행에 흠결이 있다면 이것에 대해 생각해 볼 가치는 있어 보인다. 그러나 최근 이러한 주제에 대한 법원 판결의 증가는 그 반대의 경우임을 분명히 하고 있다. 결과적으로 개별 카르텔 피해에 대한 완전한 판단은 일반적으로 그 이유와 금액 면에서 기업이 실질적으로 동의하기에는 어려움이 있는 것이다.[64] 독일 입법부도 이러한 문제를 인식한 것으로 보인다. 입법이유서에는 독점금지법위반의 경우 일반적으로 전체 피해 및 개별 채권자의 신원을 파악하기 어려운 경우가 많기 때문에 회사가 일반적으로 보상할 의사가 있음을 선언하면 충분한 배상이라는 자율시정의 한 요건으로는 충분할 수 있다는 것이다. 이로써 카르

---

62) Gesetzentwurf der BReg BT-Drucks. 18/6281 S. 108.

63) BT-Drs. 18/6281, 109.; 이에 대한 비판적인 견해로는 Huerkamp, Vergaberechtliche Selbstreinigung und Kartellrechtsverstoß, WuW 2020, 294, 295f.; 본안에 대한 카르텔 손해배상 청구를 인정해야 한다는 요건이 너무 지나치다고 보는 견해는 Horn/Götz, Ausschluss vom Vergabeverfahren aufgrund von Kartellrechtsverstößen und die vergaberechtliche Selbstreinigung, EuZW 2018, 13(17).

64) Kredel/Brückner, Sammelklagen – das richtige Instrument für den Umgang mit kartellrechtlichen (Streu-)Schäden?, BB 2015, 2947 ff.

텔 또는 구체적으로 손해배상청구를 주장하는 채권자에게 발생한 손해에 대해 본안에 대한 손해배상의무를 인정한다.[65]

또한 소송에서, 특히 손해와 매우 관련이 있는 소멸시효의 항변을 요청하는 소송에서 이의 혹은 항변을 제기하는 경우 손해를 배상할 의무와 양립할 수 있는지도 문제가 된다. 소송을 제기하고 이후의 손해는 보상할 필요가 없다. 학설에는 피해를 입은 발주기관에 대한 소멸시효항변의 포기가 자율시정의 전제조건으로 필요할 수 있다는 견해가 있다.[66] 이와는 달리 남부바이에른 발주심판소는 소멸시효항변의 포기가 자율시정의 전제 조건이 아니라는 결정을 한 경우도 있다.[67] 그러나 자율시정의 의미와 목적이 신뢰성을 증명하는 것에 초점을 맞추면 항변권의 포기를 전제하는 것은 새로운 규제일 수 있으므로 제도의 취지에 적합하지 않다고 본다. 기업이 자율시정을 방해하지 않고 항변을 제기할 수 있다고 보는 것이 더 나은 주장이라고 생각된다. 아직 이에 대한 구속력 있는 판결은 나오지 않았다.

따라서 조달법의 기본원칙인 경쟁, 투명성 및 평등대우의 원칙을 유지하면서 효율적인 조달이라는 정부조달법에 따른 핵심임무를 넘어서 추가적인 임무를 발주기관에 부담시키는 것도 옳지 않고 또 그 상대방에게 자율시정제도의 취지를 넘는 금지와 제한의 부담을 부여하는 것도 옳지 않다고 본다.

2) 수사당국 및 발주기관과의 적극적인 협력을 통한 해명

자율시정을 위한 두 번째 요건은 경쟁제한방지법(GWB) 제125조 제1항 제2호에 따라 당국 및 발주기관과 적극적인 협력을 통해서 사실과 상황에 대해 포괄적으로 설명하는 것이다. 입법이유서에 따르면 회사가 모든 혐의를 인정할 필요는 없다. 그러나 적극적이고 심각하며 인식가능하게 사실에 대한 포괄적인 설명을 추구해야 한다.[68]

---

65) BT-Drs. 18/6281, 108.
66) Opitz in Burgi/Dreher, Beck'scher Vergaberechtskommentar, Band 1: GWB 4. Teil, 3. Aufl. 2017, § 125 GWB Rn 18.
67) VK Südbayern, NZBau 2017, 509 Rn. 79.
68) BT-Drs. 18/6281, 109.

성공적인 자율시정을 위해 노력하는 회사는 조사 당국 및 발주기관에 적극적으로 협력해야 한다.[69] 회사가 수사기관 및 발주기관과의 적극적인 협조를 통하여 범죄 또는 부정행위 및 그로 인한 피해와 관련된 사실과 정황을 인식하고 있으며, 추가 범죄 또는 그 이상 부정행위를 피하기 위해 이에 적합한 구체적인 기술적, 조직적, 인적 조치를 취할 것을 요건으로 하고 있다.[70] 간단히 말해서 사실 규명에 해당 회사의 적극적인 참여를 강조하고 있는 것이다.[71]

이러한 참여는 일반적으로 해당 회사의 내부 정보에 관한 것이기 때문에 대단히 유용하고 또 반드시 필요한 경우가 많다.[72] 부정행위에 가담한 직원이나 이를 인지

---

69) Immenga/Mestmäcker/Kling, 6. Aufl. 2021, GWB § 125 Rn. 14f.; Horn/Götz, Ausschluss vom Vergabeverfahren aufgrund von Kartellrechtsverstößen und die vergaberechtliche Selbstreinigung, EuZW 2018, 13(18).

70) 뒤셀도르프 고등법원은 경쟁제한방지법(GWB) 제125조 제1항 제1호 및 제2호의 문구에 따라 자율시정의 요건을 정하고 있는 효과적인 자율시정의 전제 조건은 무엇보다도 "회사는 수사당국 및 발주기관과의 적극적인 협조를 통해 범죄 또는 부정행위 및 이로 인한 피해와 관련된 사실과 정황을 종합적으로 해명하고, 추가적인 범죄 또는 추가 부정행위를 피하기 위한 적절한 기술적, 조직적, 인적 조치를 취하는 것"이라고 명시하고 있다. 이에 대해서는 OLG Düsseldorf v. 18.4.2018 - VII-Verg 28/17 NZBau 2018, 486 Rn. 70 m. w. N. = ZfBR 2018, 713 „Elektroarbeiten Koelnmesse"; 이에 대한 평석으로는 Opitz, Wenn Schlieren bleiben: Die Gründlichkeit einer Selbstreinigung, NZBau 2018, 662.

71) Horn/Götz, Ausschluss vom Vergabeverfahren aufgrund von Kartellrechtsverstößen und die vergaberechtliche Selbstreinigung, EuZW 2018, 13(18); Dreher/Hoffmann, Sachverhaltsaufklärung und Schadenswiedergutmachung bei der vergaberechtlichen Selbstreinigung, NZBau 2012, 265(272 ff.); Jaeger in: MüKoEuWettbR § 125 Rn. 23: 규명해야 할 사안에 속하는 것은 관련 형사범죄 및 관련 부정행위가 이루어지게 된 경위와 이와 관련된 모든 사실 및 정황을 말하며, 행위자의 책임 및 주의를 태만히 한 자의 행위와 관련하여 이들의 감독의무와 손해의 야기와 그 정도를 포함한다고 한다; 적극적 협력이라는 개념은 기업이 자신이 주도적으로, 진지하게 신중하고 인식할 수 있도록 사안의 규명에 노력은 경우를 말하고 관계자가 정보를 요구하는 경우에 비로소 정보를 공개하는 경우나 부분적으로 혹은 내용적으로 불완전하게 공개하는 것은 이에 해당되지 아니한다고 설명하는 견해로는 Kaufmann in: Pünder/Schellenberg § 125 Rn. 19.

72) VK Münster v. 25.4.2019 - VK 2-41/18 NZBau 2019, 610, 2. red. Leitsatz; Opitz in:

한 직원이 묵묵부답을 하는 경우 자율시정을 추구하는 회사로서는 심각한 문제가 아닐 수 없다. 이러한 경우 자율시정 실패의 위험부담이 회사 자체에 있게 되는 것이다. 이러한 상황은 학설에서는 회사가 무언가를 아는 사람들과 운명공동체를 형성하는 지점에서 더욱 뚜렷하게 설명되어야 한다고 강조한다.[73] 적극적 협력의 가장 빠른 시점은 회사(더 정확하게는 경영진)가 부정행위 또는 이에 상응하는 의혹의 존재를 알게 된 때이다.[74] 그러나 회사의 자발적인 공개는 요구되지 않는다.[75]

입법이유서는 외부기관과의 적극적인 협조를 통한 사실관계의 전면적 해명이 회사가 먼저 사실관계를 명확히 하기 위해 필요한 내부조치를 취한 것을 전제로 하고 있음을 강조하고 있다.[76] 사실에 대한 필요한 정도의 내부 설명을 위해서는 특히 내부감사 또는 회사와 무관한 개인에 의한 특별감사를 시행하는 것이 포함될 수 있다고 한다.[77]

이러한 적극적 참여 의무에는 손해 액수를 명확히 하는 데 회사가 참여하는 것을 당연히 포함한다.[78] 이는 고객이 이를 근거로 회사에 대한 자신의 손해배상청구를 약속한 방식으로 입증할 수 있는 긍정적 결과를 초래할 수 있다. 회사로서도 손해를 배상하기 위한 자율시정조치가 반드시 필요하다.[79]

자율시정을 하려는 회사는 사실에 대한 포괄적인 해명을 위해 적극적이고 진지하며 인식가능한 노력을 기울여야 한다. 입찰참가자격제한 이유의 존재를 정당화하거나 범죄 또는 부정행위와 관련된 사실 및 상황을 설명하는 데 기여해야 하며, 여기에는 피해 상황이 포함되므로 피해에 대한 배상이나 보상에 대한 인식은 당연히 포

Burgi/Dreher § 125 Rn. 22.

73) Summa in: juris-PK Vergaberecht § 125 Rn. 23.

74) Summa in: juris-PK Vergaberecht § 125 Rn. 6.

75) Summa in: juris-PK Vergaberecht § 125 Rn. 6.

76) Gesetzentwurf der BReg BT-Drucks. 18/6281 S. 109.

77) Immenga/Mestmäcker/Kling, 6. Aufl. 2021, GWB § 125 Rn. 17.

78) Gesetzentwurf der BReg BT-Drucks. 18/6281 S. 109.

79) VK Münster v. 25.4.2019 - VK 2-41/18 NZBau 2019, 610, 3. red. Leitsatz.

함된다.[80]

3) 구체적인 기술적, 조직적 및 인적 자율시정조치

경쟁제한방지법(GWB) 제125조 제1항 제1문 제3호는 자율시정을 위해 노력하는 회사가 추가 범죄 또는 부정행위를 회피하기 위한 적절한 구체적인 기술적, 조직적 및 인사조치를 취하도록 요구하고 있다.[81] 자율시정을 위해 필요한 인사 조치의 유형과 범위는 개별 기업의 특수한 사정과 부정행위의 상황에 따라 다르다. 이에 대한 기준은 무엇보다 기업의 규모, 구조 및 활동영역, 부정행위나 불법행위의 유형 및 유죄판결을 받은 사람의 기능, 부정행위에 연루된 자의 지위, 조직적 하자, 감독의무 위반, 상사의 지시에 따라 위반행위와 같은 요소들은 개별 사건에 필요한 자율시정 조치를 평가하는 데 특히 중요한 역할을 한다.[82] 이러한 조치는 예방의 성격, 즉 미래 지향적인 행동에 관한 것이다.[83] 여기에는 많은 내용형성의 옵션이 있으며 항상 개별 사례에 비추어 선택을 통한 집중이 필요하다.[84]

우선, 인사조치가 없으면 '새로운 시작'을 확실하게 제시할 수 없기 때문에 관련자에 대한 인사조치는 대단히 중요하다. 위법행위에 연루된 사람에 대한 조치도 당연

---

80) Gesetzentwurf der BReg BT-Drucks. 18/6281 S. 109; Immenga/Mestmäcker/Kling, 6. Aufl. 2021, GWB § 125 Rn. 19.

81) 이에 대해 자세한 것은 Immenga/Mestmäcker, WettbewerbSrecht, 6. Aufl. 2021, GWB § 125 Rn.26-30; Horn/Götz, Ausschluss vom Vergabeverfahren aufgrund von Kartellrechtsverstößen und die vergaberechtliche Selbstreinigung, EuZW 2018, 13(20); Schnitzler, Wettbewerbsrechtliche Compliance - vergaberechtliche Selbstreinigung als Gegenmaßnahme zum Kartellverstoß, BB 2016, 2115ff.

82) BT-Drs. 18/6281, 110.

83) Summa in: juris-PK Vergaberecht § 125 Rn. 26; Radu in: Müller-Wrede § 125 Rn. 39; Ley in: Reidt/Stickler/Glahs § 125 Rn. 57; Opitz in: Burgi/Dreher § 125 Rn. 28; Ohrtmann in: Byok/Jaeger § 125 Rn. 19; Prieß/Simonis in: Kulartz/Kus/Portz/Prieß § 125 Rn. 36 f.

84) Schnitzler, Wettbewerbsrechtliche Compliance - vergaberechtliche Selbstreinigung als Gegenmaßnahme zum Kartellverstoß, BB 2016, 2115(2120).

하지만 이러한 조치도 노동법 등의 한계와 준수 범위 내에서 이루어져야 한다. 그러나 예를 들어 전보를 통한 인사 개편은 가능한 것으로 보고 있다.[85] 부정행위에 관련된 전무이사가 여전히 전무이사로 남아 있으면 이것은 일반적으로는 충분하지 않은 것이지만 준법경영을 담당하는 법무부서의 지도와 협의 속에서 불가피하게 유지하게 되는 경우라면 수용될 수도 있다고 한다.[86]

또한 기술적, 조직적 조치를 취해야 한다. 여기에는 정기적 규정 준수시스템의 도입이나 개선이 포함된다.[87] 그 외에도, 보고 및 통제시스템의 도입, 규정준수를 모니터링하기 위한 내부감사 기관의 신설 또는 내부책임 및 이에 따른 보상규정의 도입은 적절한 자율시정 조치의 하나이다.[88]

취해진 모든 조치는 회사의 위험 프로필을 기반으로 해야 하는데, 예컨대 발표 및 교육을 통해 내부인원 전체에게 포괄적으로 전달되어야 한다.[89] 또한 사례공유 시 신뢰할 수 있는 문서화 기반을 제공하기 위해 발주기관이 제기한 모든 불만 사항에 대해 대응 조치를 포괄적으로 문서화하는 것을 장려한다.[90]

물론 정부조달법 또는 독점금지법 위반의 결과가 기존 준법감시 시스템에 의해 회피될 수 있는지 여부 또는 시기의 적절성 문제는 독점금지법에 대해서는 여전히 논란의 여지가 있으며 아직 정부조달법에 대해서도 만족스럽게 해명되지 않았다.[91]

---

85) Dreher/Hoffmann, Sachverhaltsaufklärung und Schadenswiedergutmachung bei der vergaberechtlichen Selbstreinigung, NZBau 2012, 265(268).

86) VK Bund, ZfBR 2015, 822.

87) Mutschler-Siebert/Dorschfeldt, Vergaberechtliche Selbstreinigung und kartellrechtliche Compliance - zwei Seiten einer Medaille, BB 2015, 642(647); BT-Drs. 18/6281, 110.

88) ErwG Nr. 102 der RL 2014/24/EU.

89) Mutschler-Siebert/Dorschfeldt, Vergaberechtliche Selbstreinigung und kartellrechtliche Compliance - zwei Seiten einer Medaille, BB 2015, 642(647 f.).

90) 직원교육과 관련하여 구체적으로 취한 조치에 대한 설득력 있는 제시에 대한 요건에 대해서는 VK Thüringen, BeckRS 2017, 127322 Rn. 97.

91) Mutschler-Siebert/Dorschfeldt, Vergaberechtliche Selbstreinigung und kartellrechtliche Compliance - zwei Seiten einer Medaille, BB 2015, 642(647).

마. EU지침과 독일 국내법적 수용과의 차이

독일 입법부는 경쟁제한방지법(GWB) 제125조에서 자율시정에 대한 유럽 요구사항을 구현하였다. 이에 따르면 발주기관은 경쟁제한방지법(GWB) 제123조 또는 제124조에 따라 선택적 또는 의무적 입찰참가자격제한사유가 있는 회사가 범죄로 인해 야기된 손해를 보상하거나 배상하고 조사기관 및 발주기관과의 적극적인 협력을 통해 범죄 또는 부정행위 및 이로 인해 발생한 피해와 관련된 사실과 정황을 충분히 설명하고 조직 및 추가 범죄나 부정행위를 방지하는 데 적합한 구체적인 기술, 조직적 및 개인적 조치를 취했다고 기업이 입증한 경우에는 이러한 기업이 조달절차에 참여하는 것을 배제할 수 없다는 것이다.

경쟁제한방지법(GWB) 제125조는 이제 제123조, 제124조에 따라 특정한 입찰참가자격제한사유들이 있는 기업, 즉 범죄행위 또는 기타 부정행위와 관련된 기업이 스스로 자율시정을 할 수 있도록 한다. 입찰자는 자율시정을 통해 입찰참가자격제한에서 제외되지 않을 수 있다. 이는 경쟁제한방지법(GWB) 제126조에 규정된 시효가 만료되기 전이라도 정부조달 입찰시스템에 접근할 수 있고 참여할 수 있도록 하는 데 있다.[92]

1) 손해의 배상 혹은 보상

경쟁제한방지법(GWB) 제125조 제1항 제1호에 따르면 회사는 범죄 또는 부정행위로 인해 발생한 모든 손해를 먼저 배상해야 한다. 또는 회사가 보상을 약속한 경우, 즉 근거 및 금액에 따라 손해배상의무를 구속력 있는 것으로 인식한 경우로도 조건을 충족한 것으로 본다. 특히 반독점법 위반의 경우, 전체 피해 및 개별 피해자의 신원과 그 액수를 파악하는 것이 종종 어려운 작업이므로 회사가 일반적으로 피해에 대한 배상의사를 표명하는 경우에는 자율시정으로 충분할 수 있다. 카르텔 또는 구체적으로 손해배상청구를 청구하는 채권자에 대한 절차 참여는 본안에 대한 손해를 배상할 의

---

92) Immenga/Mestmäcker, Wettbewerbsrecht, 6. Aufl. 2021, GWB § 125 Rn. 3.

무를 인식하는 것이기도 하기 때문이다. 그러한 선언적 채무인정은 적어도 불확실한 손해청구의 경우 또는 손해액수에 대해 관련 당사자 간에 분쟁이 있지만 그 근거에 대해서는 인정한 경우에는 성공적인 자율시정조치로 충분히 인정된다.[93]

입법이유서에 따르면 정보제공의무(Aufklärungspflicht)에는 피해의 규모도 포함되지만 사실조사에 참여해야 하는 일반적인 의무는 범죄 또는 부정행위의 모든 사실과 상황에 대해 포괄적으로 적용되므로 형사범죄 또는 부정행위로 인한 피해액에 대한 금액도 동시에 포함되도록 해야 한다.[94] 이러한 손해배상의 직접적인 의무는 없지만 간접의무로서 인정되고 사실상 절차상황을 악화시키는 선언을 하거나 조치를 취해야 하기 때문에 이러한 손해에 대한 설명의무는 실효성 측면에서 문제가 될 수 있다고 지적한다.[95]

반면, 입법자는 자율시정에 관한 규정이 이러한 절차에 적용되는 절차규칙에 따라 민사법원에서 분쟁 중인 손해배상 청구를 명확하게 할 수 있는 회사의 권리를 박탈하지 않는다는 점을 강조한다.[96] 그러나 그러한 기업의 보호에 대한 강조가 여전히 적용되는지 여부는 실무례와는 반드시 일치하지 않으므로 상당히 의심스러울 수 있다.[97]

2) 조사당국 및 발주기관과의 적극적인 협력행위

또한, 경쟁제한방지법(GWB) 제125조 제1항 제2호에 따라 조사당국 및 발주기관과의 적극적인 협력행위를 요건으로 하며, 기업이 진지하고 인식 가능한 사실관계의

---

93) Eufinger, Vereinbarkeit der nationalen Anforderungen an eine vergaberechtliche Selbstreinigung mit europarechtlichen Vorgaben, EuZW 2017, 674(676).
94) BT-Drs. 18/6281, 108.
95) Eufinger, Vereinbarkeit der nationalen Anforderungen an eine vergaberechtliche Selbstreinigung mit europarechtlichen Vorgaben, EuZW 2017, 674(676).
96) BT-Drs. 18/6281, 108; VK Südbayern v. 7.3.2017 - Z3-3-3194-1-45-11/16, GRUR Int. 2017, 460(465).
97) Opitz in Beck'scher Vergaberechtskommentar, 3. Aufl. 2017, § 125 GWB Rn. 24.

포괄적인 규명에 노력하여야 한다. 단순히 다투지 않거나 부정행위와 거리를 두는 것만으로는 충분하지 않다.[98] 입찰참가자격제한 사유가 존재하거나 범죄 또는 부정행위와 관련된 사실과 정황 및 피해상황을 명확히 설명해야 한다.[99]

여기서 지침 2014/24/EU(조달지침) 제57조 제4항과는 달리, 기업은 독일 정부조달법에 따라 사실을 명확히 하기 위해 조사당국 및 발주기관과 적극적으로 협력해야 한다. 독일 경쟁제한방지법(GWB) 제125조 제1항 제2호는 범죄나 부정행위와 관련된 사실과 정황, 그로 인한 피해를 수사당국 및 발주기관과의 적극적인 협조를 통해 종합적으로 조사하도록 규정하고 있다. 이와 관련하여 이 규정은 조사 당국과의 협력만 규정하고 발주기관과의 협력은 규정하지 않는 유럽공공조달법(Directive 2014/24/EU 제57조 제6항)보다 협력의무의 범위를 확대한 것이다. 제125조 제1항 제2호에 의거하여 범죄 또는 부정행위와 관련된 사실과 정황 및 그로 인한 피해를 포괄적으로 명확히 하기 위해 발주기관과 적극적으로 협력해야 하므로 자율시정에 대한 유럽지침보다 엄격하다고 표현할 수 있다.[100] 따라서 입찰참가자격제한을 할 수 있

---

98) Opitz in Beck'scher Vergaberechtskommentar, 3. Aufl. 2017, § 125 GWB Rn. 23.

99) BT-Drs. 18/6281, 109.

100) 2018년 10월 24일 유럽사법재판소는 조사 당국분만 아니라 발주기관과도 협력해야 하는 기업의 의무를 확인하고 있다. 이는 발주기관과 협력하고 독일 공공조달법에 포함된 벌금을 고지하여야 할 회사의 의무는 유럽법에 따라 반대할 수 없다고 판시하고 있다. EuGH, Urt. v. 24.10.2018 - C-124/17, NZBau 2018, 768 - Vossloh Laeis. 이 사건의 개요는 다음과 같다. 회사는 독점금지법규 위반으로 조달절차에서 제외되었다. 구체적으로는 발주기관은 § 48 SektVO에 따른 자격 시스템에서 이를 확인하고 제외하였다. 입찰참가자격제한의 배경은 회사가 철도카르텔에 가담했기 때문이고, 2013년에 총 1억 유로의 벌금이 부과되었다. 이에 따라 회사는 자율시정의 이행을 주장한다. 이와 관련하여 발주기관은 회사에 다음과 같은 협조를 요청하고 있는데, 연방카르텔청이 회사에 부과한 벌금 고지서를 제출하는 등 회사의 부정행위에 대한 정보를 요청하고 있다. 회사가 이를 거부하자 발주기관은 입찰참가를 제외하였다. 이에 대하여 회사는 발주심판소(Vergabekammer)에 심사를 신청하였다. 이 사안은 선결문제에 대한 재판을 위해 유럽사법재판소(ECJ)에 다양한 문제들을 제기하였다. 무엇보다도 발주심판소는 독일 입법부가 경쟁제한방지법(GWB) 제125조에서 수사 당국분만 아니라 발주기관에게도 협력을 요구할 권한이 있는지 여부가 중요한 사항이었다. 발주심판소는 또한 회사가 조달절차에서 제외될 수 있는 최대 허용기간인 3년인지 여부도 판단해 줄 것을 요청하였다(경

는 카르텔계약의 경우 발주기관의 심사권한은 현재 유럽재판소의 판결에 의해 상당히 강화된 반면, 후속손해에서 청구권에 대한 회사의 항변은 발주기관에 의해 실제로 더 어려워질 수 있다고 지적하고 있다.[101] 발주기관이 관련 사실을 더 쉽게 결정할 수 있을 뿐만 아니라 이러한 방식으로, 또한 위반의 결과로 입은 손해에 대해 법적 청구권을 주장하는 데 필요한 귀중한 정보를 취득할 수 있다는 시사점을 도출할 수 있다.

3) 기술적, 조직적 조치

자율시정을 위한 또 다른 필요한 단계는 미래에 유사한 위법 행위를 방지하는 구조적 및 조직적 변화이다. 어쨌든 포괄적으로 작동하는 준법경영준수 시스템이 도입되었거나 이미 존재하는 경우 이 요구사항은 충족된 것으로 본다.[102]

EU 공공조달지침은 필요한 기술 및 조직적 조치와 관련하여 구체적인 최종 내용을 지정하지는 않았다. 그러나 유럽지침 2014/24/EU의 Recital 102에는 미래의 부정행위를 방지하기 위해 취할 수 있는 조치가 적어도 일부 나열되어 있다. 여기에는 인사 개편 조치, 보고 및 통제 시스템의 구축, 준법감시시스템(compliance), 내부 책

쟁제한방지법(GWB) 제126조 제2호 및 Directive 2014/24/EU 제57조 제7항 참조). 이에 대해 유럽사법재판소는 유럽법에 따라 규정된 조사당국과의 협력 외에도 발주기관과의 협력까지 요구하는 국내법 조항이 유럽법과 모순되는 것은 아니라고 명시적으로 판시하였다. 그러나 이러한 협력은 해당 절차에 필요한 것으로 엄격하게 제한되어야 한다. 따라서 회사는 요청된 벌금 통지를 발주기관에게 전달해야 하며, 필요한 경우 수행된 자율시정 조치에 대한 발주기관의 질문에도 답변해야 한다고 하였다. 또한 ECJ는 3년의 최대 제외기간이 법 위반을 처벌할 책임이 있는 당국이 결정한 날(이 경우에는 연방 카르텔 사무소의 벌금 결정)부터 기산된다는 점을 분명히 하고 있다; 이에 대한 평석으로는 Baumann/Gerhardt, Konkretisierung der Anforderungen an die vergaberechtliche Selbstreinigung, NZBau 2019, 565; 이 송사건에 대해서는 Dreher/Engel, Die Vorlage kartellrechtlicher Bußgeldbescheide zur Selbstreinigung, NZBau 2019, 545.

101) Baumann/Gerhardt, Konkretisierung der Anforderungen an die vergaberechtliche Selbstreinigung, NZBau 2019, 565(567).

102) Beschluss des Bundeskabinetts zu den Eckpunkten zur Reform des Vergaberechts vom 7.1.2015, S. 2.

임 및 보상 규정 도입을 제시하고 있다.

하지만 구체적으로 어떤 조치가 필요한지에 대하여는 더 이상 명확히 명시하지는 않았다. 이 문구는 언급된 준수 조치가 가능한 예시 조치로만 나열되어 있음을 의미하는 것으로 본다. 개별 사례에서 이러한 조치와 기타 조치가 필요한지 여부와 그 정도와 범위는 규정되지 않았다.

현행 법적 상황에서 발생한 독점금지 위반을 제재할 때 규정준수노력을 어느 정도까지 고려할 수 있는지와 추가 권한이 필요한지 여부에 대해 논의가 필요하다. 자율시정조치의 충족 여부와 관련하여 감독 및 모니터링 의무 위반은 원칙적으로 경영진의 책임이 면제될 가능성을 인정하고 이러한 맥락에서 감독 조치의 범위와 효과를 검토하게 된다. 그러나 준법감시 시스템이 관련 의무를 이행하기에 충분하다고 간주되는 시기에 대해서는 어느 정도 법적 불확실성이 남아 있다.

바. 경쟁등록부(Wettbewerbsregister)의 도입

연방카르텔청(BKartA)의 벌금부과는 기록적인 수준이다. 2014년에 연방카르텔청이 부과한 벌금은 약 10억 유로를 초과했다.[103] 독점금지위반으로 인한 위험이 만연하였던 상황이고 그 위험성의 영향과 효과 측면에서 특히 심각한 것으로 강조되고 있다. 독점금지 위반이 독점금지에 대한 제재, 즉 벌금으로 이어질 뿐만 아니라 손해배상청구 및 형사소송도 제기되는 것에 주목하여야 한다.

또한 이러한 독점금지법 위반은 공공조달법에 따른 적합성의 상실로 이어질 수 있다. 조달법상의 "제재", 즉 구체적인 조달절차 및 장기간 입찰참가자격제한도 관련성이 있다. 이는 독일의 발주기관뿐만 아니라 유럽 및 전 세계의 발주기관에게도 적용된다.[104] 새로운 EU 공공조달지침은 이러한 추세를 강화하고 있다.

---

103) 이에 대해서는 Mutschler-Siebert/Dorschfeldt, Vergaberechtliche Selbstreinigung und kartellrechtliche Compliance - zwei Seiten einer Medaille, BB 2015, 642f.

104) Art. 57 der RL 2014/24/EU; 국제 조달법상 제재시스템에 대해서는 Williams-Elegbe, Fighting Corruption in International Procurement, 2012.

2015년 1월 7일, 독일 연방정부는 새로운 유럽 공공조달 지침을 시행할 때 경제범죄로 인해 처벌을 받고 다른 한편으로 자율시정조치를 한 자가 정부조달로부터 이득을 얻지 못하도록 하기 위하여 입찰참가자격제한사유들을 강화한다고 하였다. 이와 함께 발주기관이 입찰자의 부정행위 여부를 쉽게 확인할 수 있도록 전국 중앙조달배제등록부(Vergabeausschlussregister) 도입을 검토하기도 하였다.

전국적인 "경쟁등록부(Wettbewerbsregister)"의 도입[105]으로 발주기관은 이제 전국적으로 단일한 전자적인 질의(Abfrage)를 사용하여 일정한 회사가 관련 법규 위반을 저질렀는지 여부를 확인할 수 있게 되었다. 독일의 경우 공공발주기관의 입찰배제결정은 특정한 조달절차에서 제외되는 것을 의미한다. 따라서 각 발주처는 새로운 조달절차에서 해당 기업의 입찰참가여부에 대한 재량적인 결정을 다시 내려야 한다. 그래서 한 발주기관의 입찰참가자격제한이 반드시 모든 정부조달절차의 입찰 배제를 의미하지는 않는다.[106]

경쟁등록부 제도 실시 이전에는 개별 조달발주기관이 잠재적인 계약예정자의 범죄 또는 부정행위여부를 확인하기가 어려웠다.[107] 이러한 경쟁등록부의 도입으로 이제 발주기관에게 명확성을 제공하고, 발주기관이 경쟁방지법을 위반한 회사를 조달절차에서 제외하는 것이 더욱 간이하게 되었다. 이에 따라 입찰참가자격제한사유가 적발될 가능성 또한 높아지게 되었다. 뿐만 아니라 최소 50,000 유로의 벌금이 부과된 경우 독일의 카르텔 금지위반(독일 경쟁제한방지법(GWB) 제1조)도 경쟁등록부법(WRegG) 제2조 제2항에 따라 "경쟁등록부"에 입력된다. 따라서 발주기관이 신뢰할

---

105) Gesetz zur Einführung eines Wettbewerbsregisters und zur Änderung des Gesetzes gegen Wettbewerbsbeschränkungen v. 18.7.2017, BGBl. I, 2739 ff.; 이에 대해 자세한 것은 Horn/Götz, Ausschluss vom Vergabeverfahren aufgrund von Kartellrechtsverstößen und die vergaberechtliche Selbstreinigung, EuZW 2018, 13; Brüggemann/Vogel, Wettbewerbsregister und Selbstreinigung im Spannungsfeld zwischen Arbeits- und Vergaberecht, NZBau 2018, 263(265).

106) Hausmann/von Hoff in Kulartz/Kus/Portz/Prieß, Kommentar zum GWB-Vergaberecht, 4. Aufl. 2016, § 124 Rn. 72.

107) BT-Drs. 18/12051, 16.

수 없는 회사를 조달절차에서 제외할 수 있는 가능성이 확대되었다.

경쟁등록부법(WRegG) 제6조 제1항 제1문에 따르면, 공공발주기관은 예상 계약 가치가 30,000 유로 이상인 조달절차에서 계약을 체결하기 전에 참가업체가 경쟁등록부에 등록되어 있는지 여부를 등록기관에 문의해야 한다. 물론 경쟁등록부에 등록한다고 해서 회사가 조달절차 참여에서 명시적으로 제외되는 것은 아니다(경쟁등록부법(WRegG) 제6조 제5항 참조).[108] 일정액 이상의 벌금부과사실은 정기적으로 최대 3년에 이르는 전국적인 계약금지로 이어진다. 경쟁등록부법(WRegG) 제8조 제1항에 따르면 기업이 경쟁제한방지법(GWB) 제125조 제1항의 의미 내에서 자율시정을 시행하고 이를 입증한 경우 경쟁등록부에서 삭제될 수 있다고 한다.

이에 따라 정부조달법상 자율시정을 하고, 조달법상 적합성을 회복하는 것이 더욱 중요하게 되었다고 볼 수 있다. 기업이 경쟁제한방지법을 위반하면 모든 정부조달계약에 대해 전국적으로 배제될 수 있기 때문에 이러한 영향을 받는 회사의 경우 이는 회사의 존립 자체를 위태롭게 할 수도 있으므로 입법자가 의도한 대로 독점금지 규정을 준수하려는 높은 수준의 동기가 부여된다.

그럼에도 불구하고 독점금지법 위반이 있을 경우, 입찰이 제한된 기업에 의한 자율시정이 이루어져야만 전국적 배제효과를 방지할 수 있는 것이다. 경쟁등록부의 도입은 독점금지 위반의 투명성을 더욱 높일 수 있다고 믿고 있다. 얼마나 많은 회사가 실제로 경쟁등록부에 등재될 것인지는 아직도 정확히 예측할 수 없다고 한다. 그러나 이 시스템을 도입하는 것만으로도 기업은 독점금지 및 공공조달 준수조치를 강화할 수밖에 없게 되었다.[109]

1) 등록 요건

경쟁등록부법(WRegG) 제2조 제1항, 제2항에 따르면, 기업이 나열된 형사 및 행

---

108) BT-Drs. 18/12051, 31.

109) Horn/Götz, Ausschluss vom Vergabeverfahren aufgrund von Kartellrechtsverstößen und die vergaberechtliche Selbstreinigung, EuZW 2018, 13(21).

정 위반 중 하나를 위반하는 경우 경쟁등록부에 등록된다. 경쟁등록부법(WRegG) 제2조 제1항에 따른 형사범죄 및 행정범죄는 최종 형사법원 유죄판결 또는 최종 처벌 후에만 입력되는 반면 경쟁등록부법(WRegG) 제2조 제2항에 따른 행정범죄는 법적 유효성에 관계없이 벌금이 부과될 때 입력된다.[110] 경쟁등록부에 등록하기 전에 등록 기관에서는 계획된 등록에 대해 관련 회사에 통보하도록 하고 있다. 회사가 2주간의 기간 내에 등록 예정된 항목이 바르지 않음을 입증할 수 있는 경우 등의 특별한 경우에는 잘못된 데이터를 수정한다(경쟁등록부법(WRegG) 제5조 제1항).

2) 문의의무(Abfragepflicht)

경쟁등록부법(WRegG) 제6조 제1항에 따르면 발주기관은 순 계약 규모가 30,000 유로 이상인 조달절차에서 계약을 체결하기 전에 입찰기업이 경쟁등록부에 등록이 되어 있는지 등록관청에 문의할 의무가 있다.

3) 삭제기간 및 자율시정

경쟁등록부의 등록은 경쟁등록부법(WRegG) 제7조 제1항에 포함된 기한이 만료되거나 기업이 자율시정을 입증한 경우 경쟁등록부법(WRegG) 제8조에 따라 자동으로 삭제된다. 의무적인 입찰참가자격제한사유의 경우 기간은 최종 유죄판결을 기준으로 5년이고 선택적 입찰참가자격제한사유의 경우 벌금 결정이 내려진 날부터 3년 이다.[111] 등록된 것이 경쟁등록부에서 다시 삭제되는 즉시, 조달절차에서 등록에 대해 책임이 있는 이유는 더 이상 고려되지 않는다.[112]

---

110) Haus/Erne, Das Wettbewerbsregister, NZG 2017, 1167 (1168).
111) Markgraf/Hermans, Das geplante Wettbewerbsregister und Antikorruptions-Compliance – alter Wein in neuen Schläuchen oder Handlungsbedarf für Unternehmen?, CB 2017, 250(251).
112) Eufinger, Der Entwurf zur Einrichtung eines bundesweiten Wettbewerbsregisters – Implikationen für die Compliance, CB 2017, 240(242).

특히 등록관청은 연방카르텔청(BKartA)이며, 자율시정조치가 충분하다고 판단되는 경우 자율시정으로 인한 경쟁등록부에서 조기삭제를 하기 위해 지침을 마련하고 있다.[113] 경쟁등록부에서 조기 삭제를 위해 회사는 경쟁제한방지법(GWB) 제123조 제4항 제2문 및 제125조에 따라 자율시정에 대한 모든 요구사항을 충족하고 이를 등록관청에 제출하고 증명해야 한다. 회사의 신청서는 일관성 있고 이해하기 쉬워야 하며 근본적인 사실을 명확하게 요약해야 한다. 범죄 행위, 관련자, 범죄 기간 및 범죄 결과에 대한 정보는 요약하여 쉽게 이해할 수 있는 방식으로 제시되어야 한다. 신청서에는 필수증거 및 관련 판결, 형벌명령 또는 벌금 통지가 수반되어야 한다. 정확하지 않고 오해의 소지가 있는 정보 제공이나 등록 혹은 등록 삭제 프로세스에서 관련 상황이 은폐된 것으로 밝혀진 경우에는 성공적인 자율시정을 했다고 하더라도 인정받지 못하게 된다.

 평가와 소결

위와 같은 입찰참가자격제한조치에서 주목할 만한 점은 이러한 입찰참가자격제한사유의 존재에도 불구하고 사업자가 형사범죄나 부정행위로 인해서 발생한 손해와 관련해서 이를 배상하거나 보상금을 지급했다는 점, 조사기관과의 적극적인 협력을 통해서 포괄적인 방법으로 사실관계와 상황을 명확히 했다는 점, 더 이상의 형사범죄나 부정행위를 방지하기 위해서 필요한 구체적 기술적, 조직적, 인사적 조치를 취했다는 점 등을 입증하면 입찰참가자격제한조치를 면제할 수 있다는 규정을 두고 있는 점이다. 이는 '자율시정'(self-cleaning)이라고 불리우는 것으로서 탄력적인 방식으로 기업의 준법감시(compliance)를 강화하는 제도의 하나이다.

---

113)   Bundeskartellamt, Leitlinien zur vorzeitigen Löschung einer Eintragung aus dem Wettbewerbsregister wegen Selbstreinigung, November 2021.

가. 유럽연합의 규율에 대한 평가

2004년 공공조달지침에서는 자율시정제도에 대한 명시적인 규정은 두지 않고 있었으나, 공익적인 사유가 있는 경우 부정당업자제재를 하지 않을 수 있다는 규정을 근거로 하여 자율시정제도가 인정될 수 있다는 해석이 존재하였다. EU법의 기본원리라고 할 수 있는 '비례원칙'에 입각하여 볼 때 사업자가 손해배상을 하고, 구체적 비위행위자를 징계하는 등의 조치를 취한 경우에는 부정당업자제재를 하지 않을 수 있다는 것이다. 그리고 이는 선택적 제재사유가 있는 경우는 물론이고, 의무적 제재사유가 있는 경우에도 적용될 수 있다고 해석되었다.[114] 실제로 2004년 공공조달지침 하에서 명문의 규정이 없었음에도 독일과 오스트리아에서는 자율시정제도가 꾸준히 시행된 바 있다.[115] 2014년 공공조달지침은 이러한 해석을 입법적으로 채택한 것으로 볼 수 있다.

다만 2014년 지침의 Recital은 자율시정제도와 관련해서 각 회원국들이 구체적으로 어떤 절차상, 실체상 조건을 적용할 것인지에 대해서는 회원국들의 재량에 맡겨져 있다는 점을 분명히 하고 있다. 특히 자율시정의 요건을 갖추었는지 여부에 대한 평가를 각 개별 발주청이 담당할 것인지, 아니면 이를 담당하는 다른 중앙 또는 분권화된 기관에서 이를 담당할 것인지에 대해서는 각 회원국들이 자유롭게 정할 수 있다는 것이다.[116]

나. 독일의 자율시정제도에 대한 평가

중앙 또는 분산된 수준의 다른 발주기관이 자율시정을 결정하도록 하지 않고, 이러한 작업을 각각의 조달절차에 따라 각 조달기관에 맡기기로 한 독일 입법부의 결정

---

114) Pünder/Prieß/Arrowsmith (Hrsg.), Self-Cleaning in Public Procurement Law, 2010, 7-14.

115) 물론, 독일과 오스트리아는 비례성원칙을 근거로 한 판례의 발전에 따른 것이라는 견해가 우세하다.

116) 2014년 EU공공조달지침 Recital 102.

에 대한 평가는 물론 아직 이르다.

또한 자율시정기관은 해당 조달절차 외부에 존재하므로 공공조달법의 적용을 받지 않지만(심각한 부정행위 및 그 운영 절차), 조달절차 내부에서 그 기능과 역할을 수행한다. 따라서 의사결정과정은 해당 조달기관에 더 가깝다고 말할 수 있다.

자율시정 여부에 대한 검토를 조달기관(Vergabestellen)에 위임하는 것이 합리적이라는 것이 사실이라고 하더라도 입법자가 그들에게 대단히 용이한 임무를 부여하였다고 생각되지는 않는다. 오히려 과도한 요구는 특히 경쟁제한방지법(GWB) 제125조 제1항 제3호의 선택적 배제 사유의 경우에서 명백히 드러난다. 명백히 심각한 부정행위는 과실로 저질러졌어야 하지만, 배제에 대한 강력한 이유와 달리 법적 구속력이 있는 유죄판결을 요구하지 않기 때문에 결정의 어려움은 배가 되는 것이다.

형사범죄가 실제로 의심되는 경우 조달기관은 공소가 제기될 때까지 기다릴 필요가 없지만 대체로 증인 진술이나 서신 형식과 같은 객관적 증거에 의존할 수 있다.[117] 그렇지 않으면 조사당국과 형사법원, 특히 공공행정기관이 아닌 경우 심각한 부정행위의 징후가 있다면, 해명을 위해 해당 입찰자를 중지하고 조사할 수 있으며 수행된 조사에 기초하여 심각한 부정행위의 증거가 있는지 여부를 스스로 판단한다.

조달절차에서 배제되는 것은 심각한 부정행위에 대한 처벌이 아니다. 발주기관의 예비적 확신과 함께 공공조달법의 틀 내에서 수사에서 밝혀낼만한 증거를 제공할 수 없는 것에 대한 판단에 대하여 모두를 만족시킬 만한 대답은 아직 없다.

그러나 발주기관에 과도한 부담을 주는 경향은 범죄와 관련된 사실뿐만 아니라 자율시정의 측면에서도 마찬가지일 수 있다. 경쟁제한방지법(GWB) 제125조 제1항 제1호에 따르면, 자율시정을 검토할 때 발주기관은 입찰자가 범죄 또는 부정행위로 인한 손해에 대해 배상금을 지불했는지 또는 입찰자가 지불하여야 할 보상금을 지불하였는지를 확인할 의무가 있다. 정부조달법이 징벌적 목적을 추구하는 만큼 손해배상 청구를 규제하기 위한 것이다.

---

117) Roth, Selbstreinigung und Wiedergutmachung im Vergaberecht, NZBau 2016, 672(676).

검찰청과 형사법원은 심각한 부정행위를 입증하고 처벌할 책임이 있으며, 민사법원은 손해배상 청구를 관장하고, 연방카르텔청(BKartA) 또는 유럽위원회(Europäischen Kommission)는 독점금지 위반에 대한 벌금을 부과한다. 그러나 발주기관은 그러한 권한이나 책임을 보유하거나 부담하지는 않는다.

정확히는 공공조달법에 따른 입찰배제 사유의 증거로 충분한 부정행위의 객관적인 징후가 있는 경우, 배상의 청구가 존재하는지 여부와 그 범위는 여전히 민법적 관점에서는 일반적으로 결론이 난 것이 아니라는 데에 오해를 하여서는 안 된다. 조달절차 참여를 통한 입찰자의 헌법상 보장된 전문적이고 기업가적 활동이 채무에 대한 추상적인 승인을 제출하려는 의지와 단순히 연결지어서는 안 된다. 즉, 정부조달법상 입찰재참여를 위한 자율시정의 손해의 배상조건 충족과 민법상 손해배상책임을 같은 것으로 보는 것은 위험한 일이라는 것이다. 선택적 입찰참가자격제한사유의 증거와 유사하게 손해배상의무에 대한 법적 구속력 있는 결정을 필요로 하지는 않는다. 그러나 입법자는 경쟁제한방지법(GWB) 제125조 제1항 제1호에 대한 정당화에서 회사가 손해배상절차의 일부로 법원에서 분쟁 중인 손해배상청구를 명확히 할 권리가 있음을 강조한다. 이로써 자율시정 규정에 의해 법원의 소송이 영향을 받지는 않는다.[118]

그럼에도 불구하고 정부조달법과 그 적용을 위임받은 공공발주자에게 그리고 다른 법영역들과 이를 위해 설립된 기관들이 자율시정과 관련하여 추가적인 위임과 위탁으로 점점 더 많은 규제정책적 목표가 발생하고 부여되고 있는 것이 사실이다. 이러한 현상에 대하여 독일의 이 분야 전문가들도 불안을 느끼고 있는 것 같다.

독일 정부조달법의 자율시정과 유사한 절차는 공공조달법 외부에 잘 확립되어 있으며, 예를 들어 조세법(AO) 제371조 또는 대외무역법(Außenwirtschaftsgesetz, 이하 'AWG'라고 한다) 제22조의 규정에 따른 자진신고(Selbstanzeige)는 좋은 사례이다. 대외무역법(AWG) 제22조 제4항은 2013년에 도입되었으며 특정 대외무역법의 규정 위반 시 자발적 공개를 규정하고 있다. 따라서 대외무역법(AWG) 제19조 제2항~제5항의 의미 내에서 위반행위를 과실로 위반한 경우 자체 모니터링을 통해 위반 사항이

---

118)   BT-Drs. 18/6281, 105.

발견되어 보고된 경우나 권한 있는 기관에 고발 및 동일한 이유로 위반을 방지하기 위한 적절한 조치를 한 경우 질서위반죄로서의 기소가 중지된다.

이 규정은 공공조달법 외의 법률 영역에 실제 집행을 보장하기 위한 규정이 제공되고 이러한 목적으로 공공조달법을 사용하려는 시도와 자연적으로 충돌할 수 있다는 실제 사례가 될 수 있다. 공식 채널을 통해 원칙적으로 대외무역법 위반도 중대한 부정행위로 규정할 수 있다. 이 경우 대외무역법의 자체평가 과정과 정부조달법의 자율시정 사이의 관계에 대한 문제가 제기된다.

이러한 문제는 또한 리니언시위원회의 보고서[119]에 따르면 카르텔 사건의 벌금 면제 및 감면 절차[120]와 관련한 조달법상 자율시정과 비교하여서도 제기된다. 면제 요건 중 하나는 위원회가 문제에 대한 반대 의사를 전달하기 전에 신청자가 신청서 제출 및 내용에 대해 어떠한 것도 공개하지 않는다는 것이다.[121] 많은 발주기관에 사실을 공개하고 자율시정 조치의 일환으로 진행중인 Leniency-프로그램을 인용하는 것은 제3자에 대한 기밀유지의 기본의무와 양립할 수 없다. 이러한 구분 문제는 정부조달법의 자율시정이라는 근본적인 딜레마 상황을 보여주며, 이는 개별 사례에 대한 적절한 적용을 통해서만 궁극적으로 해결될 수 있을 것이다.

다. 리니언시 등의 다른 제도와의 차별성

리니언시는 카르텔 자진신고자 등에 대한 제재 감면 혜택 부여를 통해 내부고발(whistle-blowing)을 유도하여 카르텔의 붕괴를 촉진시키는 제도이다. 세계 각국은 '부당한 공동행위'의 발견과 억제를 위해 '리니언시'(Leniency: 자진신고자감면제도)를 도입하여 적극 활용 중에 있다. 2006년 12월 8일 유럽위원회는 "카르텔 사건의 면책 및 벌금 감면에 관한 고시(Mitteilung über den Erlass und die Ermäßigung von

---

119)   Leniency-Mittelung der Kommission 2006/C 298/11.
120)   이에 대해서는 이천현 등 10인, 공공공사 입찰담합 제재의 중복문제 개선 및 실효성 확보방안 연구, 한국형사정책연구원, 2014. 11, 115면 이하 참조.
121)   Leniency-Mittelung der Kommission 2006/C 298/11, Rn. 12 Buchst. a.

Geldbußen in Kartellsachen)"를 공표했다.[122] 이 고시는 카르텔 적발에 있어 위원회와 자발적으로 협력하는 카르텔에 연루된 회사에 부과되는 벌금 면제 및 감면을 위한 규제 프레임워크를 제공하고 있다. 유럽위원회는 비밀 카르텔을 적발하는 회사의 자발적인 협력 자체가 가치가 있으며 해당 회사에 대한 벌금 면제를 정당화할 수 있다고 보고 있다. 관용프로그램[Kronzeugenprogramm (Leniency Programme)]은 정기적인 비밀 카르텔담합을 폭로, 조사 및 종료하는 데 매우 효과적인 것으로 증명되기도 하였다.[123] 유럽입법자는 유럽연합 지침(ECN+-Richtlinie (EU) 2019/1)의 50. Erwägungsgrund에 따르면 관용프로그램을 "비밀 카르텔 적발을 위한 필수도구"로 간주하고 있다.[124] 이는 경쟁법의 가장 심각한 위반인 이러한 침해를 효율적으로 기소하고 제재하는 데 기여하고 있다고 한다.

관용프로그램에 대한 경쟁제한방지법(GWB) 제81h조 내지 제81n조에 따라 연방카르텔청은 관련된 자연인, 회사 및 회사 협회(카르텔 참가자)에게 이러한 사항을 고지할 수 있다. 독일 경쟁제한방지법(GWB) 제81d조는 벌금 산정기준을 구체적으로 규정하고 있으며, 연방카르텔청(BKartA)[125]의 보너스규정은 카르텔절차에 대해서만 적용되는 경쟁제한방지법(GWB) 제81h조 이하에서 규정되어 있다. 경쟁제한방지법(GWB) 제81d조 제1항 제4호에 따르면, 벌금 위반이 발생했다고 판단할 때 독점금지법을 위반한 회사의 준법조치 노력도 고려해야 한다. 이를 통해 연방카르텔청과의 협력을 통해 카르텔 적발을 돕고 벌금(관용)을 면제하거나 감면할 수 있다. 연방카르텔청은 관용 프로그램을 적용할 때 재량권 행사에 대한 일반 행정원칙과 절차의 구조를

---

122) ABI. 2006 C 298, 17.

123) Verordnung (EG) Nr. 1/2003 des Rates vom 29.4.2009 - KOM (2009) 206.

124) Richtlinie (EU) 2019/1 des Europäischen Parlaments und des Rates vom 11. Dezember 2018 zur Stärkung der Wettbewerbsbehörden der Mitgliedstaaten im Hinblick auf eine wirksamere Durchsetzung der Wettbewerbsvorschriften und zur Gewährleistung des reibungslosen Funktionierens des Binnenmarkts.

125) Bekanntmachung Nr. 9/2006 über den Erlass und die Reduktion von Geldbußen in Kartellsachen - Bonusregelung - vom 7.3.2006.

설정하고 법 조항(경쟁제한방지법(GWB) 제81h조 제3항)을 보완하는 관용프로그램에 관한 지침에서 자세히 규정하고 있다.[126]

독일은 2021년 제10차 GWB 개정안으로 전체 "제2절 관용프로그램(Abschnitt 2 Kronzeugenprogramm)"이 새로 추가되었다. 이는 ECN+ 지침(EU) 2019/1의 23조에 있는 요구사항을 국내법적으로 수용하였으며, 이에 따라 2006년 3월 7일 연방카르텔청의 보너스규정과 같은 행정원칙의 틀 내에서 이전의 규정은 더 이상 충분하지 않아 관용프로그램(Bonusregelung)[127]의 법적 근거가 필요하였음을 의미한다. 유럽과 독일에서 보너스 규정이나 관용규정(Kronzeugenregelung), 미국의 leniency notice와는 달리 관용프로그램(Kronzeugenprogramm)은 다른 회사가 비밀 카르텔(소위 강압자)에 참여하거나 가담하도록 강제하는 조치를 취한 회사를 제외하고 모든 회사는 벌금을 면제받을 수 있다. 이것은 예를 들어 관용프로그램의 범위에서 선동자를 배제한 연방카르텔청의 이전 보너스규정과 비교하여 범위를 확장하고 있는 것이다.

우리나라도 1996년 공정거래법에서 리니언시를 도입하였다. 도입 당시 공정거래법 제22조의2 제1항 제1호, 제4항, 공정거래법 시행령 제35조 제1항 제1호의 문언과 내용에 의하면, '공정거래위원회가 조사를 시작하기 전에 자진신고한 자로서 부당한 공동행위임을 증명하는 데 필요한 증거를 단독으로 제공한 최초의 자'가 자진신고자 면제의 대상이 되기 위해서는 '부당한 공동행위와 관련된 사실을 모두 진술하고, 관련 자료를 제출하는 등 조사가 끝날 때까지 성실하게 협조하였을 것'이라는 요건 등을 충족하여야 한다. 이처럼 공정거래법령이 자진신고자 감면제도를 둔 취지와

---

126) Leitlinien zum Kronzeugenprogramm 19.01.2021.

127) 이러한 규제방안은 실무에서는 상당한 모순적이고 정의롭지 못한 결과를 초래한다. 예컨대 시장에서 가장 강력한 기업이 다른 경쟁기업들과 함께 카르텔을 형성하거나 형성하도록 조장한다. 그런 주도적 역할을 한 기업이 여타 경쟁기업보다 우월한 다양한 정보획득 방법을 동원하여 관련 연방기관이 카르텔 형성 사실을 인지하였음을 파악하자마자 신속하게 해당기관에 카르텔 사실을 신고하게 된다. 이로써 그 기업은 카르텔 범죄에 가장 현저한 공헌자임에도 불구하고 벌금을 면제받게 되고 나머지 소규모 경쟁기업은 카르텔에 따른 벌금을 부과받게 됨으로 기업 경영에 심대한 피해를 입게 되는 상황이 될 수 있다.

목적은 부당한 공동행위에 참여한 사업자가 자발적으로 부당한 공동행위 사실을 신고하거나 조사에 협조하여 증거자료를 제공한 것에 대한 혜택을 부여함으로써 참여 사업자들 사이에 신뢰를 약화시켜 부당한 공동행위를 중지·예방함과 동시에, 실제 집행단계에서는 공정거래위원회로 하여금 부당공동행위를 보다 쉽게 적발하고 증거를 수집할 수 있도록 하여 은밀하게 이루어지는 부당공동행위에 대한 제재의 실효성을 확보하려는 데에 있다.[128]

전략적으로 다른 제도와 비교하여 자율시정은 조사에 대한 협력행위 등 성실협조의무를 요건으로 하는 점에서 자진신고자 감면제도와 유사하다. 하지만 부당한 공동행위를 중지·예방함과 동시에, 부당공동행위를 보다 쉽게 적발하고 증거를 수집할 수 있도록 하여 부당공동행위에 대한 제재의 실효성을 확보하려는 반면, 자율시정제도는 재발방지에 더 큰 목적이 있다.

또한 우리나라의 리니언시는 손해배상의무가 없다는 점과 구체적인 손해배상액 산정시 계약벌이나 청구권집행의 어려움을 어느 정도 해소시킬 수 있다는 점에서 차이점이 있으며, 이러한 점은 제도적 장점이라고 할 수 있다.[129]

라. 소결

미국의 administrative agreements의 취지와 제도적 유연성에 긍정적 측면을 공감하면서 독일 제도를 중심으로 놓고 견해를 이어가겠다. 독일 입법자는 경쟁제한방지법(GWB) 제125조에 따른 자율시정 조치에 대한 조사를 발주기관에게 맡기고 있다. 신뢰성이 더 이상 적합성 기능이 아니며 자율시정이 입찰배제사유를 극복하는 역할을 하더라도 자율시정의 입찰 관련 특성은 손상되지 않는다. 입찰자가 자율시정을

---

128) 대법원 2018. 7. 26. 선고 2016두45783 판결[감면신청기각처분취소(부당한 공동행위 가담자들에게 감면신청 사실을 누설하였다는 이유로 원고의 감면신청을 기각한 처분이 재량권을 일탈·남용한 것인지 문제된 사건이다)].

129) Schnitzler, Wettbewerbsrechtliche Compliance - vergaberechtliche Selbstreinigung als Gegenmaßnahme zum Kartellverstoß, BB 2016, 2115(2120).

거쳐야 하는지 여부에 대한 문제에 답하기 전에 발주기관은 선택적 입찰참가자격제한 사유에 대해 재량권을 행사해야 한다.

자율시정은 비례원칙을 고려하여 개별 사례에 대한 평가가 부정적인 것으로 판명되는 경우에만 문제가 된다. 조달절차에 참여하기 위한 전제 조건인 자율시정 전용 프로그램은 부정행위와 피해 원인 및 금액이 모두 논란의 여지가 있는 경우 문제가 된다. 따라서 선택적인 입찰참가자격제한 사유의 증거에 자율시정의 증거보다 더 낮은 요구사항을 둘 수는 없어 보인다.

자율시정제도를 실제로 관리할 수 있도록 하는 모든 보호장치로 인해 공공발주자에게 결코 쉬운 일이라는 것이 없게 되었다는 점을 간과하여서는 안 된다. 조달법이외의 규정을 집행하기 위해서는 수사당국의 권한 없이 입찰참가자격제한사유를 판단해야 하며, 부정행위의 증거와 그 손해회복을 판단할 경우 형사·민사법원의 실제 책임영역에서 판단해야 한다.

또한 공공조달분야에서 독일 입법부는 이제 "자율시정"에 대한 몇 가지 기본 요구사항을 마련하였지만, 경쟁등록부법(WRegG) 제8조 제5항에서 독일 연방카르텔청(BKartA)이 마련한 자율시정지침(Leitlinien zur Selbstreinigung)은 더 명확해야 할 것을 강조하고 있다.

제3절

독일 정부조달법상 자율시정제도의 시사점

 정부조달법상 문제해결을 위한 대안

국가는 고정된 실체가 아니라 시간의 흐름에 따라 끊임없이 변화하고 오늘날에도 다양한 형태와 작용가능성을 가지고 나타나는 복합적인 형성물이다.[1] 그러므로 그 임무와 과제도 시대와 환경에 따라 각기 다르게 이해된다. 시대와 역사에 따라 각기 달리 요구되는 국가의 임무수행을 위해 국가는 자신의 의지를 관철할 수 있는 최고 권력을 보유하고 있고, 국민에게는 이에 대한 광범위한 복종과 협력을 요구할 수 있다.[2]

오늘날 국가는 국민의 생명과 재산의 보호라는 전통적 임무는 말할 것도 없고, 국민의 근본적 생존배려의 책무를 부담하고 있다. 그것은 미국, 독일이나 대한민국을 가리지 않는다. 이러한 국가임무의 확대는 임무수행에 필요한 정부조달의 확대를 초래하였고, 정부 재정으로 조달하여 국가임무를 수행하는 것에 재정적 어려움에 봉착하게 되자 민관협력사업(Public Private Partnership, 이하 'PPP'라 한다)이나 Conces-

---

1) 한수웅, 『헌법학(제5판)』(법문사, 2015), 3면.
2) 국가임무 수행의 새로운 패러다임으로서 협력에 대하여는 박정훈, 『행정법의 체계와 방법론』(박영사, 2019), 265면 이하.

234 공공계약과 경쟁

sion 등의 조달형식을 정부조달법에 포섭하였다.[3] 이러한 상황은 경제적 정부조달의 필요를 더욱 강조하고 있다. 그 외에도 국가는 정부조달 시스템을 통하여 정부의 구체적 정책을 반영하려는 노력을 배가하고 있다. 그러한 목표를 달성하기 위하여 국제 정부조달시스템의 작동상황까지 고려하며 해당 국가의 정부조달시스템을 변화시키고 있는 것이다. 그러한 현상 중의 하나가 독일의 자율시정제도라고 본다. 정부조달의 공공성과 투명성을 강조하면서도 이러한 자율시정을 도입하여 부정당업자를 신뢰성 증명을 요건으로 다시 입찰경쟁에 참여하도록 하는 제도적 변화를 이루어낸 것이다.

이러한 제도변화의 밑바탕에는 독일정부조달의 기본원칙으로서 경쟁원칙과 경제성원칙에 대한 새로운 강조를 읽을 수 있다. 우리나라에 도움이 될만한 제도적 시사점을 충실히 전달하기 위해서는 자율시정제도를 가능하게 하는 경제성원칙과 경쟁원칙에 대한 적정한 검토가 필요하다고 본다. 이 절에서는 우리나라에서는 언급이 없는 EU와 독일 정부조달의 기본원칙을 제시하면서 그러한 원칙 속에서 경쟁의 확대를 꾀하고 이를 통하여 경제성을 확보하려는 시도의 일환으로서 채택된 자율시정제도로 표시되는 제도의 시사점을 발견해 보고자 한다. EU나 독일과 달리 우리나라에는 정부조달 분야의 여러 문제들을 해결하고, 궁극적으로는 법치주의의 실현에 기여할 수 있는 기본원칙을 구체적으로 명확히 제시하지 않고 있어 정부조달 실무상 많은 문제점들에 대한 통일적인 혹은 근본적인 해석방법론이 없는 실정이므로 더욱 의미가 클 것이다.[4]

---

3) 김진기, EU 및 독일 정부조달법 개혁, 2016. 7. 11. 법률신문.

4) 우리나라와는 달리 외국 정부조달법과 글로벌 정부조달규범도 이 기본원칙을 명확히 제시하고 있다. 정부조달 기본원칙에 대한 비교입법례에 대해서는 김진기, "정부조달법 기본원칙-대법원 2017. 11. 9. 선고 2015다215526 정산금-", 홍익법학 제19권 제1호(2018), 597면(609면 이하).

정부조달 기본원칙과 구체적 내용

정부조달법의 법적 근거는 다양하다. 정부조달행위를 함에 있어서 정부는 다양한 행위형식을 활용할 수 있기 때문에 그에 상응하는 법적 근거는 다양할 수밖에 없기도 하다. 그럼에도 정부의 조달행위는 조달법을 준수하여야 할 뿐만 아니라 기본적으로 헌법적 기본원칙과 그에 따른 규범 그리고 기준을 따라야 한다. 공공기관을 포함한 모든 정부기관은 자신의 조달업무를 수행하거나 관리함에 있어서도 민주적인 법치국가의 여러 법원칙을 준수하도록 하고 있으며, 독일정부조달법 분야에서도 경쟁방지법(GWB) 제97조에 기본원칙을 규정하고 있다. 기본원칙을 규정함으로써 복잡다기한 실무의 여러 분쟁들을 해결하는 근본적 단초를 제공하고, 궁극적으로는 법치주의의 실현에 기여할 수 있게 되었으며 기본원칙을 구체적으로 명확히 제시함으로써 통일적이고 근본적인 해석방법을 제시할 근거를 제공하고 있다.

EU정부조달법은 정부조달계약과 관련한 수많은 실질적인 법적 원칙을 포함하고 있다. 여기에는 무엇보다도 경쟁의 원칙, 차별금지의 원칙, 투명성의 원칙이 포함되었다. 독일 입법부는 EU정부조달법의 법적 요건을 이행하기 위해 경쟁제한방지법(GWB) 제97조에서 경쟁원칙, 차별 금지원칙, 중소기업 이익 고려, 경제성을 기본원칙으로 규정하였다.

정부조달 기본원칙의 법적 성격을 이야기할 때 조달행위로 추구하려는 목표를 입법화한 것에만 있는 것이 아니라 경쟁제한방지법(GWB) 제97조에서 제시한 원칙은 오히려 실질적인 정부조달법의 원칙이라고 말한다.[5] 따라서 여기에는 조달절차 관련자들의 행위에 대한 법적 준거와 구속력 있는 요구 사항이 포함되어 있다. 실체법적으로도 조달원칙의 실무적 중요성은 과소평가되어서는 안 된다. 따라서 조달 원칙은 조달관련 법규정이나 하위규정의 해석에서 우선적으로 고려하여야 할 원칙으로서의

---

5) Immenga/Mestmäcker, Wettbewerbsrecht, 6. Auflage 2021, Rn. 1.

기능을 발휘하게 된다. 다른 기준이 우선하지 않는 한[6] 조달법의 해석은 실제적인 조달원칙에 기초한다.

독일의 경우 경쟁제한방지법(GWB) 제97조 제6항에 따르면 조달원칙에는 효과적인 법적 보호라는 의미에서 발주기관과 입찰자에게 조달절차의 각 조항을 준수하도록 할 권리를 부여하는 것도 포함된다. 조달 기본원칙에는 조달절차 진행 곳곳에 드러나는 구체적 난제를 해결할 중요한 법해석 원칙을 포함하므로 발주자 또는 입찰자는 조달절차에서 조달법의 실체적 원칙 위반 사항에 대하여 독립적으로 주장 할 수 있다.[7]

2016년 조달법개정(VergRModG)을 통해 독일 입법부는 경쟁제한방지법(GWB) 제97조를 크게 재설계하여,[8] 제1항 제2문에 비용효율성과 비례성의 원칙까지 포함시켰다. 이러한 기본원칙의 적용대상은 기존의 정부조달에서 제외되었던 양허계약을 포함한 것이기도 하다.

가. 경제성원칙

재화와 용역 조달은 원칙적으로 경쟁조건에서 이루어지지만 공공조달의 서비스 범위에 대해서는 여전히 정책적으로 결정될 여지가 존재한다. 경쟁에 따른 조달에서 국가가 책임을 지는 급부의 범위, 즉 어떠한 범위에서 어떻게 국가의 업무를 이행할 것인지가 중요하다. 이러한 임무수행을 위하여 시장을 통한 외부적인 재화와 용역의

---

6) 이러한 관점에서는 Plauth, Die Rechtspflicht zur Transparenz im europäischen Verga-
berecht 2017, S. 103.

7) 제97조 제1항의 투명성원칙에 대해서는 OLG Brandenburg 3.8.1999, WuW/E Verg 238;
제97조 제2항에 대해서는 OLG Stuttgart 24.3.2000, NZBau 2000, 301; VK Bezirksre-
gierung Düsseldorf 14.9.1999, Az. VK-12/99-L S. 12 경쟁원칙을 위한 "Awista" 사례, 발
주기관을 위한 조달법상의 기본원칙을 통한 한계에 대해서는 VK Nordbayern 27.9.2016, Az.
21.VK -3194-34/16.

8) Verordnung zur Modernisierung des Vergaberechts (Vergaberechtsmodernis-
ierungsverordnung - VergRModVO), BR-Drucks 87/16 v. 29.2.2016, S. 218; 김진기,
"EU 및 독일 정부조달법 개혁", 법률신문 2016. 7. 11. 참조.

조달이 원칙이 되어야 하며, 시장기능이 작동하지 못할 경우에는 시장이 아닌 독자적 조달이 가능하다고 보아야 한다. 이러한 옵션도 경제적 조달 가능성이 중요한 기준이 된다. 결국 정부조달은 사적 경제주체간 경쟁을 통한 경제적 조달을 의미하므로 조달법에서 "경제성" 이슈는 다른 원칙보다 우월적인 지위를 차지한다고 볼 수 있다.

국가의 조달활동에 대한 이러한 경제성원칙을 구현하려는 시도는 사적주체를 통한 조달에 대한 새로운 통제모델로서 작용할 뿐만 아니라, 기능적으로 사적 경제주체와의 협력을 내용으로 하는 효율적인 조달법으로서 경제적인 효과를 전제로 하는 것이기도 하다.[9]

나. 경쟁원칙과 조달제도의 시장규율로서 경쟁법

경쟁은 다른 정부조달 기본원칙이 제대로 작동하는 데 반드시 필요한 정부조달법의 핵심 원칙이다. 조달법 원칙에서 경쟁의 중요성은 공공조달법의 실질적인 기본원칙으로서 경쟁의 우위는 독점금지법으로 규율되는 것을 정당화할 뿐만 아니라, 정부조달법 각 구성요건의 해석에서도 경쟁적 해석을 강조한다. 필연적으로 일관된 경쟁적 사고를 도출하고 이를 적용하게 된다. 정부조달법의 경쟁에 대한 핵심요소는 비밀경쟁이며, 이것은 "경쟁에서 계약을 수주하는 필수적이고 불가결한 특성"이기도 하다.[10] 경쟁원칙은 조달업무 관련자들에게 조달 전 과정에서 경쟁 제한을 금지하고 해소하여야 할 의무를 부과한다.

경쟁원칙의 또 다른 결과는 개별 경쟁지향적인 구성요건들이 포함된다는 것이다. 이에 따라 조달조건은 효과적인 경쟁의 가능성을 구현할 수 있는 방식으로 설계되어야 한다. 경쟁제한방지법(GWB) 제97조 제1항의 경쟁원칙은 특정한 조달사례에서 수

---

9) 경제성원칙에 대해서는 김진기, "정부조달법 기본원칙-대법원 2017. 11. 9. 선고 2015다215526 정산금-", 홍익법학 제19권 제1호(2018), 597면(617면 이하); 김진기, "동아시아 정부조달법 발전방향 – 동아시아연합(EAU)을 염두에 두고 –", 저스티스 통권 제158-3호 (2017. 2), 395면 (420면 이하).

10) Immenga/Mestmäcker, Wettbewerbsrecht, 6. Aufl. 2021, GWB § 97, Rn. 25, 26.

많은 관련자들의 행위에서 실질적인 의미를 갖는다.

국가는 시장경제원칙, 특히 경쟁효과들을 자신의 조달업무를 처리하면서 활용하도록 요구받고 있다. 진정한 경쟁입찰의 발전과 내실화는 경제성원칙을 고려하면 더욱 중요시된다.[11] 이러한 경제성 원칙은 조달업무에서 경쟁의 강화로 국가와 민간주체간 조달분야 책임영역의 분할을 요구하게 되며, 이러한 책임분할을 강화함으로써 조달시스템 자체에서 연원하는 경쟁에서 도출되는 경제성뿐만 아니라 헌법에서 도출되는 사경제활동의 제도적 보장에도 기여하게 되는 것으로 이해되고 있다. 이로써 경쟁에 대한 새로운 탐색은 계속될 수 있다.

정부조달법은 공공기관이 시장의 수요자로서 나타나 조달시장에서 제3자와 계약을 체결하고 시장의 경쟁질서에 영향을 주는 사례들을 절차법적으로 포함한다. 이러한 의미에서 정부조달법은 국가조달의 전체영역을 포괄한다.

조달법 자체가 효율적이고 효율성에 영향을 주는 경우에만 외부조달을 통해서 효율적인 재정수단의 경제성을 가져올 수 있다. 효율적인 조달을 통해서 비용절약에 성공한다면 국가의 공공조달에 대한 거대한 경제적 관련성의 근거에서 전체 재정상황에 현저한 긍정적 영향을 줄 수 있고 공공복리의 증가도 가능하다. 이를 통해서 조달영역에서 국제경쟁력을 강화할 수 있다.

이러한 경쟁에 기초한 경제적인 기준을 마련함에 따라 필요한 법규의 내용은 헌법우위의 원칙에 부합하도록 조달법상의 원칙들 간에도 법상호적 가치 분석을 요구하게 된다. 여러 원칙들은 구체적 문제상황에 대한 복잡한 상관관계를 통하여 무엇이 가장 핵심적인 조달원칙으로 기능하여야 하는지에 대한 문제해결의 답을 줄 수 있게 된다. 무엇보다 각 원칙들은 구체적인 사실관계에 적용할 수 있도록 서로 영향을 주고 받고 있는 것이다.

경제성원칙을 구현하기 위한 구체적인 요청의 하나인 경쟁원칙은 조달제도에서

---

11) Zillmann, Waren und Dienstleistungen aus Drittstaaten im Vergabeverfahren - Die Bekanntmachung des Bundesministeriums für Wirtschaft und Arbeit zur Drittlandsklausel nach § 12 VgV, NZBau 2003, 480f.

원칙적으로 모든 잠재적인 입찰자들에게 공공기관이 발주하는 조달시장으로 자유롭고 평등한 진입을 보장하고 있다. 잠재적인 입찰자에게 조달시장에서의 평등과 자유의 광범위한 보장은 자유시장경제질서에서 추구하는 헌법상 기본권 실현에 기여한다. 유럽연합의 기본권도 시장확대와 실질적이고 효과적인 경쟁이 가능하도록 기능하고 있다. WTO GPA규정도 유럽연합의 규정과 마찬가지로 시장경제적 성격을 기본으로 하고 있으며, 유럽연합의 경쟁철학에 따라 경쟁이론적 근거에서와 마찬가지로 국제거래에서도 이러한 원칙을 근거로 하고 있다.[12]

경쟁원칙과 기본권의 조화는 조달절차에서 투명성원칙과 동일대우원칙의 실현이 가능하도록 하고 이를 통해 경쟁에 더욱 기여하도록 하는 선순환을 가능하도록 한다. 이로써 정부조달법은 시장진입과 시장질서에 관한 법이 되기도 한다. 또 국내조달시장의 개방은 물가상승 압박을 억제하고 생산과 유통의 혁신에 영향을 주고 국내시장의 정적이고 경직적인 부정적 상황을 감소시킬 수 있도록 하여 경쟁의 강화로 이어지게 한다. 광범위한 입찰경쟁을 발주기관으로 하여금 의무로 받아들이게 하고 그러한 의무 불이행을 법적 보호의 대상이 되게 함으로써 조달시장에서 공공기관은 효율적인 조달이 가능하고 민간 경제주체에게는 광범위한 기본권과 자유라는 법적 수단과 도구를 통해서 "보이지 않는 손"의 효율성이 시장참여자 모두에게 보장될 수 있도록 한다.

유럽연합의 조정지침(92/50/EWG)은 공공조달의 영역에서 진정한 경쟁의 성립을 기준으로 하고 있으며, 유럽재판소(EuGH)도 이러한 경쟁 개념을 여러 번 강조하고 있다.[13] 경쟁의 개념은 일정한 한 개의 아이템 조달시장만을 상정한 것이 아니다. A시장에서 2명 또는 그 이상의 경쟁자가 이루어지는 시장측면에서 경쟁효과는 유사한 아이템을 요청하는 B시장에서도 2명 또는 그 이상의 경쟁자를 통한 발주기관과의 협력기회가 그만큼 증가하게 된다는 점이 중요하다는 것이다. 수요의 측면에서 이러

---

12) 김진기, "정부조달법 기본원칙-대법원 2017. 11. 9. 선고 2015다215526 정산금-", 홍익법학 제19권 제1호(2018), 597면(609면).

13) EuGH Urteil vom 03.03.2005 – C-21/03 und C-34/03, EuZW 2005, 349=NZBau 2005, 351(Unverhältnismäßigkeit eines automatischen Projektantenausschlusses – "Fabricom").

한 경쟁에 의해 통제된 구매는 발주기관의 권한 남용을 제한시킬 수 있다. 정부조달의 기본원칙으로서 경쟁은 조직적인 경쟁의 복원, 즉 완전경쟁을 위해 수요와 공급의 조직적인 상호작용을 하게 하는 것이다. 이러한 의미에서 독일 법원은 경쟁제한방지법(GWB) 제97조 이하의 조달규정들이 시장참여자의 의미에서 시장행위를 규율하도록 규정하고 있다고 판시하고 있다.[14] 조달절차법적 규정은 입찰시장에 개입을 효율적으로 형성하고 입찰경쟁을 효율적으로 이용하도록 해야 한다는 것이다. 유럽지침(지침 2014/24/EU)도 이러한 의미에서 명시적으로 경쟁을 위해 공공조달시장의 문을 활짝 열 것을 강조하고 있다.

다. 투명성 원칙

효율적인 경쟁적 조달의 원칙은 발주기관이 원칙적으로 다양한 입찰가격을 서로 비교하고[15] 객관적이고 명백한 기준에 따라 유리한 입찰을 선택할 수 있도록 하는 것을 내용으로 한다.[16] 경쟁원칙의 원칙적 적용대상자로서 발주기관은 입찰에서 입찰조건의 내용을 통해서 경쟁을 촉진하도록 해야 한다. 이러한 입찰조건의 내용 취득 과정에 유불리가 작용한다면 경쟁원칙은 제대로 작동하지 못하게 된다. 따라서 조달절차의 핵심적인 기본원칙으로 투명성과 평등대우의 원칙을 들고 있다. 즉 정부조달에서 투명성은 입찰참가자 각자에게 필요한 정보들의 제공에서 보장되는 급부의 투명

---

14) OLG Köln Urteil vom 15.07.2005 – 6 U 17/05, GRUR 2005, 780(Wettbewerbswidrige Vergabe von Sachversicherungen).

15) EuGH Urteil vom 16.09.1999 – Rs. C-27/98, NZBau 2000, 153(Kein Anspruch des einzigen Bieters auf Erteilung des Auftrags).

16) EuGH, Urteil vom 07.10.2004 - C-247/02. ZfBR 2005, 203(Vorabentscheidungser- suchen nach Artikel 234 EG – Richtlinie 93/37/EWG – Öffentliche Bauaufträge – Erteilung des Zuschlags – Recht des öffentlichen Auftraggebers, zwischen dem Kriterium des niedrigsten Preises und dem des wirtschaftlich günstigsten Angebots zu wählen).

성[17]과 이를 통해 모든 경쟁자를 절차개시에 있어서 동일한 출발선상에 있도록 보장하는 기회평등의 원칙[18]을 말한다.

투명성을 높이기 위해 EU 집행위원회는 2020년 10월 26일부터 입찰공고를 위한 표준양식을 제공하는 규정을 발표했으며 전자양식에 대한 표준화된 규정을 제시하였다. 또한 직접 적용가능한 유럽법, 즉 시행령(EC) 2195/2002호 및 후속 수정에 따른 발주기관의 의무는 유럽연합법상 "공공조달을 위한 공동의 어휘(common procurement vocabulary, 이하 'CPV'라 한다)"를 사용함으로써 입찰의 투명성을 보장하는 역할을 한다.

투명성의 원칙은 매우 중요하며 그 중요성에 대한 강조는 각 기관의 우열 없이 모두 강화하고 있다. 특히 유럽사법재판소는 공공조달에 관한 유럽연합규정들의 주요 목표 중 하나는 서비스를 제공할 자유를 보장하고 모든 회원국에서 왜곡되지 않은 경쟁을 하도록 하는 것이라고 하였다.[19] 이러한 이중적 목적은 특히 입찰자 또는 주문자에 대한 평등대우원칙과 그에 따른 투명성 원칙을 적용함으로써 가능하다.[20]

라. 비례성원칙

경쟁제한방지법(GWB) 제97조 제1항 제2문은 비례성원칙을 규정함으로써 EU 공공조달 지침의 해당 요구사항을 국내법으로 수용하였다. 비례성원칙을 통하여 유럽법의 요구에 대한 구체적인 법적 근거, 특히 EU의 기본적 자유를 보장하는 것이다.[21]

---

17) 김진기, "정부조달법 기본원칙-대법원 2017. 11. 9. 선고 2015다215526 정산금-", 홍익법학 제19권 제1호(2018), 597(614면).

18) 김진기, "정부조달법 기본원칙-대법원 2017. 11. 9. 선고 2015다215526 정산금-", 홍익법학 제19권 제1호(2018), 597면(618면).

19) EuGH 29.3.2012, Rs. C-599/10, NZBau 2012, 376, Rn. 25 "SAG, NDS".

20) EuGH 28.10.1999, Rs. C-81/98, Rn. 48 "Ökopunkte"; EuGH 7.12.2000, Rs. C-324/98, Rn. 61 f. "Telaustria"

21) Art. 5 Abs. 1 Satz 2, Abs. 4 EUV, das Protokoll Nr. 2 über die Anwendung der Grundsätze der Subsidiarität und der Verhältnismäßigkeit; Art. 52 Abs. 1 Satz 2 GRCh.

이에 대하여는 유럽법의 적용대상 곳곳에서 찾아볼 수 있다.

또한 유럽사법재판소는 회원국 국내 조달시장에서 비례성원칙을 적용하고 있다.[22] 비례성원칙은 이러한 유럽법의 요건과 무관하게 정부조달 절차에서도 적용된다. 이는 비례성원칙이 독일 기본법(GG) 제20조에 따른 법치주의에 따른 헌법원칙과 기본권 조항 자체에서 도출되기 때문이다.[23] 그에 따라 자율시정이 입법화 되기 전에도 실무에서 활용되고 있었다.

 ## 3 공공기관의 독점적 지위 등의 비효율에 대한 통제원칙

비효율적인 조달법의 유형은 다양한 모습으로 나타날 수 있다. 정부조달의 수요 측면에서도 비효율적인 모습은 나타날 수 있다. 발주기관으로서 공공기관의 독점적인 지위 등으로 발생할 수 있는 비효율을 제어하기 위하여 정부조달의 기본원칙들로는 평등대우원칙과 경쟁촉진적인 기업활동의 자유 등을 들 수 있다.

가. 조달법상 평등대우원칙

모든 경쟁원칙이 제대로 작동하기 위하여 모든 입찰자를 평등하게 대우하여야 한다. 그렇지 않으면 공정한 경쟁은 불가능하기 때문이다. 국가는 정부조달의 수요자로서 개별적인 입찰자에 대한 개별적 선호를 회피하여야 한다. 이를 위해 발주기관은 입찰공고를 할 때부터 입찰예정자를 평등하게 대우할 의무를 부담하고, 다양한 영역의 경쟁에서도 동등한 기회를 부여하여야 한다. 이러한 평등대우원칙은 사전자격심사절차, 사전정보나 참여절차에서 낙찰까지 각각의 모든 단계의 절차들도 포함하며, 전체적인 조달절차에서 준수되어야 하는 원칙이다. 따라서 원칙적으로 외국인 입찰자, 제품 및 서비스에 대한 차별을 해서도 안 된다. 하지만 이는 실무적으로는 그 반

---

22) EuGH, NZBau 2001, 148.
23) Immenga/Mestmäcker/Wettbewerbsrecht, 6. Aufl. 2021, GWB § 97 Rn. 124.

대인 경우가 많다.[24] 이러한 문제는 효과적인 법집행의 문제로 드러나게 되는데 국제법적 문제로 비화될 수 있으므로 특별히 주의하여야 한다.

또한 평등대우 원칙은 WTO 정부조달협정이나 유럽연합 정부조달법에서도 명백히 규정하고 있다.[25] 유럽사법재판소의 판례에 따르면 EU 공공조달지침의 "본질"에는 유럽연합기능조약(AEUV) 제18조에 따라 처음부터 "평등대우원칙을 준수할 의무"도 포함된다고 한다.[26] 유럽법에 따른 평등대우의 원칙은 국경을 초월한 조달뿐만 아니라 국내 시장과 관련된 순수 국내 조달 문제에도 적용된다.[27]

독일 판례 및 학설은 경쟁제한방지법(GWB) 제97조 제2항의 평등대우원칙에 대한 독립적인 규제를 표시하고 있다.[28] 이 규정은 입법차원에서 전체 조달절차에 대한 실질적인 법적 기준을 만들고 있을 뿐만 아니라, 독일 판례는 이러한 원칙을 조달절차의 특수성을 고려하여 다양한 관점에서 구체화하고 있다.[29] 어떠한 기준에 따라 낙찰되는 것인지에 대하여는 명확성 원칙에 따라 그 이유를 제시할 수 있어야 한다.[30] 발주기관은 모든 입찰자에게 동일한 정보를 제공하여야 한다.[31] 입찰자들이

---

24) 김진기, "정부조달법 기본원칙-대법원 2017. 11. 9. 선고 2015다215526 정산금-", 홍익법학 제19권 제1호(2018), 597면(606면 이하).

25) 김진기, "정부조달법 기본원칙-대법원 2017. 11. 9. 선고 2015다215526 정산금-", 홍익법학 제19권 제1호(2018), 597면(609면 이하).

26) EuGH 22.6.1993, Rs. C-243/89, EuZW 1993, 607, Rn. 33 "Storebaelt"; EuGH 25.4.1996, Rs. C-87/94, EuZW 1996, 506, Rn. 51 ff. "Wallonische Busse"; BGH 3.6.2003, Az. X ZR 30/3, NZBau 2004, 517, 519.

27) EuGH 25.4.1996, Rs. C-87/94, EuZW 1996, 506, Rn. 31 ff. "Wallonische Busse".

28) OLG Dresden, Beschluss vom 10.01.2000 – WVerg 0001/99, WVerg 1/99, BeckRS 2000, 16646(Vergabe, Leistungsbeschreibung).

29) BGH NZBau 2005, 594(병원내 청소 용역 발주), 이 사건에서 입찰액이 현재까지 입찰자의 연간 매출액을 초과한다는 사실 자체가 입찰자가 이행능력의 하자가 있다고 하는 결론을 정당화하지는 않는다고 판시하였다.

30) BGH NZBau 2005, 594(병원내 청소 용역 발주), 또한 이 사건에서 입찰이 유효하려면 급부내용설명(Leistungsbeschreibung)에 제공된 각 가격이 필요에 따라 해당서비스에 대해 청구된 금액과 함께 명확히 표시되어야 한다고 전제한 다음, 필수적 설명이 포함되지 않은 입찰은 일반적으로 평가에서 제외될 수 있다고 판시하였다.

31) KG (Vergabesenat), Beschluß vom 3. 11. 1999 – Kart Verg 3/99=NZBau 2000, 209.

동일한 기간내에 동일한 요건으로 입찰을 제안을 할 수 있도록 기회를 제공해야 한다.[32] 평등대우의무는 이미 입찰의 유형과 방법 그리고 그 장소와 같이 모든 발주에 대한 정보에 이르기까지 확대된다.[33]

그 외에도 평등대우의 원칙은 경쟁 및 투명성의 원칙과 밀접하게 연결되어 있다. 후자를 위반하면 대부분의 경우 평등대우의 원칙에도 위배된다. 예를 들어 모호한 제안요청 설명은 항상 평등대우의 원칙을 위반하기 때문에 불투명하게 된다. 반대로 평등대우의 원칙은 많은 경우에 입찰경쟁에 대한 한계를 구성한다.

나. 경쟁촉진적인 절차의 설계와 기업활동의 자유보장

경쟁원칙으로 공개된 입찰공고가 무엇보다 우선하며 조달절차의 유형과 방법을 통해서 경쟁을 증가시키고, 이를 통해 경제성을 증대시키는 것이 가능하다.[34]

발주기관이 낙찰을 위한 중앙 평가기준과 관련하여 발주공고에서 제시하여 예측보다 더 높은 요구를 한 사안에 대하여 2명의 상위 입찰신청자 중 최종 낙찰자를 선정하되 두 신청자에게 입찰절차와 관련하여 동등하게 알리지 않는 경우 이에 대해 이는 공공조달법에 따른 평등대우 및 투명성 원칙의 위반에 해당한다고 하였다. 다만 이러한 원칙을 위반한 것이라고 해서 반드시 모든 절차가 취소되는 것은 아니며, 낙찰기업이 종래의 최종 선정기준에 따라 계약을 수주하게 하는 것을 금지하고 허용된 기준에 따라 최종 선정을 다시 하도록 지시하는 것으로 충분할 수 있다고 판시하였다; 이와 같이 권리보호를 위하여 광범위한 재량과 구체적 법률분쟁에 대한 합리적 해결방안을 제시할 수 있음을 알 수 있다.

32) OLG Celle (Vergabesenat), Beschluss vom 16.01.2002 – 13 Verg 1/02, BeckRS 2002, 160346. 경쟁제한방지법(GWB) 제101조 제4항에 따르면 협상절차는 한 명 이상과 계약조건을 협상하기 위해 사전공개요구 여부에 관계없이 발주기관이 선택된 기업에 연락하여 가장 적합한 신청자를 결정하는 절차이다. 이 사건에서는 경쟁의 원칙과 평등의 원칙을 위반한다는 관점에서 당사자에게만 독점적으로 부여된 2단계 제안의 가능성과 관련하여 원고와 다른 참여자와의 상이한 대우가 경쟁제한방지법(GWB) 제97조 제7항에 의거한 권리침해 여부가 문제될 수 있지만 모든 입찰자에게 협상 및 제안개선의 기회가 부여되었으므로 경쟁원칙 또는 평등대우원칙을 위반하는 것은 아니라고 판시하였다.

33) OLG Dresden v. 14. 4. 2000 W Verg 1/00=BauR 2000, 1591. 조달절차는 입찰자의 실제 계약 가능성이 심각하게 손상된 경우 입찰자의 권리를 침해한다고 하고 낙찰절차가 적절하게 수행되었다면 문제의 입찰자가 실제로 낙찰받았는지를 입증할 필요는 없다고 판시하였다.

34) Gesetz zur Änderung der Rechtsgrundlagen für die Vergabe öffentlicher Aufträge

조달절차에서 입찰 참여비용이 증가할수록 투명성은 낮아질 수 있다. 이러한 상황이므로 특정한 조달금액 이상부터는 입찰참여비용과 관련하여서도 광범위한 입찰공고를 의무화하도록 하는 것이 중요하다. 평등대우원칙은 그와 같은 조달절차방식을 채택하고 가능한 한 다수의 잠재적인 입찰자로 하여금 조달절차에 참여하도록 하고 이를 통해서 강력한 경쟁을 도모할 수 있도록 하는데 의의가 있다. 공개절차에서 평등대우의무는 조달시장에서 가능한 한 투명성원칙과 최대의 경쟁을 이끌어낼 수 있고 이를 통해서 경제성원칙을 실현시킬 수 있다 [35]

뿐만 아니라 경제성원칙에 따른 낙찰원칙은 WTO 정부조달협정 제13조나 경쟁제한방지법(GWB) 제97조 제5항에서와 같은 가장 낮은 입찰제안을 낙찰하도록 요구하고 있다.[36] 경제성에 대한 의미를 학설에서는 문언적 해석으로 "가장 경제적으로 이익이 되는" 것만을 의미하는 것이 아니고 이러한 원칙으로 인하여 발주기관에게 더욱 넓은 재량권을 인정하는 것이라고 해석하고 있다.[37] 이와 관련하여 경제성은 가장 낮은 가격만을 의미하는 것이 아니라는 것을 깨닫게 된다.[38] 오히려 가성비 원칙[39] 혹은 가장 유리한 제안을 채택하는 것이 경제성원칙에 부합하게 되는 것이다.[40]

(Vergaberechtsänderungsgesetz - VgRÄG) vom 26.08.1998, BT-Drs. 13/9340, S.14.

35) Gesetz zur Änderung der Rechtsgrundlagen für die Vergabe öffentlicher Aufträge (Vergaberechtsänderungsgesetz - VgRÄG) vom 26.08.1998, BT-Drs. 13/9340, S.15.

36) KOM (2001) 566, 15 October 2001, S.15.

37) Fischer, Erlaubt das WTO-Vergaberecht die Verfolgung politischer Ziele im öffentlichen Auftragswesen?, RiW 2003, 347.

38) 김진기, "정부조달법 기본원칙-대법원 2017. 11. 9. 선고 2015다215526 정산금-", 홍익법학 제19권 제1호(2018), 597면(618면 이하).

39) Gesetz zur Änderung der Rechtsgrundlagen für die Vergabe öffentlicher Aufträge (Vergaberechtsänderungsgesetz - VgRÄG) vom 26.08.1998, BT-Drs. 13/9340, S.14.

40) OLG Stuttgart, 12.04.2000 - 2 Verg 3/00(Nachprüfungsantrag in Bezug auf ein Vergabeverfahren; Recht auf Akteneinsicht im Vergabeverfahren; Beschränkter Umfang der Nachprüfung der Bewertung der Angebote aufgrund des Beurteilungsspielraums des Auftraggebers; Überwiegendes Allgemeininteresse an raschem Abschluss des Vergabeverfahrens).

246   공공계약과 경쟁

EU 및 독일 정부조달법 발전의 모티브로서 자율시정제도

독일의 경우에도 공공발주자는 특히 경제법상의 위반을 포함하여 입찰참가자격 제한에 대한 선택적 또는 의무적 사유가 있는 경우 조달절차에 참여하는 회사를 배제 하여야 한다. 하지만 이러한 배제사유가 존재함에도 불구하고 입찰자는 조달법상 신 뢰성을 회복하면 계속해서 정부조달계약 경쟁에 참여할 수 있다. 이를 위해 회사는 향후 유사한 범죄 또는 중대한 부정행위가 발생하지 않도록 하는 자율시정 조치를 하 여야 한다. 독일 또는 다른 회원국에서는 이에 대한 법적 규정이 그동안 없었지만 조 달법의 자율시정수단은 판례 및 문헌에서 오랫동안 인정되어 왔다.[41]

유럽법차원에서 자율시정을 위한 지침 2014/24/EU(조달지침) 제57조 제4항으 로해 이러한 수단에 대하여 처음으로 규정하였다. 입찰참가자격제한과 관련하여 특 기할 사항으로는 독일은 2016년 법개정에서 입찰 참가자가 본인의 입찰참가 배제사 유에도 불구하고 입찰에 참가할 정도로 충분한 신뢰성을 증명하는 조치를 입증하는 경우에는 발주기관이 해당 업체를 입찰참가에서 배제하지 아니하고 입찰에 참여하도 록 규정하였다.[42] 소위 자율시정(Self-Cleaning)제도를 마련한 것이다. 따라서 뇌물범 죄 등 각종 형사범죄, 불법취업방지법, 근로자파견법, 최저임금법 등의 사회법규위 반 등 각종 입찰참가자격제한사유가 있음에도 불구하고 소위 "3C"를 시행한 증명을

---

41) Burgi, Ausschluss und Vergabesperre als Rechtsfolgen von Unzuverlässigkeit, NZ-Bau 2014, 595(597); Eufinger, Vereinbarkeit der nationalen Anforderungen an eine vergaberechtliche Selbstreinigung mit europarechtlichen Vorgaben, EuZW 2017, 674(675); Hölzl/Ritzenhoff, Compliance leicht gemacht!, NZBau 2012, 28; 비록 이 제 도가 법률 수준에서 규율되고 있지는 않았지만 비례원칙을 근거로 당연히 허용되는 제도로 이해되 고 있었다고 한다. 김대인, "독일의 부정당업자제재제도에 대한 연구", 행정법연구 제53호(2018. 5), 77면(86면).

42) EU정부조달법의 자율시정제도(Self-Cleaning)를 한국식으로 변형할 것을 제안하는 견해로는 김 진기/신만중, "건설조달 입찰참가자격제한 제도의 개선방안으로서 한국식 자율시정 제도 도입", 일 감 부동산법학 제21호(2021), 169면(190면 이하).

제출하면 해당 기업은 다시 신뢰를 회복하고 입찰절차에 참여할 수 있도록 하는 제도이다. 3C는 compesation(보상), cooperation(협력), consequence('예방조치'로 의역할 수 있을 것이다)를 뜻한다.[43] EU공공조달지침을 구현하기 위해 2016년 4월 18일 독일에서 "공공조달법 현대화에 관한 법률"(VergRModG)이 발효되었다.[44] 이것은 지침 2014/24/EU(조달지침) 제57조 제4항에 제시된 자율시정의 가능성이 이제 독일 국내 차원에서 경쟁제한방지법 제125조에서 규율됨을 의미한다. 지금까지 경쟁에 성공적으로 재진입을 위해 판례 및 문헌에서 발전된 접근방식은 이러한 법적 규정에 크게 반영되었다.

독일 입법부는 경쟁제한방지법(GWB) 제125조에서 자율시정에 대한 유럽 요구사항을 구현하였다. 정부조달법 원칙의 경쟁과 경제성이 두드러지는 형국이다. 경쟁을 확대하기 위하여 부정당업체의 신뢰성 입증을 전제로 재입찰의 기회를 부여하게 된다. 이러한 경쟁의 확대로 경제성의 획득가능성을 높일 수 있게 된다.[45]

이러한 EU와 독일의 특별한 입법적 조치들은 우리나라에도 큰 시사점을 주고 있다. 특히 독일은 EU지침을 가장 체계적이고 구체적으로 자율시정 규정을 마련하고 있고, EU지침보다 강화된 자율시정 조건을 요구하고 있는 것이 특별히 눈에 띄는 대목이었다.

또한 자율시정이 EU차원에서는 기업의 당연한 권리인 것으로 주장되지만, 독일에서는 입찰참가자격제한이 당연한 원칙이되 예외적으로 자율시정이 인정된다. 이러한 시정을 완료한 기업에게는 발주기관으로 하여금 입찰참여를 제한하지 못하도록 입찰절차를 운영해 달라는 무하자재량행사청구권을 기반으로 하는 권리를 간접적으

---

43) EU와 그 회원국의 과감한 정부조달법 개혁 상황에 대하여는, 김진기, "EU 및 독일정부조달법 개혁", 법률신문, 2016. 7. 11.참조.

44) 이에 대해 자세한 것은 Roth, Selbstreinigung und Wiedergutmachung im Vergaberecht, NZBau 2016, 672.

45) Eufinger, Vereinbarkeit der nationalen Anforderungen an eine vergaberechtliche Selbstreinigung mit europarechtlichen Vorgaben, EuZW 2017, 674(676).

로 인정하고 있는 것으로 보여 대한민국의 정서에 더욱 부합한다.[46] 물론 우리나라는 독일처럼 무하자재량행사청구권의 존부에 대하여 일의적 답변을 얻어내기 쉽지 않지만 독일의 자율시정제도는 EU지침은 말할 것도 없고, 그 조건의 3가지 모두를 충족하여야만 자율시정으로 인정해주는 보수적 운영도 대한민국의 도입에 우호적 조건을 충족하고 있다고 본다. 다음 장에서는 독일 자율시정제도를 구체적으로 한국의 여건에 맞게 도입하고자 한다.

---

46) 자율시정의 전면적 도입에 대하여 우리나라 국민들은 기업의 잘못을 용서해 주는 또 하나의 기업 친화적 제도로 오해할 수도 있겠다는 조심스러움이 없지 않다.

한국식 자율시정
(Self-Cleaning)제도의
도입 검토

제1절

의의

한국은 지속적으로 입찰참가자격 제한 처분기관을 확대하였다. 그에 따라 제재처분의 대상 업체는 현저히 증가하는 추세임은 분명하다. 어떤 경우에는 공공기관운영법의 적용대상 기관이 아님에도 공공기관 운영법에 따라 부정당제재를 시행하기도한다. 그 방법도 종래 통보 또는 관보 게재의 방법을 사용하다가 2010년 이후에는 조달청이 운영하는 전자조달시스템에서 자동으로 입찰이 제한되는 시스템으로 발전하였다. 이런 경향은 공공입찰의 부정과 비리가 지속적으로 드러난 것은 물론이고 이를원인으로 하는 대형 공사의 부실이 현실적 문제가 되었고 이런 현실을 타개하는 방법으로 제재의 강화, 처벌의 강화가 우선적으로 고려되었기 때문이라고 생각된다. 이런경향이 공공조달 생태계에 긍정적 영향도 주었다는 데에 동의한다.

그러나 제재대상과 범위 그리고 그 제재내용의 강화가 유일한 해결책이 아닐 것이다. EU와 독일의 자율시정제도를 한국식 제도로 잘 수용하면 많은 문제를 해결할수 있고 무엇보다 이런 시도는 국제적인 입법의 조화를 위해서도 한국이 글로벌정부조달시장에서 우월적 입장을 견지하는 데도 도움이 될 것이다.[1]

일정 기업에게 부과된 최대 2년의 입찰참가제한처분은 해당 기업에게는 최소한정부조달분야에서는 사망선고이다. 물론 사망선고되어야 마땅한 기업도 있을 수 있

---

1) 김진기/신만중, "건설조달 입찰참가자격제한 제도의 개선방안으로서 한국식 자율시정 제도 도입", 일감 부동산법학 제21호(2021), 169면(190면 이하).

지만 한국식 자율시정제도는 승자독식을 벗어나 패자부활전의 취지를 살린 준법경영 (Compliance)의 한 양상으로 고려해 볼 수 있다. 어떤 기업이라도 애정을 가지고 보면 국가와 사회에 기여하는 측면이 없지 않으므로 자율시정을 유도하여 비정상에서 정상으로 복귀시키는 것이 장기적으로 보면 더 바람직할 수 있다고 본다.[2]

또한 한국에서도 꽤 오래 전부터 입찰참가자격제한 처분심사 과정에서 업체의 부정행위 자진 신고 등에 대한 리니언시(leniency)를 고려해야 한다는 견해가 없지는 않았다. 그러나 기업이나 국가(발주기관) 모두 과거지향이 아닌 장래를 고려한 자율시정의 노력을 반영하는 방법에 대한 논의는 없었다. 즉, 기업이 자신의 죄과에 대한 배상과 보상을 충분히 하고, 잘못에 대한 조사에 협력하고 재발방지조치를 취하여 새로운 기업으로 재기하고자 하는 광범위한 소위 '패자부활전(敗者復活戰) 기능의 준법경영(compliance)'에 대한 고려는 전혀 고려하지 못한 상황이었다.

그러나 한 개의 기업이라도 더 참여하도록 하여야 경쟁은 제고되고 경제성은 확보될 수 있으므로 자율시정의 도입은 정부조달법의 목적과 취지에도 부합된다고 할 것이다. 이러한 관점에서 자율시정제도의 한국 내 도입은 정부조달제도의 목표에 좀 더 기여하는 조달 생태계를 만들 수 있다는 명확한 목적의식의 반영이기도 하다.[3]

이를 위해서 입찰참가자격제한 조치의 진행방법이 달라져야 한다. 입찰참가자격제한 처분 사유에 해당 의혹을 받는 기업은 의혹을 해명하기 위하여 종래와 같이 해당 관청에서 시행하는 계약심의회 등의 절차에서 충분히 소명하여 그 의혹을 해소하는 과정을 내실 있게 시행하여야 한다. 이러한 과정에서 입찰참가자격제한 처분 사유에 해당 의혹을 받는 기업은 자체 조사를 통해 기업의 잘못을 발견하게 된다.

이제부터 어떤 절차를 통하여 기업이 자신의 잘못을 명백히 시인하고 이로 인한 피해를 배상하거나 보상하고 다시는 이러한 일이 재발하지 않도록 인사 조치 등 기

---

2) 김진기/신만중, "건설조달 입찰참가자격제한 제도의 개선방안으로서 한국식 자율시정 제도 도입", 일감 부동산법학 제21호(2021), 169면(192면).

3) 김진기/신만중, "건설조달 입찰참가자격제한 제도의 개선방안으로서 한국식 자율시정 제도 도입", 일감 부동산법학 제21호(2021), 169면(192면 이하).

제4장 한국식 자율시정(Self-Cleaning)제도의 도입 검토 **253**

업구조를 혁신하는 자구책을 시행하였음에도 발주기관은 모르쇠로 일관하지 않도록 하여 입찰참가자격제한 처분을 하지는 않도록 하는 절차를 마련하자는 것이다. 그러한 노력에 대한 심의, 다시 말해 자율시정의 심의기구를 국가계약법 시행령과 지방계약법에 법적 근거가 있는 발주기관의 계약심의회로 할지 아니면 국가계약분쟁조정위원회나 지방계약분쟁조정위원회로 하는 것이 맞는지 이도 저도 아니면 행정심판법의 의무이행심판의 일환으로 일정한 자율시정을 거쳤으니 입찰에 참가하게 해 달라는 청구를 하고 심판기구가 이를 받아들임으로써 정부기관 등이 재입찰기회를 부여하지 않을 수 없도록 하는 것이 맞는지 혹은 전혀 새로운 특별행정심판기구를 설치하여 이 기관에게 자율시정 심의 기능을 부여하는 것 등에 대한 다양한 논의가 필요하다.

현행 법률에 따르면 입찰참가자격제한 사유를 발견한 발주기관은 즉시 입찰참가 제한처분을 행하도록 되어 있기 때문에 자율시정 이행계획의 실행가능성을 계약심의회에 제출하여 이의 승인여부를 결정하고, 입찰참가자격제한 처분 절차의 보류 여부를 결정하기에는 법적 자신감이 충분하지는 않아 보인다. 그러므로 자율시정 심의 기구를 어디로 할 것인가의 검토를 통하여 자율시정제도의 도입을 자연스레 추진하고자 한다.

물론, 2022년 10월 26일 국회 국방위원회가 방위사업 특성을 반영한 「방위사업계약 체결 및 이행 등에 관한 법률안」 입법을 위한 발의를 하여 부정당업자 제재, 과징금 등 방위사업계약 관련 계약상대자의 불만·이의사항의 효율적 해결을 위한 '방위사업계약 조정위원회'의 설치 및 운영을 규정하기도 하는 등의 현재 진행형으로써의 노력을 살펴 볼 수는 있다.[4] 그 외에도 기획재정부가 현행 계약당사자마다 상이한

---

4) 이 법안에는 국방안보 물자와 시스템 조달을 뒷받침하기에 한계가 있는 국가계약법의 제한사항을 극복하고, 방산업계가 개발실패를 두려워하지 않도록 여건을 조성하여, 첨단무기체계 기술력 확보를 통해 강력한 국가안보가 확립될 수 있도록 방위사업의 특수성을 반영하였다. 그러나 이 법안은 결국 2023년 5월 무산되었고 방산업계 '숙원 사업'이던 '방위사업계약에 관한 법률 제정은 무산되었다. 그 대안으로서 기존 방위사업법을 개정해 '방위사업계약법'에 담으려 했던 일부 내용을 반영하고 나머지는 하위법령에 이관하는 내용으로 관련 입법을 추진하기로 했다. 개정 방위사업법은 2024년 2월 공포되어 3개월 뒤에 시행되었으나 여전히 하위법령의 내용 정리는 완료되지 못하였

계약법률에 따라 공공계약이 횡행함으로 인한 현실적 문제점을 개선하고자 소위 "공공계약기본법" 마련을 위한 아이디어와 여론을 집적하고 있는 상황도 종래 부정당제재로 대표되는 규제와 처벌 중심에서 좀 더 전향적인 방향으로 진전하고 있음을 조심스럽게 진단하고 평가해 본다.

이러한 상황에 대한 이해를 충분히 하면서 아래 항에서는 먼저 자율시정의 요건이기도 하고 입찰재참여를 위한 요건이기도 한 사항을 먼저 다루도록 하겠다.

다. 방위사업법 개정으로 방산업체의 오랜 숙원이 상당부분 해소되었다는 평가와 기획재정부가 전체 공공계약법제 운영에서 상당히 예외를 인정하게 됨으로써 전체로서의 공공계약법 체계가 상당히 와해되어 종래의 국계법 일원화 체제에서 다양한 공공계약법률 체제에 대한 반작용으로 결국 새로운 상위 법규 제정에 대한 요청이 클 것이라는 평가도 있어 보인다. 필자로서는 방위사업법 개정 논의에서 아쉬운 점은, 여전히 국내 방산업체의 국내 방위사업과 국내 방위산업의 관점으로만 법개정을 바라보고 있는 점이다.

자율시정을 통한 입찰재참여의 요건

독일의 판례 및 문헌에 의하면 정부조달법에 따른 신뢰성을 회복하기 위한 수단으로 자율시정은 점점 더 중요해지고 있다.[1] 이러한 배경 아래에서 성공적인 자율시정으로 간주되는 핵심적 프로그램의 윤곽이 뚜렷해지고 있다. 신뢰 받지 못하게 되는 상황을 최대한 피하기 위해 공식적 자율시정조치 이전에도 다양한 신뢰성 보강 조치를 취할 수 있고, 회사 내 준법경영시스템 강화는 회사의 정부조달법 준수에도 큰 영향을 미친다.

독일 경쟁제한방지법(GWB) 제97조 제4항 제1문에 따르면 정부조달계약은 조달법의 범위 내에서 유능하고 효율적이며 법을 준수하여 신뢰할 수 있는 회사에게 낙찰되도록 하고 있다. 기업이 이 3가지 적합성 기준 중 하나라도 충족하지 못하면 정부조달계약을 체결하지 못할 수 있다.[2] 따라서 기업의 신뢰성은 정부조달계약을 수주하

---

1) Dreher/Hoffmann, Die erfolgreiche Selbstreinigung zur Wiedererlangung der kartellvergaberechtlichen Zuverlässigkeit und die vergaberechtliche Compliance - Teil 1, NZBau 2014, 67; Dreher/Hoffmann, Die erfolgreiche Selbstreinigung zur Wiedererlangung der kartellvergaberechtlichen Zuverlässigkeit und die vergaberechtliche Compliance - Teil 2, NZBau 2014, 150.

2) 이에 대해서 이미 신뢰성(Zuverlässigkeit)에서 담고 있는 법률의 준수에 대한 단지 선언적 효과일 뿐이라고 하는 점에 대해서는 Dreher/Hoffmann, Sachverhaltsaufklärung und Schadenswiedergutmachung bei der vergaberechtlichen Selbstreinigung, NZBau 2012, 265(266).

기 위한 전제 조건이다. 회사의 신뢰성을 평가할 때 발주기관은 보증 제공을 포함한 모든 관련 상황을 고려하여 계약에 따라 회사가 낙찰된 서비스를 적절하게 수행할 것으로 기대할 수 있는지 여부를 예측해야 한다.[3] 이는 특정 발주와 관련된 예측적 결정으로, 과거 비즈니스 및 계약상의 행위는 물론 회사의 현재 상황도 고려되어야 한다.[4]

결국 이러한 신뢰성을 회복한 경우에만 입찰참가자격제한사유에도 불구하고 재입찰 참여의 기회를 부여하도록 하는 것이 자율시정이다. 이를 위해 우리나라에서는 자율시정심판청구제도를 도입하고, 가칭 자율시정심판기구를 통한 자율시정 이행계획 승인 후, 해당 기업이 자율시정의 3대 요소를 실행하고, 그러한 실행이 자율시정제도의 취지를 충족하는 경우에는 해당 기업을 입찰에 재참가 시키도록 하는 제도를 제안해 본다. 자율시정심판원은 다양한 기관으로 하여금 시행하도록 할 수 있을 것이나 이에 대하여는 항을 달리 하여 설명하겠다. 여기서는 구체적인 자율시정 조건 충족에 대하여는 독일의 논쟁을 살펴 필요한 보완점을 제시하고 우리나라 실정에 맞도록 제안하겠다.

 ## 손해의 배상

우선적으로 기업의 잘못으로 인한 피해에 대하여 배상 혹은 보상을 충분히 해야 할 것이다. 기업이 보상을 약속한 경우, 즉 근거 및 금액에 따라 손해배상의무를 구속력 있는 것으로 인식한 경우에도 충분하다고 인정할 수 있다.[5]

---

3) OLG München, NZBau 2013, 261; OLG Brandenburg, BeckRS 2010, 23053 = VergabeR 2011, 114 (118); OLG Celle, Beschl. v. 13.12.2007 - 13 Verg 10/07, BeckRS 2008, 00242.

4) OLG München, NZBau 2013, 261; OLG Brandenburg, Beschl. v. 14.9.2010 - Verg W 8/10, BeckRS 2010, 23053 = VergabeR 2011, 114; KG, NZBau 2008, 466(470).

5) 특히 반독점법 위반의 경우에는 Eufinger, Vereinbarkeit der nationalen Anforderungen an eine vergaberechtliche Selbstreinigung mit europarechtlichen Vorgaben, EuZW 2017, 674(676).

가. 이미 피해 당사자에게 비용을 지급한 경우

기업이 이미 피해 당사자에게 비용을 지급함으로써 위법행위로 인한 금전적 피해를 배상했을 경우에는 크게 문제가 될 것이 없다. 물론 이 경우에도 피해 당사자의 확인은 필요할 것이고, 그러한 확인을 제공할 수 없는 경우 은행송금영수증과 같은 적절한 지불을 하였다는 다른 증거를 제출하도록 하여야 한다.

나. 불분명하고 분쟁이 있는 손해의 경우

또한 자율시정심판기구는 불분명하고 분쟁이 있는 손해의 경우에는 개별 심사를 수행함으로써 이에 대한 판단을 하여야 할 것이다. 자율시정의 요건으로서 손해배상은 원칙적으로 회사와 피해 당사자 간의 민법 및 민사소송 관계에 영향을 미치지 않는 정부조달법상의 요건이다. 따라서 입찰참가자격제한 기업은 정당하지 않은 것으로 간주되는 청구권에 대해 스스로를 방어하기 위해 민법 또는 민사 절차 수단을 자유롭게 사용할 수 있다. 불명확하거나 분쟁이 있는 손해배상청구의 경우 회사의 채무 승인은 여기에서 특히 중요할 수 있다.

그러나 자율시정심판기구가 입찰재참여신청자가 보상하거나 배상해야 할 민법상의 의무가 없거나 민사소송에서 먼저 해명해야 한다고 주장하는 경우에도 이미 지불된 보상사항을 무시할 수 없다. 물론 "명백한 손해"의 경우 위에 설명된 대로 손해를 배상하거나 손해를 보상할 의무가 있다. 결국 손해는 특정 금액에 대해서만 명백한 것이다.

다. 입찰참가자격제한사유의 경중 고려

자율시정심판기구는 입찰참가자격제한처분의 근거가 되는 위법행위의 정도도 고려할 수 있다. 이 경우 명백한 손해가 있는지 여부는 사례별로 판단할 수 있을 것이다. 그러나 드러난 명백한 손해의 존재보다 더 큰 범죄행위로 인해 산정할 수 없는 손해가 예견되는 사례 또한 상정할 수 있다. 독일에서도 정부조달법 위반의 사례들은 실제로 발생한 피해에 대한 해명과 달리 추가적인 문제를 일으키고 있다는 보고가 있다. 여기에 잠재적으로 피해자들의 규모가 크다면 더욱 심각하게 된다. 그러나 비교적 피해자가 특정되는 범죄의 경우 피해자와 피해 유형 및 금액을 비교적 쉽게 결정할 수 있으며 입찰참가자격제한의 기반이 되는 결정이나 이후에 내려진 결정에서도 그 피해를 산정할 수도 있다. 물론 어떤 경우에는 구체적인 자료가 없는 상황을 기반으로 할 수 있으며, 자율시정심판기구는 피해보상의 필요성을 평가할 때 구체적 상황을 감안하여 이러한 특수성을 고려해야 할 것이다.

그 외에도 자율시정심판기구가 신청자가 제시한 다양한 자료들을 원칙에 근거하여 검토할 수 있도록 하기 위해서 기업은 피해자와 관련된 모든 자료를 제시하는 것이 필요하다. 피해를 보전받기 위하여 각종 분쟁이 계류 중이거나 곧 개시될 모든 피해 신청 상황을 제시하는 것이 필요하다. 이를 통해 자율시정심판기구가 최소한 피해 상황에 대하여는 완벽히 인지하고 있어야 피해에 대한 보상과 배상의무를 구속력 있는 것으로 기업이 인식하고 있는지 여부에 대한 판단이 가능하기 때문이다. 여기에는 기업으로서는 피해의 주장이 부당하다고 판단하는 부분에 대한 사실관계와 자료도 함께 제시되는 것이 필요하다. 이를 기반으로 자율시정심판기구는 추가 조사의 필요여부를 결정할 수 있고, 당시의 자료만으로도 심사할 수 있다는 확신을 얻을 수 있을 것이다.

② 적극적인 조사 협력

모든 용서는 진실을 필요로 한다. 기업의 솔직한 잘못에 대한 인정이 없다면 자율시정제도는 모래 위에 성을 쌓는 작업에 불과할 것이다. 이에 따라 기업의 잘못에 대한 적극적인 조사 협력은 필수적이다. 이는 독일 경쟁제한방지법(GWB) 제125조 제1항 제2호에 따라 조사당국 및 계약당국과의 적극적인 협력행위를 요건으로 하며, 기업이 진지하고 인식가능한 사실관계의 포괄적인 규명에 노력하여야 한다는 요건에서 볼 수 있다. 단순히 다투지 않거나 부정행위와 거리를 두는 것만으로는 충분하지 않다.[6] 입찰참가자격제한 사유가 존재하거나 범죄 또는 부정행위와 관련된 사실과 정황 및 피해 상황을 명확히 설명해야 한다.[7]

유럽지침 2014/24/EU(조달지침) 제57조 제4항과는 달리, 독일은 기업이 독일 정부조달법에 따라 사실을 명확히 하기 위해 조사당국뿐만 아니라 계약당국과도 적극적으로 협력해야 한다고 규정하고 있다. 독일 경쟁제한방지법(GWB) 제125조 제1항 제2호에 의거하여 범죄 또는 부정행위와 관련된 사실과 정황 및 그로 인한 피해를 포괄적으로 명확히 하기 위해 계약당국과도 적극적으로 협력해야 하므로 자율시정에 대한 유럽지침보다 더욱 엄격한 요구를 제시하고 있다. 예외로서 자율시정을 시행하기 위해서는 이러한 엄격한 조건을 제시하는 것이 타당하다고 본다. 조사에 협력함에 있어서 수사기관이든 발주기관이든 어느 기관에라도 사실관계 확정에 협조하지 않는다면 기업의 자율시정 의지의 순수성과 절박함을 의심하지 않을 수 없을 것이다.

무엇보다 우리나라는 입찰참가자격제한처분이 원칙적 처분이고 이에 대한 예외로서 자율시정제도를 운영하는 것이므로 자율시정제도에 대한 엄격한 조건충족을 제시하는 것이 필요하고 제도의 조기 정착을 위해서도 이러한 마인드 셋업이 불가결하다고 본다.

이러한 관점에서 독일에서는 기업이 위법행위 이후 입찰에 참여했거나 입찰재참여신청과 병행하여 입찰에 참여한 경우 해당 발주기관의 조사절차에 협력할 의무가 있다. 그러나 이러한 의무의 준수여부는 일반적으로 자율시정심판기구의 절차에서 확인되지 않는다. 회사는 과거의 조달절차에서 발주기관과 어떻게 협력했는지 일반적으로는 설명할 의무가 없다. 그럼에도 불구하고 이러한 사항을 제시하는 것이 유용할 수 있을 것이다. 우리나라의 경우에는 입찰참가자격제한이 전자조달시스템에 곧바로 게시되는 것이 오히려 일반적이라 자율시정 신청 이후 타기관에 입찰참여가 가

---

6)   Opitz in Beck'scher Vergaberechtskommentar, 3. Aufl. 2017, § 125 GWB Rn. 23.
7)   BT-Drs. 18/6281, 109.

능하지 않을 수 있으나 이의제기에 따른 집행부정지 원칙을 자율시정제도에서는 집행정지로 변경하여 운영한다면 새롭게 검토해야 할 사항이다.[8]

광범위한 화이트칼라 형사 및 행정 범죄의 조사 절차는 종종 몇 년이 걸린다. 이러한 경우 조사 당국과의 적극적인 협력에 대한 정확한 태도의 표시 여부는 자율시정 신청은 말할 것도 없고 그 심사도 곤란하게 만들 수 있다. 따라서 이러한 경우에는 적극적 협력에 대한 명확한 요약적 설명이 필요하다.

이러한 요약에는 수사 당국과의 적극적인 협력에 의문을 제기할 수 있는 모든 측면이 포함되어야 한다. 그러한 요약에서 조사 당국과의 불완전한 협력의 징후가 발견될 수도 있을 것이다. 가령 문서가 당국의 요청에 따라 적시에 발행되지 않았거나 완전하지 않은 문서를 제출한 경우도 있을 수 있고, 신고가 이루어지지 않았거나, 신고를 하였더라도 제때에 이루어지지 않았거나, 신고내용이 불완전하여 완전한 신고로 보기 어려운 경우도 있을 수 있을 것이다. 그러나 그러한 징후의 존재 자체가 적극적인 협력이라는 요건을 충족하지 않는다고 곧바로 판단할 상황은 아니다. 회사와 관계자의 절차적, 방어적 권리 행사와 적극적 협력 의무 사이의 긴장은 개별 사례에서 정부조달법적 관점으로 면밀히 검토되고 평가되어야 한다. 기업이 수사당국에 적극적인 협조를 표명했다면, 이는 조사의 협력에 대한 중요한 요소이다. 회사가 취해야 할 조사에 대한 태도와 조사 범위는 개별 사례에 따라 다를 것이다. 성공적인 자율시정을 위해 회사가 외부감사인을 사용하는지 여부를 결정적인 것으로 볼 사항은 아니지만 중요하게 다루어질 수 있다고 본다. 여하튼 적극적으로 위반사항에 대한 조사에 협력한다면 자율시정의 중요한 요소를 충족하는 것이다.

---

8) 입찰참가자격제한처분의 공정력으로 곧바로 효력이 발생하는 것이지만 이 책 제4장 제4절의 정부조달심판원을 통한 자율시정 심사개시를 처분에 대한 이의제기로 간주하여 심사 기간 동안 입찰참가자격제한의 효력이 정지되는 이른바 집행부정지 원칙을 예외적으로 규정할 것을 제안하고 있다.

기업의 재발방지 조치

마지막으로 기업의 재발방지 조치이다.[9] 자율시정조치는 과거에 발생한 부정행위가 고도의 개연성으로 반복되지 않도록 이루어져야 하는데 이러한 필요한 조치를 위해서는 기업이 우선 어떻게 부정행위로 갈 수밖에 없었는지를 설명해야 한다. 즉 기업 스스로 인식하여야 하는 것이 절대적으로 필요하다. 이를 통해서만 필요한 인력 재배정 및 조직의 구조조정들을 합목적적으로 취할 수 있게 되는 것이다. 따라서 이 부분이 자율시정에서는 가장 중요하게 생각된다. 재발방지를 위한 조치의 과정을 통해 기업은 체질개선이 가능하다. 대체로 준법경영 체제의 강화가 현실적으로 제시될 수 있다. 기업은 이렇게 충분한 자율시정 조치를 시행하고, 자율시정심판기구를 통하여 이를 심사하도록 한다.

가. 맞춤식 준법감시 시스템

정부조달법에 따른 자율시정은 하나 이상의 위법사례에 대해 조사당국이 종합적으로 판단한 사실과 관련하여 이루어진다. 이와 관련하여 취한 조치는 입찰참가자격제한으로 이어지는 행동을 특별히 고려하여 앞으로 회사에서 더 이상의 위법사례가 발생하지 않을 것이라는 기대를 불러일으켜야 한다. 이는 회사가 특정 위법 행위와 상관없이 회사에서 일반적인 규범준수 조치를 취하거나 조치의 이행정도를 독립적으로 확인하는 상황과는 근본적으로 다르다. 따라서 효과적인 준법감시조치를 취하기 위해 표준화된 준법감시시스템의 도입 또는 강화를 필요로 하는 것은 아니다.

개별 사례에 따라 미세한 조정 혹은 대규모 시스템 교체나 일하는 방법의 완벽한 변경 등 조치의 혼합이 필요할 수도 있다. 어떤 경우에도 신뢰할 수 있고 효과적인 규

---

9) Dreher/Hoffmann, Die erfolgreiche Selbstreinigung zur Wiedererlangung der kartell-vergaberechtlichen Zuverlässigkeit und die vergaberechtliche Compliance - Teil 1, NZBau 2014, 67(71).

정 준수를 위해서는 기업이 임의로 어떠한 조치를 취하는 것으로 충분한 것이 아니라 법에 따라 포괄적으로 행동할 의지가 있음을 보여주는 조치여야 하는 것이다. 그러나 정부조달법에 따른 자율시정의 틀 내에서 취해진 일련의 조치는 다른 위법영역과 관련이 있고 어떤 경우에는 범죄인 경우도 있기 때문에 강제적이어서는 안 된다. 과도한 조치보다 더 문제가 되는 것은 표준화된 준법감시시스템의 설계 또는 적용이 현재 위법사례로 드러난 행위에는 어떠한 경고장치로서의 역할도 하지 못하였고 실제로도 적절한 특정조치를 제공하지 않았다는 점에 주목하여야 한다.

나. 효과적인 준법감시원칙

독일의 지침에 따르면, 효과적인 준법감시의 확립된 원칙은 위험분석과 조치의 선택 및 구현에서 철저히 고려되도록 하고 있다.[10] 회사는 그러한 고려를 통하여 적절한 준수조치를 선정하고 이에 대한 문제점 등을 식별하여야 한다. 그러나 이러한 정보가 모든 경우에 대하여 결정적이지도 않고 동등하게 관련이 있는 것도 아니다. 효과적인 준법조치는 문제의 위법 행위, 회사의 규모 및 조직 구조와 일치하지 않음으로 인하여 시스템 자체가 적절하고 가능한 조치를 체계적으로 구현하는 데 최적화되지 않은 경우가 많다. 예를 들어 특정한 유형의 위법행위에 대해 일부만 다루는 전혀 구체적이지도 효율적이지도 않은 제한된 조치만을 제공하고 있음에도 단순히 준법감시원칙을 보유하고 있다는 자부심이 내부의 탈법과 탈규정의 발아(發芽)를 조장하게 하였을 수도 있다.

또한 준법조치에 대한 경영진의 분명한 약속은 효과적인 준수 조치에 필수적인 부분이다. 이것은 중간관리의 리더에게도 적용된다. 회사의 약속은 어떻게 문서화되고 전달될 것인지 그리고 준법조치의 원칙이 회사 경영진의 심각한 관심사임을 직원들에게 분명히 하여야 한다. 특히 회사가 발생한 근본적인 위법사례에 대하여 어떤

---

10) Tz. 28 der Leitlinien zur vorzeitigen Löschung einer Eintragung aus dem Wettbe-werbsregister wegen Selbstreinigung, November 2021.

구체적인 조치를 취하였고 그러한 조치를 어떻게 공표하고 문서화함으로써 공식화하였는지를 분명히 검토하여야 한다. 아울러 효과적인 준법조치이자 재발방지의 원칙에는 임직원의 신중한 선택, 교육 및 그에 대한 모니터링이 포함된다. 이것은 특히 의심되는 위험영역에서 의사결정권한을 가진 사람들에게 중요시될 수 있다. 가령 회사에서 요구되는 기술적 지식과 지침이 부족하여 부정행위가 발생한 것인지, 이러한 상황에 대하여 의문을 제기한 적이 있는지 혹은 준수해야 할 규칙(예: 개별 교육, 지침 발행, 교육 조치)을 직원에게 어떻게 알리고 교육시키는지는 중요한 사항이다. 이러한 정보 및 지침은 회사에서 발생한 개별적 위법사례에 적절하게 조정되었는지 임직원의 이해가 용이하고 그러한 전달시스템이 실효적으로 수립되었는지 등 또한 중요한 사항이다.

또한 자율시정에 임하여도 사실관계의 명확화 및 특정 조치의 포기와 관련한 가이드라인에 따르면 회사가 특별한 목적을 위하여 (특히 조사당국 등에 정보제공을 위하여) 어떠한 인사조치도 취하지 않기로 결정한 경우, 회사는 그러한 인력조정 포기가 적절하다고 판단되는 범위를 설명하도록 하고 있다.[11] 이러한 상황은 대단히 필요한 조치이다. 구체적으로는 회사가 사실관계 규명을 위해 당사자의 참여가 어느 정도 필요했는가? 조사를 받지 조차 않은 사람에 대해 회사가 더 가벼운 조치를 취했는가? 회사가 당사자에게 어떠한 진술이나 혜택(예: 회사의 법률 비용 또는 벌금 지불)을 제공했는가? 이러한 절차는 자율시정에 방해가 되는 것은 아니지만 투명하게 처리되어야 한다.

이와 같이 성공적인 입찰재참여를 위한 자율시정에 대한 판단은 개별적인 사례에 따라 다르며, 이러한 개별 사례의 평가와 관련될 수 있는 민감한 사항을 강조하여 제시해야 하고 이에 대하여는 구체적이고 충분한 설명도 필요하다.

다음 절에서는 이러한 자율시정을 통한 입찰재참여 기회를 부여하는 제도를 마련한다면 자율시정조치에 대한 심의를 어느 기관에서 할 것인가에 대한 검토를 하겠다.

---

11) Tz. 32 der Leitlinien zur vorzeitigen Löschung einer Eintragung aus dem Wettbe-werbsregister wegen Selbstreinigung, November 2021.

우리나라에 새로 도입하는 제도이므로 관장하는 기관에 대한 검토가 대단히 중요할 것이다. 여기서는 현행 정부조달법령의 적용에서 가능한 기구 전체에 대한 검토를 통하여 정부조달법의 새로운 발전까지 견인할 수 있는 기구를 제안하겠다.

제3절

자율시정 심의기구 검토

 계약심의위원회를 통한 자율시정

가. 국가계약법 시행령상 계약심의위원회

국가계약법 시행령 제94조 제1항에는 "각 중앙관서의 장 또는 그 소속기관의 장은 물품·공사·용역 등에 관한 자문에 응하도록 하기 위하여 계약심의위원회를 설치·운영할 수 있다."고 규정하여 계약심의위원회 설치 근거를 마련하고 있다. 위원회는 크게 세 가지 항목에 대한 자문에 응하도록 하는데, 첫 번째는 발주기관이 입찰참가자격요건, 부정당업자의 입찰참가자격 제한, 그 밖에 계약과 관련하여 질의한 사항이고, 두 번째는 입찰참가자 또는 계약상대자가 입찰, 계약체결 및 계약이행과 관련하여 질의하거나 시정을 요구한 사항이며 세 번째는 국가계약법 시행령 제113조 제4항의 이의제기에 관한 사항이다. 결국 해당 위원회에서 정부조달계약 절차의 중요 부분에 대한 전 사항을 다룬다고 볼 수 있다.

실무 관행도 이 위원회를 거쳐 입찰참가자격제한 처분 여부와 그 기간을 결정한다. 위원회에서 과징금 부과를 결정하면 국가계약법 제27조의3, 국가계약법 시행령 제76조의5 제1항에 따라 기재부의 과징금부과위원회로 사안을 이첩하여 그곳에서 과징금 부과 여부 및 과징금 금액의 적정성을 심의한다.[1] 2023. 10. 19. 개정 법률에 따르면 계약심의회에서 과징금부과와 입찰참가자격제한을 모두 결정할 수 있다.

계약심의위원회는 소속공무원, 계약에 관한 학식과 경험이 풍부한 사람, 시민단체(「비영리민간단체 지원법」 제2조에 따른 비영리민간단체를 말한다)가 추천하는 사람 등으로 성별을 고려하여 구성하고, 구체적 구성 및 운영에 관하여 필요한 세부사항은 각 중앙관서의 장이 정하도록 하고 있다.

따라서, 자율시정에 대한 심의를 계약심의위원회에서 시행하는 방법을 고려할 수 있다. 계약심의회는 원칙적으로 국가계약법상 계약심의위원회, 지방계약법상 계약심의위원회, 공공기관운영법상 계약심의위원회로 분류할 수 있으므로 이에 대한 가능성을 모두 검토해 보겠다. 아래 소결에서 이에 대한 의견을 제시하겠다.

나. 지방계약법상 계약심의회

지방계약법 제32조는 지방자치단체의 계약심의위원회의 설치 및 운영에 관한 사항을 정하고 있다. 지방자치단체의 장은 입찰에서 입찰참가자의 자격 제한에 관한 사항, 계약체결 방법에 관한 사항, 낙찰자 결정방법에 관한 사항, 관련 업체가 제9조의2에 따른 구매규격 사전공개와 관련하여 이의제기한 사항,[2] 부정당업자의 입찰 참가자격 제한에 관한 사항, 과징금에 관한 사항, 그 밖에 지방자치단체의 장이 심의가 필요하다고 인정하는 사항의 적절성과 적법성을 심의하기 위하여 계약심의위원회의를 설

---

1) 국가계약법 제27조의3에 따른 과징금부과심의위원회를 기획재정부에 두었으나 활용이 미미하여 2023. 7. 18. 기획재정부에 설치한 과징금부과심사위원회는 폐지하고 계약심의회를 두는 각 기관에서 과징금을 부과하도록 법률을 개정하였다.

2) 지방계약법 제9조의2(구매규격 사전공개) ① 지방자치단체의 장 또는 계약담당자는 입찰에 부치는 경우에는 입찰 공고 전에 물품과 용역의 구매규격을 관련 업체에 사전공개하고 이를 열람하도록 하여 구매규격에 대한 의견을 제시할 수 있도록 하여야 한다. 다만, 긴급 수요물자·비밀물자 또는 추정가격이 5천만원 미만인 물품·용역 등 대통령령으로 정하는 물품이나 용역을 입찰에 부치는 경우에는 사전공개를 생략할 수 있다.
② 제1항에 따른 구매규격 사전공개의 방법·내용·시기, 그 밖에 필요한 사항은 대통령령으로 정한다.

치하도록 하고 있다. 계약심의위원회의 구성·운영과 그 밖에 필요한 사항은 지방계약법 시행령으로 정하는 범위에서 해당 지방자치단체의 조례로 정하도록 하고 있다.

지방계약법 제31조, 지방계약법 시행령 제92조에 따른 입찰참가자격제한사유를 범한 경우에는 계약심의회를 거쳐 입찰참가자격제한 처분을 하고 있다. 여기서 지방계약법 제31조 제1항 제3호의 「건설산업기본법」, 「전기공사업법」, 「정보통신공사업법」, 「소프트웨어 진흥법」 및 그 밖의 다른 법률에 따른 하도급의 제한규정을 위반하여 하도급한 자, 발주관서의 승인 없이 하도급한 자 및 발주관서의 승인을 얻은 하도급조건을 변경한 자이거나, 지방계약법 제31조 제1항 제5호의 사기, 그 밖의 부정한 행위로 입찰·낙찰 또는 계약의 체결·이행과 관련하여 지방자치단체에 손해를 끼친 자, 지방계약법 제31조 제1항 제6호의 「대·중소기업 상생협력 촉진에 관한 법률」 제27조 제7항에 따라 중소벤처기업부장관으로부터 입찰참가자격제한의 요청이 있는 자에 대해서는 법 제32조에 따른 계약심의위원회의 심의를 거치지 않고 입찰 참가자격을 제한할 수 있다. 또 지방계약법 시행령 제92조 제2항 제1호 다목부터 마목까지·사목 및 같은 항 제2호 가목·라목의 어느 하나에 해당하는 자에 대해서는 법 제32조에 따른 계약심의위원회의 심의를 거치지 않고 입찰 참가자격을 제한할 수 있다. 그 외 나머지 입찰참가자격 제한사유를 범한 경우에는 반드시 지방계약법상 계약심의회를 거치도록 하고 있다.

다. 공공기관운영법상 계약심의회

공공기관운영법 제39조 제2항에 따라 공기업·준정부기관은 공정한 경쟁이나 계약의 적정한 이행을 해칠 것이 명백하다고 판단되는 사람·법인 또는 단체 등에 대하여 2년의 범위 내에서 일정기간 입찰참가자격을 제한할 수 있다. 같은 조 제3항에 따라 입찰참가자격의 제한기준 등에 관하여 필요한 사항은 기획재정부령으로 정하도록 하고 있다. 기획재정부령인 공기업·준정부기관 계약사무규칙 제15조는 (부정당업자의 입찰참가자격 제한) 공공기관운영법 제39조 제3항에 따라 기관장은 공정한 경쟁이나 계약의 적정한 이행을 해칠 것이 명백하다고 판단되는 자에 대해서는 「국가를 당사자로 하는 계약에 관한 법률」 제27조에 따라 입찰참가자격을 제한할 수 있다고 한다. 따라서 국가계약법에 따른 계약심의회 관련 절차와 규정이 그대로 적용되고 있다.

라. 소결

국가계약법상 계약심의회와 지방계약법상 계약심의회는 많은 부분 동일하지만 구체적으로는 상당한 차이가 있다. 가장 큰 차이점은 지방계약법상 지방자치단체장은 법률이 정한 일정한 사항에 대하여는 반드시 계약심의회를 거치도록 하고 있는 부분이 있으므로 국가계약법상 계약심의회가 임의적 설치 기구인 것과는 다르다.

국가계약법상 계약심의회는 국가기록원 계약심의위원회 운영지침, 국가정보자원관리원 계약심의회 운영지침, 국립환경과학원 학술연구 등의 용역사업계약 심의위원회 규정, 국민권익위원회 계약심의위원회 규정, 국방부 계약심의위원회 운영 예규, 국방부 민간투자사업 계약심의회 운영 예규, (방위사업청) 계약심의위원회 운영 규정, 식품의약품안전처 계약심의위원회 규정, 우정사업조달센터 계약심의위원회 운영지침, 중소벤처기업부 계약심의위원회 규정, 질병관리청 계약심의위원회 규정, 통일부 계약심의위원회 운영 규정, 행정안전부 계약심의위원회 규정 등의 모습으로 국가계약법 시행령에 따른 계약심의회가 운영되고 있다.

지방계약법 제32조 제3항 및 같은 법 시행령 제109조에 따라 지방계약법상 계약심의회는 가평군 계약심의위원회의 구성·운영 및 주민참여감독대상공사 범위 등에 관한 조례를 비롯하여 모두 273개의 자치법규로서 계약심의위원회 규정을 마련하고 있다.

이러하다면 계약심의회의 심의내용을 규정하는 법규에 자율시정과 관련한 규정을 추가하여 규정한다면 계약심의회에서 입찰참가자격제한 처분뿐만 아니라 입찰참가자격제한 사유가 있음에도 불구하고 입찰에 다시 참여시킬 수 있도록 할 수 있을 것이다.

구체적으로 계약심의회 운영절차 실무를 보면 전형적 침익적 처분인 입찰참가자격제한 처분 부과 절차에 반드시 포함하도록 되어 있는 상대방 의견진술절차에서 자율시정심의 신청을 하고, 해당 계약심의회에서 자율시정 심의 기회를 부여하고 실제 시정을 완료한 것을 바탕으로 실질적으로 자율시정 조치의 이행 완료여부 심의를 거쳐 계약심의회가 판단하여 결정하도록 하는 방법을 생각해 볼 수 있을 것이다. 이를 위해서는 법규의 상당한 개정이 필요하나 입찰참가자격제한이 기속재량으로 규정되지 않은 공공기관 계약심의회는 법규의 개정 없이도 자율시정을 조건으로 입찰참가자격제한을 하지 않는 방법을 시행해 볼 수 있을 것이다. 계약심의회의 설치가 지방계약법에서 시작하여 국가계약법에서 도입한 것처럼 자율시정제도도 전체 정부조달계약 부정당제재의 중요한 부분을 변경하는 것이므로 공공기관부터 시행해 보고 이를 근거로 지방계약과 국가계약의 확대시행을 가늠해 볼 수도 있을 것이다.

 ## 2 계약분쟁조정위원회 기능 확대

가. 특례조달분쟁심의위원회

국가계약법 제정 이전에는 예산회계법 제6장 계약의 두 개 조문 중 한 개의 조문인 제70조의 계약의 방법과 준칙에서 "각 중앙관서의 장은 매매, 대차, 도급 기타의 계약을 할 경우에는 모두 공고를 하여 경쟁에 붙여야 한다. 다만, 각 중앙관서의 장은 대통령의 정하는 바에 의하여 지명경쟁 또는 수의계약에 의할 수 있다."라고 규정하고 있었다. 이 조문이 유일한 정부조달규정이었다. 이에 따라 몇 가지 정부조달 관련 대통령령이 발령되었는데 그중 특별히 중요한 규정은 특정물품등의조달에관한예산회계법시행령특례규정이다.

이 규정은 1992. 1. 22. 시행되었는데, 그 제정이유를 "정부조달시장에서의 내·외국인에 대한 차별철폐를 내용으로 하는 정부조달협정에의 가입이 본격적으로 추진되고 있고, 통신기자재조달에 관한 한·미간의 합의(1992년 1월 1일부터 시행)에 따른 동 합의사항의 이행을 위하여 특정물품등에 대한 국제입찰에 있어서 예산회계법시행령에 대한 특례를 정하여 정부조달시장의 개방에 적극적으로 대처하려는...(중략)"이라고 하고 있다.

특정물품등의조달에관한예산회계법시행령특례규정에서 당시 거의 성안이 되었던 우루과이라운드 협정에서 소외되지 않도록 하려는 정부의 노력을 엿볼 수 있는데, 가장 중요하게 생각하였던 것은 외국인 입찰자가 국내 정부조달시장에서 우루과이라운드 협정에 위반되는 처분을 받은 경우에 예컨대, 조달절차에 관한 이의제기 등의 분쟁발생시 재무부에 이를 심의·조정하기 위한 특례조달분쟁심의위원회를 설치·운영하도록 한 것이다. 특례조달분쟁심의위원회 이전 단계에서 각 중앙관서의 장은 특례조달계약[3]에 있어서 낙찰자로 결정되지 아니한 입찰자로부터 이의제기가 있는 경우에는 이에 대한 적절한 조치를 취하도록 하고 있으나 각 중앙관서의 장이 심사·조정하는 것이 곤란한 경우에는 특례조달분쟁심의위원회에 상정하여 심의·조정하도록 하고 있다. 특례조달계약과 관련하여 제기된 분쟁을 심의·조정하기 위하여 재무부에 특례조달분쟁심의위원회를 두었다.

특례조달분쟁심의위원회는 국내 정부조달계약이든 국제 정부조달계약이든 구별하지 아니하고 정부조달계약 금액이 재무부령이 정하는 일정 이상의 정부조달계약의 이의신청과 정부조달법령의 적용 및 해석과 관련한 중요 분쟁사항, 정부조달절차 및 관련 법령의 변경 등의 시정권고에 관한 사항 등을 심의 조정하도록 하였다.

나. 국제계약분쟁조정위원회

예산회계법이 폐지되고 법률 제4868호로 1995. 1. 5. 국가를 당사자로 하는 계약에 관한 법률이 제정되었다. 이로써 예산회계법에 의한 정부조달계약이 이루어지던 시대는 종료된 것이고 정부조달분야의 독립된 법률을 보유하는 국가가 된 것이다. 국가계약법도 그 제정취지에서 보는 바와 같이 정부조달협정의 타결에 따른 정부조

---

3) 특정물품등의조달에관한예산회계법시행령특례규정 제2조의 정의에 따르면, "특례조달계약"이라 함은 특정물품등의 조달을 위하여 체결한 계약(계약물품등의 조달에 부수하여 운송·하역·보험등의 용역의 제공을 수반하는 계약으로서 당해 용역의 가액이 당해 특정물품등의 가액을 초과하지 아니하는 것을 포함한다)으로서 그 추정가액이 재무부장관이 정하는 금액 이상인 계약을 말한다.

달시장의 개방에 대비하여 정부조달협정의 차질없는 이행과 계약업무의 원활한 수행을 도모하기 위한 것이었고, 무엇보다 정부조달협정 및 국제규범을 반영하여 대한민국이 국제 정부조달시장에서 공정하고 효율적인 제도를 마련한다는 것이었다.

특히 정부조달협정에 분쟁처리기구를 반드시 설치하도록 되어 있으므로 이의 이행을 위하여 대통령령(특정물품등의조달에관한예산회계법시행령특례규정)으로 규정되어 있는 특례조달분쟁심의위원회를 국제계약분쟁조정위원회로 대체하기 위하여 그 법적 근거를 명시하였는데, 특례조달분쟁심의위원회와 명백히 차이나는 사항은 그 심의 대상이 "국제입찰에 의한 정부조달계약과정에서 해당 중앙관서의 장 또는 계약담당공무원의 행위로 인하여 불이익을 받은 자는 그 행위의 취소 또는 시정을 위한 이의신청을 할 수 있고, 그에 대한 재심청구를 재무부에 설치된 국제계약분쟁조정위원회에 신청하게 하였다. 이로써 국내 정부조달계약의 이의 신청이나 재심제도는 국가계약법이 제정되면서 폐지되는 사태에 이르렀다. 심의대상은 국제입찰에 의한 정부조달계약의 범위와 관련된 사항, 입찰참가자격과 관련된 사항, 입찰공고와 관련된 사항, 낙찰자 결정과 관련된 사항 그 외 기타 대통령령이 정하는 사항을 심의하도록 하였다. 이 제도가 다시 법 개정으로 국내 정부조달계약을 포함하는 계약분쟁조정위원회로 변경된다.

다. 국가계약분쟁조정위원회

2012. 12. 18. 국가를 당사자로 하는 계약에 관한 법률 개정으로 국내입찰의 경우에도 국제입찰과 같이 정부조달계약을 위한 입찰 및 계약의 과정에서 분쟁 발생 시 이의신청을 할 수 있도록 하는 한편 국제계약분쟁조정위원회를 확대한 국가계약분쟁조정위원회를 설치하도록 하였다. 이와 함께 제27조의2로 과징금 규정을 신설하였다. 부정당업자에게 입찰 참가자격을 제한하여야 하는 경우가 있지만 부정당업자의 위반행위가 예견할 수 없음이 명백한 경제여건 변화에 기인하는 등 부정당업자의 책임이 경미한 경우이거나 입찰 참가자격 제한으로 유효한 경쟁입찰이 명백히 성립되지 아니하는 경우에는 개별 사안에 따라 계약금액의 100분의 10 혹은 100분의 30에

해당하는 금액을 과징금으로 부과할 수 있도록 하였다.[4] 이러한 큰 변화들로 대한민국 정부조달법 발전과정에서 2012. 12. 18. 개정되고 같은날 시행된 법률 제11547호 국가계약법은 대단히 큰 의미가 있는 개정이라고 본다.

국가계약법 제28조는 대통령령으로 정하는 금액[5](국제입찰의 경우 제4조에 따른다) 이상의 정부조달계약 과정에서 국제입찰에 따른 정부조달계약의 범위와 관련된 사항, 입찰 참가자격과 관련된 사항, 입찰 공고 등과 관련된 사항, 낙찰자 결정과 관련된 사항, 입찰보증금 및 계약보증금의 국고귀속과 관련한 사항, 계약금액 조정과 관련한 사항, 정산과 관련한 사항, 지체상금과 지체일수 산입범위와 관련한 사항, 계약의 해제·해지와 관련한 사항에 대하여 해당 중앙관서의 장 또는 계약담당공무원으로부터 불이익을 받은 자는 그 행위를 취소하거나 시정(是正)하기 위한 이의신청을 할 수 있다. 해당 중앙관서의 장은 이의신청을 받은 날부터 10일 이내에 심사하여 시정 등 필요한 조치를 하고 그 결과를 신청인에게 통지하여야 하는데, 이의신청을 한 자는 해당 중앙관서의 장의 조치에 이의가 있는 자는 통지를 받은 날부터 15일 이내에 기재부에 속한 국가계약분쟁조정위원회에 조정(調停)을 위한 재심(再審)을 청구할 수 있다.

---

4) 부정당업자에게 입찰 참가자격을 제한하여야 하는 경우이지만 과징금을 부과하고 계속 입찰에 참가할 수 있도록 하는 제도는 자율시정제도의 취지에 부합하는 것이므로 과징금부과심의위원회에 자율시정의 심의를 못 맡길 바는 없으나 부정당업자의 책임이 경미한 경우이거나 입찰 참가자격 제한으로 유효한 경쟁입찰이 명백히 성립되지 아니하는 경우만을 그 대상으로 하고 있으므로 추가검토는 생략한다. 최근 기획재정부에 두는 과징금부과심의위원회는 폐지되었으므로, 해당 기관에서 과징금 부과 여부과 그 액수를 정할 수 있게 되었다.

5) 제110조(이의신청을 할 수 있는 정부조달계약의 최소 금액 기준 등) ① 법 제28조제1항 각 호 외의 부분에서 "대통령령으로 정하는 금액"이란 다음 각 호의 구분에 따른 금액을 말한다. 〈개정 2014. 11. 4., 2018. 12. 4., 2019. 9. 17., 2021. 7. 6.〉
   1. 공사 계약의 경우: 다음 각 목의 구분에 따른 금액
      가. 「건설산업기본법」에 따른 종합공사 계약의 경우: 추정가격 10억원
      나. 「건설산업기본법」에 따른 전문공사 계약의 경우: 추정가격 1억원
      다. 가목 및 나목 외의 공사 계약의 경우: 추정가격 8천만원
   2. 물품 계약의 경우: 추정가격 5천만원
   3. 용역 계약의 경우: 추정가격 5천만원

국가계약분쟁조정위원회의 운영과 분쟁의 조정절차 등에 관하여 필요한 사항을 기획재정부훈령인 국가계약분쟁조정위원회 운영규정을 제정하여 운영하고 있다. 그러나 운영규정 제21조 제1항은 조정청구 후에 해당 사건에 대하여 소를 제기한 경우 당사자는 지체 없이 위원회에 통보하도록 하고, 같은 조 제4항에서 위원회는 조정청구 후 일방 당사자가 소를 제기하였을 때에는 조정 절차를 중지하고 사건을 종결처리 하도록 하고 있다. 그러나, 위원회의 이러한 규정은 상위 법규에도 부합하지 않는 소극적인 자세이다. 왜냐하면 국가계약법 시행령 제114조는 "위원회는 위원회에 조정청구된 것과 같은 사안에 대하여 법원의 소송이 진행 중인 경우 그 심사·조정을 중지할 수 있다."라고만 규정하고 있기 때문이다. 청구인으로서는 유리하고도 신속한 결정을 획득하기 위하여 법원과 계약분쟁조정위원회 모두를 이용하게 되는 것이 일반적이다.

국가계약분쟁조정위원회는 정부조달계약 관련 분쟁은 말할 것도 없고 관련 분야 최고의 권위 있는 행정부 내 심의 조정 기구이다. 국가계약법 제27조가 각 중앙관서의 장으로 하여금 부정당업자에게는 2년 이내의 범위에서 입찰 참가자격을 제한하여야 하며, 그 제한사실을 즉시 다른 중앙관서의 장에게 통보하여야 한다고 규정하고 있으므로 자율시정에 관한 법률적 근거를 추가하기 위해서는 법개정이 필요하다. 물론 국가계약분쟁조정위원회 운영규정 제4조 제8호의 "기타 위원장이 위원회에서 심의·의결할 필요가 있다고 판단하는 주요 분쟁조정 관련 사항 등"을 위원회의 기능으로 하고 있으므로 자율시정 심의 내용을 위원회에서 심의·의결할 필요가 있다고 판단하는 주요 분쟁조정 관련 사항으로 간주하여 실시해 볼 수는 있다고 본다. 자율시정의 이행으로 인한 입찰재참여의 기회 부여는 침익적 처분이 아니므로 법률유보 원칙이 적용되는 사항이 아니기 때문이다. 최근 기재부에서도 이 위원회의 기능 확대는 물론이고 실효적인 위원회로 변화하기 위한 노력을 기울이고 있는 것으로 안다. 그러한 기회에 자율시정제도의 포섭을 통해 새로운 도약을 해 보는 것도 좋을 것이라고 생각한다.

라. 지방자치단체 계약분쟁조정위원회

지방계약법 제35조는 지방계약에 대한 재심청구와 조정신청을 심사·조정하기 위하여 행정안전부에 지방자치단체 계약분쟁조정위원회를 두도록 하고 있다. 지방계약법 제34조는 재심청구와 조정신청에 선행하는 이의신청 대상과 그 절차를 규정하고 있다. 이의신청의 대상으로서 지방자치단체 계약분쟁조정위원회의 심의대상은 다음과 같다. 국제입찰에 의한 지방자치단체 계약 또는 대통령령으로 정하는 규모 이상의 입찰[6]에 의한 계약과정에서 지방자치단체 계약의 범위와 관련된 사항, 입찰 참가자격과 관련된 사항, 입찰 공고 등과 관련된 사항, 낙찰자 결정과 관련된 사항, 국제입찰에 있어서 정부가 가입하거나 체결한 다자간 또는 양자간 정부조달협정에 위배된 사항, 지방계약법 제6조 제1항에 따른 계약의 원칙을 위반하여 계약상대자의 계약상 이익을 부당하게 제한하는 특약이나 조건을 정한 사항과 물가 변동, 설계 변경, 그 밖에 계약내용의 변경 및 계약기간의 연장으로 인한 계약금액의 조정, 지연배상금, 계약기간의 연장과 관련된 사항에 대하여 불이익을 받은 자는 해당 지방자치단체의 장에게 그 행위의 취소 또는 시정을 위한 이의신청을 제기할 수 있다. 해당 지방자치단체의 장은 이의신청을 받은 날부터 10일 이내에 이를 심사하여 시정 등 필요한 조치를 하고 지체 없이 그 결과를 신청인에게 통지하여야 한다. 이러한 조치에 대하여 이의가 있는 자는 그 통지를 받은 날부터 15일 이내에 지방자치단체 계약분쟁조정위원회에 조정을 위한 재심을 청구할 수 있다. 국가계약법상 국가계약분쟁조정위원회의 기능과 대단히 유사하나 일부 심의대상에서 상이한 내용을 규정하고 있다.

지방계약법 제31조도 국가계약법과 같이 지방자치단체의 장으로 하여금 "입찰 참가자격제한사유에 해당하는 부정당업자에 대해서는 2년 이내의 범위에서 입찰 참

---

6) 지방계약법 시행령 제110조(이의신청의 대상) ① 법 제34조제1항 각 호 외의 부분에서 "대통령령으로 정하는 규모"란 다음 각 호와 같다. 〈개정 2014. 2. 5., 2019. 6. 25.〉
   1. 「건설산업기본법」에 따른 종합공사: 추정가격 10억원
   2. 「건설산업기본법」에 따른 전문공사: 추정가격 1억원
   3. 그 밖의 다른 법령에 따른 공사: 추정가격 8천만원
   4. 물품의 제조·구매 및 용역 등의 계약: 추정가격 5천만원

가자격을 제한하여야 한다."고 규정하고 있으므로 자율시정 심의를 통한 재입찰참여 기회를 부여하는 제도를 시행하기 위하여는 원칙적으로 법률의 개정을 통한 법적 근거를 확보하는 것이 필요하다.

마. 공공기관 계약분쟁조정위원회

공공기관운영법 제39조 제2항에 따라 공기업·준정부기관은 공정한 경쟁이나 계약의 적정한 이행을 해칠 것이 명백하다고 판단되는 사람·법인 또는 단체 등에 대하여 2년의 범위 내에서 일정기간 입찰참가자격을 제한할 수 있다. 이러한 입찰참가자격의 제한기준 등에 관하여 필요한 사항은 기획재정부령으로 정하도록 하고 있다.

기획재정부령인 공기업·준정부기관 계약사무규칙 제17조에서 「국가를 당사자로 하는 계약에 관한 법률 시행령」 제110조 제1항 각 호의 구분에 따른 금액 이상의 공기업·준정부기관 조달계약 과정에서 해당 기관장 또는 계약담당자로부터 국제입찰에 의한 공기업·준정부기관 조달계약의 범위와 관련된 사항, 입찰참가자격과 관련된 사항, 입찰 공고와 관련된 사항, 낙찰자 결정과 관련된 사항, 계약금액 조정과 관련된 사항, 지체상금과 지체일수 산입범위와 관련된 사항으로 인하여 불이익을 받은 자는 그 행위의 취소 또는 시정을 위하여 해당 기관장에게 이의신청을 할 수 있다.

이러한 이의신청에 대하여 해당 기관장은 이의신청을 받은 날부터 10일 이내에 이를 심사한 후 그 결과를 이의신청인에게 알려야 한다. 이러한 심사결과에 대하여 이의가 있는 자는 그 통지를 받은 날부터 15일 이내에 「국가를 당사자로 하는 계약에 관한 법률」 제29조에 따른 국가계약분쟁조정위원회에 그 조정을 위한 재심을 청구할 수 있다. 결국 공공기관의 계약분쟁조정위원회는 국가계약법상 국가계약분쟁조정위원회에 따라 운영됨을 알 수 있다.

공공기관운영법은 입찰참가자격제한을 기속재량으로 하고 있지 않으므로 공기업·준정부기관 계약사무규칙 제17조 제7호를 추가하여 "자율시정심의와 관련된 사항"을 이의신청 대상으로 규정하여 국가계약분쟁조정위원회의 심사를 하게 할 수 있을 것이다.

바. 소결

계약분쟁조정위원회를 운영하는 주무기관인 기획재정부 국고국 계약제도과는 2015. 3. 19. 최초의 분쟁조정 사례를 보도자료로 발표하면서 계약분쟁조정위원회의 활성화를 공언하였다.[7] 그러나 그 이후 이 위원회가 활발히 신속한 분쟁해결과 소송보다 적은 비용으로 입찰참가자들에게 도움을 주고 있다는 추가적인 보도자료를 보거나 들은 적이 없다. 아쉬운 국면이다. 다행히 최근 기재부에서 계약분쟁조정위원회의 기능제고를 검토하고 있다고 한다. 이 기회에 계약분쟁조정위원회의에 자율시정심의를 담당하게 함으로써 위원회에 새로운 도약의 가능성을 부여해 볼 수 있을 것으로 기대한다.

계약분쟁조정위원회는 WTO정부조달협정의 성안 과정에서 우리나라 정부조달 법제에 삽입되었고, 독립적이고 효율적인 분쟁해결기관의 설치는 위 협정 가입국의 의무사항이었다. WTO정부조달협정 당사국인 외국 업체로서는 가장 억울한 것이 타방 당사국의 정부조달계약절차에서 입찰참여기회를 얻지 못하는 것일 것이다. 무엇보다 경쟁을 통한 국제분업과 국제거래 활성화를 도모한 정부조달협정의 취지가 몰각되는 사태로 악화되는 것이다. 국내업체뿐만 아니라 외국업체까지 자율시정의 기회를 부여하여 정부조달시장의 경쟁을 확대하도록 하는 노력을 해 보기를 제안한다. 지방계약분쟁조정위원회도 같은 방향으로 추진할 수 있을 것이다.

이것이 여의치 않다면 입찰참가자격제한이 기속재량으로 규정되지 않은 공공기관 계약분쟁조정위원회 심의사항에 자율시정을 포함하고 자율시정의 이행을 조건으로 입찰참가자격제한을 하지 않는 방법을 우선적으로 시행해 볼 수 있을 것이다.

---

7) 계약분쟁조정위원회의 조정제도는 2014년 11월 분쟁조정 대상을 대폭 확대한 이후 국가계약의 공정한 운영과 아울러 업계의 소송비용 부담 경감 등을 통해 경제 활성화에도 기여할 수 있는 중요한 수단이라 강조하며, 앞으로도 조정제도 활성화를 위한 제도개선 및 전문성 확보 노력을 경주하겠다는 취지를 밝히고 있다; 조정대상은 2014년 11월 종래 국제입찰에 따른 정부조달 계약의 범위, 입찰참가자격, 입찰공고 및 낙찰자 결정과 관련된 사항에서 설계변경, 지체상금, 계약기간 연장 등에 따른 분쟁 등이 추가되었다.

조달전문직역의 협회를 통한 자율시정

기업의 윤리와 책임이라는 주제는 오늘날 매우 중요한 주제이다. 자율시정의 주체를 전문직역인들의 집합체인 협회에 맡기도록 하는 것은 기업의 사회적 책임에도 대단히 부합하는 것이다. 기업에 대한 자율규제는 특히 조달분야에서도 전문직업성(professionalism) 강화의 측면에서도 중요하다.[8]

일정 분야의 전문가들의 집합체로서 구성되어 활동하는 소위 전문가 "협회"는 사회적 분업체계에서 전문화된 지식이나 기술 또는 서비스를 생산하여 정부조달 분야에서도 질적 통제에 기여할 수 있도록 운영되도록 하는 것이 설립의 취지에도 부합될 것이다. 이러한 협회를 통해 협회 구성원의 위법 혹은 탈법적 사례에 대하여 자정 노력을 일반인의 기준에 맞춘 법적인 기준보다 더 엄격하게 적용하여 동일한 전문직업군들의 역량과 공공성을 강화할 수 있을 것이다. 협회의 이러한 역할은 정부조달 절차에서 전문가 집단으로서의 입찰기업이 지켜야 할 윤리의식을 강화할 수 있는 방안까지 마련하게 된다면 자율시정제도의 "자율성" 측면에서도 획기적 전기를 구축할 수 있을 것이다.

비록 협회가 통상적으로 행하는 업무의 대부분이 해당 분야의 이익단체로서 활동이라는 사실은 부인할 수 없지만 최소한 정부조달의 공공성과 윤리성에서 만큼은 영리를 추구하고 이익을 극대화하고자 하는 일반적 상업인성과 분명한 차이를 두고 활동하도록 지도하고 조정하는 것은 물론이고 그러한 사회적 요구를 수용하는 것이 옳다. 이러한 사회적 요구를 수용한 협회가 공공성을 더욱 강화하여 협회 산하 징계위원회를 두고 협회 구성원의 잘못에 대하여 징계함은 물론이고, 징계사유에 해당함에도 자율시정을 이행한 구성원에 대하여는 정부조달의 재입찰 기회를 부여하도록 공식적 의견을 제출하는 기구로 발전 독립시켜 육성하는 것도 중요한 대안이 될 수 있다.

---

8) 서보국, "독일 공법상 규제된 자율규제제도 – 우리의 지방공기업법과 지방자치법과의 관련성에 대하여 –", 지방자치법연구 제19권 제1호(2019. 3), 167면(179면); 현대호, 자율규제 확대를 위한 법제개선 연구(Ⅱ), 한국법제연구원 2010-10-31, 13면 이하.

행정권한의 민간위탁은 법률에 의해서 권한의 주체를 대외적으로 변경하는 것이기 때문에 권한을 위탁할 때에는 국민이 알 수 있도록 법령에 그 근거를 두는 것이 통상적인 방법이다. 행정권한의 민간위탁은 ① 법정위탁과 ② 계약위탁 내지 지정위탁으로 이루어진다. 민간에 위탁할 수 있는 업무의 범위는 위탁대상업무의 법적 성격에 대한 검토와 함께 수탁기관의 설립목적·기관의 성격 등을 고려하여 공공성의 정도에 따라 구체적으로 정한다. 법령에서 근거를 두고 위탁하는 형식을 취하지 아니하고 법률 자체에서 직접 정부의 사무처리권한을 민간단체 등에 부여하는 경우로서 변호사법 제7조의 규정에 의하여 대한변호사협회에 변호사 등록을 하도록 규정한 것을 들 수 있다.

이러한 협회를 통한 운영이 가능함에도 불구하고 정부가 이와 같은 기구를 직접 운영한다는 것은 결국 또 다른 공무원 인력의 증원 및 국가 예산의 증가를 필요로 하며, 이것은 전문직의 건전한 발전은 물론이고 민간 기구의 발달을 오히려 저해할 수 있다.

이러한 점에서 협회는 우선 전문직이 본래 갖고 있어야 할 전문직업성 확산에 대한 교육 투자를 하여 교육 그리고 연수 단계에서 전문직업성에 대한 명확한 이해와 사회적 실천을 이끌어내어 전문직의 사회적 책무를 다할 수 있도록 하여야 한다. 또한 국가를 대신하여 정부와 사회가 인정하는 적법한 조직과 합당한 절차를 갖고 회원의 징계를 담당해야 하고 정부의 외적 간섭이나 전문직역 내부의 부적절한 압력에 영향을 받지 않아야 하고 독립성이 보장된 자율공공단체로 설립되고 운영되도록 하여야 한다.

이상에서 협회를 통한 자율시정 심의를 하도록 하는 방법을 검토하였으나 이를 위하여는 입법적으로 전제조건이 필요하다. 즉 입찰참가자격제한 혹은 이를 대신할 자율시정 이행여부 심의 등의 공권력 작용이 민간에의 위임 혹은 위탁이 적법하기 위해서는 위임의 근거를 법률에 명확히 하여야 하고 위임된 권한이 사적 목적을 위해 남용되는 것을 방지하기 위한 절차적 실체적 제한을 포함하여야 한다.

이러한 협회를 통한 자율시정은 아래에서 살펴볼 민간 거버넌스의 하나로 볼 수 있다.

민간 거버넌스 설치 및 운영

자율시정제도의 운영을 위한 민간 거버넌스 설치방안을 검토할 수 있다. 앞에서 협회를 통한 자율시정 심의를 검토하였으나 지금껏 각종 협회가 보여준 직역이기주의적 행태에 대하여 일반적으로 국민들은 협회를 통한 자율시정제도의 운영에 대하여는 부정적으로 볼 가능성이 높다고 본다. 그래서 자율시정제도를 운영하고 이 제도의 발전을 위한 민간 거버넌스를 설치하는 방법을 검토해 본다. 이른바 국가의 간접행정방식을 통한 공적 독립감독기구의 가능성을 들 수 있다.

이러한 제도는 우리나라에 이미 활용되고 있기도 하다. 이에 대한 예시로서 금융감독원을 들 수 있다. 금융위원회는 국내의 금융산업정책과 금융감독정책을 통합하여 관장하는 국가행정조직이다. 이에 비하여 금융감독원은 국가의 직접적인 행정조직으로부터 분리된 공적 민간감독기구로서 금융감독에 대한 집행기능을 수행하고 있다. 그러므로 현행 금융감독체계는 공무원조직과 민간기구가 금융감독에 대한 권한과 책임을 모두 가지는 2원 체제로 운영되고 있는 것이다.

금융감독원은 금융위원회의 설치 등에 관한 법률(이하 '금융위원회법'이라 한다) 제24조에 따른 공법인으로서 근거 법률에 의하여 부여된 금융감독이라는 공적 과제를 수행하는 국가의 간접행정기관이다. 물론 금융감독원은 공무원이 아닌 민간 전문가를 인적 구성요소로 하고 있으나, 이러한 인적 구성은 업무 수행의 전문성이나 효율성을 제고하기 위한 것이고 그 업무의 성격은 공적 임무의 수행이라는 공공성을 유지한다. 금융감독원은 조직의 구성원이 민간인이고 국가로부터 독립한 특수법인이기는 하지만 공법상의 법인으로서 특수한 공적 과제인 금융기관에 대한 검사·감독 업무 등을 수행하는 소위 국가의 간접 행정조직이라고 말할 수 있다. 또한 금융감독원은 법령상 부여된 자신의 공적 권한과 업무를 스스로 결정하고 대외적으로 이를 표시할 수 있는 행정청으로서의 지위를 가지고 이에 따라 일정한 행정처분을 할 수 있는 권한을 가지고 있다. 이로써 금융감독원의 구성원이나 법적 성격이 이른바 '공적 민간기구'라는 특징을 가지고 있는데, 민간기구인 금융감독원이 금융사업자에 대한 검사나 제제, 각종의 행정처분 등 공권력을 행사할 수 있는 기구라는 것이다.

이러한 금융감독원 조직을 벤치마킹한 자율시정을 위한 민간 거버넌스로 가칭 "자율시정 심의원"의 설치 등을 제안해 본다. 우리나라 정부조달절차의 입찰참가자격제한사유에 해당하는 기업들은 모두 이 기관에 자율시정 심의를 신청하여 그에 따른 이행 여부를 심사받도록 하는 것이다. 각 부처 계약심의회에서 입찰참가자격 제한 등 조달절차와 관련된 심의를 위해 민간전문가의 참여를 필수적으로 하는 것을 조금 더 확대하여 입찰참가자격제한사유가 있음에도 불구하고 재입찰의 기회를 부여할 수 있는 공적 민간기구를 설치하여 운영하는 것도 대단히 의미 있는 것이라고 사료된다.

물론 이러한 민간기구가 설치되는 경우 금융감독원에서와 같이 금융감독 정책과 집행업무의 독립성과 전문성은 제고될 것이 분명해 보이지만, 반면에 공권력을 행사하는 민간 거버넌스에 대한 국가적 감독과 통제 등은 곤란할 수밖에 없다. 이러한 어려움이 민간 거버넌스 설치의 제한요소로 고려 될 수도 있지만 오히려 민간 거버넌스이므로 이에 대한 국가적 개입과 간섭은 원칙적으로 제한적으로 행사되는 것이 바람직하다. 자율시정이라는 새로운 제도의 시행을 민간 거버넌스에 위임하고자 하는 것이 근본취지이므로 민간의 자율과 책임성에 대한 신뢰가 한층 더 요구된다.

 ## 5 입찰재참가 의무이행 행정심판

행정심판이란 행정청의 위법·부당한 처분 그 밖에 공권력의 행사·불행사 등으로 권리나 이익을 침해받은 국민이 행정기관에 청구하는 권리구제 절차를 말한다. 대한민국헌법 제107조 제3항은 재판의 전심절차로서 행정심판을 할 수 있고 그 절차는 법률로 정하되, 사법절차가 준용되어야 한다고 규정하고 있다. 또 행정심판이 행정상 분쟁에 관해 재판에 준하는 성질을 가지고 있다는 것을 강조하고 있다.

행정심판은 행정부내 자율적 행정통제 기능에 주안을 두기도 하고, 이를 보장하는 제도이기도 하다. 즉, 행정관청으로 하여금 그 행정처분을 다시 검토하게 하여 시정할 수 있는 기회를 부여함으로써 행정권의 자율성을 보장함과 아울러 자주성을 존중하려는 제도의 취지가 있다.

　행정심판은 사법절차가 준용되어야 하고, 행정상 분쟁에 관해 재판에 준하는 성질을 보유하므로 사법기능을 보충하는 역할도 하고 있다. 이러한 기능을 구현하기 위하여 행정기관이 행정상의 분쟁에 대하여는 사법절차보다는 상대적으로 간이하고 신속한 절차에 따라 심리·판정하게 함으로써, 행정에 관한 전문지식을 활용하고, 법원의 사법절차에 따르는 시간과 경비 및 노력의 낭비를 최소화하며, 소송경제를 실현해 사법기능을 보충하는 역할을 담당한다.

　행정심판은 사법절차를 준용하여 자율적 행정통제를 시행함으로써 법원과 청구인의 부담을 모두 경감해 줄 수 있는 제도로 이해되고 있다.

　위와 같은 여러 기능을 일반적인 행정심판의 기능이라고 한다면 우리나라 행정쟁송제도상 특별한 지위를 가진 것으로 인정되는 것은 행정심판만이 소위 의무이행심판 권한을 보유하고 있다는 것이다. 즉, 행정소송은 행정청의 위법 또는 부당한 처분에 대하여 취소하거나 변경하는 기능과 처분의 효력 유무 또는 존재 여부를 확인하는 기능만을 보유하고 있다. 하지만 행정심판은 당사자의 신청에 대한 행정청의 위법 또는 부당한 거부처분이나 부작위에 대하여 일정한 처분을 하도록 하는 의무이행 행정심판기능을 보유하고 있다.

　따라서 자율시정을 행정심판제도에 녹여서 시행해 볼 수도 있게 된다. 자율시정을 수행한 기업은 행정심판을 신청하고 국가기관등에게 입찰재참가라는 의무 이행을 하도록 심판함으로써 입찰참가자격제한사유가 있는 기업에게 입찰재참가의 기회를 부여할 수 있게 된다. 한편, 행정심판법 제4조가 규정한 특별행정심판기구의 하나로 국가계약분쟁조정위원회를 둔 것으로 이해된다.[9] 따라서 계약분쟁조정위원회가

---

9)　제4조(특별행정심판 등) ① 사안(事案)의 전문성과 특수성을 살리기 위하여 특히 필요한 경우 외에는 이 법에 따른 행정심판을 갈음하는 특별한 행정불복절차(이하 "특별행정심판"이라 한다)나 이 법에 따른 행정심판 절차에 대한 특례를 다른 법률로 정할 수 없다. ② 다른 법률에서 특별행정심판이나 이 법에 따른 행정심판 절차에 대한 특례를 정한 경우에도 그 법률에서 규정하지 아니한 사항에 관하여는 이 법에서 정하는 바에 따른다.

그 전문성과 특수성에 근거하여 정부조달절차에서 입찰참가자격제한사유가 있는 기업임에도 불구하고 입찰에 재참가하도록 결정할 수 있는 것이다. 그러한 기능까지 할 수 있는 것으로 해석되는 계약분쟁조정위원회가 그러한 역할을 하지 않으므로 자율시정 이행에 따른 행정청의 입찰재참가 의무를 부과하는 행정심판으로써 자율시정제도를 시행해 볼 수도 있을 것이다.

 6 행정소송을 통한 자율시정 심의

행정소송은 공법상의 법률관계에 관한 분쟁에 대한 재판절차로서 행정청의 위법한 처분 그 밖의 공권력의 행사, 불행사 등으로 인한 국민의 권리 또는 이익의 침해를 구제하고 공법상의 권리관계 또는 법적용에 관한 분쟁을 해결하는 재판절차이다. 국가 형벌권의 발동에 관한 소송인 형사소송이나 사법상의 법률관계에 관한 다툼을 심판하는 민사소송과 구별되고 재판기관인 법원에 의한 재판이라는 점에서 행정기관이 하는 행정심판과 구별된다. 행정소송을 담당하는 행정법원의 설치근거는 헌법 제107조 제2항이며 법원조직법 제3조 제6호 및 각급법원의 설치와 관할구역에 관한 법률에 근거하여 서울행정법원이 설치되었다.

입찰참가자격제한은 행정청의 처분이므로 이에 대한 분쟁은 행정소송으로 다투게 된다. 따라서 입찰참가자격제한사유가 있음에도 불구하고 자율시정을 거쳐 입찰에 재참가하게 하는 절차를 행정소송으로 진행해 볼 수 있을 것인지에 대하여도 검토해 본다.

행정소송은 공법상의 법적 분쟁 중에서 당사자 사이의 권리의무에 관한 다툼으로서 법령의 적용에 의하여 해결할 수 있는 분쟁이어야 하고, 단지 법률의 적용에 관한 다툼이 있다는 것만으로는 제기할 수 없고 이해 대립하는 당사자 사이에서 구체적이고도 현실적인 권리의무에 관련된 구체적 사건성을 가지고 있어야 하고, 개인의 구체적인 권리의무나 법률상 이익에 직접 관계되어 법적 해결 가능성이 있어야 한다. 따라서 자율시정을 거쳐 재입찰에 참여하게 하는 절차를 원칙적으로 행정소송으로 진행할 수 있을 것이다. 그러나 우리나라 법원은 스스로가 입찰참가자격제한처분을 하지 못하도록 그 금지를 구하는 예방소송인 이른바 금지소송이나 부작위의무확인소송, 작위의무확인소송은 부적법하다고 판시한 바 있다.[10] 그 외 행정소송법이 규정하는 행정소송의 종류는 항고소송, 당사자소송, 민중소송, 기관소송이 있고, 항고소송으로는 취소소송, 무효확인소송, 부작위위법확인소송을 인정할 뿐이다.

결국 행정청에게 일정한 행위를 하도록 하는 의무이행소송을 규정하고 있지 않으므로 법원이 자율시정 심의를 통하여 이를 인정하였다고 하더라도 행정청에게 입찰에 재참가하게 하도록 의무이행 권한이 없어 현행법 해석으로는 행정법원에서 자율시정 심의 기능을 수행하도록 하기에는 제한이 있다.

 7 정부조달심판원 신설방안

지금까지 계약심의회, 계약분쟁조정위원회, 직역 협회, 민간 거버넌스 설치, 행정심판, 행정법원 등 6개 기구를 통하여 자율시정 심의를 수행할 가능성을 검토하였다. 논리적으로는 행정법원을 통한 자율시정 심의는 행정쟁송 절차 전체에 대한 개편을 염두에 두어야 하므로 간단치 않은 것이지만, 그 외 5개 기구는 일부 법령의 개정으로 모두 가능한 방법이라고 본다. 물론 아래에서 제시하는 것과 같이 각 기구마다 적지 않은 치명적 약점들이 있다.

먼저 계약심의회는 법률상 입찰참가자격제한사유를 발견하면 이에 대하여는 기속적으로 입찰참가자격제한을 하도록 되어 있는 행정기관의 심의회이므로 자율시정의 취지를 충분히 공감하지는 못할 것이라는 부정적 선입견이 있다. 예컨대, 범죄피해자에게 일정 조건 충족시에는 가해자를 위하여 무조건 합의서를 작성하여 제출하도록 하는 정서적 왜곡이 제도의 수용성을 현저히 떨어뜨리게 될 것이라는 우려가 있다.

---

10) 대법원 1989. 1. 24. 선고 88누3314 판결.

계약분쟁조정위원회는 기획재정부와 행정안전부에 설치되어 있는데, 위원회 설치 이후 활동이 활발하지 않아 새로운 기능을 부여한다면 위원회 활동이 더욱 소극적으로 될 수 있지 않을까 하는 걱정이 앞선다. 현재의 권한으로도 정부조달의 전 영역에 상당한 중재자와 조정자로서의 역할을 할 수 있음에도 그 역할을 하지 못하였다. 자율시정이라는 새로운 임무부여를 위원회가 그 기능을 받지 못하겠다며 오히려 거절할 수도 있을 것 같다는 믿음직스럽지 못함이 없지 않다. 하지만 현재로서는 자율시정심의 권한을 부여함에 있어 가장 가능성 있는 기구로 보인다.

직역 협회를 통한 자율시정은 대단히 선진적이고 전문직역에 대한 인정과 신뢰를 기본으로 한 것이다. 하지만 아쉽게도 우리나라 어느 직역 협회도 국민적 신뢰를 충분히 확보하고 있는 곳을 찾아내기는 쉽지 않다. 그에 상응한 정부가 민간 협회에 정부의 권능을 그것도 잘못을 덮고 새로운 자격을 부여하는 경제적 사면(赦免) 유사한 권능을 민간 협회에 위임할 수 있을까를 생각해 보면 아직은 시기상조가 아닌가 싶다. 협회에 대한 일반적 신뢰 증대를 선행할 필요가 있다.

자율시정을 위한 민간 거버넌스 설치는 공적 임무의 민간 이전으로 민간의 전문성을 최대한 활용할 수 있고 독립성이 보장됨으로써 조치의 승복가능성이 대단히 높아질 수 있는 기구로 생각된다. 그러나 민간 거버넌스가 입찰참가자격제한처분권을 보유하지 못한 상황에서 자율시정 심의권만을 가진 민간 거버넌스는 행정기관과 적절한 호흡과 보폭을 맞추며 국가정책의 시행이라는 큰 틀의 체계적이고 통일적인 행정작용에 걸림돌이 될 우려가 있다. 그런 맥락에 대한 보완책으로 금융감독원은 금융위원회와 정책적 보폭을 맞추도록 설계하고 있으나 여전히 두 기관의 갈등은 존재하고 있다.

행정심판은 의무이행심판으로 자율시정 심의를 수행할 기구로 검토할 수는 있으나 종래 의무이행심판권이 있음에도 불구하고 의무이행에 지극히 소극적이었던 행정심판위원회에 정부조달의 중요한 제도를 수행하도록 하는 것에 관련자들의 공감을 끌어내기는 어려워 보인다. 또 행정소송에서 의무이행소송을 인정하지 않는 우리나라 쟁송제도의 한계도 행정심판으로 자율시정에 따른 재입찰참가 의무 이행에 대한 근원적 한계를 극복하기에는 제도적 관성이 너무 오래 작용하였다고 본다. 그래서 법조인들에게도 의무이행심판은 여전히 생소한 것으로 인식되고 있는 듯 하다.

행정소송에 대하여는 앞에서 지적한 바와 같이 현재의 행정쟁송제는 의무이행소송을 인정하지 않으므로 법원이 행정청에게 자율시정을 이행하였으니 입찰에 참가할 수 있도록 하라는 판결을 선고할 수 없다. 행정소송법을 개정하면 되겠지만 오랜 행정쟁송법 개편 작업에서 행정심판법에만 의무이행심판을 인정한 입법개정과정에서 거친 타협의 산물이므로 쉽게 행정소송법 개정을 언급하기는 어려운 상황이다.

위와 같은 여러 어려움을 극복하고 정부조달 시스템에 의미 있는 영향을 줄 뿐만 아니라 경쟁체제의 확대를 통한 경제성을 확보하고 정부조달제도에 근원적인 변화를 줄 수 있는 방법을 제안하고자 한다. 그것은 다름이 아니라 계약분쟁조정위원회의 심의 사항에 자율시정 기능을 추가하도록 하여 정부조달심판원을 설치하는 것이다. 물론 계약분쟁조정위원회는 폐지할 것이다. 이러한 특별행정심판기구가 정부조달 전체과정에서 발생할 수 있는 분쟁을 다루고, 자율시정 심의 기능을 통하여 중요한 분쟁의 하나인 입찰참가자격제한사유의 존재에도 불구하고 입찰 재참가의 기회를 부여할 수 있도록 하는 것이다. 다음 절에서 정부조달심판원에 대한 구체적 설계안을 제시한다.

2023년 3월 23일 국민권익위원회가 교원소청심사위원회를 폐지하고 행정심판원을 신설해 통폐합하는 방안을 추진하는 등 행정심판통합방안 마련을 전문가 토론회를 열어 행정심판원 설립·운영 방안을 논의하면서 최근 이 분야에 대한 관심이 적지 않다. 행정심판원은 각 분야 행정심판 기관을 하나로 통합해 국민들에게 원스톱 권리구제 서비스를 제공한다는 취지에서 국민권익위원회 주도로 신설이 추진되고 있으며 윤석열 정부의 대선공약이기도 하였다. 그러한 관점에서 정부조달심판원을 검토하여야 할 것이다.

제4절

국무총리 정부조달심판원 설치

① 개요

앞의 장에서 우리나라에서 시행가능한 다양한 자율시정 심의기구를 검토한 후에 자율시정심판 기능을 포함함은 물론이고 이에 부가하여 정부조달분야의 다양한 분쟁해결을 위한 행정심판기구로서 가칭 "정부조달심판원"의 신설을 제안하였다. 이러한 기구를 착상하게 된 것은 국무총리실 조세심판원이다. 이 기구의 발전 과정과 현재의 위상 그리고 국민의 신뢰는 정부조달분야에서도 벤치마킹할 만하다고 본다.

아래에서 간략히 조세심판원에 대하여 살펴보겠다.

국세불복에 대하여 1974년 이전에는 국세청에서 심사청구를 담당하였고, 1975년 이후 2007년까지 납세자 권리구제 강화를 위해 국세청의 상급기관인 재무부에 국세심판소를 두어 국세청 심사청구 결정에 대한 불복을 심리하였다. 그 사이 2000년에는 국세청 심사청구와 국세심판원 심판청구 중 하나를 선택하도록 간소화하였고, 2008년 이후에는 국세심판원 심판청구와 당시 행정자치부의 지방세 심사업무를 조세심판원으로 통합하고 조세심판원을 국무총리 소속기관으로 독립하여 심판청구를 담당하도록 하였다.

행정심판단계의 조세불복제도는 법원 소송에 앞서 행정부 내에서 납세자의 세금 문제를 신속하게 해결하는데 기여하고 있다. 각종 세법은 전문적·기술적이고 복잡하며, 조세법률관계는 대량·반복적으로 발생하는 특성이 있어 조세에 대한 전문성과 많은 실무경험을 가진 조세심판원이 공정하고 신속하고 투명하기만 하면 국민의 권리구제에 크게 기여할 수 있는 제도이다. 세금도 국세와 지방세가 있어 그 불복제도가 상이하게 발전하여 종래에는 전체 세무행정심판제도의 통일성과 체계정합성에 방해가 되었다. 지방세의 경우 2021년부터 지방자치단체의 심사청구제도가 완전히 폐지되고, 조세심판원이나 감사원 심사청구를 필요적으로 거쳐야 행정소송을 제기할 수 있도록 개정되었다.

내국세, 관세의 국세인 경우 법원 소송 전에 3가지 행정심판제도인 조세심판원 심판청구, 국세청·관세청 심사청구, 감사원 심사청구 중 하나를 선택하여 청구한 이후라야 행정소송을 제기할 수 있도록 하고 있다. 아래에서는 조세심판원의 사례에 국한하여 설명하겠다.

납세자의 청구가 조세심판원에서 인용되면 과세관청은 심판원의 결정취지에 따라 필요한 처분을 하여야 하고 그에 따라 납세자는 확정적으로 권리구제가 된다. 혹여 불복절차에서 청구가 기각되더라도 다시 법원 소송을 제기하여 권리구제를 신청할 수 있는 것은 당연하다.

조세심판원은 과세기관과 별개의 국무총리 소속으로 심판사무를 독립적으로 수행하고, 사건조사 및 심리과정에서 당사자의 참여 확대 등 납세자의 절차적 권리를 최대한 보장하고 있다. 이를 통해 공정성이 상당한 정도로 보장된다고 볼 수 있다. 사건담당자의 상당수가 변호사, 회계사, 세무사 등의 세무 및 법무분야 전문가로 구성되어 전문성에 대한 신뢰를 확보하고 있다. 감사원과 국세청 그리고 관세청도 일부 불복업무를 담당하고 있지만 내국세, 관세, 지방세 등 모든 세목에 대하여 불복절차를 진행하는 유일한 기관이라는 것도 전문성 부여에 크게 기여하고 있다. 또 심판청구 진행을 충분히 공개하고 있으며, 심판결정서도 원칙적으로 모두 공개하여 투명한 기관으로서의 이미지를 확보하고 있다. 그리고 무엇보다 2019년 조세심판의 평균처리기간은 160일로 대단히 신속한 처리를 자랑하고 있다.[1]

---

1) 알기쉬운 조세심판원 사용법, 국무총리 조세심판원(2020).

지방세와 국세로 분리되어 각각 불복절차가 발전되어 온 것 등 정부조달의 국가계약법의 발전과 지방계약법이 각각 발전되어 온 측면 등 정부조달분쟁에서 특별한 전문성이 필요하고 특히 입찰참가자격제한은 기업으로서는 사망선고에 필적하는 침익적 처분임에도 현재까지는 행정부 내에서 권리보호에 필요하고도 충분한 기구는 없었으므로 조세심판원을 벤치마킹한 정부조달심판원을 국무총리실에 두는 것을 제안한다.

국세로서 내국세에 속하는 세목은 소득세, 법인세, 상속세와 증여세, 종합부동산세, 부가가치세, 개별소비세, 교통·에너지·환경세, 주세, 인지세, 증권거래세, 교육세, 농어촌특별세이고, 또 다른 국세로서 수입물품에 부과하는 관세가 있고, 지방세로서는 특별시 및 광역시세로 분류되는 세목으로는 취득세, 레저세, 담배소비세, 지방소비세, 주민세, 지방소득세, 자동차세, 지역자원시설세, 지방교육세가 있고, 도세로서 취득세, 등록면허세, 레저세, 지방소비세, 지역자원시설세, 지방교육세가 있고, 특별자치시 및 특별자치도세로서 취득세, 등록면허세, 레저세, 담배소비세, 지방소비세, 주민세, 지방소득세, 재산세, 자동차세, 지역자원시설세, 지방교육세가 있고, 기초자치단체인 구세로서 등록면허세, 재산세 그리고 시·군세로서 담배소비세, 주민세, 지방소득세, 재산세, 자동차세가 있다.

위와 같이 과세관청이나 세목에 따라 다양한 세금이 있고, 과세관청이 세목에 따라 합법적이고 정당하게 과세처분하였다면 처분의 공정력에 따라 납세자는 세금을 납부하지 않을 수 없다. 납세자는 과세처분에 대한 다양한 불복의 사유로서 다양한 불복기관에 이의를 제기하게 되고 그 이의의 처리는 국세청, 자치단체, 행정안전부, 기획재정부 등 여러 기관과 연계되어 있다. 각 중앙행정기관간에도 과세처분의 구체적 양상과 환류에 대한 의견이 같을 수 없고 뿌리 깊은 지방 홀대의 피해의식 속에서 각 자치단체가 행정안전부나 다른 중앙행정기관과 이견이 없을 수 없다.

무엇보다 이슈를 제기하는 국민으로서는 실질적 과세관청에서 불복심사를 하는 것에 대한 막연한 불신이 있는 것이 사실이다. 그러므로 조세심판원이 국무총리실로 소속을 상향하고 실질적으로 독립시켜 운영하도록 한 것은 조세심판 서비스의 소비자와 생산자 모두에게 신뢰받을 수 있는 신의 한 수라고 생각된다. 그러한 의미에서 정부조달심판원도 국무총리실에 소속되는 것이 옳다고 본다.

그러한 기회에 자율시정이라는 새로운 제도를 도입하여 국무총리실 정부조달심판원의 임무로 부가한다면 기획재정부, 행정안전부는 말할 것도 없고 정부조달계약의 당사자가 되는 중앙정부기관 및 지방정부기관 그리고 공공기관 모두로부터 독립된 기관이 되는 것이다.

정부조달분야의 각종 분쟁 해결과 자율시정 심의를 통하여 대한민국 전체 정부조달행정 심판기능을 보유한 정부조달심판원을 설치하여 전문성, 투명성, 공정성, 신속성을 발휘하도록 한다면 기획재정부와 행정안전부의 조달행정 정책기관으로서의 기능과 조달청, 방사청은 물론이고 여타 국가기관과 지방자치단체 그리고 공공기관 등의 조달행정 집행기관으로서의 기능으로 구별해 볼 수 있을 것이다. 정부조달심판원 설치로써 정부조달 분야의 심판기관, 정책기관, 집행기관 사이의 견제와 균형을 이루는 좋은 거버넌스를 구축할 수 있을 것이라고 본다.

물론 최근 기획재정부가 방위사업청이 추진하다가 국회 국방위원회가 중심이 되어 제정을 추진하고 있는 가칭 방위사업계약에 관한 법률[2]에 대하여 적극적으로 반대 의견을 내기도 하고, 국가계약법 외에 지방계약법, 공공기관운영법, 방위사업법 등 공공계약이 기획재정부 중심으로 제도가 구현되지 못하는 현상을 인식하고 이를 타개하기 위하여 전체 공공계약의 기본이 되는 소위 공공계약기본법 제정을 위한 논의를 주도하고 있기도 하다. 하지만, 종래 대한민국 입법시스템을 부정적으로 평가하였던 "특별법 만능주의"와 유사하게 최근 전개되는 "기본법 만능주의"에 대한 비판적 견해에 속도를 조절하고 있는 듯 하다.[3]

---

2) 국회 국방위원회는 2022년 10월 26일 방위사업 특성을 반영한 「방위사업계약 체결 및 이행 등에 관한 법률안」 입법을 위한 발의를 하였다. 발의한 법률(안)은 무기체계 조달 등 국방안보를 뒷받침하기에 한계가 있는 국가계약법의 제한사항을 극복하고자 하였다.

3) 법제처 법령정보시스템에 각종 기본법의 현황을 살펴 보아도 "○○기본법"이라는 법명으로 되어 있는 법률 150여 개를 어렵지 않게 확인할 수 있다. 과연 그 기본법들이 그야말로 "기본이 되는 법"으로서 기능을 하고 있는지 되묻지 않을 수 없다. 이러한 상황에서 필자도 참가한 2024년 5월 29일

이러한 현실적 고려를 바탕으로 하되 다음 항목에서는 구체적인 조달심판원의 모습을 설계해 보겠다.

 ## 2 법적 근거 마련

가. 계약분쟁조정위원회 폐지

우선적으로 자율시정제도의 법적 근거를 마련하고 정부조달심판원으로 정부조달관련 분쟁사항의 심판을 일원화하기 위하여 기존에 있던 계약분쟁조정위원회와 (2023년 7월까지 기획재정부에 설치되었던) 과징금부과위원회의 관장 사항을 정부조달심판원의 심판사항으로 대체하여 규정하면 될 것이다.

이를 위하여 정부조달의 다양한 분쟁과 과징금부과를 다루는 국가 및 지방자치단체의 계약분쟁조정위원회를 폐지하고 해당 임무를 모두 국무총리 정부조달심판원으로 일원화하도록 규정하는 것이다. 이를 통하여 자율시정제도는 물론이고 정부조달 분야의 모든 분쟁을 담당하는 특별행정심판기관을 설치하는 것이다.

이러한 견해와 달리 권익위원회를 재조정하여 모든 행정심판업무를 관장하는 새롭게 설치되는 행정심판원을 제안하는 의견도 검토해 볼 만은 하다. 국민권익위원회는 2008년 정부의 정부조직 개편과정에서 "국민고충처리위원회", "국무총리행정심판위원회" 및 "국가청렴위원회" 세 기관이 통합되어 새롭게 출범한 기관이다. 이에 대하여 국민권익위원회는 "부패방지위원회"와 "행정심판원"이라는 두 독립한 기구로 분리 개편되어야 한다는 견해가 있다.[4] 하지만 조세심판원은 그 어떤 행정심판기구보

에 개최된 법제연구원이 주관하고 기획재정부, 조달청 등이 참가한 기획재정부 연구과제 "해외사례를 통한 공공조달법의 체계적 구성방안 연구" 제1차 전문가회의에서도 기본법이라는 명칭에 대한 일반적 거부감을 확인할 수 있었다.

4) 행정심판은 독립한 준사법기구로서의 "행정심판원"을 설치하고 이 기구에서 전담하도록 개편되어야 하며 소청심사위원회, 조세심판원, 중앙토지수용위원회 등 27개 이상에 달하는 전형적인 특별행정심판위원회를 최대한 행정심판원으로 통합·이관하여야 한다는 의견으로는 오준근, "공공기관

다 그 역할을 십분 발휘하고 있으므로 기존 권익위원회에 존재하는 행정심판기능에 이를 포함시키는 것은 맞지 않아 보이고, 새로운 행정심판원을 설치한다고 하더라도 행정심판법에 따른 행정심판을 시행하는 기구라면 특별행정심판기구의 존재를 긍정하고 일반행정심판기구 그리고 특별행정심판기구로 병행하여 발전하는 것이 타당해 보인다. 결국 이러한 관점에서 현행 제도로서는 정부조달심판원도 특별행정심판기구의 하나로서 발전시키는 것이 적절해 보인다.

그 외에도 계약심의회의 존치 여부가 문제될 수 있는데, 계약심의회는 발주기관의 고유 심의기관으로서 존치하는 것이 적절할 것으로 사료된다. 단, 계약심의회를 국가와 지방자치단체가 각자 성격이 다른 기관으로 운영하는 것은 통일적이지 못하므로 계약심의회를 필수기관으로 규정하는 것으로 개정하는 것이 좋을 것 같다.

나. 정부조달심판원 설치의 법적 근거

입찰참가자격제한 사유가 있음에도 불구하고 자율시정을 이행함으로써 입찰 재참가의 기회를 부여하는 자율시정 심의기능을 포함한 국무총리 정부조달심판원의 설치를 위해서는 국가계약법과 지방계약법의 개정을 통하여 그 법적 근거를 마련하는 것이 필수적이다.

구체적으로는 국가계약법 제27조가 입찰참가자격제한 사유를 규정하고 있으므로 제27조의2로 "발주기관은 전조의 입찰참가자격제한 사유가 있는 업체가 정부조달심판원의 자율시정 심의를 경료한 때에는 입찰참가를 거부하지 못한다"고 규정하면 될 것이고, 국가계약법 제28조 제4항은 "제3항에 따른 조치에 이의가 있는 자는 통지를 받은 날부터 20일 이내에 제29조에 따른 정부조달심판원에 심사를 청구할 수 있다"로 규정하면서 국가계약법 제29조 제1항은 "국가를 당사자로 하는 계약에서 발생하는 분쟁을 심사·조정하게 하기 위하여 국무총리 소속으로 조세심판원을 둔다."

의 입찰참가자격 제한 처분의 한계- 대법원 2017. 6. 29. 선고 2017두39365 판결의 평석 -", 경희법학 제52권 제3호(2017. 9), 20면(29면).

고 규정하면 될 것이다. 이로써 정부조달과 관련한 분쟁처리를 위한 특별행정심판기구의 법적 근거를 마련하게 된다.

그 다음에 자율시정은 국가계약법 제29조의2의 새로운 조문을 만드는 것이 현행 법체계를 크게 흔들지 않으면서 제도를 개선할 수 있는 입법 방법으로 생각된다. 국가계약법 제29조의2 제1항은 "국가계약법 제27조가 정하는 입찰참가자격제한사유에 해당하는 기업 등은 아래 각 호를 모두 시행하고 정부조달심판원에 자율시정에 관한 심의를 신청할 수 있다. 1. 자격제한사유의 조사에 적극적으로 협조함으로써 자격제한사유 발생원인을 명백히 규명 2. 자격제한사유와 관련한 피해자에 대한 배상 및 보상을 이행 3. 자격제한사유의 재발을 방지하기 위한 인사조치 등 조직 개선"으로 하고 제29조의2 제2항은 "자율시정의 심의에 대한 구체적 사항은 대통령령으로 정한다"로 한다. 이로써 자율시정제도를 도입하기 위한 법적 근거를 마련하였다고 볼 수 있다. 그 외 구체적 사항은 대통령령 이하의 개정으로 제도를 수용할 수 있다.

공공기관운영법에 따른 입찰참가자격제한의 자율시정을 포함하여 정부조달법 관련 분쟁에 대하여 국가계약법에 의하도록 하고 있으므로 국가계약법의 개정으로 공공기관의 여러 분쟁 또한 정부조달심판원에서 심사할 수 있으므로 특별한 법률 개정은 필요하지 않다.

이와는 달리 지방자치단체를 당사자로 하는 계약은 국가계약법과 다른 법률에 의하고 있으므로 지방계약법의 개정이 필요하다. 그 내용은 위에서 제시한 국가계약법의 각 규정의 개정 제안 사례에 의하면 될 것이다.

이를 통하여 발주기관에 대한 입찰참가자의 이의신청을 제외하고는 모든 재심사 및 관련 분쟁에 대한 심사권이 정부조달심판원으로 일원화되고 이를 통하여 체계적이고 통일적이며 신속하고 전문적인 심사로 국민들의 신뢰를 획득할 수 있을 것이라고 본다.

하지만, 민간투자법을 위시한 광의의 정부조달에 포함됨에도 국가계약법의 적용을 받지 않는 것으로 실무상 이해되고 있는 유사 정부조달제도에 대하여도 정부조달심판원의 문은 열려 있는 것이 필요하다. 이런 부분은 추가적인 연구 주제로 검토하여야 한다고 본다.

③ 임무와 조직

가. 정부조달심판원의 임무와 기능

행정기관이 수행하여야 할 임무라고 생각되는 것은 국가작용의 관점으로는 해당 기관의 기능으로 이해할 수 있을 것이다.

정부조달심판원은 국가계약법 제27조의2(과징금), 2023년 7월까지 기획재정부에 설치되었던 과징금부과심의위원회가 폐지된 이후 각 기관에서 관장하게 된 과징금부과 기능에 따라 부정당업자의 위반행위가 예견할 수 없음이 명백한 경제여건 변화에 기인하는 등 부정당업자의 책임이 경미한 경우에 입찰참가자격제한 이외의 제재인 과징금 부과여부 그리고 그 액수를 정하는 업무를 수행한다.

또 정부조달심판원은 국가계약법 제28조(이의신청) 제4항에 따라 입찰참가인 등이 발주기관인 해당 중앙관서의 장 등에게 이의를 신청하고 이를 심사하여 시정 등 필요한 조치를 하였음에도 그 시정 조치에 여전히 이의가 있는 자가 신청하는 조정(調停)을 위한 재심(再審) 업무를 수행한다.

그 외에도 정부조달심판원은 종래 제29조(국가계약분쟁조정위원회)에 따른 심사·조정을 시작하는 경우 해당 중앙관서의 장의 의견을 고려하여 필요하다고 인정하면 조정이 완료될 때까지 제30조(계약절차의 중지)에 근거하여 해당 입찰 절차를 연기하거나 계약체결을 중지할 것을 명할 수 있고, 이를 통하여 제31조(심사·조정)로 심사를 인용하거나 입찰자 등의 요청에 부합한 다양한 형태의 적절한 조치를 취할 수 있다. 심판원은 필요한 경우 청구인 및 해당 중앙관서의 장에게 심사·조정이 요청된 사항에 관한 서류의 제출을 요구할 수 있으며, 관계 전문기관에 감정·진단과 시험 등을 의뢰할 수 있다.

심판원은 심사를 통하여 계약담당공무원 등의 행위로 청구인이 불이익을 받았다고 인정되는 경우에는 해당 중앙관서의 장 또는 계약담당공무원이 행한 행위를 취소 또는 시정하거나 그에 따른 손해배상 또는 손실보상을 하도록 하여야 한다.

이러한 기능을 통하여 정부조달 과정에서 불이익을 받은 국민의 한 사람인 입찰참가인 혹은 WTO정부조달협정 당사국의 국민의 불이익에 대하여 이를 취소하거나 시정함으로써 투명성, 공공성, 공정성 등 정부조달제도의 취지와 기본원칙을 구현할 수 있게 된다. 그러한 조치가 행정부 내에서 이루어지는 특별행정심판기구에 의한 것이므로 신속한 구제까지 가능한 것이니 더욱 경쟁력 있는 정부조달제도를 갖추게 되는 것이다.

구체적으로는 국가계약법상 계약분쟁조정위원회와 지방계약법상 계약분쟁조정위원회의가 담당하였던 국제입찰에 따른 정부조달계약의 범위와 관련된 사항, 지방자치단체 계약의 범위와 관련된 사항, 입찰 참가자격과 관련된 사항, 입찰 공고 등과 관련된 사항, 낙찰자 결정과 관련된 사항, 국제입찰에 있어서 정부가 가입하거나 체결한 다자간 또는 양자간 정부조달협정에 위배된 사항, 국가계약법 제5조 제3항의 부당한 특약등과 관련된 사항, 지방계약법 제6조 제1항에 따른 계약의 원칙을 위반하여 계약상대자의 계약상 이익을 부당하게 제한하는 특약이나 조건을 정한 사항과 물가 변동, 설계 변경, 그 밖에 계약내용의 변경 및 계약기간의 연장으로 인한 계약금액의 조정, 지연배상금, 계약기간의 연장과 관련된 사항 등 종래 계약분쟁조정위원회가 담당하였던 사항에 더하여 정부조달계약 관련 기타의 분쟁사항에 대한 심사로 그 기능을 규정할 수 있을 것이다.

이와 같은 현행제도에 더하여 자율시정 심의 업무를 수행하도록 하는 것이다. 이로써 명실상부한 정부조달관련 분쟁의 일원화된 독립 심판기구가 탄생하는 것이다. 물론 정부조달 관련 기관의 의견청취와 전문가들과의 협의나 공론의 과정이 필요하다.

나. 정부조달심판원의 조직과 체계

국무총리 정부조달심판원의 조직은 크게 이의신청에 대한 재심사 업무와 자율시정 심의 업무로 구분할 수 있으므로 그 조직은 국가계약법상 재심사 업무, 지방계약법상 재심사 업무, 공공기관운영법상 재심사 업무의 3개 부문에 대한 재심사 업무와 재심사 업무의 하나인 입찰참가자격제한에 대한 이의의 하나로서 제기되는 자율시정 이행 신청에 따른 자율시정 심의를 담당하는 자율시정심판 업무를 수행하는 조직과 체계가 필요하다.

4부 1실로 구성하면 적절할 것 같은데, 1부는 국가계약분쟁심사 2부는 지방계약분쟁조정심사 3부는 공공기관계약분쟁심사를 담당하고 4부는 자율시정심판부로 하고 1행정실로 서무 및 각종 행정업무를 담당하도록 하면 될 것이다. 여기서는 자율시정에 대한 심판을 어떻게 구성할 것인지가 중요할 터인데, 1-3부의 계약분쟁심사 각 부에 자율시정 심의 신청이 들어오면 해당 부에서는 자율시정 심판부인 4부로 보내고, 4부가 이를 심사하여 신청인에게 자율시정 이행을 완료하였는지 여부를 결정의 형식으로 통보하도록 하면 될 것이다.

입찰참가자격제한에 대한 이의의 한 방법으로 정부조달심판원의 1-3부에 자율시정 신청을 한 경우에는 특별행정심판기구에 걸맞게 자율시정 심의기간 동안 입찰참가자격제한처분 집행정지를 원칙으로 하는 방법을 제안한다. 현행 국가계약분쟁조정위원회도 이러한 조치를 할 수 있다고 생각되나 자율시정 신청시에는 규정으로 입찰참가자격제한처분 집행정지의 효력을 부여한다면 자율시정 신청에 대한 부담을 경감시키고 제도의 활용에 좀 더 적극적일 수 있을 것으로 보인다.

다. 자율시정여부에 대한 기초자료 조사

정부조달심판원 담당직원은 자율시정여부에 대한 기초자료를 조사하고, 자율시정을 기업의 적합성을 회복할 수 있는 다음의 내용을 조사한다.

1) 입찰참가자격제한 요건에 대한 검토

특정 조사 절차와 관련된 입찰참가자격제한 사유, 예컨대 조달절차 이행에 대한 이해상충, 심각한 사기 또는 입찰참가자격제한 이유 또는 적합성 기준에 관한 정보, 의사결정 과정에 부적절한 영향, 부당한 이익을 얻으려는 기업 등에 대한 조사로써 입찰참가자격제한의 요건을 검토할 수 있다.

2) 잠재적인 자율시정조치들의 분석

위반의 유형, 정도 및 기간을 조사하고 조사결과를 기본전제로 제시하여야 한다. 자율시정조치의 핵심적 구성부분으로서 사안의 설명이 필수적이고, 한편으로는 손해보상의 조치와 조직, 기술적 및 인사조치의 필요성 입증을 기준으로 하여야 한다. 이러한 사항이 자율시정조치에 대한 입증자료가 된다.

3) 입증자료의 분석

개별 제한사유에 대한 자율시정조치를 구체적으로 검토하여야 한다. 증거에 의하여 인정하여야 하고, 증거는 항상 증거력이 가장 강력한 증거에서 증거력이 가장 약한 증거의 순서로 검토하는 것이 원칙이다. 또 자율시정조치의 증명에 대한 요구사항은 제외 사유의 심각성을 반영하여, 위법 행위가 심각하고 위반 건수가 많거나 피해 규모가 클수록 자율시정의 증명에 대한 요구사항은 더욱 엄격해질 것이다. 이와 함께 제출된 증거가 더 신뢰할 수 있을수록 심판기관의 타당성 검사가 더 짧아질 수 있는 것이므로 신청인은 증거력이 높은 공문서 등의 공적 기록을 활용하는 것이 유리할 수 있다.

4 소결

자율시정만을 위해서가 아니라 정부조달의 예상가능한 모든 분쟁을 처리하기 위하여 국무총리 산하에 독립적인 정부조달심판원을 상정하였다. 자율시정에 대한 법률적 근거를 마련하고 정부조달심판원에서 이의 인용과 기각 결정을 선언한다면 신청인은 법원에 그에 대한 재량 일탈 남용 등으로 처분의 무효 혹은 취소에 대한 심사도 청구할 수 있을 것이다.

따라서 차제에 법원에도 정부조달 분야의 전문성을 확보하는 관점에서 정부조달부의 설치를 제안한다. 정부조달 관련 재판 실무 중에 꽤 많은 판사님들이 '이 분야는 제가 잘 알지 못하여 저희부로서는 이 사건이 큰 도전입니다.'와 같은 솔직한 고백으로 재판을 시작하는 경우가 있다. 정부조달관련 재판의 소가는 다른 사건보다 월등히 고액인 경우가 많고, 무기체계 조달 등의 경우에는 그 특수성이 배가되고 있는 상황이다.

가사부에서 가정법원이 탄생하고, 회생 및 파산부에서 회생법원이 탄생한 사례와 같이 특별행정심판기관인 정부조달심판원을 경료한 사안에 대하여는 법원 정부조달부라는 전문재판부의 심판이 가능하도록 법원의 조직도 변경한다면 이 분야가 더욱 발전할 것으로 본다. GDP의 12-15%에 해당하는 정부조달 분야이므로 법원의 정부조달 전문재판부 설치도 결코 어색한 것이 아니라고 본다.

제5장

결론

국가 등이 정책적인 목적을 실현하기 위해 사법(私法) 형식의 수단을 취하고자 하는 경향이 크게 증가하고 있다. 행정의 사법으로의 도피는 과거의 사실(史實)만이 결코 아니다. 정부조달계약은 정부정책 실현을 위한 대단히 효과적인 방편이다. 계약 형성 과정에 사회적 배려자를 우선적으로 포함시킬 수도 있고, 한 부모 가정의 구성원을 종업원으로 둔 회사에 가점을 줄 수도 있다. 또 국가유공자를 일정 이상 비율로 채용한 기업에게 적격심사에서 인센티브를 줄 수도 있다. 그 외 환경친화적 생산현장을 구현한 기업을 우대하면서 종래 생산현장만을 보유한 기업에게 결정적 불이익을 초래하게 할 수도 있다. 그럼에도 불구하고 우리 대법원은 정부조달계약은 사법상 계약이고 사적 자치가 지배하는 영역이라고 단언하고 있다. 하지만 할 수만 있다면 모든 국민은 공공조달에 참여하여 낙찰받고 싶은 마음이 있다. 계약만 하면 선금도 주고 어떤 경우에도 계약이행을 다 한다면 그에 상응하는 대가를 받지 못하게 될 위험은 없는 계약이다.

그러나 정부조달이 입찰을 거쳐 낙찰되는 제도가 운찰제(運札制)로 희화화되기도 하고, 입찰참가자격제한이 되어도 계속 사업을 운영하기 위하여 한 사람이 여러 법인을 만들어 놓는 상황이 영리한 사업방법이 되고, 어떤 낙찰이든 수수료 수입이 생긴다는 사실이 현실이므로 휴대폰컴퍼니가 민망하지 않은 일상이 되기도 한다. 그럼에도 정부지출의 50%가 정부조달 시스템으로 집행된다. 이런 상황 인식에서 정부조달영역이 여전히 국가의 활동이라는 점을 잊어서는 안 된다. 국가는 공법상의 구속력을 사법상의 형식을 통해서 벗어나도록 할 수 있고 또 끊임없이 그렇게 하려는 노력을 한다. 하지만 어느 순간 정부조달에서는 사적 자치의 주체로서는 용인되지 않는 강력한 공권력이 있음을 알게 한다. 그 상황에서 그는 사적 자치의 주체가 아니라는 것을 명백히 보여준다. 정부조달에서는 그것이 입찰참가 제한이다. 정부조달은 많은 참여자의 경쟁을 기반으로 가장 경제적이고 효율적인 투찰을 한 자를 낙찰자로 선정하는 메커니즘을 운영한다. 정부조달에는 명백한 원칙이 있다. 경쟁, 투명, 공정, 평등, 경제 등의 어젠더이다.

여기서 입찰참가자격제한 사유를 범한 기업은 입찰참가자격제한 처분으로 시장에서 배제된다. 결국 경쟁이 하나 줄어드는 것이다. 그것이 다수라면 경쟁이 그만큼 축소되는 효과가 발생한다. 대한민국은 지속적으로 입찰참가자격제한 사유를 확대하였고 제한 처분을 획기적으로 늘리고 있다. 계약담당공무원은 입찰참가조치를 하면서 자신이 조달시장에서 강자라는 인식을 하게 되는 것 같다.

상황을 바꾸어야 한다. 대한민국에는 모든 전장(경쟁이 이루어지는 분야)에 패자부활의 기회가 부족하다. 이제 최소한 정부조달시장에는 패자부활의 기회를 부여하자. 그것이 자율시정제도의 도입이다. 자율시정제도의 구체적 도입에 대하여 앞장에서 꽤 장황한 설명을 하였다. 이 설명의 내용은 실현되지 않으면 무용지물이다. 입법적 조치를 누군가는 시작해야 한다. 이러한 조치의 개시는 무엇보다도 입찰참가자격제한사유에 대한 심사와 처분에 대한 엄격한 자기 심사가 전제되어야 한다.

따라서 이 책의 결론의 말미에서는 입찰참가자격제한에는 다음과 같은 기준이 도출되어야 하고 자율시정제도의 필요성을 다시 한번 강조하며 맺으려 한다.

1. 국가는 공익의 추구를 위해 사법 형식으로 행위할 수 있다. 하지만 경제적인 결과와 상관없는 국가의 독점적 시장지위로 인해 국가의 시장참여는 항상 경쟁왜곡의 위험을 발생시킨다는 점을 명심하여야 한다. 조달법은 이러한 정부조달의 영역에서 경쟁을 통한 통제의 흠결을 보완하고 차별이 없고 투명한 경쟁을 위해 기여한다. 이러한 경우에도 정부조달법은 조달의 경제성을 보장할 수 있어야 한다.
2. 국가는 사법상의 조달활동에서도 국가의 국민의 기본권 보장에 구속될 뿐만 아니라 이에 기여하여야 한다. 국가는 조달영역에서는 사인으로 행위한다고 하지만 항상 공익을 추구하여야 하는 기관이다.
3. 국가가 정부조달계약의 영역에서 사법상의 형식으로 결정하였음에도 여타 사법상 계약당사자와는 달리 경쟁법상의 규정을 적용받지 않다는 점은 납득할 수 없다. 결국 경쟁법의 적용과 관련하여 공공발주자의 특수한 시장에서의 지위를 고려하지 않는 논리적 모순에 직면하게 된다. 그럼에도 국가는 대체로 공공조달시장에서 단연 수요독과점의 위치에 있다.
4. 기본권침해를 정당화하고 해당 기업에 대해 법적 안정성을 담보할 수 있는 입찰참가자격제한의 요건이나 한계에 대해 구체적으로 규정하는 법적 근거가 제공되는 것이 바람직하다.실

무에서 여전히 내부적 준칙으로 입찰참가자격제한조치의 기간 등이 검토되고 결과가 공표되고 있는 점에 대하여는 냉정한 반성이 필요하다. 입찰참가자격제한의 기준과 조달의 공공적인 이익을 고려하여 그 범위와 내용에 대해 명확성을 제공하여야 한다.

5. 우리나라 정부조달법의 원칙들 중에서도 경제성원칙과 경쟁원칙을 고려해야 한다. 입찰참가자격제한은 원천적으로 경쟁 확대와는 상반되는 조치이다. 정부조달계약이 입찰시스템을 기본으로 국가와 공공기관에 가장 유리한 제안을 선택하여 이를 이행하도록 하는 메커니즘이라면 좀 더 많은 제안으로 경쟁을 확대하여 국가에 가장 유리한 입찰자를 낙찰자로 하는 것이 핵심적인 얼개이다. 가장 유리한 입찰은 경제적인 조달의 핵심이므로 입찰참가자격제한사유에도 불구하고 자율시정을 수행함으로써 신뢰성을 회복한 기업에게 입찰에 다시 참여할 수 있게 하는 제도는 경쟁원칙과 경제성원칙에 크게 기여하는 것이다. 이러한 자율시정은 국내 조달절차뿐만 아니라 국제정부조달에서도 경쟁확대를 통한 경제성 확보에 기여한다. EU국가 전체에서 시행하고 있는 자율시정제도를 우리나라 실정에 맞도록 도입하는 것이 현행 사법(私法) 시스템으로 간주되는 정부조달제도의 이단아인 입찰참가자격제한을 좀 더 승복가능한 실효적인 제도로 운용가능할 수 있을 것이다.

6. 입찰참가자격제한의 대안으로서 자율시정제도의 도입을 제시하고자 하였다. 자율시정조치는 기업의 계약수행 적합성이 인정될 때까지 기업 스스로 입증하도록 하는 것이다. 기업이 과거의 부정행위를 근절하기 위하여 진지하고 지속적으로 자율시정을 했다면, 향후에도 필요한 자율시정조치를 취하는 것으로 추정할 필요가 있다. 이것이 법률상 추정이 되기 위해서도 법적 조치가 완비되어야 함은 물론이다. 특정한 부정행위와 관련하여 추가적 자율시정조치를 요청할 수도 있다. 성공적인 자율시정을 위해서는 회사가 프로세스를 명확히 하기 위하여 진지하고 지속적인 노력을 기울여야 한다. 입증의 목적은 과거의 부정행위를 수용, 추적 및 제재하는 것을 극복할 패자부활의 기회를 부여하기 위한 기반을 만드는 것이다. 자율시정을 위한 조사에는 특히 외부 감사인의 특별 감사, 내부 조사 및 수사기관의 수사가 포함된다. 회사가 회사로서는 매우 민감하게 여길 수 밖에 없는 정보까지도 제공하겠다는 의지를 보이는 경우 이러한 행동 자체가 자율시정 이행으로 간주될 가능성이 대단히 높아지는 것이다.

또한 부정행위에 연루된 직원을 즉시 해고하지 않고 가벼운 인사조치만을 시행하여도 가능한지 여부는 특정 상황에 따라 다르다. 고발의 심각성, 해당 직원의 입장과 태도 및 부정행위를 명확히 하기 위한 직원들의 가능한 협력을 고려해야 한다. 또한 윤리프로그램은 직원들에게 회사가 직원들이 법에 따라 행동하기를 기대한다는 사실, 이것이 어떻게 구성되어 있으며 규정을 준수하지 않을 경우의 결과를 보여주어야 한다. 이러한 제어 메커니즘도 반드시 필요하다.

자율시정절차에서 반드시 필요한 피해의 배상이나 보상은 그 자체만으로도 가해자와 피해자의 합의와 조정을 가능하게 하는 선제적 대체 분쟁해결절차(alternative dispute resolution, 이하 'ADR'이라 한다)로서 기능하게 된다. 이러한 ADR 기능이 포함된 자율시정제도는 정부조달 분쟁의 자율성과 승복률을 제고하게 한다.

7. 자율시정제도의 도입을 위한 구체적인 거버넌스로서 가칭 국무총리 정부조달심판원의 설립과 역할에 대해 구체적으로 제시하였다. 어떤 기관에서 제도를 운영하는가는 제도 시행의 성과를 확인하기 이전인 제도에 대한 선입견 형성에 지대한 영향을 준다. 조세심판원이 국무총리실 소속으로 되면서 국민적 신뢰를 형성하고 국민들에게 실질적 도움이 되었던 것을 보면서 정부조달심판원이 벤치마킹하려는 것은 단순히 그 조직만이 아니다. 오히려 조세심판원이 독립적이고 공정한 기관으로 평가 받기 위하여 얼마나 노력하였던가를 충분히 인식하고 롤모델로 하겠다는 의지의 표현이기도 하다. 그 외에도 정부조달심판원의 전문성은 자율시정은 말할 것도 없고 조달 절차 전체의 분쟁해결 역량이나 조달분야의 특수성에 대한 충분한 이해와 식견에 대한 인정에 근거한다. 또 하나의 성공한 특별행정심판기관의 탄생은 국민들의 조달분야 권익보호에 크게 기여할 수 있을 것이다.

8. 마지막으로 경쟁을 통한 효율적인 조달을 위해 입찰참가자의 경쟁을 조직화하고 실질화 하는 것은 반드시 필요하다. 입찰참가자의 경쟁을 보장하는 것은 공공계약의 핵심적 요체이므로 특정한 입찰참가자가 경쟁을 회피하거나 왜곡하는 행위로부터 공공발주시스템을 보호하여야 한다. 보호의 대상은 공공발주기관만이 아니고 정부조달 참여자 전체를 보호하는 것이다. 여기서 결코 간과하여서는 안 될 것은 현대국가의 공공발주기관은 지속적으로 수요독점적이고 시장지배적 지위를 보유하게 되어 경쟁법적 가치와 관점은 입찰참가자를 대상으로 뿐만 아니라 발주기관을 향하여도 대단히 중요한 가치가 되어야 한다. 국가가 특별한 지위를 악용하여 특정 입찰자들에게는 실질적으로 이익을 부여하고 다른 입찰자들에게 임의로 불이익을 줄 수 없는 시스템을 필수적으로 수립하여야 한다. 이로써 개별기업들은 국가의 정부조달수요로부터 자의적으로 배제되지 않으며, 국가는 원칙적으로 모든 정부조달계약에 대해서 공개와 경쟁을 제도적으로 구현할 수 있게 된다. 이 과정에서 발주 기관이 입찰참가자격제한권을 행사함으로써 민간 기업의 조달시장 참여자로서의 경쟁을 제한할 수 있

게 된다는 위험을 인식하였고, 국가의 독점적 지위가 점차 자유화되고 있다는 점에서 그러한 위험은 더욱 증가하고 있다. 따라서 입찰참가자격제한 사유가 있음에도 발주기관으로 하여금 입찰참가제한을 하지 못하도록 하고 입찰에 다시 참여할 수 있게 함으로써 경쟁을 축소하지 않도록 하여 시장의 범위를 확대할 수 있도록 제도화 하고, 기업으로 하여금 일정한 조치를 수행함으로써 입찰에 재참여할 수 있는 제도는 헌법이 보장하는 차별금지와 직업활동의 자유보장에 중요한 역할을 하게 된다.

참고문헌

【국내문헌】

1. 단행본

강운산, 부정당업자제재제도 개선 방안, 한국건설산업연구원, 2010.

권오승/서정, 독점규제법 이론과 실무, 법문사, 2022.

계승균, 공공계약법의 기초 이론, 박영사, 2021.

김기선·김대인·김대식·전형배·강현주·김근주·최석환, 공공조달과 노동정책의 연계- 공공조달계약을 통한 저임금근로 해소방안-, 한국노동연구원, 2013.

김대식·김대인·임현·강지은·백용선·박영숙, 부정당제재제도 실효성강화 방안 연구, 한국조달연구원, 2016. 10.

김민창/권순조, 공공조달 부정당업자 제재제도의 주요 쟁점과 개선방안, 2015. 12.10., 국회입법조사처.

김병일, 회사 분할과 제재사유 및 제재처분 효과의 승계: 국가계약법상 입찰참가자격 제한처분을 중심으로, 고려대학교 대학원, 2020.

김진기, 정부조달법 이해, 법률신문사(2쇄), 2020.

김현수, 방위사업법의 이해, 청출어람, 2021.

김형동, 판례로 보는 군법, 박영사, 2022.

박정훈, 행정법의 체계와 방법론, 박영사. 2005.

양창호, 부정당업자 입찰참가자격 제한 해설, 리걸플러스, 2017.

윤대해, 판례로 이해하는 공공계약, 박영사, 2021.

이천현·박학모·윤지영·승재현/이 황·심재한/이상현/김영덕·박용석·손태홍, 공공 공사 입찰담합 제재의 중복문제 개선 및 실효성 확보방안 연구, 한국형사정책연 구원, 2014. 11.

정영철, 건설·부동산 공법론, 박영사, 2023.

정재훈, 공정거래법 소송실무, 육법사, 2023.

전현철, 정부조달계약법의 새로운 이해 –미국 법제와의 비교를 중심으로, 글누리, 2023.

조세심판원, 알기쉬운 조세심판원 사용법, 국무총리 조세심판원, 2020.

한수웅, 헌법학, 제5판(2015), 법문사.

현대호, 자율규제 확대를 위한 법제개선 연구(Ⅱ), 한국법제연구원 2010-10-31.

2. 논문

강운산, "건설업체에 대한 중복처벌의 문제점과 개선방안", 건설이슈포커스, 2011.12.

강지웅, "독일 공공조달법의 역사와 체계", 행정법연구 52권(2018), 105면.

강지웅, "독일법상 행정조달 낙찰자결정에 대한 권리구제에 관한 연구 : 유럽법상 한 계치 이상의 공공발주를 중심으로", 행정법연구 23호(2009), 163면.

강현호, "행정입법과 규범통제에 대한 법적 고찰 : 대상판결: 2013. 9. 12. 선고 2011두10584 판결", 행정판례연구 20-1집(2015), 3면.

길준규, "공공위탁법 연구", 토지공법연구 13집 (2001. 11), 75면.

김기표, "행정쟁송대상으로서의 처분", 법제 502호(1999), 3면.

김대인, "미국의 부정당업자제재제도에 대한 연구", 미국헌법연구 제26권 제1호 (2015. 4), 31면.

김대인, "EU법의 부정당업자제재제도에 대한 연구", 공법연구 45집 3호, 한국공법 학회 2017, 249면.

김대인, "공공조달계약과 공익- 계약변경의 한계에 관한 우리나라와 독일법제의 비교를 중심으로 -", 행정판례연구 22-2집(2017) 제1권, 155면

김대인, "독일의 부정당업자제재제도에 대한 연구", 행정법연구 제53호 (2018. 5), 77면.

김명길, "행정벌의 법리: 행정형벌과 행정질서벌의 병과를 중심으로", 법학연구 제49집 제2호, 부산대학교 법학연구소, 2009, 117면.

김연태, "한국마사회의 조교사 및 기수의 면허 부여 또는 취소의 처분성", 행정판례연구 15권 제1호(2010), 111면.

김중권, "정부투자기관의 입찰참가자격제한행위의 법적 성질에 관한 소고", 법률신문(2006. 8. 31. 제3486호).

김중권, "행정소송법상의 집행정지결정의 논증과 관련한 문제점", 법률신문 2017. 11. 27.

김진기, "EU 및 독일 정부조달법 개혁", 2016. 7. 11. 법률신문.

김진기, "동아시아 정부조달법 발전방향 - 동아시아연합(EAU)을 염두에 두고 -", 저스티스 통권 제158-3호(2017. 2), 395면.

김진기, "정부조달법 기본원칙-대법원 2017. 11. 9. 선고 2015다215526 정산금-", 홍익법학 제19권 제1호(2018), 597면.

김진기, "헌법적 문제로서 한국 정부조달제도의 몇 가지 이슈", 저스티스 통권 제170-3호(2019. 2), 434면.

김진기/신만중, "건설조달 입찰참가자격제한 제도의 개선방안으로서 한국식 자율시정 제도 도입", 일감 부동산법학 제21호(2021), 169면.

김태완, "지방계약법상 부정당업자입찰참가자격제한 제도의 개선방안에 관한 연구- 실무운용과정에서의 제도적 미비를 보완하기 위한 입법론적 방안을 중심으로 -", 지방자치법연구 제11권 제1호, 통권 29호(2011), 75면.

김형원, "입찰참가자격제한처분의 이면에 관한 연구", 사법 41호, 사법발전재단 2017, 367면.

남유선, "공공조달계약과 현행 부정당업자 제재제도의 문제점 및 개선 방안에 관한

소고", 법학논총 제31권 제3호(2019), 국민대학교 법학연구소, 169면.

남하균, "공기업·준정부기관의 부정당업자 입찰배제에서 몇 가지 법적 문제", 법과 기업 연구 제8권 3호 통권 21호(2018), 197면.

문일환, "국가계약법상 부정당업자 입찰참가자격 제한에 대한 고찰", 법학연구 제60권 제3호(2019), 통권 101호. 부산대학교 법학연구소, 1면.

박정현, "공공기관 입찰참가자격 제한의 법적 성격과 일반적 제재사유 : - '명백성' 요건을 중심으로-", 인권과 정의 제494호(2020), 219면.

박정훈, "부정당업자의 입찰참가자격제한의 법적 제문제", 서울대학교 법학 제46권 제1호, 서울대학교 법학연구소, 2005, 282면.

박정훈, "요청조달계약과 입찰참가자격 제한처분 권한 - 요청조달계약의 법적 성질, 사법적 관점과 공법적 관점 -", 행정판례연구 제24권 제2호(2019), 3면.

박정훈, "행정조달 계약의 법적 성격 -대법원 2001.12.11. 선고 2001다33604 판결-, ", 민사판례연구 제25권(2003.2), 561면.

배병호, "결정 기준을 위임하는 시행령 및 수의계약 배제사유를 규정한 예규의 헌법소원 대상성", 행정판례연구 제24권 제2호(2019), 447면.

서보국, "독일 공법상 규제된 자율규제제도 - 우리의 지방공기업법과 지방자치법과의 관련성에 대하여 -", 지방자치법연구 제19권 제1호(2019. 3), 167면.

신영수, "최근 건설입찰담합의 원인과 제재에 관한 법적 쟁점", 경쟁저널 제179호(2015. 3), 24면.

손동환, "모법의 위임범위를 벗어난 부령의 법규성", 법과 정의 그리고 사람, 박병대 대법관 재임기념 문집(2017), 사법발전재단, 647면.

안철상, "정부투자기관의 입찰참가자격제한의 법적 성질", 행정판례평선, 박영사 2011, 1114면.

오준근, "공공기관의 입찰참가자격 제한 처분의 한계- 대법원 2017. 6. 29. 선고 2017두39365 판결의 평석 -", 경희법학 제52권 제3호(2017. 9), 20면.

이광윤, "공법인의 처분", 행정판례연구 제22권 제2호(2017), 311면.

이동수, "국가계약법제에 관한 행정법상 문제점", 토지공법연구 13집(2001), 23면.

이상규, "입찰참가자격 제한행위의 법적 성질", 행정판례연구 제1권(1992), 130면.

이상덕, "지방계약과 판례법 - 사법상 계약, 공법상 계약, 처분의 구별을 중심으로 -", 홍익법학 제19권 제4호(2018), 1면.

이원우, "정부투자기관의 부정당업자에 대한 입찰참가자격제한조치의 법적 성질 - 공기업의 행정주체성을 중심으로 -", 한국공법이론의 새로운 전개(2005. 6), 424면.

임성훈, "계약에 근거한 입찰참가자격제한에 대한 사법심사 - 공법인의 사법적 제재에 대한 행정법 적용을 위한 시론적 모색을 중심으로 -", 법학연구 31권 2호(2021), 충북대학교, 191면.

임성훈, "부정당업자에 대한 입찰참가자격제한과 법률유보원칙 : 입찰참가 제한범위 확장을 중심으로", 국가와 헌법 I : 헌법총론, 정치제도론, 법문사 2018, 1207면.

정 훈, "한국의 행정제재 현황과 문제점", 법학논집 제33집 제3호, 전남대학교 법률행정연구소, 2013, 270면.

정영철, "요청조달계약에서의 부정당업자 입찰참가자격제한 처분권한의 귀속주체 - 대법원 2017. 6. 29. 선고 2014두14389 판결을 중심으로 -", 법학논집 제22권 제3호, 이화여자대학교 법학연구소 2018, 135면.

조태제, "공공조달행정에서의 공정성 확보를 위한 사법심사제도의 도입방안", 토지공법연구, 한국토지공법학회(2001. 11), 53면.

조홍석, "국가계약법제의 헌법상 문제점 -부정당업자 제재와 관련하여-", 토지공법연구 제13집(2001. 11), 1면.

한견우, "입찰참가자격제한 및 부정당업체통보의 적법 타당성", 연세법학연구 6권1호(1999. 6), 89면.

허현, "부정당업자의 입찰참가자격제한에 관한 법적 문제", 법제 2014권 3호, 2014, 123면.

홍준형, "정부투자기관의 부정당업자에 대한 입찰참가자격제한조치의 법적성질", 법제 1999년 7월호, 13면.

【국외문헌】

1. 단행본

Alexy, Robert, Theorie der Grundrechte, 2. Aufl. 1994.

Bovis, Christopher. The liberalisation of public procurement and its effects on the common market, 1998.

Burgi, Vergaberecht, 1. Aufl. 2016.

Byok/Jaeger, Kommentar zum Vergaberecht 2.Aufl. 2002.

Dentons, Guide to Self-Cleaning in European Public Procurement Procedures, 2021.

Diehl, Hanna. Völkerrechtliche Beschaffungsabkommen: Inhalt und Wirkung im Gemeinschaftsrecht : GPA, EWR, USA und Mexiko, Lang, 2009.

Dworkin, Ronald, Taking Rights Seriously, 2nd ed., London 1978.

Immenga/Mestmäcker, Wettbewerbsrecht, 6. Aufl. 2021.

Kulartz/Kus/Portz/Prieß, Kommentar zum GWB-Vergaberecht, 4. Aufl. 2016.

Kunert, Staatliche Bedarfsdeckungsgeschäfte und Öffentliches Recht, Berlin 1977.

Plauth, Die Rechtspflicht zur Transparenz im europäischen Vergaberecht, Bundesanzeiger Verlag, Köln 2017.

Pünder/Prieß/Arrowsmith (Hrsg.), Self-Cleaning in Public Procurement Law, 2010.

Schlichting, Johanna, Die Verfolgung öffentlicher Interessen mithilfe der Vergabesperre, 2018.

Williams-Elegbe, Fighting Corruption in International Procurement, 2012.

Wimmer, Zuverlässigkeit im Vergaberecht, 2012.

2. 논문

Battis/Kersten, Die Deutsche Bahn AG als Untersuchungsrichter in eigener Sache? – Zur Verfassungswidrigkeit der·Verdachtssperre" in der Richtlinie der Deutschen Bahn AG zur Sperrung von Auftragnehmern und Lieferanten vom 4. 11. 2003, NZBau 2004, 303.

Brüggemann/Vogel, Wettbewerbsregister und Selbstreinigung im Spannungsfeld zwischen Arbeits- und Vergaberecht, NZBau 2018, 263.

Bundeskartellamt, Leitlinien zur vorzeitigen Löschung einer Eintragung aus dem Wettbewerbsregister wegen Selbstreinigung, November 2021.

Burgi, Ausschluss und Vergabesperre als Rechtsfolgen von Unzuverlässigkeit, NZBau 2014, 595.

Dreher, Meinrad/Hoffmann, Jens, Die erfolgreiche Selbstreinigung zur Wiedererlangung der kartellvergaberechtlichen Zuverlässigkeit und die vergaberechtliche Compliance – Teil 1, NZBau 2014, 67.

Dreher, Meinrad/Hoffmann, Jens, Die erfolgreiche Selbstreinigung zur Wiedererlangung der kartellvergaberechtlichen Zuverlässigkeit und die vergaberechtliche Compliance – Teil 2, NZBau 2014, 150.

Dreher, Meinrad/Hoffmann, Jens, Sachverhaltsaufklärung und Schadenswiedergutmachung bei der vergaberechtlichen Selbstreinigung, NZBau 2012, 265.

Dreher/Engel, Die Vorlage kartellrechtlicher Bußgeldbescheide zur Selbstreinigung, NZBau 2019, 545.

Eufinger, Der Entwurf zur Einrichtung eines bundesweiten Wettbe-
werbsregisters – Implikationen für die Compliance, CB 2017, 240.

Eufinger, Vereinbarkeit der nationalen Anforderungen an eine verga-
berechtliche Selbstreinigung mit europarechtlichen Vorgaben, EuZW
2017, 674.

Fischer, Kristian, Erlaubt das WTO-Vergaberecht die Verfolgung
politischer Ziele im öffentlichen Auftragswesen?, RiW 2003, 347.

Hölzl/Ritzenhoff, Compliance leicht gemacht!, NZBau 2012, 28.

Horn/Götz, Ausschluss vom Vergabeverfahren aufgrund von Kartell-
rechtsverstößen und die vergaberechtliche Selbstreinigung, EuZW
2018, 13.

Huerkamp, Vergaberechtliche Selbstreinigung und Kartellrechtsverstoß,
WuW 2020, 294.

Kredel, Nicolas/Brückner, Jonas, Sammelklagen – das richtige Instrument
für den Umgang mit kartellrechtlichen (Streu-)Schäden?, BB 2015,
2947.

Markgraf/Hermans, Das geplante Wettbewerbsregister und Antikorrup-
tions-Compliance – alter Wein in neuen Schläuchen oder Hand-
lungsbedarf für Unternehmen?, CB 2017, 250.

Mutschler-Siebert/Baumann, Zulässigkeit und Anfechtbarkeit einer Ver-
gabesperre, NZBau 2016, 678.

Mutschler-Siebert/Dorschfeldt, Vergaberechtliche Selbstreinigung und
kartellrechtliche Compliance – zwei Seiten einer Medaille, BB 2015,
642.

Opitz, Wenn Schlieren bleiben: Die Gründlichkeit einer Selbstreinigung,
NZBau 2018, 662.

Pietzcker, Die Richtlinien der Deutsche Bahn AG über die Sperrung von Auftragnehmern, NZBau 2004, 530.

Prieß, Hans-Joachim/Stein, Roland, Nicht nur sauber, sondern rein: Die Wiederherstellung der Zuverlässigkeit durch Selbstreinigung, NZBau 2008, 230.

Reichling/Scheumann, Durchführung von Vergabeverfahren (Teil 2): Die Bedeutung der Eignungskriterien – Neuerungen durch die Vergaberechtsreform, GewA 2016, 228.

Roth, Selbstreinigung und Wiedergutmachung im Vergaberecht, NZBau 2016, 672.

Schnitzler, Wettbewerbsrechtliche Compliance – vergaberechtliche Selbstreinigung als Gegenmaßnahme zum Kartellverstoß, BB 2016, 2115.

Sterner, Frank, Rechtsschutz gegen Auftragssperren, NZBau 2001, 423.

Willard, Jessica G., BALANCING GOALS: FAPIIS'S EFFECT ON ADMINISTRATIVE AGREEMENTS, Public contract law journal, 2013-09, Vol.43 (1), p.105-126.

Zillmann, Gunnar, Waren und Dienstleistungen aus Drittstaaten im Vergabeverfahren - Die Bekanntmachung des Bundesministeriums für Wirtschaft und Arbeit zur Drittlandsklausel nach § 12 VgV, NZBau 2003, 480.

약력

김진기
법무법인 민주 변호사

주요 관심 분야
공공계약(조달·건설·방산), 국방안보, 행정, 기업, 형사, 입법정책

주요 학력
광운대 대학원 건설법무학박사(2022)

독일 Hamburg 대학 법학박사(2008)/LL.M.(2001)

사법연수원(1995)/동아대학교 법과대학(1992)

주요 직책
방위사업청 법무지원팀장(상임 계약심의위원)

합동참모본부 법무실장

육군군사법원장(제8대, 15대)

주요 수상
국무총리(2003)

보국포장(2007)

보국훈장(2018)

법무부장관(2023)

저서 및 논문

정부조달법 이해, 법률신문사(2020, 2쇄)

Staatliche Teilnahme am Terrorismus als Problem des Völkerrechts,
LIT-Verlag(2009)

헌법적 문제로서 한국 정부조달제도의 몇 가지 이슈, 저스티스(2019) 등 논문 40여편

주요 학회 활동

한국입법정책학회 회장, 한국헌법학회 부회장, 전력소요·시험평가 연구회장 등

주요 사회 활동

중기벤처부 법률고문, 과기정통부 규제심사위원, 국방부 자문위원, 소비자분쟁조정
위원회(공정위) 위원, 국방기술품질원 법률자문, 국방시설본부 자문위원, 중기벤처부
감사자문위원, 서울시 옴부즈만(법률자문), 서울특별시 청년주택 운영자문위원, 주한
미군이전사업단 법률자문, 국방부 인사소청 상임위원, 서울특별시 건축사 상임징계
위원, 경기 고양시 분양가심사위원회 위원장, 전라남도 정비사업 분쟁 조정 전문가,
한국청소년육성회 본부감사, KINTEX 사외이사(경영자문), KAI 법률자문, 대한항공
법률자문, 재향군인회 법률고문, 육군 제3사관학교 총동문회 법률고문, 서울 둔촌주
공재건축조합 법률자문, 대한상사중재원 중재전문가과정 총원우회장

공공계약과 경쟁

초판발행   2024년 10월 30일

지은이   김진기
펴낸이   안종만·안상준

편 집   장유나
기획/마케팅   조성호
표지디자인   BEN STORY
제 작   고철민·김원표

펴낸곳   (주)**박영사**
                서울특별시 금천구 가산디지털2로 53, 210호(가산동, 한라시그마밸리)
                등록 1959.3.11. 제300-1959-1호(倫)

전 화   02)733-6771
f a x   02)736-4818
e-mail   pys@pybook.co.kr
homepage   www.pybook.co.kr
ISBN   979-11-303-4785-1 93360

* 파본은 구입하신 곳에서 교환해드립니다. 본서의 무단복제행위를 금합니다.

정 가   32,000원